普通高等教育“十二五”规划教材

信息检索与利用

编　著　曹丽娟　白首晏
主　审　李小菲

中国电力出版社
CHINA ELECTRIC POWER PRESS

内 容 提 要

本书为普通高等教育“十二五”规划教材。全书共分十一章，系统介绍了信息检索与利用的基本方法，主要内容包括信息检索概论，信息源与信息检索工具，计算机信息检索基础，图书与期刊信息检索，特种文献信息检索，重要中文信息检索系统，国外著名信息检索系统，图书馆信息资源利用，Internet信息资源检索，信息的收集、整理与分析，科技论文写作等。

本书重点突出新颖性和实用性，着重介绍最新的、实用的信息检索技术与信息资源类型。

本书可作为普通高等院校的公共课教材，也可作为广大教师、科研人员、工程技术人员等信息检索的参考用书。

图书在版编目（CIP）数据

信息检索与利用/曹丽娟，白首晏编著. —北京：中国电力出版社，2011.8

普通高等教育“十二五”规划教材

ISBN 978-7-5123-2069-7

Ⅰ.①信… Ⅱ.①曹…②白… Ⅲ.①情报检索—高等学校—教材 Ⅳ.①G252.7

中国版本图书馆CIP数据核字（2011）第177838号

中国电力出版社出版、发行

（北京市东城区北京站西街19号 100005 http://www.cepp.sgcc.com.cn）

航远印刷有限公司印刷

各地新华书店经售

*

2011年9月第一版 2011年9月北京第一次印刷

787毫米×1092毫米 16开本 15印张 362千字

定价 **26.00** 元

序　言

《信息检索与利用》是为高校在校生和有关技术人员编写的一本教材式的工具书，或者说是为生活在现代社会中的知识分子在当下信息化时代的信息海洋里遨游提供的技术指导书。众所周知，现代社会的一个最基本的特征，就是信息化。信息已同物质、能源一起，成为人类社会生产与生活不可缺少的三大资源之一，而且还是在其重复使用的传递流通过程中发挥作用并显现其价值，是可传递的资源能量。信息的占有者不会因信息被传递而失掉信息，也不会因信息的重复使用而改变信息的自身价值。虽然，由于信息时效的非恒定如一性（表现为人们认识落后于客观存在的信息的滞后性，以及人们在把握客观规律的前提下，能够对可能发生的事物进行预测的信息的超前性），决定了其价格、价值多元（变）性，即其价格、价值或是因滞后使用的时差而减值，或是因能够及时把握有效信息而获得最佳价值；但信息是有载体，可以识别、可以转换、可以储存、具有可塑性，并可以共享的本质则是恒定如一的。信息检索与利用，就是建立在前述信息的多元（变）性和恒定性对立而又统一的基础上、现代社会的人们对现代社会的一种适应性选择的自觉行为。

选择是什么？选择首先是提出问题，是人根据客观现实和需要对解决具体问题的方向、目标、方式、方法等自觉的设问和破解，所谓提出问题就是问题成功解决的一半。2007 年 8 月 1 日，美国明尼阿波利斯市（位于明尼苏达州）密西西比河上的 I-35W 桥梁坍塌了，坠入河中，事故发生后的第一时间明尼苏达州的交通部通过招标来确定重建单位对桥梁进行重建。虽然其建议书要价最高、交货期也最长，而且还是参加竞标企业中唯一没有在明尼苏达州修建过桥梁的单位，这项价值 2.5 亿美元的工程最终还是被美国科罗拉多州的一家单位获得。它是如何竞争出线、最终取胜的呢？事后，明尼苏达州交通部负责此项决策的小组透露说，价格和速度不是唯一的考虑因素。参加竞标的另外 8 家单位事后都抱怨说："你们从来没有把这些告诉过我们!""可是，你从来都没有问过我们!"该项目组回应说："而中标的一家这么做了。"换句话说，这家成功中标的单位获得这样一大单工程的秘诀是提问，而那些竞争者却想当然地认为采购方必定会以价格和速度为主要标准，并据此设计出投标方案。科罗拉多人没有这样去想当然，他们把自己的工作定位成找准客户的需求和需求背后的原因，继而提出问题，并通过这种提问对客观现实存在的各种可能中蕴藏的各种信息，进行筛选、放大和选择，发现重要并具有决定性的信息资源而为我所用，并转换成为现实的生产力。获得信息的一般手段就是提问，而它的对手却仅仅把其看成是一个单纯工程价格报价和工程建设速度的竞标活动，未能从提问这一最简单的手段入手去进行信息检索与利用。这种以不同的认识、态度对待信息检索与利用而获取不同信息的结果，提供了现代条件下不同的信息检索与利用的思维模式、思想方法在商战中被自觉成功应用和被动无效应用，也即不同适应性选择的生动案例。

信息检索与利用，在形式上表现为本书所全面介绍的"从信息集合中迅速、准确的查找出所需信息的程序和方法"的各种实践载体、操作路径、技术手段；在实质上，则是由上述各种实践载体、操作路径、技术手段所体现的那种信息检索与利用的思维模式、思想方法养成和应用的过程，是本书作者特别强调的对读者"自学能力、获取信息的能力、解决问题的能力和创新能力”的培养过程，是提升人们现代信息意识观念、信息素质能力的过程。密西西比河I-35W桥梁坍塌重建的案例，主要是从思维模式、思想方法的角度，对信息检索与利用技术是现代社会中人们生存、发展的一种基本方式这一本质的说明。以这样的视角来思考，本书的写作与出版，不仅填补了针对建筑类理工院校信息检索教材建设工作上的一个空白，更为重要的是，还在于其从技术的角度，具体揭示了现代社会中人们应该如何运用信息检索与利用的知识和智慧去生存、发展的文化内涵，指出了现代社会发展的一种文化自觉的发展方向。

选择的本质是放弃。在同一时空内，选择了寒窗苦读，就意味着对尘世喧嚣的放弃；选择了登高望远，就意味着对临水思幽的放弃；选择了中央电视台的信息，就放弃了辽宁卫视台信息；选择了东，就背离了西；选择了坚定，就杜绝了动摇……本书的编著者曹丽娟和白首晏同志，在沈阳建筑大学图书馆从事了多年信息检索课程的教学与参考咨询的服务工作，岗位本职并无编写相关教材的工作要求。但是，作为普通教师，她们放弃了工作之余的休息、寒暑假期整块休闲娱乐的时间，选择了对大学生如何开展信息检索与利用技术，提高信息素质教育及其方式、方法和有效载体的摸索与探究之路，在长期教学、科研、管理实践中，历经参加多项科研课题研究和反复的教学应用，多方总结、几易其稿，最终形成了集严谨的科学性、新颖的实用性于一身的这本《信息检索与利用》。放弃其实是一种奉献、牺牲。曹丽娟和白首晏两位普通大学教师的这种奉献、牺牲，也许很平凡，可是，这种牺牲是以《信息检索与利用》教材成书出版的方式实现的，是以对信息是构成世界的基本要素、信息是人类认识世界的中介、信息是知识生产的基本原料、信息是科学技术转化为生产力的桥梁与工具等功用做出“信息集合”式的创新论述而实现的，是以对精于钻研的崇高事业心、社会良知的自觉责任感躬身践行而实现的，这就有了不平凡的意义和价值。1984年国家教育部颁布《印发〈关于在高等学校开设文献检索与利用课的意见〉的通知》后至今，已近30年。我相信，作为高校选修课、公共课或必修课教材，《信息检索与利用》的成书出版，对于我国高校，特别是建筑类理工院校，建设形成从大学新生入学阶段掌握大学图书馆的“入门钥匙”，到覆盖本科生文献检索课、研究生专业信息资源查找与利用课的教育教学体系，必定会起到创异推动、创新发展的作用。

“为有牺牲多壮志，敢教日月换新天”。毛泽东当年对英勇献身于中国革命英雄们歌颂和缅怀的壮烈诗句，理应成为当代改革创新、科学发展主旋律的主题词，亦应成为我们为推动改革创新、科学发展而开展和进行信息检索和利用的主题词。由于工作上有直接联系的原因，曹丽娟和白首晏老师嘱我为她们编著的《信息检索与利用》教材的成书出版写上几句话，不揣学识的浅薄，是有文如上，权作序言。“十一”国庆在九月揭开序幕，九月还有许多重要的纪念日，又恰逢新中国第27个教师节来临之际，谨一并以此作为对创立新中国的先辈们和当代各位“灵魂工程师”们的致敬！

写于2011年教师节前的9月7日

前 言

信息检索与利用是高等学校培养大学生信息素养，提高人才素质的一门重要课程。高校信息检索课程的建设与发展，对培养学生的自学能力、获取信息的能力、解决问题的能力和创新能力发挥着重要作用，是当前大学教育的重要内容之一。

自20世纪90年代以来，信息技术的突破性前进和知识的更新，促使信息检索技术和手段飞速地演变，传统的媒体和检索工具、检索方法不断更新。信息检索教材需及时调整内容和结构，以更好地适应新的信息环境和学生的信息观念及信息需求。

本书重点突出新颖性和实用性，着重介绍最新的、实用的信息检索技术与信息资源类型。在关注通用教材完备性的前提下，对内容进行精简和优化。全书共分三大部分：第一部分介绍信息检索的相关理论，共三章。第一章是信息检索相关概念的界定与辨析，确定研究对象的外延与内涵，在综合国内外研究结果的基础上，提出个人的观点。第二章从整体上介绍了常用的信息源类型，以利于读者对其有一个整体的认识与把握。第二章的结构安排突破了现有模式，省略了人为设置的关系层次，从应用的角度展开铺陈式介绍，更加符合普通用户的信息利用习惯。第三章介绍计算机信息检索理论，以深入浅出的语言加实例讲解，化解专业术语的抽象。第二部分集中介绍信息资源类型及其使用方法，共六章。第二部分是本书的重点论述部分，也是篇幅最长的部分，因此编者从多维的视角进行资源框架组织，各章内容既独立，又不乏联系。此外，在介绍资源使用方法时，作者结合教学实践经验，将检索实例嵌入理论性介绍当中，使平面的介绍生动、立体起来，便于学生接受与掌握。第三部分介绍信息的综合利用，共两章。该部分内容属于信息检索的目的与应用，顺承了前面的章节，使全书结构完整。

本书编写分工如下：第一～四章、第七章、第九章由沈阳建筑大学曹丽娟编写，第六章、第八章、第十章由沈阳建筑大学白首晏编写，第五章、第十一章由曹丽娟、白首晏共同编写；全书由曹丽娟统稿。

辽宁大学李小菲审阅全书，提出了许多宝贵意见，沈阳建筑大学徐亚丰、辽宁大学郑伟和沈阳建筑大学於英德对本书的编写提供了帮助，在此一并表示感谢！

书中疏漏和不足之处在所难免，恳请读者和同仁批评指正。最后衷心希望本书能对读者的信息检索和利用能力的提高有所帮助！

编 者

2011年8月

目　　录

第一章 信息检索概论

在介绍何为信息检索之前，我们必须先了解什么是信息。大多数人每天都在使用“信息”、“数据”、“知识”这些概念，并将其视为同义词，认为从概念上严格准确地加以区分似乎没什么必要。当我们说到这些词的时候，说者与听者似乎都能理解对方所指而不大会出现误差。但是，作为学科概念，它们从自身属性来说还是有区别的。

第一节 基本概念

一、信息

（一）信息的概念

尽管人们每时每刻都在与信息打交道，然而，何为“信息”却众说纷纭，至今仍未出现一个被公众普遍接受的定义，对信息本质的认识也差别甚大。人们站在不同的学科角度，给出信息各种迥然不同的界定。信息一词在不同的词典中有不同、甚至矛盾的解释。《辞海》（1989 年版）中解释为：“泛指消息和信号的具体内容和意义”，而《简明不列颠百科全书》（1991 年版）中称：“信息论中的‘信息’与信号中固有的意义无关”。《牛津英语词典》对“信息”一词的诠释为：“告知……的行为；某种事实或情况的知识或消息的传播；告知的行为或被告知某事的事实；有关某种事实、专题或事件的所传播的知识；某人被告知的东西；情况、消息”。

控制论创始人维纳（Norbert Wiener）先生给信息下的定义是：“信息是人们在适应外部世界，并且这种适应反作用于外部世界的过程中，同外部世界进行互相交换的内容的名称。”这是迄今为止关于“信息”最重要的定义，但对于这个定义，人们仍存在许多争议：维纳能看到用机械唯物论的概念不可能说明信息的本质，这是对的，但他本人对信息的本质也未能做出明确的回答。

目前学界一种较普遍的表述为：“信息是指具有新内容、新知识的消息。”仔细考察我们会发现，这个概念作为一个科学词汇不够严谨。首先，“新”的程度难以界定；其次，“消息”一词似乎只对人或智能系统有意义，而且与对象的具体内容相关，如果将消息改为信号，如何解释信号又成为问题，信息、信号、消息这几个词的解释存在循环现象。还有一种说法称“信息是物质的基本属性之一，反映物质运动状态和变化程度”，这被称之为客观信息。可是物质的运动状态和变化程度以及其他属性，都可以用物理量来表示，同样的内容可以构成信息，也可以不构成信息，所以，将信息定义为物质的基本属性并不确切。以上各种定义对信息的界定都不十分准确与完整，而且，随着人们对事物认识的逐步深化，概念也会随着发展变化，有时还会发生根本性的变化。

其实，信息这一概念本身是模糊的，许多词汇都传递出信息的意思：数据、知识、文献、智慧等，许多事物如一个名称、一首歌、一幅画或一个想法也包含了一个共同的特征，即称为“信息”的东西。信息究竟是何种事物，它的本质特征是什么呢？人们一直在试图给出一个确切的答案，但也许是因为信息与人类生活的关系太密切了，是最基础的概念，反而很难为其下一个定义，这也符合逻辑的共识：最基本的概念是不能给予确定的定义的。至少目前为止，作者主张对信息这一概念进行描述，而不强求确定一个准确的定义。

在英语中与“信息”相对应的单词是“Information”，这一词来源于拉丁语“Informare”，在拉丁语中，它的意思是给予形式（give form to）、告知（informing）、形成一种思想（to form an idea of）或描述（describe）的意思。Informare 一词的这些含义构成信息的基本概念，依据“信息”一词的基本含义和用途，我们对其进行这样的描述：

1. 信息是一个过程

当一个人接收信息后，他原有的知识体系就会改变，从这一层意思上来讲，“信息是一种告知的行为或事实；是知识、新闻的交流活动”。控制论创始人、美国科学家维纳（N. Wiener）在他的《控制论》一书中这样描述：“信息就是信息，既不是物质，也不是能量。”“信息是人们在适应外部世界并使这种适应反作用于外部世界的过程中，同外部世界进行互相交换的内容的名称。”维纳的信息概念是从信息在发送、传输和接收的过程中，客体和接收（认识）主体之间的相互作用来定义的。信息只能在相互作用中体现，交互性是信息的本质之一。

2. 信息是抽象的

信息是指在信息交流过程中被感知到的东西。人是信息交流过程中最活跃的因素，被传递和交流的内容要被人感知和理解才能称为信息。人的感知和理解是一种抽象的思维活动，因此，信息的内容是一种抽象的东西。牛津词典中的解释为：“信息是被交流的关于一些事实、主题、或事件的知识。”韦伯词典的解释为：“用来通信的事实、在观察中得到的数据、新闻和知识。”日本《广辞苑》：“信息是所观察事物的知识。”

3. 信息是物质的

这主要指信息要记录在纸张、泥版等载体上。信息的一个特性是：它是无形的、主观的和概念上的。我们无法触摸到它，也无法用直接的方法测量它。因此，为了交流，信息必须被表达或描述出来或以物理的方式替代表示，如语言、图像、符号、文本等。所有这种表达、描述与替代都是信息的物质形态，信息是包含在其中的抽象内容。牛津词典（Oxford English Dictionary，1989，vol. 7，p. 946）有这样的描述：“信息一词也用于指特定的事物，比如，数据、文献等概念表示信息的意思，因为它们具有传授知识或交流信息以及说明的功能。”许多事物都可以作为信息的书写和存储设备，比如绳子上打的结、泥板上刻写的符号，所有这些标记毫无疑问都表达一定的信息，现代信息技术提供了更加丰富的信息表达和存储的方式。

（二）信息的特征

“信息既不是物质，也不是能量”，它与我们熟知的材料与能源迥然不同，信息具有如下特征：

1. 客观性

信息不是虚无缥缈的事物，它的存在可以被人们感知、获取、传递和利用。信息是现实世界中各种事物运动与状态的反映，其存在是不以人的意志为转移的。客观性与广泛性是信息最重要的本质特征。

2. 普遍性

信息的普遍性是指信息无处不在、无时不在。信息普遍存在于自然界、人类社会和人类的思维领域中，无论是自然界的四季变换、电闪雷鸣，还是人类社会活动中的语言文字、城墙古堡，无一不是信息的表现形式。

3. 时效性

信息的时效性是指信息的功能、作用和效益都是随着时间的改变而改变的。信息价值的大小与提供信息的时间成反比，时间的延误会使信息的使用价值衰减甚至最后完全消失。例如，时效性很强的天气预报、股票信息、交易信息、科学信息等，如不能适时使用将会失去其原有的价值。在现代社会中，信息的使用周期越来越短，信息的价值实现取决于对其及时地把握和运用。当然，信息的时效性也存在着相反的情形，有些信息资源随着时间的推移可以不断增值，因此，利用者只有把握好时机，才能发挥信息资源最大的效益。

4. 寄载性

信息必须依附于一定的载体（如声波、电磁波、纸张、化学材料、磁性材料等）才能流通和传递。信息可以存储在不同的载体上，但其内容并不因记录手段或物质载体的改变而发生变化。例如关于筑路机械的信息，不论是刊登在报刊上、发布在电视节目中还是存储在光盘数据库中，其信息内容和价值是同样的。

5. 非同一性

信息可以脱离它所反映的事物而被存储和传播。也就是说信息生成之后，可以与产生信息的事物分离，单独被保存和传播。这也就是为什么我们可以通过书籍、录音或影像看到或听到很久以前的信息而不需要再把以前真实的事物保留下来。信息可以与实体分离并被传递的特性是十分重要的，它可以帮助我们了解很久以前的事情及人类无法亲自触及的事情。例如，对遥远的星体的认识，人类只需利用各种仪器接收它们发出的信息（如光波、引力波等）便可以了解它们。

6. 传递性

信息的传递性是指信息可以借助一定的工具或载体进行空间上和时间上的传递。空间传递是指信息的利用不受地域的限制，可以由此地到彼地；时间传递是指信息的传递不受时间的限制，可以由古到今。这种跨越时空的传递特性是实现信息资源共享的基础，是将信息最大化利用的保证。信息的传递主要依靠声、光、电、磁、语言、表情以及文字符号等得以实现。

7. 可塑性

信息在流通和使用过程中，人们借助于先进的技术，可以对其进行分析、综合及加工处理。也就是把信息从一种形式变换成另一种形式，如可以将一本图书加工为题录或文摘等形式，从而方便用户的选择和利用。不过，在信息的加工过程中，信息总量会减少或增加。

8. 共享性

信息的共享性是指信息可以由不同的个体或群体在同一时间或不同时间共同享用。与物质交换不同，如果两个人各有一份信息，互相交换之后，会使两个人各自拥有两份信息。另外，同一份信息可以被使用无数次，但信息的总量不会因使用次数的增多而减少甚至消失。我们对信息的存储、加工和整理主要是为了使信息能够共享。当然，信息的共享性并不排除某些特殊信息的独占性和利用的有偿性，如军事、商业、专利信息等。

9. 无限性

信息是事物的状态、变化和特征的表现，而事物的发展与变化是永无穷尽的，因此，产生的信息必然是无限的。此外，信息资源一旦被保留便可永不消失，而事物的变化又会不断产生新的信息，新旧信息不断叠加，信息的总量是无限的。

（三）信息的表示形式

信息的表示形式主要有四种，即数据、文本、声音和图像。数据是指计算机能够生成和处理的所有事实、数字、文字和符号等；文本是指书写的语言，文本可以手写，也可以是印刷的；声音是指人们用耳朵听到的信息，如说话的声音、音乐等；图像是指人们能用眼睛看到的信息，如影像、照片等。

（四）信息与数据、知识、智慧的关系

许多词汇都传递出信息的意思：数据、知识、智慧等，信息与这些概念具有什么样的关系呢？如图 1-1 所示是知识管理学中著名的知识阶层图，它反映了这些相关概念之间的关联。

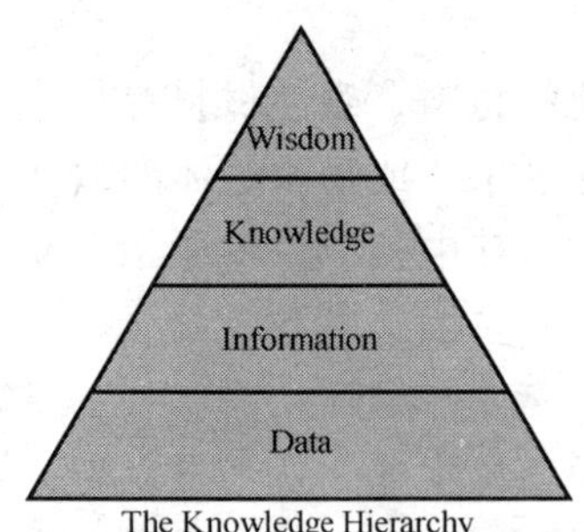

图 1-1　知识管理中的知识阶层图

从图 1-1 中我们可以看到，数据（Data）是知识阶层中最底层也是最基础的一个概念。我们经常说“水的温度是 100℃、木头的长度是 2m、大楼的高度 100 层”，通过水、温度、100℃、木头、长度、2m、大楼、高度、100 层这些符号，我们的大脑里就形成了对客观世界的印象。数据是载荷或记录信息并使之按照一定规则排列组合的物理符号，通过对这些符号的应用，将人类认知的物质世界清晰的描述出来，它可以是数字、文字、图像、声音、视频数据，也可以是计算机代码。数据是中性的，同样一组数据对一个人可能至关重要，但对另一个人可能毫无意义。只有当数据被置于合适的语境中，我们可以对其进行分析和处理时才有意义。人们对信息的接受始于对数据的接收，对信息的获取只能通过对数据背景和规则的解读。背景是接收者针对特定数据的信息准备，即当接收者了解物理符号序列的规律，并知道每个符号或符号组合公认的指向性目标或含义时，便可以获取一组数据载荷的信息，即数据转化为信息。

信息（Information）是从原始数据形成知识的一个步骤。信息不仅仅是简单的数据，从另一方面来说，信息是我们互相交流的内容。信息是数据载荷的内容，对于同一信息，其数据表现形式可以多种多样，例如，你可以打电话告诉某人某件事（利用语言符号），也可以写信告诉某人同一件事（利用文字符号），或者干脆画一个图（利用图像符号）。信息是具有时效性的、有一定含义的、有逻辑的、经过加工处理的、对决策有价值的数据流，当数据改变了一个人的知识结构时，我们称它是信息。作为知识层次中的中间层，有一点可以确认，那就是信息必然来源于数据并高于数据。我们知道像 7℃，50m，300t，大楼，桥梁这些数据是没有联系的、孤立的，只有当这些数据用来描述一个客观事物和客观事物的关系，形成有逻辑的数据流，他们才能被称为信息。

信息虽给出了数据中一些有一定意义的东西，但它的价值往往会在时间效用失效后开始衰减。只有通过人类利用归纳、演绎、比较等手段对信息进行挖掘，使其有价值的部分沉淀下来，并于已存在的人类知识体系相结合，这部分有价值的信息就转变成知识（Knowledge）。例如，北京 7 月 1 日气温为 30℃。在 12 月 1 日气温为 3℃。这些信息一般会在时效

性消失后，变得没有价值，但当人们对这些信息进行归纳和对比就会发现，北京每年的 7 月气温会比较高，12 月气温比较低。因此，知识是信息接收者通过对信息的提炼和推理而获得的认识，是人类通过信息对事物运动规律的把握，是人的大脑通过思维重新组合的、系统化的信息集合。知识并不简单等同于信息，将信息转化为知识，要增加可用性、重要性、价值、可理解性、观点和逻辑要素。知识存在于人的大脑中，这也解释了一个人为什么要经过漫长时间努力才能够成为专家或长大成人。

从图 1-1 可知，智慧（Wisdom）是处于知识阶层中最高层的一个概念。我们经常看到一个人满腹经纶，拥有很多知识，但不通世故，被称做书呆子；也会看到有些人只读过很少的书，却能力超群，能够解决棘手的问题，我们会认为后者具有更多的智慧。因此，我们认为智慧是人类基于已有的知识，针对物质世界运动过程中产生的问题，根据获得的信息进行分析、对比、演绎找出解决方案的能力。这种能力运用的结果是将信息的有价值部分挖掘出来，并使之成为已有知识架构的一部分。

概言之，数据是信息的原材料，而信息则是知识的原材料，智慧来源于知识但高于知识。

二、文献

（一）文献的概念

上一段文字探讨了信息的概念和特点，我们知道信息具有寄载性，即抽象的信息内容必须借助于一定的符号系统记载在物质载体上才能够得以表现和传播。在信息的各种载体中，文献是记录、积累、传播和继承的最有效手段，是人类社会活动中获取信息的最基本、最主要的来源，信息检索也主要指文献检索，即检索文献当中记载的信息内容。

“文献”一词自古有之，最早见于《论语·八佾》篇：“子曰：夏礼，吾能言之，杞不足征也。殷礼，吾能言之，宋不足征也。文献不足故也。足，则吾能征之矣。”在这里，“文献”一词有两层含义，文指典籍，献指人才。朱熹《论语集注》中解释：“文，典籍也。献，贤也。”随着历史的发展，其概念不断变化，现在偏重于“文”，单指典籍，而原来含有的贤人一义逐渐消失了。

国际标准化组织《文献情报术语国际标准》（ISO/DIS 5217）对文献的定义为：“在存储、检索、利用或传递记录信息的过程中，可作为一个单元处理的，在载体内、载体上或依附载体而存储有信息或数据的载体”。我国国家标准《文献著录总则》（GB 3792.1—1983）给文献所下的定义为：“文献是记录有知识的一切载体”。可以看出，文献概念的中外表述在实质上是一致的，都准确地反映了文献的内涵。为了便于理解，我们对其稍加解释，即文献是记录有知识和信息的一切载体的统称，是用文字、图形、图像、符号、声频、视频等技术手段记录知识和信息的物质载体。文献的概念具备三个要素：一是知识或信息内容，这是文献的核心要素，是文献价值的集中体现；二是载体材料，即用于记录知识或信息的物质材料；三是记录方式，指用文字、图形、声音、视频等方式和技术手段将知识或信息记录在一定的物质载体上。

（二）文献的类型

科学技术的进步促进了文献的发展，现代文献具有数量庞大、类型复杂、文种多样、出版分散、内容重复交叉、新陈代谢频繁等特点。由于文献是最主要的信息来源，因此，为了实现快速查找文献尤其是获取文献原文，我们必须首先了解和掌握文献的类型及主要特点。

依据不同的标准，文献可以被划分成不同的类型，这些文献类型之间往往在内容上有相互交叉，本书选介三种常见的划分方法。

1. 按文献的载体划分

（1）刻写型文献。刻写型文献以泥板、纸草、甲骨、青铜、简牍、缣帛、纸等书写材料和天然材料为载体，记录方式为刻画和书写。刻写型文献包括印刷术发明之前的古代文献和当今未正式付印的手稿、草稿、日记、信件、原始档案、碑刻等。

（2）印刷型文献。印刷型文献以纸张为载体，记录方式为油印、铅印、胶印、静电复印等印刷技术，主要指印刷术发明之后印刷出来的文献，包括书、报、刊等。其优点是便于阅读、传播和交流，但存储密度低，存储空间大，很难实现自动化管理和服务。

（3）缩微型文献。缩微型文献以胶卷等磁性材料为载体，记录方式主要是光学记录技术，主要类型有缩微胶片、缩微平片、缩微胶卷等。其优点是忠于原件、体积小、存储密度高；缺点是阅读不便，需要借助缩微阅读器方能阅读。

（4）声像型文献。声像型文献以感光材料和磁性材料为载体，记录方式为机录技术、磁录技术和光录技术，主要类型有唱片、录音带、录像带、电影胶卷、胶片、幻灯片等。这类文献可以让人们通过自己的视觉、听觉感受直观、形象、生动、逼真的信息世界，充分体现了其直观性和真实性，但它也需要借助于一定的设备进行阅读。

（5）电子型文献。电子型文献指采用电子手段并以电子形式存在，利用计算机及现代通信方式提供信息的一种新型载体。电子型出版物内容丰富，类型多样。按照出版物类型划分，主要有电子期刊、电子图书、电子报纸、各类联机数据库以及磁带、软盘、光盘等产品；而如果按照媒体的信息结构组织形式划分，主要有文本型出版物、超文本出版物、多媒体出版物和超媒体出版物等。电子型文献的优点是信息容量大、出版周期短、易更新、方便检索、容易复制、具备可交互性、低成本、可共享等；缺点是需要借助计算机等电子设备阅读。

2. 按文献的出版方式划分

按文献的出版方式划分，常见的文献类型有：图书、期刊、科技报告、会议文献、政府出版物、专利文献、标准文献、学位论文、产品样本、科技档案、报纸、统计资料、图谱、地图、乐谱、广告资料、新闻稿等。在以上文献类型中，除图书和期刊分别作为独立的两种类型外，其他文献类型统称特种文献。所谓特种文献就是介于图书和期刊之间，似书非书、似刊非刊的文献类型，它通常在出版发行方面或获取途径方面比较特殊，因而称为特种文献。比较重要的特种文献包括会议文献、学位论文、专利文献、标准文献、政府出版物和科技报告。

3. 按文献内容的整理加工深度划分

文献按照其内容整理加工的深度，可以分为零次文献、一次文献、二次文献和三次文献。

（1）零次文献。零次文献又叫灰色文献，主要包括两个方面的内容：一是形成一次文献以前的知识信息，即未经记录，未形成文字材料，是人们的“出你之口，入我之耳”的口头交谈，是直接作用于人的感觉器官的非文献型的信息；二是未公开于社会即未经正式发表的原始的文献，或没正式出版的各种书刊资料，如书信、手稿、记录、笔记以及一些内部使用通过公开正式的订购途径所不能获得的书刊资料。

零次文献具有信息内容新颖、不成熟不定型的特点，在内容上有一定的价值，此外，零次文献还能弥补一般公开文献从信息的客观形成到公开传播之间费时甚多的弊病。由于不公开交流，故零次文献的获取有一定难度，一般是通过口头交谈、参观展览、参加报告会等途径收集零次文献信息。

（2）一次文献。一次文献是人们直接以自己的生产、科研、社会活动等实践经验为依据生产出来的文献，也常被称为原始文献。一次文献在整个文献集合中是数量最大、种类最多、创新内容最多、使用最广、影响最大的文献，期刊论文、专利文献、科技报告、会议录、学位论文等都属于一次文献范畴。一次文献所记载的知识、信息比较新颖、具体、详尽，具有直接参考、借鉴和使用的价值，是人们检索和利用的主要对象。

（3）二次文献。二次文献是对一次文献信息进行整理、加工的产品，即把大量的、分散的、无序的一次文献信息资源收集起来，按照一定的方法进行整理、加工，使之系统化而形成的各种目录、索引和文摘。二次文献没有新的知识、信息产生，它只报道某个特定范围的一次文献线索，具有汇集性、检索性的特征。它的重要性在于提供了打开一次文献信息资源知识宝库的钥匙，节省人们查找一次文献所花费的时间。

（4）三次文献。三次文献是根据一定的目的和需求，在大量利用一、二次文献信息资源的基础上，对有关知识、信息进行综合、分析、提炼、重组而生成的再生信息资源，如各种教科书、技术书、综述、百科全书等都属于三次文献范畴。三次文献具有综合性高、针对性强、系统性好、知识面广的特点，有较高的使用价值，能直接提供问题的答案。

总之，从零次文献、一次文献、二次文献到三次文献，是一个由分散到集中，由无序到有序，由博而精的对知识信息进行不同层次的加工过程。它们所含信息的质和量是不同的，对于改善人们的知识结构所起到的作用也不同。零次和一次文献是最基本的信息源，是文献信息检索和利用的主要对象；二次文献是一次文献的集中提炼和有序化，它是文献信息检索的工具；三次文献是把分散的零次文献、一次文献、二次文献，按照专题或知识的门类进行综合分析加工而成的成果，是高度浓缩的文献信息，它既是文献信息检索和利用的对象，又可作为检索文献信息的工具。

第二节 信 息 检 索

一、信息检索的概念

信息检索（Information Retrieval）这一概念是在 1949 年国际数学会议上由 Galvin W・Mooers 首次提出的。检索即查找之意，广义的信息检索包括信息的存储过程和查找过程，而狭义的信息检索仅指信息的查找。本书取其狭义概念，可以这样定义信息检索：从信息集合中迅速、准确地查找出所需信息的程序和方法。这里所说的信息集合指的是有组织的信息整体，它可以是数据库的全部记录，也可以是某种检索工具，还可以是某个图书馆的全部馆藏。一句话概括信息检索的原理为：对信息集合与需求集合的匹配和选择。

信息检索活动可以划分为四个步骤：定义、判断、获取和评价，如图 1-2 所示，而且这是一个需要重复执行的循环过程。

在社会科学化的进程中，信息检索经历了手工信息检索、机械信息检索和计算机信息检索的发展历程。

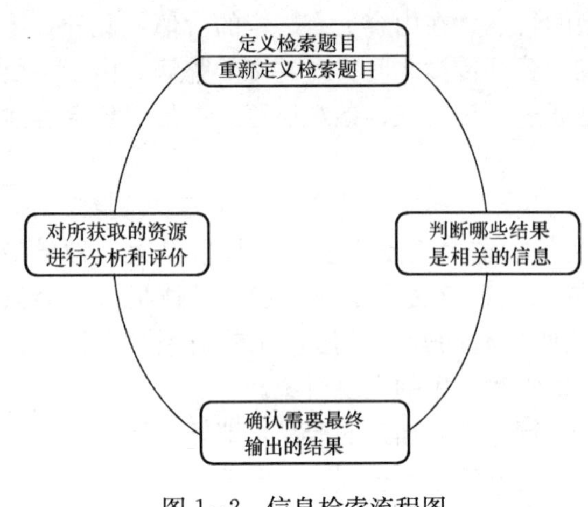

图 1-2 信息检索流程图

1. 手工信息检索阶段

早期，用户在获取信息时，主要利用图书馆的馆藏目录、印刷型的检索工具（文摘、索引等）和参考工具书，这些工具都是卡片型或者印刷型的，检索的方式基本上是以手工翻看为主。手工检索的优点是具有概念思维性和随机应变性，用户在检索时大脑不断思考与判断，可以随时调整检索策略。但手工检索比较耗费时间，而且查全率比较低。

2. 机械信息检索阶段

机械信息检索系统始于 20 世纪 40～50 年代，利用各种机械装置进行信息检索，是手工检索向计算机信息检索的过渡阶段。

机械信息检索系统通过控制机械动作，借助机械信息处理机的数据识别功能代替部分人脑，实现信息检索的自动化。但它并没有发展信息检索语言，只是采用单一的方法对固定的存储形式进行检索的工具，而且过分依赖于设备，检索复杂，成本较高，检索效率和质量都不理想。机械信息检索系统很快就被迅速发展的计算机信息检索系统所取代。

3. 计算机信息检索阶段

计算机信息检索起源于 20 世纪 50 年代初，是指利用计算机查找文献信息的过程。计算机信息检索由最初的单机批处理系统，经过联机计算机检索系统，发展到今天的网络信息检索系统。计算机信息检索的优点在于速度快、耗时少、查全率高、检索入口多等，是目前主要的信息检索方式。缺点是误检率较高，且要依赖一定的设备。

二、信息检索的意义

信息检索的作用与意义主要体现在以下三个方面：

1. 避免重复研究

在研究工作中，任何一个课题从选题、试验直到出成果，每一个环节都离不开信息。研究人员在选题开始就必须进行信息检索，了解别人在该项目上已经做了哪些工作，哪些工作目前正在做，谁在做，进展情况如何等，以使我们避免重复前人（他人）的研究。

在我国专利法实施的初期，上海的一位发明者，花费 20 多年时间潜心研制了一种用于机械运动的“同心轮”。“同心轮”问世后，发明者去专利局申请专利，但经专利局检索，发现这种技术早在 60 年代，也就是在他开始研制的时候，国外就已经有了。而申请专利的技术必须具备新颖性，即提出申请日以前，没有同样的发明或者实用新型在国内外出版物上公开发表过、在国内公开使用过或者以其他方式为公众所知。因此，这位发明人潜心研究了 20 年的成果，最后却无法获得专利权。专利法实施前，辽宁省曾对机械系统 280 个企业的科研情况作过一次调查，重复的科研项目达 340 多个。甚至同居一城，研究同样课题的部门竟然也互不相闻。

通过获取和评价目前已有的研究成果可以帮助我们：衡量即将开展的研究课题当前处于何种水平；发现新的相关信息从而进一步明晰研究题目；在整个研究过程中不断更新自己的知识和见解；确定研究计划和研究方法；产生新的研究设想。

2. 节省信息用户的时间

科学技术的迅猛发展加速了信息的增长，今天一张周日版的纽约时报比 19 世纪一个英国人一生获取的信息还要多。过去的 30 年产生的信息比 5000 年来所有的信息都多，互联网的主页几乎每 18 个月就增长 3 倍。过量的信息加重了信息用户搜集信息的负担，若不具备一定的信息检索意识与技能，将难以完成信息检索的任务。通常，我们需要获取的原始科技文献是杂乱无序的，图书馆固然拥有丰富的信息资源，但单个图书馆拥有的资源数量有限且在内容上有所侧重，我们无法从一个图书馆获得所需的全部信息。此外，坐在图书馆查找资料效率很低，要花费大量的时间。利用各种信息检索工具可以帮助我们实现既快速又全面的查找，从而节省用户大量的时间。

3. 有助于知识更新

知识更新周期是指知识更新一次所用的时间。随着社会的发展，尤其是信息通信技术带来了人类知识更新速度的加速，知识更新周期越来越短。联合国教科文组织曾经做过一项研究，在 18 世纪时，知识更新周期为 80～90 年；19 世纪到 20 世纪初，缩短为 30 年；上个世纪 60～70 年代，一般学科的知识更新周期为 5～10 年；而到了上个世纪 80～90 年代，许多学科的知识更新周期缩短为 5 年；进入 21 世纪，许多学科的知识更新周期已缩短至 2～3 年。因此，只有不断自学、坚持终身学习，才能适应迅速发展变化的信息时代的要求。信息检索技能是自学的基础，具备信息检索的本领，相当于掌握了人类知识宝库的钥匙，会在未来的竞争中取得更大的主动权。

三、信息检索的类型

按照不同的标准，信息检索可以划分为不同的类型，其特点也各自不同。

（一）依检索内容划分

1. 文献检索

文献检索是指检索结果是文献单元的信息检索，凡是查找某一课题、某一著者、某一地域、某一机构、某一事物的有关文献以及文献的出处和收藏单位等，都属于文献检索范畴，其检索的结果是文献信息。例如，“检索新型外墙保温材料的相关文献”便属于该类命题，需要借助检索工具，查找与该主题相关的各种类型（包括期刊论文、专利信息、会议论文、标准等）的文献信息，再依据这些文献的题名、摘要、出版来源、收藏地址等线索索取文献原文。

2. 数据检索

凡是利用参考工具书、数据库等检索工具检索包含在文献中的某一数据、参数、公式或化学分子式等，统称为数据信息检索，其检索结果为数据信息。例如，“丙烯酸甲酯的分子式是什么？它的相对分子量是多少？它的结构式是什么”就属于数据检索。

3. 事实检索

凡是利用百科全书等检索工具从存储事实的信息系统中查找出特定事实的过程称为事实信息检索，其检索结果是基本事实。例如，“世界上最长的斜拉桥是哪座？该桥位于什么地方？何时建成？”

文献信息检索是一种相关性的检索，检索的结果是文献线索，还必须进一步查找才能检索到有关的原文信息。数据与事实信息检索是一种确定性检索，检索的结果是可供用户直接利用的信息。

（二）依检索的方式和技术划分

1. 手工检索

手工检索简称“手检”，是指人们通过手工的方式来存储和检索信息。其使用的检索工具主要是书本型、卡片式的信息系统，即目录、索引、文摘和各类工具书。检索过程是由人以手工的方式完成的。

2. 计算机检索

计算机检索简称“机检”，指人们利用数据库、计算机软件技术、计算机网络以及通信系统进行的信息存储和检索，其检索过程是在人机的协同作用下完成的。计算机会从其存储的大量数据中自动分拣出与用户提问相匹配的信息，而用户则是整个检索方案的设计者和操纵者。其检索的本质没有发生变化，发生变化的是信息的载体形式、检索手段、存储方式和匹配方法。

计算机的产生使信息检索发生了革命性的变化，大大提高了信息的处理和检索能力。但计算机检索有很强的技巧性，用户需要具备一定的“机检”知识。

第二章　信息源与信息检索工具

第一节　常用信息源

一、信息源概述

信息源是用户获取信息的来源。联合国教科文组织（UNESCO）把信息源定义为："个人为满足其信息需求而获得信息的来源"，这一定义是从信息使用者角度来界定的。有的学者认为只有信息产生的"源头"才能称为绝对意义上的信息源。由于本书侧重于讲解如何获取与利用信息，故而此处采用UNESCO关于信息源的定义。

由个人、公司、科研机构、政府部门等产生的信息通过不同的渠道传播，这些渠道即是信息用户眼中的信息源，当我们了解了这些渠道之后对信息的查询将更容易。因此，在我们列举出一系列信息检索的技术和方法之前，有必要先来考察信息是通过哪些渠道进行交流的，即有哪些常用的信息源。

常用信息源有许多流行的划分方法，如，有的学者按信息的存在形式将其划分为文献信息源、口头信息源、实物信息源和电子信息源；有的学者将其划分为文献信息源（期刊、图书、专利等）、口头信息源和实物信息源。随着技术的进步，新的信息交流渠道不断涌现，现有的各种信息源划分标准对某些新兴的信息源难以适用。错综复杂的分类标准对于用户而言，有时候没有起到理清脉络的作用，反而会引起迷惑。因此，本书在介绍常用信息源时，未加以归类划分，直接将人类用于信息交流的渠道一一列举说明。

二、常用信息源

（一）口头信息源（People）

口头信息指通过交谈、讨论、报告等方式交流传播的信息。口头交流是最古老、最常见、也是最重要的信息交流渠道，人们面对面交流思想、传递新闻、探讨观点或商讨工作。大多时候，口头交流形式自由、内容松散，但以座谈会、学术讨论会等形式进行的口头交流正规而严肃。

口头信息的优点是：获取方便且信息内容新。与查阅文献相比，人们更愿意在同事那里或者参加学术会议来获取信息，而且在学术会议上获取的信息往往更新；口头信息资源丰富，而且通过表情、肢体语言等可以获得一些隐性信息，有些信息也许是提问者事先没有预料到的。口头信息的缺点：一是偶发性强，缺乏完整性和系统性；二是会带有主观性；三是口头信息传播范围有限，只能在有限的人群中进行交流。

（二）互联网（Internet）

Internet被广泛用于信息交流。Internet媒介的特点是具有高度的交互性、多种传播方式并举、具有高度的灵活性且信息数量巨大。互联网电子邮件、新闻组、邮件列表、博客、机构的Web网站等在信息交流领域起着重要的作用。

1. 电子邮件（e-Mail）

电子邮件是互联网应用最广的服务，是最流行的现代信息交流渠道。人们可以通过低廉的价格、以快速的方式（几秒钟之内可以发送到世界上任何你指定的目的地）与世界上任何一个角落的网络用户联系，电子邮件内容可以是文字、图像、声音等各种格式。

2. 讨论组（Discussion）和邮件列表（Mailing - list）

讨论组是互联网上最早的社区形式之一，一个小组成员通过电子邮件讨论某一个特定话题，用于各种群体之间的信息交流和信息发布。现在的互联网上有数以十万计的讨论组。

邮件列表可以视为有管理者管制的讨论组。与讨论组一样，它们都是在一组人之间对某一话题通过电子邮件共享信息，但二者之间有一个根本的区别：讨论组中的每个成员都可以向其他成员同时发送邮件，而对于现在通常的邮件列表来说，是由管理者发送信息，一般用户只能接收信息。

讨论组和邮件列表的作用在于：

（1）与具有共同兴趣的人就共同关注的问题进行讨论，尤其对于新人或者那些工作环境较封闭、孤立的人来说参加讨论组有助于及时与同行保持联络；

（2）与本领域内的活跃学者建立联系；

（3）跟踪各类新信息，比如，学科最新研究成果、即将召开哪些学术会议、参与科研项目的机会等；

（4）遇到难题时可以向同组人发出帮助请求。

3. 新闻组（Newsgroup/Usenet）

新闻组（Newsgroup）是互联网上的一个交互式的讨论组，简单地说就是一个基于网络的计算机组合，这些计算机被称为新闻服务器，不同的用户通过一些软件可连接到新闻服务器上，阅读其他人的消息并可以参与讨论。新闻组与万维网上的论坛在技术上完全不同，但功能上却是比较相似的。新闻组通常使用 NNTP 协议，使用特定的客户端来阅读和发送讨论的内容。新闻组的优点如下。

（1）信息量大。据有关资料介绍，目前国外有新闻服务器 5000 多个，最大的新闻服务器包含39 000多个新闻组，每个新闻组中又有上千个讨论主题，其信息量非常大。

（2）交流自由。新闻组中任何人只要不做人身攻击，讨论都是完全放开的。每个人都可以自由发布自己的消息和成千上万的人进行讨论，甚至不需要注册就能匿名发言。此外，在新闻组上可以发表带有附件的“帖子”、传递各种格式的文件、还可以离线浏览。

（3）全球互联性。全球绝大多数的新闻服务器都连接在一起，在某个新闻服务器上发布的消息会在几分钟之内送到其他服务器上，每一篇文章都可能漫游到世界各地。新闻组是互联网上最具开放性的资源。

（4）主题鲜明、结构清晰。每个新闻组的命名都清楚地反映它的主题，所以用户在使用新闻组时能够准确定位。另外，新闻组的帖子均采用树型结构显示，一个讨论分支不对其他分支造成影响。

（5）效率高。在新闻组上可以快速访问近千个“帖子”，可以批量发送讨论主题/回复，将同一帖子同时发送到好几个板块，这在 BBS 上是做不到的。新闻组广告极少甚至没有，积分以及相关限制、把帖子顶来顶去之类的噪声都是不存在的，不会对阅读造成干扰。

（6）单方面过滤信息。在新闻组中讨论时，可以随时过滤掉某个人发送的信息。例如过滤广告发送者、自己不想看到的人。

新闻组的不足之处在于：新闻组不支持即时聊天，也不提供即时私人对话。若要访问新闻组并得到新闻组的功能，通常都要使用客户端软件，对于大多数不熟悉新闻组的用户来说是一个门槛。

Usenet是世界范围的新闻组网络系统，由成千上万个新闻组组成，囊括了整个互联网上几乎所有的电子论坛信息。通过Usenet，人们可以张贴个人信息，回答其他人的问题、获取最新信息、还可以组织讨论话题。大部分新闻组都被分类归入Usenet层级，从理论上使得寻找相关的新闻组变得更加容易。Usenet主要被分为以下层级：

comp. *：关于计算机的相关话题；

news. *：关于Usenet本身的讨论；

rec. *：关于娱乐活动的讨论（游戏、爱好等）；

sci. *：关于科学方面的讨论；

soc. *：关于社会话题、社会文化的讨论；

talk. *：关于社会及宗教热点话题的讨论；

humanities. *：关于人文学科（文学、哲学等）的讨论；

misc. *：其他无法归入现有层级的讨论；

alt. *：无法归于其他类别或不愿归入其他类别的话题。

新闻组与邮件列表的区别：

（1）新闻组需要自己去查找。在电子邮箱中，因特网邮件列表会自动显现，但要阅读新闻组时，就需要先用新闻组阅读软件搜索它然后再阅读。

（2）新闻组被编辑过。新闻组阅读软件可以把信息组织为提纲要点的形式，因此阅读的只是编辑过的主题或要点；邮件列表则是线性的，信息按发送时的顺序排列。

（3）新闻组不需参加者正式登记，邮件列表需要参加者用确认电子邮件作为加入的标志，但要加入新闻组时，只需要一个新闻组阅读软件即可。

4. 电子公告牌系统（BBS）

BBS（Bulletin Board System）是一个电子信息中心，每个用户都可以在上面发布信息、提出看法或者浏览别人发布的信息。目前，BBS大致可以分为三类：一是业余BBS，由个人组建的BBS站点属于此类；二是Web BBS，采用超文本链接技术建立的BBS站点，这种BBS站点需要使用Web浏览器进行访问，一般提供站点讨论或者聊天室功能；三是Intranet BBS，这种BBS系统建立在Intranet之上，允许众多用户同时在线交流，Intranet BBS可以使用Telnet实现访问。

BBS与新闻组一样拥有数量丰富的信息，而且都讲求信息的时效性，但二者也存在一些区别：

（1）BBS上的所有文件都存储在一台服务器上，具有地域性，而新闻组服务器之间是相通的，任何一条消息在几分钟内就可传遍全球。

（2）新闻组不支持即时交流，BBS提供种类多样的即时交流功能，甚至可以通过“论坛短消息”的方式私下在线交流。

（3）当前的网络BBS中，大多数是使用Web电子公告牌系统，只要使用Web浏览器就可以使用BBS。而提供Web访问的新闻组不多，就算有也无法提供新闻组客户端的所有功能，而只能提供基本功能。

（4）新闻组上的信息以不同的新闻组名加以组织，结构清晰；而BBS上的信息是杂乱的。

5. 匿名 FTP

FTP 是 File Transfer Protocol（文件传输协议）的英文简称，用于控制 Internet 上文件双向传输的协议。同时，它也是一个应用程序，用户可以通过它将自己的 PC 机与世界各地所有运行 FTP 协议的服务器相连，访问各服务器上的程序和信息。FTP 主要用于下载公共文件，例如共享软件、各公司技术支持文件等。

使用 FTP 时必须首先登录，在远程主机上获得相应的权限以后，方可下载或上传文件。换言之，除非有用户名和口令，否则便无法传送文件。这种情况违背了 Internet 的开放性原则，匿名 FTP 应运而生。匿名 FTP 允许用户通过它连接到远程主机上，而无需成为其注册用户。系统管理员建立了一个特殊的用户 ID，名为 anonymous，该用户 ID 的口令可以是任意的字符串。但若要往 FTP 服务器上传文件，则必须使用自己的 e-Mail 地址作为口令，使系统维护程序能够记录下来是谁上传了这些文件。

Internet 上有成千上万台匿名 FTP 主机，这些主机上存放着数不清的文件，供用户免费下载。实际上，几乎所有主题、所有类型的信息都可以在匿名 FTP 服务器上找到，匿名 FTP 使用户有机会存取到世界上最大的信息库，这个信息库不断增长，永不关闭，而且，这一切都是免费的。

6. 网络日志（Blog）

Blog 全名 Web Log，中文意思是“网络日志”，缩写为 Blog。Blog 就是以网络作为载体，简易、迅速、便捷地发布自己的心得，及时、有效、轻松地与他人进行交流，再集丰富多彩的个性化展示于一体的综合性平台。一个 Blog 其实就是一个网页，它通常是由简短且经常更新的帖子所构成，这些张贴的文章一般都是按照年份和日期倒序排列。Blog 的内容和目的有很大的不同，从对其他网站的超级链接和评论，到有关公司、个人构想到日记、照片、诗歌、散文，甚至科幻小说的发表或张贴无不涉及。

由于沟通方式比电子邮件、讨论群组以及 BBS 和论坛更简单和容易，Blog 已成为家庭、公司、部门和团队之间越来越盛行的沟通工具。此外，博客是一种满足零编辑、零技术、零体制、零成本、零形式而实现“零进入壁垒”的网上个人出版方式，从媒体价值链最重要的作者、内容和读者三大环节实现了最大的开放，来自 Blog 的信息往往具备特殊的参考意义。

7. Web 网站（Websites）

网站就是指在因特网上根据一定的规则，使用 HTML 等工具制作的用于展示特定内容的相关网页的集合。网站是一种通信工具，就像布告栏一样，人们可以通过网站来发布自己想要公开的信息，或者利用网站来提供相关的网络服务。用户通过网页浏览器来访问网站，获取自己需要的信息或者享受网络服务。

许多学术组织（团体）都建立自己的 Web 网站，在网站上发布诸如研究范畴、拥有的研究设备和条件、现有研究项目、已有的重要研究成果等相关信息。这些网站通常还会列出主要研究人员的姓名、联系方式，曾经公开发表的研究成果等。学术组织、政府机构、研究机构、大学、国际组织、跨国公司等机构的 Web 网站对于研究人员，尤其是研究生了解学科领域研究状况以及获取科研相关资料具有重大价值。

（三）期刊（Journals）

期刊又称杂志，是指有固定名称，用卷、期或者年、季、月顺序编号，按照一定周期出版的成册连续出版物。利用期刊发布最新研究成果大约始于 300 年前，新的科研成果若不涉及国防或经济机密，一般都以期刊论文的形式发表，因此，期刊论文数量巨大，覆盖全部学科领域。

在科技期刊上发表文章要通过严格的审核。一篇文章投稿到杂志社之后，要经过两名独立的学科专家对其进行评审，专家从文章的原创性、真实性和质量方面判断文章是否具备出版价值，因此，期刊文章具有较高的参考价值。

期刊的优点是内容新颖，能及时反映最新动态和成果。学术性期刊上刊载的论文往往能及时反映该学科的新理论、新思想、新发现、新见解、新问题、新创造和新方法，从而成为学术交流的主要媒介之一。世界上所有的重要检索工具都以期刊为主要收录对象（约占90%以上），期刊是最重要的科技信息源。

但是，期刊论文的评审过程再加上编辑、印刷和出版的时间较长，大多数论文的发表需要3～9个月的时间，这个周期在网络时代显得有些漫长。为了保证信息的新颖性，目前，越来越多的出版社开始通过Web发布期刊论文的电子版。这一方式能够大大加速出版过程，在印刷版问世之前，它的电子版可以在几周或几个月间通过网络获取。另一种加速出版发行的方式是"Paper-in-Press"方式，当文章经过学科专家评审之后，立即发布文章的电子版，而不必等到编辑人员编辑排印之后。

（四）电子印本文献（e-Print Archives）

大约在20多年前开始，科技期刊的价格涨幅惊人，高额的费用使得个人和图书馆削减购买的数量。另外，互联网技术越发显得印刷版期刊的周期过长，这些因素促使e-Print的出现与成长。

e-Print是在互联网上可以免费获取的学术论文的电子版形式，包括已出版的和未出版的期刊论文、技术报告、会议出版物、草稿、图书章节等不同类型的资料。由于e-Print是以电子形式发布研究文章，因此比传统印刷本出版物具有更大的灵活性，更适合发表含有声音、图像或其他形式图表的文章。借助于网络，e-Print可以快速且即时地将信息发布给用户，改进了科学资料的储存机制，也加快了出版的进程。互联网上e-Print服务器数量众多，如著名的Arxiv、PubMed等，Arxiv是最著名的e-Print服务器，拥有超过67万件记录。

相对地，e-Print也具有一些局限性，如：难以保证信息品质，有些e-Print文献并未经过学科专家评审，可能会包含错误的研究成果或观念。

e-Print适用的学科领域较广，包括天文学、化学、计算机科学、数学、物理学等。然而，并非所有学科都适用于e-Print。如医学，若医学方面的研究成果未经同行专家评审而被发布到e-Print服务器上，有可能对大众造成误导，带来严重的后果。

（五）专利文献（Patents）

专利制度是指国际上通行的一种利用法律的和经济的手段确认发明人对其发明享有专有权，以保护和促进技术发明的制度。专利文献是实行专利制度的国家及国际性专利组织在审批专利过程中产生的官方文件及其出版物的总称，包括专利说明书、专利公报、商标、设计公报以及检索专利的工具。绝大多数工业技术或者具有经济价值的科学研究成果都是以专利的形式公布于众的，而且85%以上的成果在申请了专利保护后，将不再以其他形式公开发表，专利文献在传播最新的技术信息方面有着无法替代的作用。随着因特网的飞速发展，各国的专利机构纷纷建立门户网站，提供专利检索服务，从而使专利成为在网上免费传播最广的实质性科技文献。

（六）图书（Books）

在所有的印刷文献中，图书是产生最早的也是为大众最为熟知的信息交流渠道。图书是对某一知识领域在一定时期内的科学研究成果、生产技术和实践经验的系统的理论概括。一般而言，图书的内容系统全面、成熟可靠，它适用于帮助人们对范围较广的问题获得一般性了解，或对陌生的问题获得初步的认识。传统印刷型图书出版周期较长，更新速度慢，因此对新技术的报道不如期刊及时。新兴的电子图书出版迅速，更新及时，在一定程度上弥补了这一缺陷。

（七）商业资料（Trade Literature）

商业资料包括广告资料、产品目录、产品样本、公司杂志等，是非常实用的优质信息资源，尤其是那些来自工程和制造业领域的信息。商业资料包含大量以非传统形式出版的信息，并且信息内容设计独特、展示详尽，例如产品样本。

产品样本是对定型产品的性能、构造原理、用途、使用方法和操作规程、产品规格等所做的具体说明，包括产品说明书、产品一览、企业介绍、单项产品样本汇编、同行业产品一览表等，一般图文并茂，形象直观，可靠性强，产品和技术信息也较完整。查阅产品样本有助于了解国内外产品水平、工艺水平、技术水平及其有关技术的演变过程和发展动向，可以获得设计、制造和使用中所需要的数据和方法，也可以判断某种产品的价值。

（八）标准（Standards）

标准主要指技术标准，是对各种产品、元件、工程建设质量、规格、检验方法等作业的技术规定，具有约束性、时效性和针对性，是各类生产建设工作的共同依据。标准与图书、期刊、专利、学位论文、技术报告等截然不同：图书、期刊等主要报道最新的研究成果，而标准是要制订一种产品的规格、质量等级规范、或将一些优秀的技术方案编制成强制执行的法规；标准的制订要通过起草、提出、批准、发布等，并规定出实施的时间与范围。

标准有利于企业或生产实现经营管理统一化、制度化、科学化。标准文献反映的是当前的技术水平，国外先进的标准可以为我们提高工艺技术水平、开发新产品提供参照。另外，标准文献还可以为进口设备的检验、装配、维修和配置零部件提供参考，它为整个社会提供了协调统一的标准规范，起到了解决混乱和矛盾的整序作用。

（九）会议文献（Conference Proceedings）

会议文献指在国内外各类学术会议上宣读或交流的论文、报告或其他有关资料。会议文献有的以图书的形式出版，有的以论文集的形式出版，还有的以期刊论文的形式发表在期刊上。学术会议讨论的议题往往是学科内的前沿问题、新的热点问题或学科重要课题，因此，会议论文能够反映学科研究走势、重点问题分布、最新研究成果等信息。但会议论文与期刊论文不同，它没有经过同行专家评审，论文中的数据或结果没有经过严格审察。

（十）学位论文（Dissertations/Theses）

学位论文是高等学校和科学研究机构的毕业生为获取学位而撰写和提交的学术论文，一般指学士论文、硕士论文和博士论文。学位论文经专家评审、鉴定通过，所探讨的问题比较专门和系统，具有一定的独创性、新颖性和较强的专业性。学位论文后一般附有大量参考文献，是查找相关文献的重要线索。

（十一）政府出版物（Government Publications）

政府出版物是指由各国政府部门及其所设立的专门机构发布出版的文献信息资料，包括政府报告、政策法令、规章制度、会议纪要、调查统计资料等。此处的政府既包括各国的各级政府以及他们所属的所有官方和半官方机构，也包括联合国、国际联盟、欧洲共同体等国际组织。政府出版物几乎涉及整个知识领域，但侧重于政治学、社会学、经济学、财政、工业、教育和历史等方面内容。政府出版物包括行政性文件和各部门的研究报告、技术政策文件两大类，其主要特点是正式、权威，材料充实，数据可靠，对了解各国政治、经济、科学技术的方针政策及其发展状况具有重要意义。

（十二）科技报告（Sci - Tech Reports）

大部分应用研究项目的成果或进展情况都是以科技报告的形式问世的。科技报告又称技术报告、研究报告，是各学术团体、科研机构、大学研究所等单位或个人向上级或委托单位撰写的关于某个科学研究项目的成果或其研究进展情况形成的文献。大部分科技报告是向公众公开的，但涉及经济、国防、军事等重要研究项目的报告是保密的。科技报告同会议论文一样，是未经专家评审的。科技报告中的许多成果最终会以期刊论文形式发表，但内容会经过整理和压缩，因此，科技报告的内容比期刊论文详尽。科技报告是了解某一领域科研进展状况、发展动态的重要信息源，也是政府部门、科研机构、学术团体和企业之间进行科技成果交流的主要媒介。

（十三）报纸（Newspapers）

报纸是以刊载新闻和时事评论为主的定期向公众发行的印刷出版物，是大众传播的重要载体，具有报道信息、传播观点、引导社会舆论以及娱乐的功能。报纸上通常刊载不同主题的新闻、消息、评论并且常附带有商业广告。这些不同的主题包括政治事件、犯罪、体育、意见、天气等，也可能只限于比较狭隘的领域，例如，专门发行给特定产业商人、某类运动的爱好者、或是某种生活形态人士、特定活动的参与者等。

报纸的优点是发行频率高、发行量大、信息传递快、针对性强、真实性较高。缺点是发行区域小、重复阅读率低、不易保存、色彩单调，视觉冲击力小、时效性短。

网络媒体给传统报业带来巨大冲击，传统报纸近年来连续销售量降低，为了寻求网络环境下新的生存发展方式，传统报纸不断创新求生，其中最重要的手段之一就是推出电子报纸。电子报纸是指将多媒体技术、网络技术和通信技术应用到报刊出版、发行、利用的全过程的出版物。与印刷型报纸相比，电子报纸具有时效性强、传播范围广、使用方便和交互性强的特点。电子报纸在发布和利用方面有三种主要的形式：一是电子报纸网站；二是基于一种或几种报纸的独立的报纸数据库；三是全文数据库中的电子报纸信息。

（十四）档案（Archives）

档案是指国家和地方各级机关、企事业单位、社会团体等在进行日常工作时所产生的、并经立卷归档的各种资料，如电文、会议记录、报表、人事材料以及录音、录像等。档案记录人类重大活动，是研究历史、了解现状的可靠资料，具有无可争辩的客观性和可靠性。档案具有一定的保密性。

（十五）参考数据库（Referral Databases）

以上列出的各种信息交流渠道都是用户潜在的信息源，但用户如何在众多的相关信息源中准确找到自己所需的那部分呢？一种办法是尽可能多地去翻阅期刊或会议论文集，但这种查找方法是随机的，不系统的，而且要花费大量时间。想要查找关于某一主题的信息，最有效的方法是使用参考数据库。参考数据库是指文摘数据库和索引数据库，它集中报道发表在期刊、会议录、科技报告、专利等文献中的文章，指出文章的题名、作者、出处等重要线索，用户依据这些线索获取原文。参考数据库收录的文献数量大、涵盖的地域和时间范围广，更新频率快，提供主题、关键词等多种检索途径，一个学科内全部重要的研究成果可以通过一个或多个参考数据库全部查检得到。

（十六）资源数据库（Source Database）

资源数据库包括数值数据库、事实数据库、全文数据库和多媒体信息数据库等多种类型，一般均直接收入相应的原始资料。资源数据库具有完备的信息、提供多种检索方法并可在线获取信息原文，受到用户广泛的青睐。

1. 数值数据库（Numeric Databases）

数值数据库是指以各种调查和统计数据为存储对象，专门提供数值数据的一类数据库。其内容包括数值、运算公式和运算规则等，类似于年报、年鉴等统计概要，也包含一些描述性文本信息，例如：人口调查资料库提供大量最新人口调查数据。

2. 事实数据库（Factual Databases）

事实型数据库是指以各种有检索和利用价值的事实信息为存储对象的一类数据库，数据库信息来源于百科全书、字词典、人名录、机构名录等，包括各种名词术语、有关学科、机构、人名等各种事实的直接信息。“事实”可以是既有数字又有文字的统计资料，也可以是纯文字的知识资料。

3. 全文数据库（Full - text Databases）

全文数据库收录文献信息全文，其中每篇文献的完整信息均可提供在线阅读、打印或下载。例如，期刊全文库、图书数据库、报纸全文库等。

4. 多媒体数据库（Multimedia Databases）

多媒体数据库主要收录多媒体信息，除了包括文字、图片外，还包括音频、视频、动画等信息。

第二节 信息检索工具

一、信息检索工具概述

直接从有关的一次文献中查找、获取所需信息存在着很大的盲目性、分散性和偶然性，很难查全，费工费时。因此，为了提高检索效率，使信息收集做到广、快、精、准，需要使用科学的检索方法利用检索工具进行文献信息的查找与收集。检索工具就是根据某种需要，全面系统地汇集一定范围的文献资料，经过审定、整理或概括，用简明易查的方法加以组织编排，专供查检和参考的工具。与信息资源本身不同，检索工具一般以文献记录作为文献的替代物，只提供文献线索不提供原文。主要包括二次、三次印刷型手工检索工具、面向计算机和网络的各种数据库检索系统及基于 Internet 的搜索引擎等各种网络检索工具。

二、信息检索工具类型

检索工具种类繁多，数量庞大，且表现形式各异，因此，可以从不同的角度对检索工具进行分类。

（一）按内容和功用划分

可分为参考工具和检索工具。参考工具直接提供用户所需的参考资料，多以图书形式出版，如辞书、百科全书、年鉴、手册、地图、名录等；检索工具则只提供所需一次文献信息的线索，依据线索再去寻找原始资料，如书目、索引、文摘等。

（二）按检索工具的对象和特点划分

1. 文献目录

文献目录是以各种媒体的文献单元为对象，对其进行记录、报道与提示的工具，包括文献收藏目录和书目。前者以一个或多个单位收藏的文献为对象加以描述和揭示；后者则以某一领域、地域或时限内出版的文献为对象进行组织，通过对文献的压缩、浓缩与整序，为用户提供较全面的信息。

2. 索引

索引是将图书、期刊等文献中的一些重要的、有检索价值的知识单元，如主题词、分类号、著者姓名、名词、公式、数据、事实、机构、论文篇名等，根据需要一一分析摘录出来，并注明它们所在的页码和文献号，再按一定的顺序编排组织起来，构成检索的种种途径，这种检索工具称为索引，包括图书索引、期刊论文索引、专利索引、标准索引等。它一般可以给用户提供某一内容、特征的查找线索，其揭示能深入到文献的信息单元。

3. 文摘

文摘是以简明扼要的文字摘述文献的主要内容和原始数据，向用户报道最新研究成果、检索文献线索的一种工具。文摘不但著录文献外部特征，更着重描述文献的内容，是原文浓缩后的产物。文摘是系统报道、积累、检索一次文献的主要工具，是检索工具的主体，二次文献的核心。

4. 综述

综述又称为述评，是指将期刊、会议录等公开出版物上发表的论文加以汇编整理形成的文献。它对某一学术领域现有的学术成果进行严格的评价，指出现有的研究状况、成果、观点、研究方法等并评价其优缺点。综述通常由资深专家撰写，在其后附有对未来进一步研究的建议，因此，被学者们视为非常重要的信息源。综述文章出现在各类出版物中，如期刊、会议论文集等，也可以单独形式连续出版。综述、述评属于三次文献范畴，是介于检索工具和非检索工具之间的一种文献，具有一定的存储、报道和检索功能。

5. 数据库

数据库是依托现代计算机技术，以计算机来处理和检索电子文献的一种自动化系统。按照数据的特点，机读数据库可以分为参考数据库和资源数据库两种类型。

6. 搜索引擎

这是一种以网络信息资源为对象的检索系统。与一般的数据库相比，网络搜索引擎涉及的信息类型更为繁多、动态性更强、形式更为多样。它不仅可以处理网页资源，还可以处理聊天室、BBS、即时播报等各类即时资源。

第三章 计算机信息检索基础

在利用计算机进行检索时，返回的答案并不总是让人满意。比如，利用搜索引擎在互联网上检索某一主题信息时，输入一个检索词之后，搜索引擎会返回上万个结果，但与需求相关的信息少之又少。造成这一结果的原因之一是用户对计算机的提问不够准确。计算机检索系统是一个机器系统，它不能够进行智慧思维活动，用户如何才能将自己的需求准确地传达给一个机器系统？通过何种操作才能缩小检索结果范畴、使检索结果更准确？为了解决这些应用问题，实现更准确、更全面的主题信息检索，用户必须了解计算机检索系统的原理和各种检索技术，这是本章的主要内容和目的。

第一节 计算机信息检索概述

一、概念与发展历程

计算机信息检索指人们在计算机或计算机检索网络的终端机上，使用特定的指令、策略和检索词，从计算机检索系统的数据库中查找出需要的信息，继而再由终端设备显示或打印的过程。计算机信息检索的特点是检索速度快、检索途径多、数据范围广、数据更新及时、检索结果可以直接输出等。源于以上优势，今天，计算机信息检索系统被广泛用于信息交流与查询，并同时实现消除"信息超载"的目的。许多大学和公共信息服务机构采用计算机检索系统向人们提供图书、期刊以及其他类型的信息资源，Web 搜索引擎也是最常见的计算机信息检索系统之一。

计算机信息检索起源于 20 世纪 50 年代初，1954 年美国海军兵器中心图书馆利用 IBM701 计算机研发出世界上第一个计算机信息检索系统，标志着计算机信息检索的开始。计算机信息检索的发展历程大致可以划分成四个阶段：

1. 脱机检索阶段

20 世纪 50～60 年代是脱机检索的试验和实用化阶段。这一阶段主要以脱机批处理的方式执行检索，得到的结果是文献号而不是具体的文献信息，用户需要根据文献号到图书馆内查找相应的文献。批处理是指它不对一个检索提问立即作出回答，而是集中大批提问后进行处理。脱机批处理检索花费的时间较长，而且人机不能对话，检索效率往往不够理想。

2. 联机检索阶段

联机检索阶段是从 20 世纪 60 年代中期到 70 年代初。由于计算机分时技术的发展，通信技术的改进，以及计算机网络的初步形成和检索软件包的建立，用户可以通过检索终端设备与检索系统中心计算机进行人机对话，从而实现对远距离之外的数据库进行检索的目的，即实现了联机信息检索。此阶段涌现出的著名联机检索系统有美国的 DIALOG 系统、ORBIT 系统、BRS 系统、欧洲的 ESA - IRS 系统等。

利用联机检索系统，用户可以按照自己的意图与计算机反复"对话"，随时修改检索策略，直到检索结果满意为止。联机检索系统响应快，能迅速接收数据、实时处理和输出检索结果且能为多个同时使用主机的终端用户提供分时处理。大型联机检索系统拥有丰富的信息资源，用户可以获取最新、最全的信息。但是联机检索系统使用命令操作界面，没有经过专门学习的普通用户无法掌握使用方法。而且，联机检索的费用高昂，个人用户常常望而却步。

3. 光盘检索阶段

光盘检索阶段始于 20 世纪 80 年代中期。光盘是一种利用激光束在涂有光敏材料的介质上记录和再现信息的高密度信息存储载体，能存储文字、图像、声音等信息。光盘因其轻便、存储密度高、能够存储多媒体信息，成为信息检索系统的良好载体。光盘检索系统实现了窗口式检索操作，普通用户通过简单的学习便可以使用，光盘检索系统大大加速了计算机检索的普及。但光盘检索系统中的资源一般放置在本地服务器上，随着数据库内容的增加与更新，持续不断地扩展存储空间给用户带来额外的压力。

4. 网络检索阶段

网络信息检索开始于 20 世纪 90 年代初。Web 网络集文本、图像、声音等多媒体信息于一体，除了传统的文献信息，网络信息资源还包括电子论坛、各种软件资料、图像文件、声音文件等。互联网采取分布式管理，突破了传统的物理和时间的概念，网络检索实现了在很短的时间内查遍全球资源的可能。网络使计算机信息检索技术进入一个崭新发展阶段，是目前信息检索系统的主要形式。信息检索发展到今天，呈现联机检索、光盘检索和网络检索三者并存的局面。

二、计算机信息检索原理

计算机信息检索包括信息的存储和检索两个过程。信息存储指的是建立检索系统，将大量数据以统一的格式输入到系统中，加工成可供检索的数据库。信息检索则是利用检索系统来获取所需要的信息，检索时，将符合需求的提问式输入到检索系统中，在选定的数据库中进行匹配运算，然后将符合提问式的检索结果按要求的格式输出。信息的存储和检索是两个有着密切联系的过程，图 3-1 所示为计算机信息检索系统处理过程。

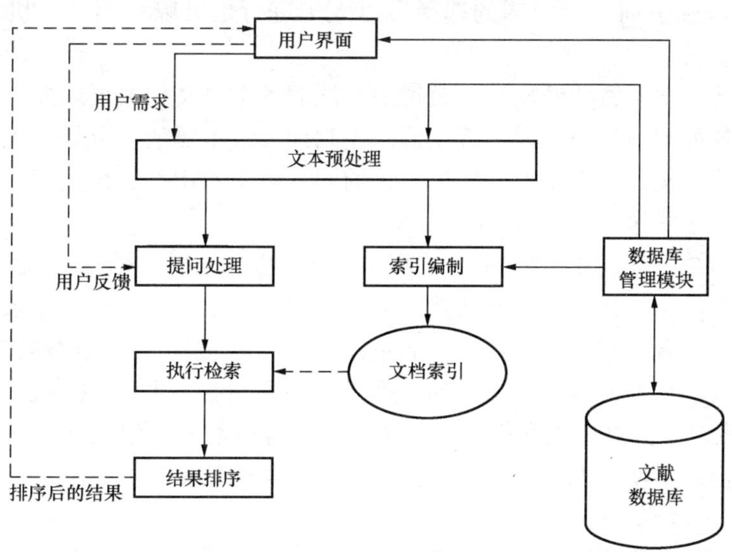

图 3-1　计算机信息检索系统处理过程

（一）信息的存储过程

存储过程即建立文献数据库的过程。文献数据库是一定学科范围内的信息记录及其索引的集合体，是计算机检索系统的重要组成部分，是用户检索的对象。文献数据库中的数据由建库人员按一定标准选择，然后将选定的文献进行预处理并编制索引文档。文献预处理是存储过程最重要的步骤，它在很大程度上决定检索系统性能的高低，文献预处理一般包括五部分：

1. 文献内容分析

一篇文献被视为数据库中的一条记录后，要依据一定的规则和程序，赋予其一定数量的表示其特征的标志（分类号、主题词、关键词）作为存储与检索的依据，称为文献的标引。文献标引的前提是文献的内容分析，文献内容分析是规定如何处理数字、连字符、标点符号、大小写等，将该文献的文本信息转化为一系列词汇，在此基础上对其进行标引。

2. 产生停用词

并不是所有的词都适合做标引词，比如那些在文献中出现频率过高的词便不适合用来描述文献内容。事实上，当一个词在80%的文献中都出现过的话，它便不再适合做标引词，这些词通常称为停用词。冠词、介词、连词常被视为停用词，有时候，一些动词、副词和形容词也会被视为停用词。使用停用词的处理办法会大大缩小索引表的规模。

3. 抽取保留词的词根

词根是指英文单词中去掉前缀或后缀后保留下来的那部分。在英文中经常会由一个词根派生出一系列词形变化的词，这些词中大部分会有语义上的关联，因此，检索时用词根替代具体词会提高检全率。

4. 选取标引词

自然语言文本中的句子通常由名词、动词、冠词、副词、介词、连词、拟声词等组成，但大部分语义由名词承担，因此常用名词或名词性的词组做标引词，有时候也用某些动词和形容词做标引词。标引词的选择可以人工进行也可以利用计算机软件自动完成。

5. 创建控制词表

控制词表由某一学科领域的规范词及每一个词的各个语义相关词组成。语义相关的词是指这一规范词的各种词形和同义词、近义词。控制词表最主要的部分是其规范词列表和词间关系指示。词表的意义在于将用不同词汇表达的同一概念的相关文档全部汇集在一起，起到提高查全率和查准率的作用。

文献预处理的结果是建立文献的主文档和倒排文档（索引文档）。一般来说，一个数据库至少包括一个顺排文档和一个倒排文档。顺排文档是将数据库的全部记录按照记录号的大小排列而成的文献集合，它构成了数据库的主体内容，见表3-1。在倒排文档中，以记录的特征标识（主题词、关键词等）作为排列依据，其后列出含有此标识的记录号，见表3-2、表3-3。用户检索时，计算机先在倒排文档中查找含有检索词的记录号，然后再到顺排文档中调用相应文献记录，使用倒排文档可以大大提高检索的效率。

（二）信息检索过程

用户将检索需求转化为计算机可识别的检索提问式，系统接受提问式后，根据检索提问式到系统的索引文档中进行匹配运算，结果按一定次序返回给用户。形成检索提问式也就是用户描述他们的信息需求的过程，检索提问式由描述文献内容或外部特征的标识符（如主题词、题名、专利号等）组成。将检索提问式中的检索词与系统中的文档进行比对叫做匹配过程，若文档的指定字段包含或部分包含检索词，此文档即为命中结果，匹配的结果经常以特定的顺序显示。如果用户想要获取更理想的结果，检索过程可以反复执行。

表 3-1　一个典型的文献数据库主文档（顺排文档）

记录号	题名	作者	关键词	摘要
001	bbb	Zhang	bxx	………
002	aaa	Wang	axx	………
003	ccc	Chen	cxx	………

表 3-2　题名文档（倒排文档）

题名	记录号
aaa	002
bbb	001
ccc	003

表 3-3　作者文档（倒排文档）

作者	记录号
Chen	003
Wang	002
Zhang	001

第二节　计算机信息检索技术

计算机信息检索技术是指利用联机数据库、光盘数据库和网络数据库等现代信息检索系统检索有关信息而采用的一系列技术，主要有布尔逻辑检索、截词检索、邻近检索、关键词检索、受控词检索等技术。

（一）布尔逻辑检索

布尔逻辑检索（Boolean Search）是应用最广泛的计算机检索技术，现代信息检索系统都支持布尔逻辑检索。布尔逻辑是一套代数系统，于 19 世纪中叶由英国数学家 George Boole（乔治·布尔）提出，用以将若干不同类的事物加以组合运算。现在，布尔逻辑在电子学、计算机硬件和软件中有广泛应用。在计算机检索系统中引入布尔逻辑算法，目的是实现两个以上检索词的组合检索。常用的布尔逻辑算符有三个：逻辑“与”、逻辑“或”和逻辑“非”。

1. 逻辑“与”

运算符为“AND”或“*”，用于连接概念上具有交叉或限定关系的词。在计算机检索系统中表现为“AND”连接的两个检索词必须同时出现在指定的字段当中。

在计算机检索时，多个检索词的组合检索会使结果更加准确，例如，检索“有关高层建筑的防火”的资料，若用“高层建筑”检索，将会检出全部关于高层建筑的文献；若用“防火”检索，将会检出数据库中关于防火的全部相关文献，而此课题要求的是查找二者之间的关系，因此，用“AND”将两个检索词连接，这两个词将同时出现在指定的字段（如题名）中，此时，大体上可以认定得到的结果是专门论述高层建筑防火的文章。逻辑“与”算符能增强检索的专指性，使检索范围缩小，可以提高信息检索的查准率。

注意，在使用逻辑“与”时，尽量减少不必要的检索词，以避免因限定过多而导致检索结果过少或检索失败。例如，检索“最新的基于生物法的污水脱氮除磷工艺”的相关资料，若检索式写成：“最新 AND 生物法 AND 污水 AND 脱氮除磷 AND 工艺”，表示指定的字段一定要同时出现这几个检索词，若文章中没有出现“最新”或“污水”或“工艺”，这篇文章就会被认为内容不相关。因此，要尽量减少不必要的限定。这个课题完全可以写成：“生物法 AND 污水 AND 脱氮除磷”，甚至，连“污水”一词都可以去掉。

2. 逻辑“或”

运算符为“OR”或“+”，用于连接概念上具有同义关系或相关关系的词。在计算机检索系统中表现为“OR”连接的两个检索词，只要有任意一个出现在指定字段即可视为命中文献。

例如，检索“有关汽车的英文资料”，若使用“Cars”作为检索词，将检索出数据库中全部含有“Cars”的文档，但会有许多作者用“Automobiles”表达汽车的概念，如何将这一部分的文档也检出来呢？在这种情形下，我们用逻辑算符“OR”来连接两个同义词或近义词，以实现扩展检索。这一课题的检索式可以写成：“Cars OR Automobiles”，系统将检出全部含有“Cars”的文献，以及全部含有“Automobiles”的文献。应用逻辑“或”可以解决同一事物因不同表述方法造成的文献分散问题，尽量找全语义相同或相近的词用“OR”连接，这样可以免去逐一查找的麻烦并有效扩大检索结果的范围。

3. 逻辑“非”

运算符为“NOT”或“−”，用于连接概念上互相排斥的两个词。在计算机检索系统中表现为“NOT”左边的词一定要出现在指定的字段，但“NOT”右边的词一定不能出现。

重新回到检索“有关汽车的英文资料”的例题中，在这里唯独不希望检索出任何欧洲制造的汽车，因此，检索式可以写成：“（Cars OR Automobiles）NOT Europe ”。逻辑“非”和逻辑“与”运算的作用类似，可以缩小检索范围，增强检索的准确性。但逻辑“非”如果使用不当，将会排除有用文献，从而导致漏检。

注意事项：

（1）以上列举的三个逻辑算符可以混合使用，构建复杂的检索提问式，如（Cars OR Automobiles）NOT Europe。检索系统运算复杂检索式的顺序是从左向右进行的，逻辑算符 AND、OR、NOT 的运算次序在不同的检索系统中有不同的规定，因此，可以引入括号来人为控制运算顺序，从而确保检索式正确的逻辑关系。在有括号的情况下，先执行括号内的运算；有多层括号时，先执行最内层括号中的运算，逐层向外进行。

（2）布尔逻辑算符除可以连接两个检索词外，还可以连接两个不同的检索条件。例如，在 CNKI 检索平台上检索作者为李国豪、主题为拱桥或斜拉桥的文献，检索式可以写为：AU=李国豪 AND SU=（斜拉桥 OR 拱桥）。

（3）并不是所有的检索系统都将三种逻辑关系表示为 AND、OR 和 NOT，有的系统用一个空格表示逻辑“与”，有的系统用“AND NOT”表示逻辑“非”，有些搜索引擎用“+”或者“−”表示逻辑算符，有的检索系统直接把布尔逻辑隐含在菜单中，例如，Lycos 以“match all terms”表示逻辑“与”，以“match any term”表示逻辑“或”，用户在使用具体的检索系统时要认真阅读使用说明。

（二）邻近检索

邻近检索（Proximity Search），又称位置检索，通过专门的运算符号来规定检索式中各个检索词在检索结果中出现的相对位置，以使检索结果更加准确。

当使用“AND”连接多个检索词进行检索时，系统将检索出包括全部这些词的文档而不考虑这些词之间的位置关系。如果通过规定各检索词之间的邻近程度来提高它们的语义相关度，可以有效提高检索结果的准确性。邻近检索技术可以指定检索词必须出现在同一个字段中、同一个句子中或指定两个检索词之间相隔的字符数等，邻近算符包括：

1.（W）算符与（nW）算符

W是With的缩写，（W）算符要求在此算符两侧的检索词必须按输入时的前后顺序排列，而且所连接的词之间除可以有一个空格、或标点或连词符外不得有任何其他单词或字母。使用（W）算符所连接的检索词已构成一个固定的词组，显然（W）算符具有较强的严密性。例如，Waste（W）Water将只检索出包含Wastewater和Waste - water的文档。（nW）算符则允许在连接的两个词之间最多插入n个其他单元词。例如，Phosphorus（1W）Removal将检索出包含Phosphorus Removal和Removal of Phosphorus的文档。

2.（N）算符与（nN）算符

N是Near的缩写，（N）表示在此算符两侧的检索词必须紧密相连，所连接的词间不允许插入任何其他单词或字母，但词序可以颠倒。例如，Wastewater（N）Treatment将检索出含有Wastewater Treatment和Treatment Wastewater的文档。（nN）除具备（N）算符的功能之外，允许在两个检索词之间最多可以插入n个词。

3.（F）算符

F是Field的缩写，要求被连接的检索词出现在同一字段中，字段类型和词序均不限。如，标题字段、摘要字段等。例如，Green（F）Concrete表示只要在同一个字段中含有Green和Concrete的文档都为命中文档。

4.（S）算符

S是Sub - field/Sentence的缩写，要求被连接的检索词出现在同一个子字段中，词序不限。子字段包括文摘字段中的一个句子或标题字段的副标题等。

5.（L）算符

L是Link的缩写，在两个检索词之间使用（L），表示两词必须出现在记录的同一叙词字段中，并且其间具有等级关系，前者为主，后者为副。（L）算符只使用于有叙词表的数据库中。

以上邻近算符在检索式中可连用，运算的顺序是：（W）→（N）→（S）→（F）→（L），如果在检索式中含有邻近算符和布尔逻辑算符，检索运算的顺序是先算邻近算符，后算布尔算符。

（三）截词检索

截词检索（Truncation Search）是指检索者在检索词的合适位置将其截断，用截词符代替截断部位字符的变化，并认为凡是满足这个词保留部位的所有字符（串）的文献都为命中文献的一种检索技术。截词检索适用于西文（如，英文和德文），对中文的用途则比较有限。这与文字的构成特点有关，西文构词灵活，在词干上加上不同性质的前缀和后缀，就可以派生出很多新的词汇。由于词干相同，派生出来的词在基本含义上是一致的，形态上的差别多半只具有语法上的意义。检索者如果不在提问式中列出一个词的所有派生形式，在检索时很容易出现漏检，因此截词检索是防止漏检的有力工具。在一般的检索系统中，常用的截词技术有左截词、右截词和中间截词三种。

1. 右截词检索

右截词检索又称前方一致检索，它是将截词符放在一串字符的后面，用以表示以相同字符串开头，而结尾不同的所有词。右截词主要应用在词的单复数、年代、作者、同根词等四个方面，分为词尾的有限截断和词尾的无限截断两种情况。

（1）有限右截词。主要用于词的单、复数，动词的词尾变化等，一般用“?”做截词符，一个“?”代表一个字符的变化。例如，用 system? 可以检索出含有 system 和 systems 的文档。相同字符串后可能变化两个以上字符时，则在其后连续使用若干个“?”代替可能变化的字符。例如，?? 表示两个字符，??? 表示三个字符，依此类推。

（2）无限右截词。主要用于同根词，一般用“*”做截词符，一个“*”可以代表任何多个字符的变化。例如，comput* 可检索出含有 compute、computer、computing、computation、computerisation 等词的文档。

2. 左截词检索

左截词检索又称后方一致检索，是将截词符放在一串字符的前面，允许检索词的前端有若干变化，一般用“*”做截词符。例如，用 *magnetic 可以检索出含有 magnetic、electromagnetic、thermomagnetic 等的文档。

3. 中间截词检索

中间截词检索又称中间屏蔽检索，将截词符放在一串字符的中间，允许检索词中间某个位置字符有变化，一般用“?”做截词符。中间截词用于解决美英单词拼写差异或单复数的变化，一般只适用于有限截断。例如，ter? m 可以检索出系统中含有 term 和 team 的文档。wom? n 可以检索出系统中含有 woman 和 women 的文档。

截词符实际是一种隐含的逻辑“或”（OR）运算，能够扩大检索范围，而且减少了输入检索词的时间。目前，大多数检索系统都支持截词检索，但搜索引擎一般只支持右截词检索，而且有些搜索引擎为了避免结果数量过多，明确表示不支持截词检索。

采用截词检索时，既要灵活、又要谨慎，截词的位置要适当，如果截得过短（通常输入的字符不得少于三个）将会带出过多不相关的结果，影响查准率。

（四）字段限定检索

字段限定检索是指限定检索词在数据库记录中的一个或几个字段范围内查找的一种检索方法，目的是提高检索的准确率。在检索系统中，数据库设置的可供检索的字段通常有两种：表达文献主题内容特征的基本字段和表达文献外部特征的辅助字段。基本字段包括篇名、文摘、主题词、关键词四个字段；辅助字段包括作者、来源名称、ISSN 号等除基本字段以外的所有字段。

在菜单操作界面，用户利用下拉菜单选择特定的检索字段；在命令操作界面或专家检索界面，用户需在编制检索式时用字段代码指定检索字段。计算机检索系统赋予每个字段两位字母的字段代码，例如，TI 表示题名字段、AU 表示作者字段、AB 表示摘要字段等。字段代码在检索式中的格式，不同的系统有不同的规定。在 EI 检索系统的专家检索模式中，字段检索格式为：WN+字段代码，如，{Civil Engineering} WN TI 表示查找题名中包含 Civil

Engineering 的文档。CNKI 检索系统的专家检索模式规定的格式为：字段代码＝检索式，要查找作者罗小未发表的文章，检索式可表示为 AU＝罗小未。

（五）受控词检索

受控词检索又叫控制词检索，是用表达文献主题的规范化的词或词组进行文献的标引和检索，使得检索者与标引者能最大限度地用同一个词表达某个含义，其主要作用是消除自然语言中存在的一词多义或一义多词给检索造成的麻烦，提高查准率和查全率。

受控词一般都有专用词表加以控制称为控制词表（Controlled Vocabulary），典型的控制词表是叙词表（Thesaurus）。词表由一系列表示事物概念的词或词组构成，是用于描述相似词语的标准术语表。一个词表包括两个主要部分，一是设计者预先选定的术语（一般都是名词、动词或英语中的动名词）；一是词表中每个术语的语义相关的词汇集合。例如，ERIC（教育叙词表）中的一个词条：

Design Requirements

Used for：Design Needs
Physical Design Needs
Psychological Design Needs

Browder Term：Specifications

Narrower Term：Accessibility（For Disable）...

当用户找不到合适的词进行检索时，可以利用控制词表选取一个合适的检索词，同时选择一些相关词来提高查准率。

受控词检索的优点是可以免去列举同义词的麻烦，缺点是由于控制词表本身具有滞后性，因此新的研究领域的一些词汇不能及时被纳入表中；此外，检索效果要依赖词表编制的准确性和系统性。尽管此法可以检索出相关度较高的相当数量的文献，但也会遗漏部分相关文献，尤其是那些从不同角度对同一问题进行论述的文章。

（六）关键词检索

关键词检索（Keyword Search）是指在文章中检索包含用户输入的检索词的方法，可以用于题名、作者、全文等字段。与受控词不同，关键词直接来自文档内容，是原始的、粗糙的，由检索者给出，有极大的调整空间。关键词检索是受控词检索的有益补充。关键词检索在处理新概念、公司或产品名称、地名、化学制品、数字、非专业性术语方面具有特殊的优势，今天大多数的信息检索系统包括大多数的互联网信息只能通过关键词检索。关键词检索的缺点是：由于关键词的拼写、首字母缩略词、术语和标点并未经过规范，因此，当用户想要检全某一方面的文献时，必须尽可能多地列举出同义词、相关词和写法不同的词。

（七）自然语言检索

自然语言检索（Natural Language Search）是直接采用自然语言中的字、词、或句子作提问式进行检索，同一般口语一样。如可用"What is search engine?"或"Who is Clinton?"这样的自然语句充当检索提问式。自然语言检索使得检索式的组成不再依赖于专门的检索语言，检索变得简单而直接，特别适合非信息专业的一般检索者使用。自然语言检索更适合于 Web 搜索引擎，许多著名的搜索引擎如 AltaVista、Excite、Hotbot、Infoseek、Lycos、中文 GOYOYO 和一些多元搜索引擎都支持自然语言检索。

（八）结果优化

计算机检索系统是一个交互系统，用户将初次检索结果情况分析后及时反馈给系统是必要的，系统提供多种途径帮助用户对初次结果进行优化（Refine Results）。用户必须分析初次检索结果数量是过多了还是过少了，结果与检索主题的相关度如何等，在分析的基础上，利用系统提供的主题聚类、语种限定、时间限定、文献类型限定等途径进行结果的再一次筛选，从而优化最终结果。

第三节 计算机信息检索方法

一、检索步骤

从用户产生信息需求开始直至问题得到解答，一般可以分解为以下几个步骤：

（一）分析检索课题

所谓检索课题是根据检索文献信息或查解科研疑问的需要所拟订的问题。在检索之前，首先须对检索课题进行认真分析，明确检索的目的和具体要求，以便使用户的检索提问准确、全面，避免盲目检索。

（1）分析检索课题首先要明确检索的目的，检索目的有三种：第一种是科研攻关型，这种类型的课题是要解决研究或生产中的一些技术难题，如某一理论、方法、设备、过程等的具体问题，要求查准率高，只要找到合适的文献即可。第二种是课题普查型，这种类型的课题是要针对某一课题收集系统详尽的资料，要求查全率高，往往要检索若干年的文献。第三种是研究探索型，这种类型的课题是要密切跟踪、了解国内外某一方面的最新成果，掌握最新科研动态，要求信息的新颖、及时性强。

（2）分析课题的主要内容及其所涉及的学科、所需文献的类型（学术论文、专著、标准文献、专利文献等）、语种、年代及文献量的范围。

（3）分析本课题的一些已知线索，文献名称、有关人名、机构名称、文献号码（专利号、标准号、报告号）等，将已知线索一一分析列举出来。

（4）设置本次检索对查新、查准、查全的指标要求，及其侧重。

（二）选择检索系统

当检索课题明确以后，进入系统选择步骤。选择检索系统时，通常遵循以下4C标准：

Content：指数据库的内容。涉及它的学科范围、科技含量、数据库类型、数据来源等。

Coverage：指数据库的规模。涉及它的时间和地理范围、机构来源、文献量等。

Currency：指数据库更新的及时性。包括更新的频率、周期。

Cost：指数据库的费用。各种数据库、各种检索输出方式和格式的收费是不一样的。

除以上衡量指标之外，还要就具体问题考察系统提供的检索途径是否与检索课题的已知线索相对应，例如，当已知公司的邓白氏码，检索系统是否提供邓白氏码的检索途径。

（三）选择检索入口和检索词

根据检索课题的需要和前期掌握的相关线索，从检索系统提供的题名、作者、机构名称、ISSN等各种检索字段中选取一种或几种作为进入系统数据库的入口，也叫检索点。多数时候，人们会从主题的角度查找资料，因为主题词不仅可以明确表达课题的内容，还可以实现一对多的检索，即一次输入可以命中多个相关结果。系统的题名、摘要、主题、关键词、全文字段都支持主题词检索。

主题词的选择对于检索的成败起着至关重要的作用，选用什么样的词做主题词、主题词的数量都将直接影响检索结果。在选取主题词时，尽量遵照以下原则进行选词：

1. 利用控制词表选取规范化的主题词或词组

一般计算机检索系统都有在线控制词表，利用词表选取规范的术语作为检索词能够提高查全率和查准率。例如，EI 在线叙词表（EI Thesaurus）中 Solar energy 词条如下：

Solar energy

Used for：Solar power

Broader terms：Renewable energy resources

如果在 EI Compendex 中检索关于太阳能的相关文献，可以选用“Solar energy”作为检索词，而不用“Solar power”，通过词表还可以选取“Renewable energy resources”进行扩展检索。

2. 注意将同义词、近义词和词形变化的词找全

由于自然语言具有模糊的本性，因此同一个事物可能被赋予几个名称，比如，Patron、Reader、User、Customer 都可以用来表示图书馆用户这个概念；VC、抗坏血酸、维他命 C、维生素 C 都表示同一种维生素。针对语言的这个特点，在实施检索时，要尽量将同义词和近义词找全以免造成漏检。

3. 注意分析隐性概念

当某个课题没有一个专门的词汇与其对应时，应从课题内容中分析提炼出可用的检索词。例如，查“多元共渗”方面的英文资料，由于汉英词典上没有对应的词，因此必须进行概念分析，进而选择主题词。“多元共渗”是指多种元素在一定温度、压力、浓度条件下自金属表面扩散的能力有所提高，利用的是扩散涂层原理，因此，通过“Diffusion Coating”就可以找到有关文献。

4. 提炼关键、核心的词作为检索词，少用或者不用对课题检索意义不大的词

由于计算机检索系统是一个机器系统，不能够对输入的检索式进行智能分析，它只能按照检索词进行匹配，因此，检索式要尽量选用表达主要概念的词和词组，尽量去掉那些修饰限定词。检索式越复杂冗长，系统匹配越难以成功。例如，检索最新的纳米绿色环保涂料生产工艺的相关文献，如果检索式写成：最新 AND 纳米 AND 绿色 AND 环保 AND 涂料 AND 生产工艺，文章的指定字段中必须同时包含上述检索词才算命中，如果文章指定字段中只含有环保涂料、纳米和生产工艺，内容也是相关的却未能被检索出。

我们将那些表达事物特定概念的词称为基本检索词，基本检索词具有专指性，表达的概念明确、具体，如上例中的“环保涂料”、“纳米”。将一些专指性不太强的词作为辅助检索词，如展望、研究、作用、对策、探讨、影响等，检索时选择使用或者尽量不用。

（四）实施信息检索

按既定检索入口和检索式进行输入查找。一般来说，计算机信息检索是通过用户与系统的不断交互使得结果逐渐趋于优化的，用户很难一次输入便成功，因此，在实施检索阶段，检索方案的调整是重要的。

利用主题词检索得到的初次检索结果一般会出现三种情况：结果数量过多、结果数量过少和结果的相关度过低。针对上述情况，要对原检索式进行相应调整，调整的方法如下：

1. 初次检索结果数量过多的调整方法

（1）增加限定词并使用 AND、NOT 算符连接，增加主题限定。

（2）使用位置算符（W）、（N）、（F）等限制检索范围。

（3）选择检索范围较小的字段，如题名。

（4）使用二次检索。有些检索系统提供二次检索功能，在初次结果之上进行检索，相当于增加主题词进行 AND 运算。

（5）使用下位词，增强检索词的专指度。例如，初次检索使用“建筑防火”得到的资料数量过多且相关度不高，可以将检索词调整为“高层建筑防火”进行检索。使用这种方法调整检索方案时注意不能改变原课题的检索意图。

（6）使用精确检索，如对于固定短语来说可用引号引起来。

（7）利用计算机检索系统的辅助功能，从文献的类型、年代、文种等外表特征对初次结果进行调整与控制，直至获得较满意的检索结果。

2. 初次检索结果数量过少的调整办法

（1）增加同义词或近义词，用布尔逻辑算符 OR 连接。

（2）调整检索字段。选择检索范围较大的字段或主题检索字段，如初次选择的检索字段为题名，可将检索字段调整为摘要；若初次检索的字段为关键词，可调整为主题词字段。

（3）使用截词符。

（4）使用上位词，放宽检索词的专指度。

3. 初次检索结果相关度过低的调整办法

若初次得到的检索结果相关度过低，可能是选择的检索词错误或数量过少，也可能是检索时各项限定条件设置不当，因此情况比较复杂，要一一排查。若是选择的检索词不当，最好依据系统的在线词表进行选词。

（五）检索结果的评价

在正式获取最终结果之前，要对本次检索结果进行简单的评价，目的是考察检索任务的完成情况并对后续信息检索策略进行进一步规划与调整。检索结果评价的具体标准有两个：用户是否查到了其需要的信息；查到的信息是否全面而准确。在检索实践中，从检索效率和结果内容两方面进行评价。

1. 检索效率评价

评价检索效率的基本指标有：查全率（Recall ratio）、查准率（Precision ratio）、漏检率（Omission ratio）、误检率（Fall - out ratio）、新颖率（Novelty ratio）、有效率（Availability ratio）、检索速度（Time ratio）等，其中，最常用的检索效果评价指标为查全率和查准率。

查全率和查准率是由 J. W. 佩里和 A. 肯特于 50 年代中期提出来的，后经不断改进和完善，至今已成为评价检索效果最常用的两项关键指标。

查全率就是系统在进行某一检索时，被检出的相关文献量与系统文献集合中实有的相关文献量的比率，如下式所示

$$查全率(R) = \frac{被检出相关文献量}{文档中相关文献总量} \times 100\%$$

查准率就是被检出的相关文献量与被检出的文献总量的比率，如下式所示

$$查准率(P)=\frac{被检出相关文献量}{被检出文献总量}\times 100\%$$

在具体评价检索系统的检出效果时，一般应将查全率与查准率结合起来。虽然查全率与查准率能较好地反映出一个检索系统的检索效果，但是也存在一些难以克服的局限性和固有的缺陷。首先，一个检索系统中总共有多少相关文献难以确切计算，而只能是大概估算；其次，对于全部相关文献对用户的价值是建立在假定具有同等价值上的，然而实际上并非如此，不同的用户对相关文献的认识也可能不一致，因此存在着太多的主观成分和一些模糊概念。所以上述方法求得的查全率与查准率并不是绝对的，而只能是相对近似地描述检索效果。

2. 结果内容评价

对结果内容评价的目的是有选择地获取。检索系统返回的最终结果在参考价值、权威性、新颖性等方面存在差异，用户在选择获取原文和题录时要进行选择，选择的依据除利用自己的知识和智慧进行判断外，还可以通过系统提供的一些辅助手段进行结果评价。例如，大多数检索系统都会评价文献来源的荣誉度、文章的被引频次等。

（六）结果获取

在全文检索系统中，用户可以在线打印、下载电子全文文档。若在书目数据库或文摘数据库中检索，用户需将所需文献线索记录下来，再通过线索向全文收藏单位索取原文。至此，一次信息检索的过程终止。

二、检索示例

课题名称：有关用生物法进行污水脱氮除磷的新工艺

（一）课题分析

氮和磷是生物重要营养源，污水中氮磷含量超标，会导致水体富营养化。长期以来，城市污水处理均以去除有机物和悬浮物为目的，没有考虑对氮磷等无机营养物质的去除，所以在污水处理中，只有10%～20%的氮、磷被去除，造成水体污染。在各种污水处理工艺中，生物脱氮除磷是最廉价、最有效的方法。生物脱氮除磷原理的研究和应用是当前国内外该领域研究的热点之一。生物脱氮除磷新工艺不断涌现，本课题主要查找有关用生物法来处理氮和磷的新工艺。脱氮除磷工艺主要涉及环境科学和水污染治理方面的知识。需要检索的参考文献以学术论文和专利技术为主。语种包括中文文献和同一主题的英文文献。由于需要掌握脱氮除磷的新工艺、新技术，所以对文献的新颖性的要求较高，时间限定为最近5年。

（二）选择的检索系统

中文数据库：CNKI、万方数据的学术期刊、会议论文和专利数据库；

西文数据库：Ebsco（以Ebscoo为例，还可选择更多）的科技期刊数据库、DII；

互联网环境科学门户网站：中国污水处理工程网、国家环境保护部、CO土木在线、水网论坛、水世界论坛、美国环保总署、科学在线等；

利用搜索引擎查找网络文献：Google，Virtue library，Buble Link等。

（三）构建检索式

1. 中文检索式

（生物脱氮 OR 生物除磷）AND（污水 OR 废水）

（污水 OR 废水）and 脱氮除磷 and 生物

2. 英文检索式

（Biological phosphorus removal OR Biological nitrogen removal）AND（wastewater OR sewage OR sewerage）AND treatment

（四）执行检索

略。

（五）检索结果的评价与获取

略。

第四章 图书与期刊信息检索

第一节 图书信息检索

一、图书概述

（一）印刷图书

在所有的印刷文献中，图书是产生最早的也是为大众最为熟知的文献类型。图书是对某一知识领域在一定时期内的科学研究成果、生产技术和实践经验的系统的理论概括。一般而言，图书的内容系统全面、成熟可靠，它帮助人们对范围较广的问题获得一般性了解，或对陌生的问题有个初步的认识。图书按其内容和读者对象可以划分为四类：

（1）专著。专著是从事某项专业的专家所撰写的某一专题或某一学科方面的全面系统的著作，它是构成科技图书的主体，主要为科技人员提供参考使用。

（2）科普读物。科普读物是以普及科学知识为目的的读物，有初、中、高级之分。科普读物发行量大，读者面较广。

（3）教科书。教科书是根据教学大纲要求，结合学生知识水平编写的教学用书。教科书内容一般都是基本原理和事实，具有通俗易懂、准确可靠的特点。

（4）参考工具书。参考工具书指各种手册、年鉴、词典、百科全书、图册、组织机构指南、人名录、地名录一类的书。这类书出版周期长，但信息量大、内容全面，是查找事实、搜集信息方便快捷的工具。

（二）电子图书

传统印刷型图书出版周期较长，更新速度慢，因此对新技术的报道不如期刊及时。新兴的电子图书出版迅速，更新及时，在一定程度上弥补了这一缺陷。电子图书（Electronic Book，简称 e-Book）又叫数字图书，是指以数字代码方式将图、文、声、像等信息存储在磁、光、电介质上，通过计算机或类似设备使用，并可复制发行的大众传播体。相对于传统图书而言，电子图书有许多独特的优势，如制作方便，成本低廉；易于复制，易于修改；发行周期短，时效性强；检索方便，生动直观；使用方便，具备充分的开放性和共享性等。

1. 电子图书制作方式

目前电子图书的制作方式主要有以下四种。

（1）扫描书。对纸质书进行电子扫描后生成图像形成的电子书，书的每一页都是一张电子图像。

（2）OCR 识别书。通过 OCR（光学字符识别）技术将纸质的图书资料转换为电子书。

（3）直接录入型电子书。直接将原书重新录入到电子图书制作系统中制作而成的电子书。

（4）格式转换型电子书。将出版社的图书电子文档数据直接转换到电子图书制作系统中制作而成的电子书。

2. 电子图书格式

电子图书的格式有很多种，下面简单介绍常见的几种电子书文件格式。

（1）TXT 文件格式。文本型格式，容量大，所占空间小，存储简单方便，是计算机和很多移动设备的通用格式。

（2）DOC 文件格式。Microsoft 开发的 Office 办公软件中 Word 文档的存储格式。

（3）EXE 文件格式。目前比较流行的一种电子图书文件格式。这种格式的制作工具也是最多的。它最大的特点就是阅读方便，制作简单，制作出来的电子图书精美，无需专门的阅读器支持就可以阅读，对运行环境并无很高的要求。这种格式的电子图书的缺点是多数相关制作软件制作出来的 EXE 文件都不支持 Flash 和 Java 及常见的音频视频文件，需要 IE 浏览器支持。

由于 EXE 格式的电子书是基于 IE 内核和注册表制作的，也就是说，在 Windows 下打开 .exe 图书时，实际上是调用了 IE 的内核功能。而目前所有的电子书阅读器用的是 Linux 系统，不支持 IE，所以，电子阅读器不支持 EXE 格式的电子书。

（4）CHM 文件格式。是微软 1998 年推出的基于 HTML 文件特性的帮助文件格式。CHM 格式能够支持图片的插入，还能够通过制作目录、索引等功能来方便读者阅读。这种格式无需任何第三方软件的支持，就可以在 Windows 系统上直接阅读。这种格式的电子图书的缺点是要求使用者的操作系统必须是 Windows 98 或 NT 及以上版本。

（5）PDF 文件格式。PDF 格式是由 Adobe 公司所开发的电子读物文件格式，它可以真实地反映出原文档中的格式、字体、版式和图片，并能确保文档打印出来的效果不失真。因此，PDF 格式已经成为一种国际上认可的电子文档格式。PDF 文件的专用阅读工具就是 Adobe Acrobat Reader 软件。为了能够使读者阅读到原始版面，不少报纸的电子版都是采用 PDF 格式，如《北京青年报》。但是这种格式不支持 CSS、Flash、Java、JavaScript 等基于 HTML 的各种技术，所以这种格式只适于静态的电子图书。

（6）WDL 文件格式。北京华康公司开发的一种电子图书文件格式，目前国内很多大型的电子出版物都使用这种格式。其特点是较好地保留了原来的版面设计，可以通过在线阅读也可以将电子读物下载到本地阅读，但是需要使用该公司专门的阅读器 DynaDoc Free Reader。与 PDF 格式一样，该格式依然不支持上述的一些效果，但是支持图片的导入。

（7）LIT 文件格式。Microsoft 公司在 2000 年推出 Microsoft Reader 阅读器的同时推出的一种电子文档格式。LIT 文件格式的电子图书可以模拟真实图书的形式，阅读风格非常接近于人们平时阅读的纸质图书，所以阅读起来十分亲切，并且支持全屏阅读功能。但是它没有滚动条，翻页全部使用单击页码来实现，并且 LIT 格式对中文的支持不是很好。

（8）EBX 文件格式。EBX 文件格式的阅读风格与微软的 Microsoft Reader 很相似。该格式的电子图书可以使用名为 the Glassbook Reader 的阅读器来阅读，该格式还可以包括 Sound、Wave 等多媒体文档。目前美国 BARNES&NOBLE 公司提供了大量的关于这种格式的电子图书。

（9）CEB 格式。CEB 格式是由北大方正公司独立开发的电子书格式，由于在文档转换过程中采用了“高保真”技术，从而可以使 CEB 格式的电子书最大限度地保持原来的样式。正是基于这种特点，许多电子书发行机构和数字化图书馆都已经开始采用这种格式，国家有关部门还将 CEB 格式作为电子公文传递的标准格式。方正 Apabi Reader（阿帕比）是 CEB 格式的指定阅读软件，Apabi Reader 还具有字体缩放、书签、做笔记、书籍管理、翻译和文字部分拷贝功能，符合广大读者传统的阅读习惯。

（10）PDG格式。超星公司开发的电子图书格式，超星数字图书馆中的图书即为此种格式。阅读PDG格式图书必须使用超星阅览器SSReader。

以上列举的均属于PC机上使用的电子图书文件格式，它们各有所长，也各有不同的适用范围，有的需要专用阅读软件，有的可以直接运行或者使用浏览器阅读，至今没有形成统一的标准。

除在电脑上阅读电子书外，近年来手机电子书越来越流行，手机阅读不受时间、地域的限定，手机亦轻巧便携，深受广大读者的拥趸。手机电子书流行的格式包括TXT、UMD、Java等。

UMD是掌上书院创立的手机电子书文件格式，是较早出现的手机电子书格式，压缩比和性能都非常好，支持图文混排，是目前手机电子书主流文件格式。可以看小说、杂志、漫画和连环画，可设置字体的大小、行间距、颜色、背景色和背景图片，支持书签、目录管理，全文搜索。Java手机可下载阅读软件后阅读。

Java手机电子书的格式一般为Jar和Jad，其中Jad文件是一个说明文件，描述Jar文件的信息。部分手机不支持直接读取Jar，这时则需要Jad文件。大多数手机都支持Java，因Java格式的适用范围相当广泛。Java格式在支持图文，多媒体方面非常出色，另外，阅读器和文本被打包在一起（Jar），因此只需安装即可阅读，无需另外安装阅读器或者下载电子书。

TXT格式是最通用的手机电子书格式，可用手机自带的阅读器阅读，也可以下载阅读器安装到手机阅读，常用的阅读器主要是Microreader、Qreader、Smartviewer。以Micro-Reader软件为例，它可以自动翻页而且速度可调、可以设置书签、字体行距和进行编码切换等，使手机更像一个功能丰富的电子书阅读器终端。

二、图书信息检索

检索已出版的或未来将要出版的图书信息一般通过以下途径：利用现行国家书目和书商书目；专业报刊上的新书报道或网上的新书通信、征订广告；利用专科索引和文摘；利用书评和提要目录选择优秀图书；利用百科条目、述评资料和权威论著中的“参考书目”、“阅读书目”和“引文注释”；利用征订目录和“网上书店”购买所需书刊；利用馆藏图书目录获得馆藏信息及其排架号；利用专业数据库直接获取图书内容等。

（一）利用书目查找图书

书目是著录相关文献的基本特征，按照一定的次序编排而成的揭示和报道文献的工具，主要用于报道图书的出版信息和版本信息。查找正在出版的中文图书主要使用《全国新书目》和《中国图书在版编目快报》；查找将要出版的中文图书主要利用预告书目。目前，各省、市新华书店、各出版社均编印预告书目，其中最著名的是《新华书目报》。

查找近代中文图书最重要的工具是《民国时期总书目》；查中国古籍的流传，主要利用《艺文志二十种综合引得》及公私藏书目录；查现存古籍利用《四库全书总目》和《书目答问》；查古籍的版本利用《增订四库简明目录标注》、《中国古籍善本书目》和《中国善本书提要》；查古代丛书利用《中国丛书综录》和《中国丛书文录》。

查找外文图书出版信息则主要利用以下几种书目。

1. Bowker's Global Books in Print，GBIP（http：//www.globalbooksinprint.com)

Bowker是世界著名的图书目录出版商，致力于报道新书出版信息。GBIP是全球最大的网络版书目查询系统，涵盖全球逾1100万册在印、脱印以及即将出版的印刷本书籍、电子书籍和音像资料信息。主要资料来自英语系及西班牙语系国家，包括美国、英国、加拿大、澳大利亚、新西兰以及南非等国家。

2. British National Bibliography，BNB（http：//www. bl. uk/reshelp/atyourdesk/docsupply/productsservices/bnb/index. html）

BNB（英国国家书目）网站报道英国和爱尔兰的图书出版情况以及1950年以来的印刷本图书和电子图书书目信息。

除此而外，国内也有报道外文图书出版情况的目录，主要是各图书馆编制的新书通报，如中国国家数字图书馆网站推出的《外文新书书目》等。

（二）利用图书馆目录查找图书

图书馆目录是查找图书馆藏信息的工具，在未实现自动化和网络化之前，图书馆目录的使用范围基本上限于馆内用户。因特网的发展突破了这一局限，传统的图书馆目录发展为联机图书馆公共查询目录（OPAC），网络用户通过终端可以检索世界各地图书馆的开放OPAC，从而了解某一图书馆的藏书情况。如国家图书馆、上海图书馆、北京大学图书馆、北京师范大学图书馆、清华大学图书馆等都有开放的OPAC系统，用户只要登录其网站便可免费查询其图书收藏信息。此外，国家或区域内还建立各馆资源的联合目录，通过联合目录即可查询某一国家或某一区域内图书的收藏情况，以下列举几种重要的网络联合目录（包括图书联合目录和期刊联合目录）。

1. The National Union Catalog（http：//www. loc. gov/rr/main/inforeas/union. html）

The National Union Catalog（NUC），美国全国联合目录，是以美国国会图书馆馆藏为主体的联合目录，1956年后扩大到北美1100个图书馆的收藏。由于国会图书馆收藏范围的世界性，NUC被称为“世界书目”。

2. OCLC的联合目录库WorldCat

WorldCat是OCLC为世界各国图书馆中的图书及其他资源所编纂的目录，是世界上最大的书目记录数据库，包含OCLC所有成员图书馆编目的所有记录。从1971年建库至今，共收录有470多种语言总计达16亿条的馆藏记录，基本上反映了从公元前1000多年至今世界范围内的图书馆所拥有的图书及其他资料。WorldCat主题范畴非常广泛，包括图书、手稿、地图、网址与网络资源、乐谱、计算机程序、电影与幻灯、录音录像带、报纸、期刊与杂志、文章、章节以及文件等。该数据库信息平均每十秒更新一次。

3. COPAC（Union Catalogue of British and Irish Libraries）

COPAC是英国和爱尔兰24家大型学术图书馆以及英国图书馆和苏格兰国家图书馆的联合目录。

4. The European Library

The European Library提供对欧洲45个国家图书馆的免费检索服务，内容包含图书、期刊、电子书刊，并提供文献传递服务，有些免费有些收费。

5. CALIS联合目录（http：//opac. calis. edu. cn）

CALIS联合目录数据库建设始于1997年，目的是促进中国高等学校文献资源的共享，包括以下四个子项目。

（1）CALIS中文现刊目次。中文现刊目次库收录CALIS成员馆收藏的全部国内出版的中文学术期刊，到目前为止收录期刊 5500 种，拥有期刊目次（或文摘）200 万条。内容涉及社会科学和自然科学的全部学科。

（2）CALIS 西文期刊目次。西文期刊系统收录 2.4 万种西文期刊的二次文献数据，每星期更新一次。系统标注了全国图书馆三大系统（高校、科研单位和公共图书馆）的主要馆藏，连接了 CALIS 馆际互借系统，方便资源的互借和共享。

（3）CALIS 联合目录（中文/西文/日文）。CALIS 联合目录是全国高校图书馆馆藏联合目录数据库，它的主要任务是建立多语种书刊联合目录数据库和联机合作编目、资源共享系统，为全国高校的教学科研提供书刊文献资源网络公共查询，为成员馆之间实现馆藏资源共享、馆际互借和文献传递奠定基础。目录库涵盖了全国大部分重点大学图书馆的馆藏文献，通过本目录的检索，可以确定所需文献的具体收藏单位。

（4）CALIS 学位论文联合目录。高校学位论文数据库收录包括北京大学、清华大学等全国著名大学在内的 83 个 CALIS 成员馆的硕士、博士学位论文，到目前为止收录数据 70 000条。

6. 联合目录集成服务系统（http：//union. csdl. ac. cn/index. jsp）

联合目录集成服务系统（UNICAT）是集全国 400 余家大型公共图书馆、中科院系统图书馆、科研系统图书馆、重点高校图书馆和全军卫生系统图书馆的资源于一体的大型联合书目数据库。UNICAT 包含全国期刊联合目录和图书联合目录。全国期刊联合目录数据库创建于 1983 年，包括全国西文、日文、俄文、中文期刊联合目录数据库 4 个子库，截止到 2008 年底，全国期刊联合目录数据库共收录西文印本期刊 5.4 万种，日文印本期刊 7 千余种，俄文印本期刊 6500 余种，中文印本期刊 1.9 万种。

图书联合目录数据库于 2004 年 5 月全面开通服务，目前有近16 000种图书数据嵌入了目次信息，3000 余种图书数据嵌入了书评内容，并逐年增加。图书联合目录数据库包括西文图书联合目录数据库和中文图书联合目录数据库 2 个子库。截止到 2008 年底，共收录西文印本图书 38.3 万种，中文印本图书 47.5 万种，收录西文电子图书 9500 种，收录中文电子图书近 9 万种。

7. CASHL（http：//www. cashl. edu. cn/portal/index. jsp）

（1）CASHL 高校人文社科外文期刊目次数据库。收录了 7500 多种人文社会科学外文期刊，可提供目次的分类浏览和检索查询，以及基于目次的文献原文传递服务。CASHL 亦接受联合目录之外的其他文献的文献传递服务请求。

（2）CASHL 高校人文社科外文图书联合目录数据库。目前提供北京大学、复旦大学、武汉大学、南京大学、吉林大学、中山大学以及四川大学等 7 所高校图书馆的人文社科外文图书的联合目录查询。更多高校（十个学科中心高校）的图书目录正在增加中。该目录是 CASHL 提供馆际互借服务的目录基础。

（三）网上书店

网上书店与传统的实体书店相比，其图书更新快、销售范围广、对新书的报道及时，可以利用网上书店的目录系统查询图书信息，下面选几家较著名的网上书店。

1. Amazon（http：//www. amazon. com）

亚马逊（Amazon）书店是互联网上最早的也是销量最大的网上书店，所售商品的种类分为 Books（图书）、Kindle eBooks（kindle 电子书）、Textbooks（教科书）、Audiobooks

(视频资料)、Magazines（杂志）。Books包括全部类型的图书，更新速度快，每小时更新一次，对新书的报道及时。Kindle eBooks是亚马逊推出的一种电子图书，其阅读设备是一种小巧的手持式电子阅读器，用户可以在亚马逊书店购买Kindle eBooks格式的图书，安装到阅读器上浏览。Textbooks图书中有70%的旧书，30%是新书，旧书的折扣比较低。对于大多数的图书，亚马逊都提供图书预览，用户可以在线查看图书的部分内容信息。

2. Barmes and Nobles（http：//www.barnesandnoble.com/）

Barmes and Nobles是美国的老牌连锁书店，亚马逊的巨大成功给它造成很大的冲击，Barmes and Nobles试图通过建立网络售书体系与亚马逊一争高下。经过数年的建设和完善，其网络售书体系已具备相当规模，是互联网上与亚马逊旗鼓相当的对手。

3. 卓越亚马逊网上书店（http：//www.amazon.cn/ref=gno_logo）

著名的中文网上书店，销售的图书分为中文图书、教材考试类图书和进口图书，涵盖的图书学科范围广、类型丰富，并提供在线试读功能。

著名的中文网上书店还有当当图书、中国图书网、中关村图书大厦等，孔夫子旧书网提供旧书的在线交易，可以解决绝版图书的购买问题。此外，各大图书出版社都设有门户网站，用户可以通过出版社网站了解图书信息。

（四）图书搜索引擎

1. Google电子图书搜索

Google电子图书搜索是互联网上著名的电子图书计划，其图书来自著名的图书馆和出版商。搜索结果为该图书的基本目录信息，如果图书已不受版权保护，用户可以浏览和下载整本图书；若图书仍在版权保护期内，用户可以在线阅读到一小部分内容介绍信息。在所有情况下都列出图书获取的链接地址，这些链接可以将用户指示到购买图书的在线书店，以及可以借阅图书的图书馆。

2. ebookee（http：//ebookee.org）

专门用于搜索外文图书的搜索引擎，可以按学科进行分类查找，也可以直接搜索。

3. 中搜联盟—图书搜索（HTTPCN）（http：//book.httpcn.com/search）

4. 爱搜书（http：//www.isoshu.com）

（五）免费电子图书网站

免费电子图书网站可以说是互联网上最先涌现出来的电子图书网站，根据这些网站的经营性质和实行免费的原因，我们又可以将其分为两大类：一类是许多电子图书在其上网之前就已经解决了诸如版权之类的问题，或者根本不存在版权问题（如经典文学作品），网站建设者或者考虑到电子图书的弱针对性以及用户对其可有可无的态度，或者纯粹出于公益性目的，而提供免费服务以吸引访问者。Project Gutenberg（古腾堡计划）就是其中之一。

另一种类型则是一些个人或民间组织建立的一些公益、非赢利性的网站，其主要目的是为了方便公众的使用。因为没有资金的资助，这些网站无法考虑解决版权问题，只好在网站上发表类似于“本网站作品版权均为原版权人所有，如有侵犯版权的，请指出，本站立即改正”之类的声明。这类网站在中国非常多，它们提供的免费电子图书数量相对较少（从几百到上千不等），涉及的主题范围也非常有限，主要集中在文学艺术方面，譬如“新e书时空”。下面选介一些著名的免费电子图书网站。

1. The Internet Archive（http：//www. archive. org）

互联网档案馆（The Internet Archive）于1996年成立，定期收录并永久保存全球网站上可以抓取的信息。目前，互联网档案馆分为六大部分内容：电子书、网页、视频、音频、软件、教育材料。电子书部分主要收集公共领域的书籍和文档，任何人都可以免费下载。截至今天，共有29万多种材料，堪称互联网上最好的公共领域图书搜索引擎。

2. The National Academies Press（http：//www. nap. edu/）

美国国家学术出版社（The National Academies Press，简称NAP）是美国国家科学院下属的学术出版机构，主要出版美国国家科学院、美国国家工程学院、美国国家医学院和美国国家研究委员会的相关研究成果。从1992年开始，NAP计划将印刷本图书逐渐转化成电子图书。目前通过其主站点可以免费在线浏览2500多种电子图书，内容覆盖农业、行为科学、生物学、计算机科学、化学、工程学、营养学、医药健康、原料学等27个学科分类。电子图书采用PDF文档格式，保持了书的原貌，并提供网上免费浏览，还可以进行全文检索、打印（一次一页）。访问无需账号和口令，也无需下载电子图书专用阅读软件。

3. Gutenberg（http：//www. gutenberg. org/wiki/Main _ Page）

古腾堡计划（Gutenberg）开始于1971年，是一个大型的图书电子化计划，也是最早向全球读者免费提供著名的、重要的电子图书的网站。该网站主要包括三种类型的电子图书，即轻文学、严肃文学和参考工具书，目前已经拥有6000多种电子图书。

4. The World Digital Library（http：//www. wdl. org/zh/）

世界数字图书馆（The World Digital Library）于2009年4月21日在联合国教科文组织（UNESCO）总部所在地巴黎正式启用，提供全球读者免费使用珍贵的图书、地图、手抄本、影片与照片等服务。世界数字图书馆馆藏包罗万象，从图书到档案都有。使用者可利用7种语言，包含阿拉伯文、中文、英文、法文、葡萄牙文、俄文与西班牙文进行检索。

5. eScholarship Editions（http：//publishing. cdlib. org/ucpressebooks/）

eScholarship Editions是加利福尼亚数字图书馆eScholarship课题的子项目。eScholarship Editions包含2000种左右学术出版社的电子图书，图书内容覆盖艺术、科学、历史、音乐、宗教和小说等诸多领域。除提供加州大学师生利用外，eScholarship Editons项目特别提供其中的518种电子图书免费在线浏览（以“public”标识）。这些可被公众免费阅览的图书列表有主题列表（Subject List）、题名列表（Title List）、作者列表（Author List）等链接。eScholarship Editions电子图书无需下载电子图书专用阅读软件，可直接链接到脚注和引文。访问免费书时无需账号和口令。

6. Alex电子文库（http：//www. infomotions. com/alex）

Alex电子文库由北卡罗莱纳州立大学图书馆馆员建立，免费提供获取美国、英国文学作品及西方哲学著作的入口，提供对图书馆700种图书的多种格式下载。

除以上介绍的免费大型电子图书服务器外，互联网上还有数量众多的同类服务器：Project Gutenberg Australia（http：//gutenberg. net. au/）提供来自澳大利亚的图书；北极星书库（http：//www. help99. com/）提供中文免费电子图书；汉籍电子文献（http：//hanji. sinica. edu. tw/）提供重要古籍文献，同时还提供民国时期及台湾地区的一些文献资料；腾讯读书网、超星阅读网、爱读爱看网、凤凰读书网等都提供图书在线阅读。

（六）商业电子图书数据库

商业电子图书数据库是以赢利为目的的、规模化生产的专业电子图书检索系统。与免费电子书网站相比，商业电子图书数据库收录电子图书数量多、涉及主题广、品种齐全、版权问题基本得到解决、发展稳定迅速以及能够提供较强的分类浏览、检索、下载等功能。

商业电子图书数据库一般采取两种方式运行：一种方式是发行读书卡，主要针对个人用户，通过用户名和密码的控制，方便读书卡持有者随时上网使用该网站中的电子图书；第二种方式是以机构租赁形式提供使用，主要是针对于高等院校和图书情报机构等用户集中的单位，通过 IP 地址或其他控制方法限定该机构内用户合理使用其电子图书数据库。选介优秀的中外文电子图书数据库如下。

1. 超星数字图书馆（http：//www. ssreader. com）

超星数字图书馆由北京世纪超星信息技术发展有限责任公司开发，创建于 2000 年初，是目前世界最大的中文在线电子图书数据库。超星数字图书馆拥有 140 多万种 PDG 格式电子图书，30 万种左右的 PDF 格式电子图书，内容涵盖全部学科，设文学、历史、法律、军事、经济、科学、医药、工程、建筑、交通、计算机和环保等几十个分馆。此外还有大量免费电子图书，并且每天不断增加与更新。

超星数字图书馆提供了分类检索、快速检索和高级检索三种检索方式。

（1）分类检索。超星电子图书数据库根据学科设置分类检索目录，点击所需检索的类目，在其下将会出现该类目所包含的子类，点击子类即可显示与该子类相关的所有图书。

（2）快速检索。快速检索中提供书名、作者和主题词三个单项检索入口，在文本框中输入检索词，即可得到相应的检索结果，直接点击结果中书目的链接可以在线阅读此书。对于一些目的范围较大的查询，建议使用该检索方式。

（3）高级检索。利用高级检索可以实现图书的多条件检索。在高级检索页面输入多个条件，通过布尔逻辑算符和通配符进行组配检索。“*”、空格表示逻辑算符“与”；“%”表示通配符，代替一个或多个字符；“+”表示逻辑算符“或”。高级检索可以得出精确的结果，适合于目的性较强的检索。

超星电子图书的阅读需要安装超星阅览器 SSReader，检索结果可以在线阅读、下载或联机打印。整本下载的图书可以离线阅读，下载的图书如果拷贝到其他计算机上，浏览器版本必须与原计算机上安装的版本相同或更高，注册用户名必须相同，才能确保阅读。除阅读图书外，超星阅览器还可用于扫描资料、采集整理网络资源等。对于阅读频率较高的图书，在超星数字图书馆中可以添加“个人书签”，免去每次检索的麻烦。阅读图书时，还可以利用 SSReader 提供的标注工具在页面上进行标注。目前图像图书可以使用标注功能，文本图书暂时不支持标注功能。在 SSReader 阅读器左边“采集”菜单选中“发表当前页到读书社区”可将自己发表的文章发到超星网上读书社区的“读书笔记”栏目中。

2. 方正 Apabi 数字图书馆（http：//www. apabi. cn/）

方正 Apabi 数字图书馆由北大方正电子有限公司于 2002 年 12 月推出，收录了全国 400 多家出版社出版的最新中文图书，所有电子书均由出版社正式授予信息网络传播权，并与纸书同步发行 Apabi 电子书。方正 Apabi 数字图书馆是综合类数据库，收录图书共 22 大类，分级类目最多达五级。截止到 2010 年初，电子图书达 50 万种，其中，2006 年后出版的新书占到了 70%，涵盖了社科、人文、经管、文学、科技等分类，其中计算机类、教材类图书收录较全。

方正 Apabi 数字图书馆的检索方法与超星数字图书馆类似，都提供快速检索、分类检索、高级检索功能。检索结果可以在线阅览、下载到本地和联机打印。下载到本地的电子书一般有效期限为 2 周，2 周后自动失效，需要续借或到 Apabi 数字图书馆中重新下载。阅读方正 Apabi 电子书全文时要下载并安装最新版本的 Apabi Reader。

3. 书生之家数字图书馆（http：//edu. 21dmedia. com/index/login. vm）

书生之家数字图书馆由北京书生数字技术有限公司 2000 年推出，所收图书涉及社会科学、人文科学、自然科学和工程技术等所有类别，目前总资源近 70 万册，70%左右为 2000 年以来的自然科学、社会科学、工程技术等学科领域图书，并以每年 8 万册左右速度递增，更新资源主要为当年出版的新书。

4. ebrary 电子图书数据库

ebrary 公司于 1999 年 2 月正式成立，由 McGraw - Hill Companies、Pearson plc 和 Random House Ventures 三家出版公司共同投资组建。ebrary 数据库整合了来自 150 多家学术、商业和专业出版商的 2 万多册权威图书文献，覆盖了商业经济、计算机、技术工程、语言文学、社会科学、医学、历史、科技、哲学等主要科目，其中大部分是 1996 年后出版的，一般每个月新增几百种图书。目前与 ebrary 合作的主要有 The McGraw - Hill Companies、Random House、Penguin Classics、Taylor & Francis、Yale University Press、John Wiley & Sons、Greenwood 等著名出版社。

用户使用 ebrary 电子图书，要先下载 ebrary Reader™软件，对电子书的任何操作只能通过 ebrary Reader™软件进行。检索结果可以被复制和打印。复制时，在书页上选取需要复制的文本，点击复制图标，文本即被复制。需要注意的是，在粘贴文本的时候，版权信息也会自动随文本粘贴。若要打印图书，点击打印图标，出现打印对话框，用户可以选择打印的页面范围。需要注意的是，实际打印时每次只能打印一页。

5. NetLibrary（http：//www. netlibrary. com）

NetLibrary 电子图书数据库由英格拉姆数字集团制作发行。该集团是世界上最早、最大的电子图书提供商，于 1999 年成立，隶属于世界上最大的图书馆协作体——OCLC 联机计算机图书馆中心。NetLibrary 目前提供 400 多家出版社出版的 10 万多种电子图书，并且每月增加约 2000 种，其中近 90%的电子图书是 1990 年后出版的。NetLibrary 电子图书覆盖所有主题范围，约 80%的书籍是面向大学程度的读者。世界上 7000 多个图书馆通过 NetLibrary 存取电子图书，其中包括哥伦比亚大学，斯坦福大学，加州大学伯克莱分校等。NetLibrary 电子图书采用通用的 HTML 格式或 PDF 格式，所以在线阅读全文无需下载特殊阅读软件。

6. 美星外文电子图书

美星外文电子图书馆（American Star FL）是由北京亚美瑞德公司与赛尔网络共同开创的中国第一家原版引进外文图书的数字图书馆，是集支持普遍存取、分布式管理和提供集成服务于一身的基于 Intranet 和 Internet 环境下的数字图书馆。用户可任意下载、粘贴、打印、剪辑，无复本量限制，图书为 PDF 格式。

电子图书内容包括世界经典文学、哲学、世界史、人物传记、经济学、计算机、环境保护、财政金融、市场营销、法律政治、信息科学、旅游等，目前图书总量累计 5000 余种。

阅读图书前，必须下载并运行 Acrobat 阅读器。如果使用语音图书，需要下载并安装 JAVA 虚拟环境。点击“语音图书”栏下的语音图书书目，再点击“全文阅读”，在弹出的界面中点击“Online with audio (56K connection or higher)”选项，再点击“Start Session”，即可以阅读美星语音图书。

7. Safari Tech Books Online 数据库

Safari Tech Books Online，简称 Safari，是 ProQuest 公司推出的电子图书服务系统。Safari 提供的主要是 IT 方面的电子图书，主要来自世界上两大著名的 IT 出版商 O'Reilly & Associates，Inc. 和 The Pearson Technology Group。Safari 覆盖二十多个与 IT 相关的主题，如 Artificial Intelligence、Certification、Computer Science、Database、Desktop Applications、E-Business、Graphics、Hardware、Human-computer Interaction、IT Management、Software Engineering 等。目前 Safari 系统主要收录 1993 以来出版的图书，70% 以上的图书是 2000 年以后出版的，其中 22%的书目列入了 Amazon 书店前一万种需要的图书清单中。Safari 数据库中的图书每半年更换一批，通常比其相应的印刷版图书出版速度快。

在 Safari 数据库中阅读全文可由检索结果中的“Table of Contents”直接链到书中章节，也可点击图书封面，再选择“Start Reading”从头开始阅读。通过点击检索工具与检索结果之间的“Hide”全屏阅读。Safari 图书可在线阅读，内容不能下载，但可以复制和单页打印。

8. 中国数字图书馆电子图书（http://dportal.nlc.gov.cn:8332/nlcdrss/ebook）

中国数字图书馆电子图书是中国数字图书馆开发的数字资源，隶属于中国国家图书馆。它是依托中国国家图书馆丰富的馆藏资源和国家数字图书馆工程资源建设联盟成员的特色资源，借助遍布全国的信息组织与服务网络，建立起来的目前我国规模最大的数字图书馆。中国数字图书馆与各权威出版社合作，精选各专业代表性图书，经过整合、加密及压缩等技术手段，生成图文并茂的 PDF 格式电子图书，提供清晰的阅读品质。中国数字图书馆电子图书包括早期英文图书在线、十八世纪文献在线、近代经济全文数据库、近代法律全文数据库、方正电子图书 5 个数据库，拥有自 2000 年以来出版的电子图书 30 余万种。

9. 九羽数字图书馆电子图书（http://www.jyebook.com/）

九羽（Juuo）数字图书馆由北京匡九羽科技有限公司开发，主要包括图书资源、视频资源和考试资源三大部分，其中图书资源 120 余万种，每年更新图书数量约 8 万种，教参教辅类图书众多。50%以上图书为文本图书，主要为 PDF、DJVU、TIFF 等主流格式。九羽数字图书馆界面简明、检索方便，无需阅读器，只需一个 DJVU 格式的阅读插件，但不能在线阅读，只能下载阅读。

10. 五车数字图书馆电子图书（http://sybook.5clib.com:8081/view.action）

五车数字图书馆是五车信息技术（北京）有限公司开发的数字资源。五车公司与国内 80%以上的主流大中型出版机构建立了长期合作伙伴关系，数据库现收录有电子图书 50 万种，以专业教辅教参书为主，图书内容涵盖全部学科。电子图书采用纯文本的编码方式，由出版社直接提供排版文件，且以新书为主，提供标准 CN-MRAC 数据，能够实现电子图书与图书馆 OPAC 系统的全面兼容。

11. 时代圣典电子图书（http：//www. sd - lib. com/）

时代圣典电子图书是由中国大学出版社协会与北京时代圣典科技有限公司合作，共同建设推出针对中国高等教育的数字资源。时代圣典电子图书收录了中国数百家著名出版社的图书，以教育类图书、最新出版图书为主，目前拥有电子图书十万册，涵盖各个学科门类。时代圣典电子图书完全忠实于原始印刷版的出版物，保留原印刷版的全部信息，包括文字、图表、公式、脚注、字体字号、修饰符号、版式位置等，并在此基础上进行二次加工，增加了各种检索、导读、超文本链接等信息。

12. 金图国际外文数字图书馆电子图书（http：//www. kingbook. com. cn/）

金图国际外文数字图书馆（KIFDL）是由北京金图国际开创联合美国出版在线、麦克索斯两家国外的数据商引进的数字资源。北京金图国际开创的数字资源包括外文数字图书馆、高校英语资源数据库、中医药数字图书馆，其中外文数字图书馆引进了适合大学图书馆及其读者的近 8 万种原版外文电子图书，90%以上为 2002 年以后出版的新书，按照“美国国会图书分类法”进行分类。外文数字图书馆电子图书为文本格式，提供镜像服务，具有复制、放大、圈注、变色、标注、书签等多项功能。

13. Wiley 在线图书馆电子图书（http：//onlinelibrary. wiley. com/）

Wiley 在线图书馆是约翰威立父子出版公司（John Wiley & Sons Inc. ）推出的电子图书数据库。John Wiley & Sons Inc. 创立于 1807 年，是全球历史最悠久、最知名的学术出版商之一，享有世界第一大独立的学术图书出版商和第三大学术期刊出版商的美誉。在其综合性的网络出版及服务平台 Wiley InterScience 提供的电子图书有化学、电子工程和通信、生命科学和医学、数理和统计四个专业领域 500 多个题目 7900 余种。

14. MyiLibrary 电子图书（http：//lib. myilibrary. com/Login. aspx）

MyiLibrary 电子图书由英格拉姆数字集团制作发行。它是一个集成性电子图书平台，主要服务于学术研究者、专家学者和大学学生等，目前收录了世界上超过 400 个学术和专业出版商出版的内容，其中包括 Springer 全部电子书、CRC 全部电子书、联合国机构组织出版物、Wiley 全部 STM 电子书（超过 5000 本）。现提供 10 多万册电子书，80%以上为 2000 年以后出版。MyiLibrary 电子图书涵盖的学科领域包括：农业、工程、管理、物理、艺术、书目、数学、政治、传记、药学、心理学、病理学、商业和经济、历史、音乐、宗教、化学、语言文学、护理学、社会学、计算机科学、法律、旅行等。

第二节　期刊信息检索

一、期刊概述

（一）期刊

期刊又称杂志，是指有固定名称，用卷、期或者年、季、月顺序编号，按照一定周期出版的成册连续出版物。期刊有固定的名称，有统一的出版形式，有一定的出版规律，每期刊载不同作者所编著的论文，按一定的编号顺序连续出版。科技期刊上发表文章要通过严格的审核，一篇文章投稿到杂志社之后，要经过两名独立的学科专家对其进行评审，专家从文章的原创性、真实性和质量方面判断文章是否具备出版价值，因此，期刊文章具有较高的参考价值。

期刊都有固定的出版周期，根据期刊的出版周期可将期刊分为：旬刊（出版周期为 10 天）、半月刊（出版周期为 15 天）、月刊（出版周期为 30 天）、双月刊（出版周期为两个月）、季刊（出版周期为一个季度，即 3 个月）、半年刊（出版周期为 6 个月）、年刊（出版周期为 1 年）。

期刊的卷（Vol.）和期（Iss. 或者 No.）是这样规定的：期刊的期是某种期刊在一年内根据其出版频率从第一期起连续的编号。一年中所有期刊全为一卷，创刊年的卷作为第 1 卷，第 2 年是第 2 卷，以此类推。

大部分期刊由商业出版机构出版，如 Blackwell、Elsvier，也有一些期刊是由学术团体或专业机构出版，如 ASCE、Royal Society of Chemistry 等，多以通报（bulletin）、学报（acta）等为名，此类期刊往往学术水平较高。在期刊中还有一种连续性会议录，它们多是每年在不同的地方召开的国际会议。

期刊具有下述优点：

（1）数量巨大。期刊是文献资源中所占数量比例最大的文献类型，占所有文献资源的 65%～70%。

（2）内容新颖。期刊出版周期较短、更新及时，一些最新的研究成果往往发表在期刊上，特别是学术性的期刊上，因此，期刊能及时反映最新科研动态和成果。

（3）内容专深。期刊篇幅短小，内容专深，适合于科学研究的参考之用，是获取某一学科领域动态信息的重要渠道。

（4）主题固定。每种期刊都会有自己固定的主题，一般不会随意变动，即内容具有统一性。

期刊传统上以印刷本出版，印刷本期刊的出版周期较长，而且交流与利用较电子期刊存在许多劣势，因此，目前越来越多的用户对电子期刊青睐有加，尤其在科研活动的资料收集过程中往往首选电子期刊。

（二）电子期刊

电子期刊（Electronic Journal），又称数字化期刊（Digitized Journal），是指以数字形式出版发行，存储在光、磁等介质上，并可通过计算机设备本地或远程读取使用的连续出版物。与传统印刷型期刊相比，电子期刊具有出版周期短、发行方式灵活、传播方式多样、具备检索和链接功能、体积小、存储量大、费用低、表现形式丰富等优点。

电子期刊经历了软盘型电子期刊、光盘型电子期刊、联机电子期刊和现在的网络化电子期刊几个阶段，现在比较常用的期刊全文数据库就多以网络电子期刊的形式存在。按生产制作的不同，网络电子期刊可分为两大类：一类是纯电子期刊，即完全依托计算机和网络进行编辑、出版和发行；另一类是将纸制期刊数字化并上网的电子期刊，目前我国生产和引进的网络电子期刊大多属于后者。

按照电子期刊的提供者来划分，电子期刊可分为单一型和综合型。单一型电子期刊是由期刊杂志社自行将其期刊电子化后，在网上建立主页供读者查询，读者访问该站点只能浏览该种杂志，例如 Nature、Science 等著名期刊均采取这种做法。综合型电子期刊是由电子期刊出版商将他们的电子期刊委托给大型的电子期刊服务提供商，提供商将自有的和不同来源的期刊整合到一个检索系统中，向用户提供统一检索界面，用户可以利用系统提供的各种检索途径，在许多不同的期刊中查找与主题相关的文章，大型的期刊全文数据库基本都采用这种形式提供服务。

（三）核心期刊

核心期刊（Core Journals）概念产生于20世纪30年代，由英国著名文献学家布拉德福提出。他在文献分散定律中是这样描述的："如果将科学杂志按其刊载某个学科主题的论文数量，以递减顺序排列起来，就可以在所有这些杂志中区分出载文率最高的'核心'部分和包含着与核心部分同等数量论文的随后几区，这时核心区和后继各区中所含的杂志数量成$1:a:a^2:a^3\cdots$的关系"。其中，a为"布拉德福常数"，$a>1$，$a\approx5$。当然，现实情况不会完全符合，只能是基本符合。这就是情报学中著名的布拉德福定律，虽然带有经验性的色彩，难以准确反映不同时期文献的特点，但它仍然是我们今天研究与筛选核心期刊最重要的依据之一。

综上所述，某学科（或某领域）的核心期刊是指那些发表该学科（或该领域）论文较多、使用率（含被引率、摘转率和流通率）较高、学术影响较大的期刊。核心期刊集中了学术研究的前沿信息，是必不可少的文献信息源。核心期刊相对于一般期刊，具有如下特点。

（1）集中性。少量的一组核心期刊集中了某学科大部分高质量论文，集中性是核心期刊最基本的特点。

（2）代表性。某一学科的一组核心期刊上的论文，代表着这一学科的最新水平和发展方向。

（3）学科性。核心期刊总与某一学科联系在一起，某学科的核心期刊是关于这一学科文献的核心期刊，将其放到另一学科期刊中，一般就不再是核心期刊。但由于科学技术的飞速发展，学科之间的交叉与渗透错综复杂，所以在某些情况下，少数期刊可能是多个学科的核心期刊，而一个学科的核心期刊中包括一些相关学科的期刊也是正常现象。

（4）权威性。核心期刊的确定需得到公认，在核心期刊确定过程中，除应用文献计量学的原理进行筛选，还需吸收有代表性学科专家的意见。

（5）层次性。核心期刊中也分不同的层次，有的是该学科最重要的权威刊物，有的是层次略低的重要刊物。

（6）相对性。核心期刊相对于非核心期刊，仅具有相对意义，不是绝对的。核心区是人为划定的，核心区与非核心区没有明显的、客观存在的界限，因此核心期刊与非核心期刊仅具有相对意义，不是绝对的。

（7）动态性。核心期刊是一个动态的概念，不是固定不变的，表现为期刊的创刊、停刊、改名、合并、分辑及改变出版频率等。动态性还表现为原有核心期刊排名次序的异动和核心期刊刊种的变化，即有的核心期刊因办刊质量下降而在新的评选中落选，有的一般性期刊因办刊质量提高而进入核心期刊的行列。

目前，判断中文期刊是否是核心期刊主要利用北京大学图书馆主编的《中文核心期刊要目总览》、中信所编制的《中文科技期刊引证报告》、南京大学编制的《中文社会科学期刊引证报告》和中国社会科学院文献信息中心和社科文献计量评价中心共同编制的《中国人文社会科学核心期刊要览》。

二、期刊信息检索

通常，期刊信息的来源有以下几种：印刷本期刊、期刊目录/指南、期刊数据库、开放电子期刊和学术搜索引擎。在这五种期刊信息来源中，以印刷本期刊和期刊数据库最为重要，它们在数量、质量上占有绝对的优势。其中，期刊数据库按其收录信息的详略，可以划分为全文数据库和文摘数据库两种类型。两种类型数据库在报道期刊信息方面各有侧重：全文数据库可在线下载全文，用户使用方便；文摘型数据库收录的文献在时间跨度、地域跨度和质量控制方面更具有优势，因此，在报道学科内重要的、最新的科研成果方面更为及时、准确。

期刊数据库的生产者主要是出版商和数据集成商，前者多数为实力雄厚的大型出版社，其出版的期刊学术质量高、数量较多、拥有自主版权，这类电子期刊数据库比较稳定，能保证最新期刊的及时上网，某些期刊的电子版甚至要早于印刷版问世。但这类期刊数据库在数量上的发展空间有限，因此规模一般不大。数据库集成商生产的期刊数据库常常在一个平台上集成几十个，甚至上百个出版社的期刊，数量庞大，检索功能强，可以方便读者一次性检索更多的资源。但这类期刊数据库因为不拥有独立版权，所以其收录期刊在品质、稳定性和及时性上稍逊于前者。

（一）期刊目录/指南

虽然期刊是连续出版物，但期刊的出版也不是一成不变的。每年会有许多新期刊产生、许多期刊改名，还有的期刊由于各种原因停止出版，因此，需要利用期刊指南或者期刊征订目录了解期刊的出版信息。期刊出版信息包括期刊的名称、出版周期、ISSN 号、出版单位、投稿须知、栏目设置和馆藏地址信息等，了解期刊的这些信息对于我们了解专业期刊、获取期刊论文、投稿等具有重要意义。重要的期刊目录可以参考本章第一节图书书目部分，因一些大型的书目系统同时报道图书、期刊等类型的文献信息，所以既可以作为图书的报道工具也可以作为期刊的报道工具。此外，Ulrich's Periodicals Directory（乌利希国际期刊指南，http：//www.ulrichsweb.com）是享有世界盛誉的报刊目录，收录国际上超过 250 万种现刊、过刊及未来发行之期刊信息。利用乌利希国际期刊指南可以查询与期刊有关的各类问题，如期刊刊名的变更情况、期刊被文摘索引数据库收录的情况等。

查找期刊的收藏信息可以使读者了解哪些单位收藏了某种期刊，及其入藏的卷期等信息，在读者需要获取期刊中的文章全文时可提供获取的途径。尽管现在已有众多的期刊全文数据库，在检索的同时就可以得到文献全文，但在有些未被收入数据库的期刊或数据库未能覆盖的时间段，仍然还有这种查找的需求。查询期刊的收藏信息，一般利用各图书馆的 OPAC 或联合目录进行检索，重要的期刊联合目录参见本章第一节图书联合目录部分。

（二）期刊数据库

1. 中国学术期刊全文数据库（http：//www.cnki.net）

中国学术期刊全文数据库（Chinese Journal Full-text Database，简称 CJFD）是中国知网（CNKI）的核心数据库之一，是目前世界上最大的连续动态更新的中国期刊全文数据库。该数据库着重收录我国各学科领域的核心期刊和重要期刊全文，以学术、技术、政策指导、高等科普及教育类期刊为主。全部内容被划分为十大专辑：基础科学、工程科技Ⅰ、工程科技Ⅱ、农业科技、医药卫生科技、哲学与人文科学、社会科学Ⅰ、社会科学Ⅱ、信息科技、经济与管理科学，十大专辑下再分为 168 个专题。截至 2010 年 10 月，收录国内学术期刊 7686 种，包括创刊至今出版的学术期刊 4600 余种，全文文献总量 3000 多万篇。目前核心期刊收录率 96%，独家或唯一授权期刊共 2000 余种，约占我国学术期刊总量的 30%。期刊收录年代为 1915 年至今，部分期刊回溯至创刊。每日更新。

CJFD 期刊全文有两种格式：CAJ 格式和 PDF 格式，需要专用的 CAJ 浏览器或 Acrobat Reader 软件进行阅读。CJFD 提供的期刊非由其出版发行，均为已有印刷版期刊的数字化，为保证印刷版的发行，电子版的出版晚于印刷版。

CJFD 以 CNKI 为检索平台，检索规则参见本书第六章。在通用的检索规则之外，针对期刊，系统还提供了期刊导航功能。期刊导航分为期刊导航分类和期刊导航检索。

期刊导航分类按期刊的不同属性对期刊进行分类导航，包括首字母、专辑、世纪期刊、核心期刊、数据库刊源、期刊荣誉榜、中国高校精品科技期刊、刊期、出版地、主办单位和发行系统等，期刊导航分类界面如图 4-1 所示。

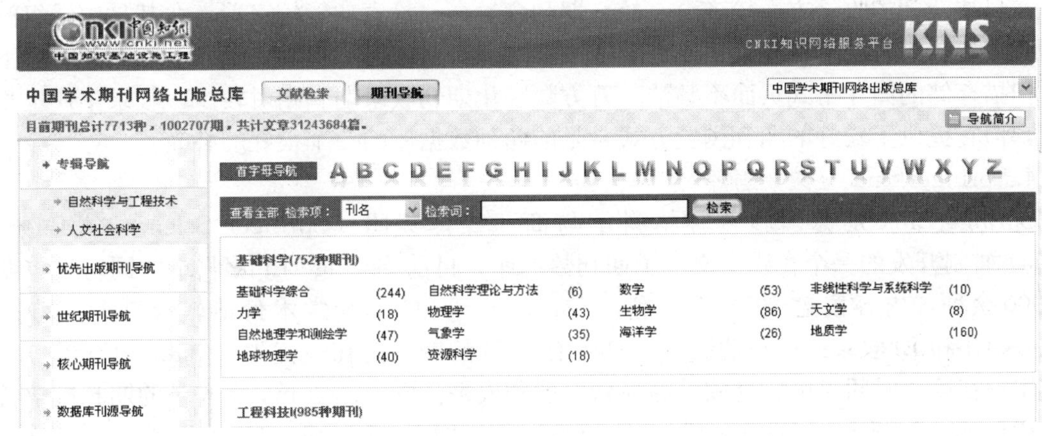

图 4-1　CJFD 期刊导航分类界面

期刊导航检索功能即在期刊检索项的下拉菜单中选择“期刊名称、ISSN、CN”后，在检索框中输入相应的检索词进行检索。期刊检索结果有三种显示模式，包括图形方式、列表方式、详细方式，默认按图形方式显示。详细方式对每一种期刊，显示期刊的封面、期刊中文名称、期刊英文名称、曾用刊名，并提供“收藏”、“定制”、“阅读期刊”功能。期刊封面和“阅读期刊”提供到期刊年期列表页面的链接。进入该期刊显示详细信息，可对本刊进行“收藏”和“RSS 订阅”，也可对当前期刊进行检索。刊期列表页面包括导航检索、刊期封面信息、本刊检索、期刊文献列表四个部分，导航结果显示数据库中当年、当期中的所有文献的题录列表。

2. 万方学术期刊全文数据库

万方学术期刊全文数据库是万方数据知识服务平台的重要组成部分，收录了多种科技及人文和社会科学期刊的全文内容，其中绝大部分是进入科技部科技论文统计源的核心期刊。收录自 1998 年以来国内出版的各类期刊 6 千余种，其中核心期刊 2500 余种。全部期刊分为哲学政法、社会科学、经济财政、教科文艺、基础科学、医药卫生、农业科学、工业技术 8 大类 100 多个类目。截至 2010 年年底，期刊论文总量达 1 千余万篇。检索规则参见本书第六章。

3. 维普中文科技期刊数据库

维普中文科技期刊数据库是重庆维普资讯有限公司研制开发的综合性中文文献全文数据库，源于重庆维普资讯有限公司 1989 年创建的“中文科技期刊篇名数据库”，是目前国内最大的中文期刊类数据库之一。

维普中文科技期刊数据库收录了 1989 年至今（部分期刊回溯至 1955 年）的中文期刊 12 000余种，其中核心期刊 1957 种，文献总量 3000 余万篇，并以每年 180 万篇的速度递增，数据每日更新。学科涵盖自然科学、工程技术、农林牧渔、医药卫生、人文社科等全部学科领域。

维普的论文大部分是 PDF 格式，需要 Acrobat Reader 软件，少部分是维普自己的格式，需要 VIP 浏览器。检索规则参见本书第六章。

以上三个数据库是国内最为主要的电子期刊全文数据库。比较而言，中国期刊全文数据库（CJFD）因发展时间较长，收录期刊比较全面，系统也比较稳定。维普中文科技期刊数据库在科技期刊的收录方面较齐全，核心期刊含量高，检索功能较完善，尤其是逻辑组配检索功能完备。维普中文科技期刊数据库的缺点是期刊连续性不够，另外全文数据质量不理想，扫描存储的图片格式页面不整洁。万方数字化期刊收录期刊相对较少，收录年代也相对较短，但它提供了较好的期刊浏览方式，是前两种数据库的一个很好的补充。

4. SpringerLink 全文数据库

SpringerLink 是德国施普林格科学与商业媒体集团（Springer Science & Business Media）研制开发的一个在线全文电子期刊数据库，目前 SpringerLink 收录的同行评审期刊达 1900 余种，内容覆盖 20 多个学科。SpringerLink 的期刊学术价值较高，大部分是被 SCI、SSCI 和 EI 收录的核心期刊，并且约有 75%的期刊是在线优先（Online First）期刊，能使用户在第一时间了解研究领域的最新发展和成果。SpringerLink 将收录的期刊按学科分为：Behavioral Science（行为科学）、Biomedical and Life Sciences（生物医学和生命科学）、Business and Economics（商业和经济学）、Chemical and Materials Science（化学和材料科学）、Computer Science（计算机科学）、Earth and Environmental Science（地球和环境科学）、Engineering（工程学）、Humanities，Social Sciences and Law（人文、社会科学和法律）、Mathematics（数学）、Medicine（医学）、Physics and Astronomy（物理学与天文学）11 个在线图书馆（Online Libraries）供用户在线浏览和检索。

SpringerLink 检索系统除提供电子期刊的检索、阅览和下载全文服务外，还提供与重要的二次文献检索数据库的链接，如已经与 EI 建立了从二次文献直接到 SpringerLink 全文的链接，并且正在与 ISI 引文实现链接。任何用户均可登录 SpringerLink 的国内外站点浏览和检索文献的卷期、文章题录和文摘。已订购数据库的成员馆用户则可以浏览和下载打印全文期刊文献。

SpringerLink 系统提供 Search（检索）和 Browse（浏览）两种使用方式。其中浏览方式分为按内容类型和按学科浏览；检索分为简单检索和高级检索，SpringerLink 主界面如图 4-2所示。

（1）浏览（Browse）。SpringerLink Browse 按内容类型浏览有五种途径：可以按照 Journals（期刊）、Books（图书）、Book Series（丛书）、eReferences（参考工具书）和 Protocols（实验室指南）进行浏览，同时显示各文献类型所含的资源数量。以 Journals 为例，所有期刊均按首字母排序，可逐页浏览。在右上方有一排字母，代表每种期刊的首字母，可直接点击所要选择的期刊的首字母进入，当然也可以在“Search With Journal”检索框中直接输入期刊名进行查找。浏览页面“Contemporary Content”显示所选期刊卷期号，可选择按日期（Sort by Date）排序，点击标题进入浏览文章全文，可选择“Download PDF”格式

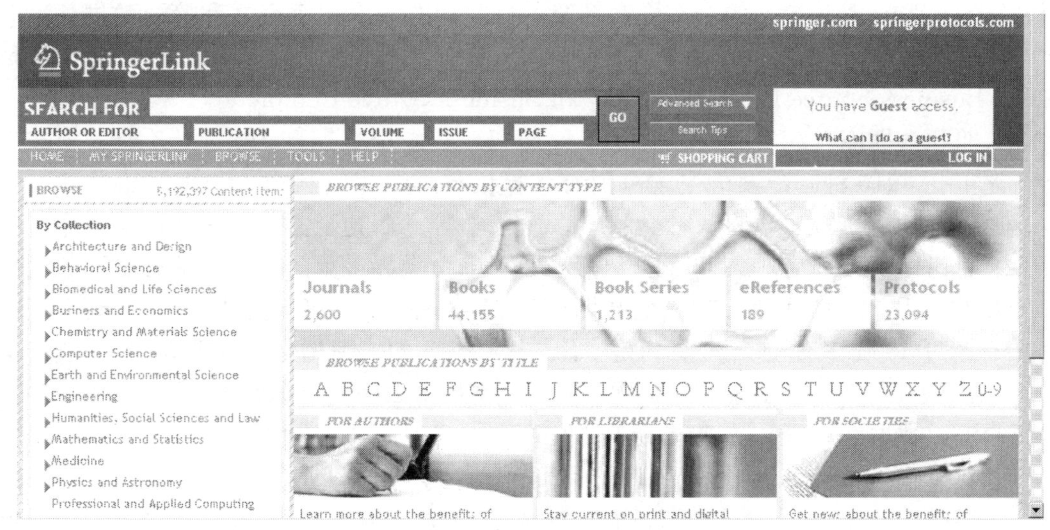

图 4-2　SpringerLink 主界面

显示全文或“View HTML”网页格式显示全文。

按学科浏览可以点击页面左侧“By Collection”，选择其下的学科名称，输入要检索的字段并点击“GO”。进入显示检索结果界面后，点击题名进入所选期刊文章或图书章节，注意：每个检索结果前有绿色图标的才表示能够访问全文。学科浏览适用于查找某一学科的出版物。

(2) 检索（Search）。简单检索（Search For）：在简单检索界面输入检索词或词组，点击“GO”执行检索。简单检索适用于检索某一主题但不知道出版物任何信息的文章。

高级检索（Advanced Search）：高级检索界面中，供选择检索字段有 Full（全文）、Title&Abstract（标题及摘要）、Title Only（标题）、Author（作者）、DOI（Digital Objects Identifier，数字对象标识符）和 Editor（编者名）。高级检索增加了引文检索功能（Citation），用户可以利用文献之间的引用关系检索到一批主题相关文献。

(3) 结果处理。Springer Link 将检索结果分为简单列表和详细列表两种显示格式。详细列表会显示每条记录的期刊封面、文章（期刊）标题、DOI、所属刊名、卷期、出版时间、作者、学科分类、全文 PDF 标识等信息。没有全文阅读权限时，可以通过 Preview 浏览正文首页，页面还将显示该文章被引用的情况，通过“CrossRef”链接即可获得该文章信息。

排序方式主要有按照相关性或出版日期排序，即在“Order of results”选项下设置检索结果输出的排序方式。如选择“Most Relevant First”按相关度排序，相关度高的排在前；选择“Most Recently Published First”按出版时间排序，新近出版的排在前；选择“Alphabetical”选项，检索结果按字母顺序排序。

SpringerLink 的个性化功能集中体现在 My Menu（我的菜单）和收藏条目栏目中，个性化服务包括：回顾检索历史、在系统中保存检索结果、个人收藏夹和电子通告服务。使用个性化服务前需要先建立个人账户。

5. EBSCOhost 期刊数据库

美国 EBSCO 公司成立于 1944 年，是世界著名的信息服务集团，提供 30 余万种的学术资源。EBSCOhost是该公司的全文检索系统，目前拥有300余个全文和摘要数据库，其中主要的期刊全文数据库有Academic Search Premier（ASP）、Academic Search Complete（ASC）、Business Source Premier（BSP）和Business Source Complete（BSC）4个。

学术期刊数据库（ASP）。收录8541种期刊，其中全文期刊约有4653种，全文期刊中同行评审刊3916种。涉及的主题范围有计算机科学、生物科学、物理学、化学、咨询科技、通信传播、工程、教育、社会科学、医药学等。期刊全文最早可回溯至1911年。

学术期刊总库（ASC）。ASP的升级版，是目前全世界最大的学术性综合学科数据库之一。ASC收录12 828种期刊，其中全文期刊有8749种，全文期刊中同行评审刊7613种。ASC中有超过4000多种的全文期刊是ASP中未包含的，新增的全文期刊主要来自世界1000余个出版社与非营利学会的出版物。期刊全文最早可回溯至1887年。

商业资源数据库（BSP）。收录期刊3300种，其中全文期刊2120种，全文期刊中同行评审刊1101种。涉及的主题范围有国际商务、经济学、经济管理、金融、会计、劳动人事、银行等。BSP收录众多著名商业领域的顶级期刊，如《每周商务》（Business Week）、《福布斯》（Forbes）、《哈佛商业评论》（Harvard Business Review）、《经学家预测报告》（Country reports from the Economic Intelligence Unit）等。期刊全文最早可回溯至1912年。

商业资源总库（BSC）。是BSP的升级版，收录期刊4788种，其中全文期刊3680种，全文期刊中同行评审刊1962种。非期刊全文资料包含图书、专题论文、参考工具书、书摘、会议论文、个案研究、投资研究报告、产业报告、营销研究报告、国家报告、企业公司档案、SWOT分析等。涵盖商业相关领域的主题范围，如金融、银行、国际贸易、商业管理、市场营销、投资报告、房地产、产业报导、经济评论、经济学、企业经营、财务金融、能源管理、知识管理、保险、税收等。期刊全文最早可回溯至1912年。

EBSCOhost提供基本检索（Basic Search）、高级检索（Advanced Search）和视觉检索（Visual Search）3种检索方式。

（1）基本检索。基本检索界面如图4-3所示，基本检索界面支持单个词和词组的检索，也支持布尔逻辑算符、截词符、位置算符等构成的复杂算式的检索。基本检索界面不指定检索字段，在全部字段中执行查找。基本检索界面的“Search Options”（检索选项）提供检索模式、出版物类型、时间、图像快速查看类型等选项来实现检索结果的限定和扩展。

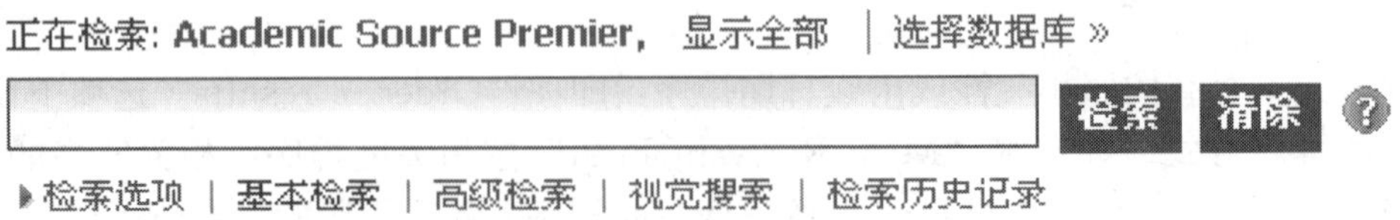

正在检索: Academic Source Premier, 显示全部 | 选择数据库 »

检索 清除 ?

▸检索选项 | 基本检索 | 高级检索 | 视觉搜索 | 检索历史记录

图4-3 EBSCOhost基本检索界面

（2）高级检索。EBSCOhost高级检索与基本检索功能大致相同，只是增加了字段检索功能以及更多的检索结果限定选项来提高检索效率。EBSCOhost检索字段有：全文（All Text）、作者（Author）、题名（Title）、主题词（Subject Terms）、来源（Source）、摘要（Abstract）、连续出版物编号（ISSN）。高级检索增加了文献类型、地名、人名、评论、产品名、公司名、行业代码（NAICS）、邓白氏编码（DUNS）、ISSN 号、ISBN 号等检索限定条件，用户可以通过这些选项进行结果的筛选。

EBSCOhost 有两种高级检索模式：单一检索输入框模式和菜单模式。单一检索输入框模式下，需要用户输入命令检索式，检索式编写格式为：字段代码 空格 检索式，例如

TI（energy not nuclear）

（3）视觉检索。EBSCOhost 视觉检索界面如图 4－4 所示。

图 4－4　EBSCOhost 视觉检索界面

视觉检索界面仍然要通过关键词进行检索，但结果将以视觉导航图的形式显示。视觉检索的导航图有两种样式，一种是柱形图（Column），一种是矩形图（Block）。柱形图中的每一个柱形表示结果的类别，上一级柱形包含下一级子类的柱形，层层包含，形成结果的主题等级图谱，单击某柱形可以查看该类下包含的具体内容。在显示样式（Display Style）菜单选项中选择“Block”，显示样式将从柱形图切换到矩形图。矩形图样式下，全部结果显示在蓝、绿色交替行中，相关主题内容被列在同一行内，每行左侧的第一个方块表示该主题，单击每一个矩形图，可以打开文章的具体内容信息。

检索结果处理：

1）结果优选。系统在每种检索界面下都提供了多种结果优选功能，用户在得到第一次检索结果后，可以利用系统的文献类型、主题聚类、全文选项、时间选项等对结果进行再一次的筛选。

2）显示目录。显示每一条记录的篇名、作者、刊名、卷期、页数，若文章正文中有图表，则在记录底部显示各图表的缩略图，点击某一缩略图可以单独打开此图表而不必打开文章正文。

3）标记记录。在每一条结果记录底部都有“Add to Folder”（添加至文件夹）选项，可以将选中记录集中存放到临时文件夹中，最后统一对选中文献做输出处理。

4）结果输出。系统提供存盘、打印、电子邮件发送、输出至文献管理软件（Export）、

参考文献下载（Cite）等文件处理及下载功能，如果是同时下载几篇文献，就必须先在检索结果目录页上进行标记。

6. Elsevier SDOS 电子期刊全文数据库

Elsevier Science 是世界公认的高品位学术出版公司，也是全球最大的出版商，已有 100 多年的历史。Elsevier Science 自 1999 年开始向读者提供电子出版物全文的在线服务，检索系统为 Elsevier ScienceDirect OnSite，简称 Elsevier SDOS。系统资源包括 Elsevier 出版集团所属的 2200 多种同行评议期刊和 2000 多种系列丛书、手册及参考书等，涵盖了数学、物理、化学、天文学、计算机科学、工程和技术、能源和动力、材料科学、环境科学、农业和生物科学、医学、生命科学、商业及经济管理、社会科学等众多学科。

为方便用户，Elsevier Science 自 2005 年起给所有 SDOS 的用户免费开放 SDOL（ScienceDirect OnLine）数据库。SDOL 和目前使用的 SDOS 收录内容相同，但查询页面不同，前者更新速度较快，用户可以提前看到 Article in Press（在编文章）。

SDOS 数据库包括 21 个学科领域，分类如下（括号内为期刊数量）。

（1）生命科学类：

Agricultural and Biological Sciences 农业和生物科学（120）；

Biochemistry，Genetics，and Molecular Biology 生物化学、基因和分子生物学（180）；

Immunology and Microbiology 免疫学和微生物学（64）；

Environmental Science 环境科学（59）；

Medicine 医药学（433）；

Neuroscience 神经科学（102）；

Pharmacology，Toxicology and Pharmaceutical Science 毒理学、药物学和药理学（56）。

（2）自然科学类：

Chemical Engineering 化学工程（59）；

Chemistry 化学（88）；

Computer Science 计算机科学（103）；

Earth and Planetary Sciences 地球和行星学（89）；

Energy and Power 能源和动力（40）；

Engineering and Technology 工程技术（162）；

Materials Science 材料科学（101）；

Mathematics 数学（76）；

Physics and Astronomy 物理和天文学（91）。

（3）社会科学类：

Decision Sciences 决策科学（39）；

Business，Management and Accounting 商业、管理和财会（75）；

Economics，Econometrics and Finance 经济、计量经济学和金融学（76）；

Psychology 心理学（102）；

Social Science 社会科学（154）。

Elsevier SDOS 提供浏览、快速检索、高级检索和专家检索等途径获取全文。Elsevier SDOS 检索主界面如图 4-5 所示。

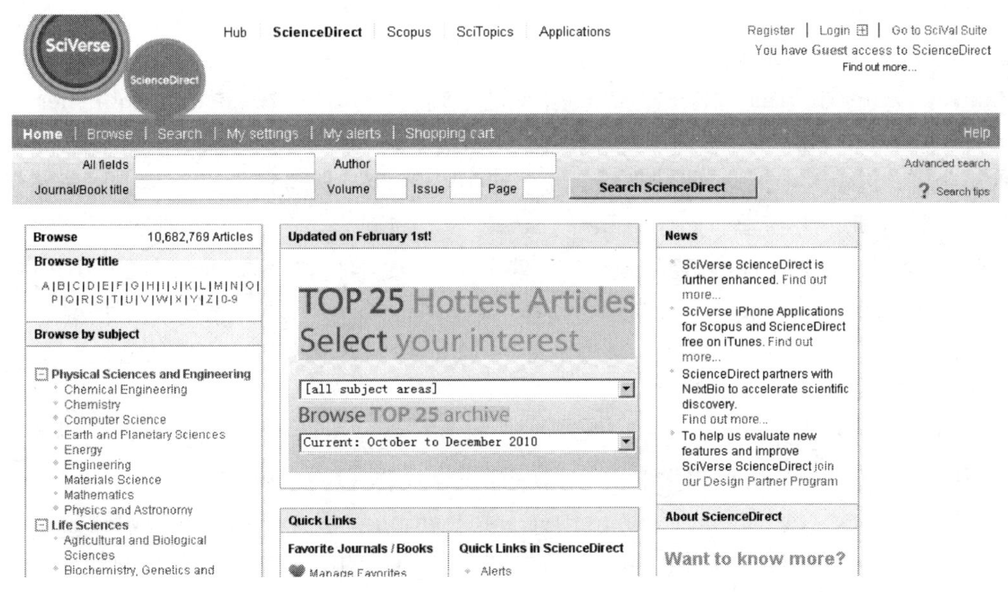

图 4－5　Elsevier SDOS 检索主界面

(1) 浏览（Browse）。在 Elsevier SDOS 主页上提供进行浏览检索的区域，此为系统默认的检索方式，或者在首页上点击“Browse”，也可以进入浏览检索界面。页面提供按字母顺序（Journals/Books Alphabetically）和按主题分类（Journals/Books by Subject）排列的期刊目录，分别组成期刊索引浏览页面和分类浏览页面。

(2) 快速检索（Quick Search）。在 Elsevier SDOS 的任何网页都可看到快速检索，检索区字段包括 Title（题名）、Abstract（文摘）、Keywords（关键词）、Author（作者）、Journal/book title（期刊/图书题名）、Volume（卷）、Issue（期）、Page（页码）等检索字段，用户可以根据检索课题的要求，选择检索字段并在检索框中输入检索词，然后单击“Go”进行检索。快速检索可以使用通配符和截词符。

(3) 高级检索（Advanced Search）。点击主页的扩展检索，可进入高级检索界面，检索界面分为上下两个区，分别为检索策略输入区和检索结果限定区。在高级检索的“Term (s)”栏，设置了两个检索式输入框，两者之间可以通过逻辑算符进行组配。此外还增加了数据库列表，用户可以通过选择数据库限定检索范围，包括 Article Type（文章类型）、Language（语种）、Limit dates（出版时间）、Documents per page（每屏显示记录数量）和 Sort documents by（检索结果的排序方式）等，使检索结果更为精确。论文类型（Article Type）的限定选项中：“Article”表示只显示论文；“Contents”只显示期刊题名；“Miscellaneous”只显示其他题材的论文。

(4) 专家检索（Expert Search）。点击“Expert Search”进入专家检索界面。在“Term (s)”栏输入检索表达式，可输入多个检索词，由逻辑算符组配。其他操作与高级检索类似，该功能适合专业检索人员使用。

在检索结果页面的右栏“Refine Results”，系统把检索结果按字段进行了分析统计，并显示统计结果最多的前 5 项。提供分析统计的字段有 Content Type（文献类型）、Journal/Book Title（刊名）、Year（出版年）。通过该功能，用户可以进一步精炼检索结果，选择限定范围之内，点击“Limit to”，剔除在限定范围之外点击“Exclude”。

7. Kluwer Online Journals 电子期刊数据库

Kluwer Online Journals 电子期刊数据库是由荷兰 Kluwer Academic Publisher 推出的 Kluwer Academic Publisher 的期刊网络版，Kluwer Academic Publisher 是具有国际性声誉的学术出版商，出版的图书、期刊品质较高。期刊内容涉及材料科学、地学、电子工程、化学、环境、计算机、生物学、医学、数学、天文学、物理学、教育、心理学、经济、法学、工商管理、考古、人文、社会科学、艺术、哲学等 24 个学科，Springer 现已和 Kluwer Academic Publishers 合并，成立了新的 Springer 集团。2005 年，公司完成了 SpringerLink 与 Kluwer Online 电子出版平台的整合，将全部约 1250 种期刊和其他电子刊物通过 MetaPress 平台提供服务。

8. OVID 数据库系统

OVID 数据库系统是由世界著名的数据库提供商美国 OVID 科技公司（OVID Technologies，Inc）与美国银盘公司（Silver Platter Information）联合推出的。OVID 数据库提供医学、生命科学、自然科学以及社会科学等主要学科领域的电子图书、全文期刊和书目信息等 200 多个数据库的在线服务。OVID 的资源组成主要由 Books@Ovid、Journals@Ovid 和 Databases@Ovid 三部分组成，其中 Journals@Ovid 全文期刊库由 60 多个出版商出版的科学、科技及医学期刊 1000 多种所组成，系统将其中 246 种核心期刊组成生物医学全文期刊专集（LWW Total Access Fulltext Collection）。全文数据最早可回溯至 1993 年。

9. 华艺电子期刊数据库

华艺电子期刊数据库是华艺数位公司推出的数字资源。华艺数位公司 2000 年成立于中国台湾，2005 年于北京成立北京华艺咨询有限公司，其产品有人文、艺术、期刊、学位论文等数据库，内容包括人文学、社会科学、自然科学、应用科学、医学与生命科学等，收录内容主要为 1991 年之后的期刊，全文率 94.4%。其中 CEPS 中文电子期刊服务（http：//www. ceps. com. tw）、THPS 台湾人文学期刊全文数据库（http：//www. twhuman. com. cn）、TSPS 台湾科学期刊全文数据库（http：//www. twscience. com. cn）、TSSPS 台湾社会科学期刊全文数据库（http：//www. twsocial. com. cn）是以 SCI、SSCI、EI、Medline、TSSCI、CA、CSSCI、中国科技引文数据库、中文核心期刊要目总览等指标为收录标准，整合收录两岸超过 2735 余种核心期刊。数据采用 PDF 格式。

10. IEL 电子期刊数据库

IEL（IEEE/IET Electronic Library）电子期刊数据库是美国电气电子工程师学会（Institute of Electrical and Electronics Engineers，简称 IEEE）旗下的在线数据资源。IEEE 是一家拥有全球近 175 个国家367 000多名会员的非营利性科技学会，其权威领域覆盖航空航天、计算机、通信、生物医学工程、电力、半导体和消费者电子等。IEEE 提供了当今世界在电气工程、通信工程和计算机科学领域中近三分之一的文献，并在多个学科领域引用量名列前茅。IEL 数据库提供 IEEE 和英国电气工程师学会（IEE）出版的 219 种期刊，多数提供 1988 年以后的全文数据。

11. ACS 电子期刊数据库

ACS 电子期刊数据库（American Chemical Society，美国化学学会）是美国化学学会推出的数字资源。ACS 成立于 1876 年，现已成为世界上最大的科技学会，会员数超过 16 万人。ACS电子期刊目前包括35种期刊，日期回溯到1879年。内容涵盖了24个主要的化学研究领域：生化研究方法、药物化学、有机化学、普通化学、环境科学、材料学、植物学、毒物学、食品科学、物理化学、环境工程学、工程化学、应用化学、分子生物化学、分析化学、无机与原子能化学、资料系统计算机科学、学科应用、科学训练、燃料与能源、药理与制药学、微生物应用生物科技、聚合物、农业学等。其期刊被ISI的Journal Citation Report（JCR）评为“化学领域中被引用次数最多的化学期刊”。ACS Web版可在第一时间内查阅到被作者授权发布、尚未正式出版的最新文章。用户也可定制e-Mail通知服务，以每天或每周的方式通知用户有哪些最新的文章被收录。全文具有HTML和PDF格式可供选择。

（三）开放获取电子期刊

开放获取电子期刊（Open Access Journals，OAJ）是一种论文经过同行评审的、网络化的免费期刊，全世界的所有读者从此类期刊上获取学术信息将没有价格及权限的限制，编辑评审、出版及资源维护的费用不是由用户，而是由作者本人或其他机构承担。开放获取在未来将成为互联网上一种重要的信息获取方式。下面选介一些重要的开放获取资源地址。

1. cnpLINKer（http：//cnplinker. cnpeak. com）

cnpLINKer（cnpiec LINK service），即中图链接服务，是由中国图书进出口（集团）总公司开发并提供的国外期刊网络检索系统，于2002年底开通运行。目前本系统共收录了国外1000多家出版社的18 000多种期刊的目次和文摘数据，并保持时时更新。其中包括7000多种Open Access Journals（开放获取期刊）供用户免费下载全文。

2. BMC（http：//www. biomedcentral. com/）

BMC是独立的盈利性开放获取期刊出版机构，2000创办第一份开放获取期刊，截止到2008年5月14日，共出版186种开放获取期刊。出版的所有研究论文都遵守创作共用协议，论文一经出版即可在线免费获取，同时还存储在PMC和其他知识库中，并鼓励作者自存储。允许作者在论文出版后立即以最终出版的正式版本存储在其他知识库中。

3. Hindawi（http：//www. hindawi. com/）

Hindawi是1997年成立的商业性STM论文出版商，成立之初是订阅型期刊，2003年底Hindawi开始试验采用复合型的开放获取模式，到2004年底，Hindawi已经把其两份订阅型期刊转化成完全开放获取的模式，并开始创办一些开放获取的新期刊。到了2005年底，在早期开放获取期刊取得成功的基础上，Hindawi又创办了7份开放获取的期刊，同时将6份已有的订阅型期刊转换为开放获取类。2006年Hindawi开始专注于快速扩大其开放获取的论文量。2006年，Hindawi出版了1000多篇开放获取论文，发展了50多种开放获取期刊。至2006年底，Hindawi的领导层决定通过转化或剔除将公司的订阅型期刊全部清除。2007年1月31日，Hindawi将其4份订阅型期刊卖给牛津大学出版社，余下的订阅型期刊也几个星期后转化成开放获取模式。至此，Hindawi成为在科学、技术、医学领域完全开放获取的唯一一家出版商。

4. New Journal of Physics-MPG/IOP（http：//www. iop. org/EJ/journal/1367-2630）

由英国物理研究所（Institute of Physics）和德国物理协会（Deutsche Physikalische Gesellschaft）于1998年共同创办，目前全部期刊实行开放获取，出版覆盖整个物理学领域的所有原创性研究，只有电子版。从2008年开始，其出版的论文不再按期出版，只要论文准备好立即可以出版，而不需等待整期都准备好了才出版。其出版的论文全部实施严格的同行评议，退稿率高达70%，每篇论文提交之后先由编辑部进行出版评审，然后送交独立的评审专家进行评审。

5. Bioline International（http：//www. bioline. org. br/）

Bioline International是1993年成立的非盈利的电子出版集成服务商，由多伦多大学图书馆、加拿大（管理处）、环境信息咨询中心、巴西（维护计算机和软件开发）和Bioline/UK（联络）共同组成。早期的内容主要是来自发达国家的主流的、印刷型的生物科学期刊的网络版，但目前已扩大了范围，开始专注于传播那些来自发展中国家的、经过同行评议但不太著名的期刊，如包括来自巴西、古巴、印度、印度尼西亚、肯尼亚、南非、乌干达、津巴布韦等发展中国家的研究，同时也在开发单独的网络版期刊。2004年1月，Bioline International使整个网站转变为完全开放获取的提供发展中国家出版的高质量的期刊。

6. High Wire Press（http：//highwire. stanford. edu/）

High Wire Press是全球最大的提供免费全文的学术文献出版商，于1995年由美国斯坦福大学图书馆创立。最初仅出版著名的周刊"Journal of Biological Chemistry"，目前已收录电子期刊710多种，文章总数已达230多万篇，其中超过77万篇文章可免费获得全文，这些数据仍在不断增加。通过该界面还可以检索Medline收录的4500种期刊中的1200多万篇文章，可看到文摘题录。High Wire Press收录的期刊覆盖生命科学、医学、物理学、社会科学。

7. ExLibris（http：//www. cceu. org. cn/demo/findfreeej. htm）

ExLibris开放电子期刊查询系统，由艾利贝斯有限公司开发。提供免费的开放电子期刊查询，检索方式包括按字顺浏览、按学科分类浏览和期刊检索三种方式，结果包括期刊简介、投稿指南和全文获取地址。若是开放获取（OA）期刊，将给出网络地址。

8. DOAJ（http：//www. doaj. org/）

DOAJ（Directory of Open Access Journal）由瑞典的隆德大学图书馆Lund University Libraries设立于2003年5月，是互联网开放获取期刊门户网站。DOAJ收录的均为学术性、研究性期刊，具有免费、全文、高质量的特点，对学术研究有很高的参考价值。最初DOAJ仅收录期刊350种，截止2010年9月已收录了5358种期刊，其中能获取全文的期刊有2257种、文献442 516篇。该目录的目标是收录各种语言、各个主题的期刊。

除以上介绍的开放获取地址外，印度的Informatics（India）Ltd公司于2006年创建并开始提供服务的开放获取期刊门户Open J - Gate（http：//121. 244. 165. 162/）、日本的开放获取期刊门户J - STAGE（http：//www. jstage. jst. go. jp/browse/）、巴西的开放获取期刊门户SciELO（http：//www. scielo. br）都是重要的开放获取期刊门户。

（四）学术搜索引擎

除通过以上介绍的各种途径搜索期刊信息外，还可以利用互联网学术搜索引擎进行查找，以弥补在数量或时效性方面的某些不足。互联网上分布着大量的学术信息，但通常呈现无序状态，获取不易。专业学术搜索引擎被设计用来专门搜索散布于互联网上的学术信息。著名的学术搜索引擎包括Google Scholar、SCIRUS、SciSeek等。具体介绍及应用方法参见本书第九章。

第五章 特种文献信息检索

特种文献通常指介于普通图书和期刊之外的文献类型，主要包括会议论文、科技报告、专利文献、标准文献、产品样本、政府出版物、科技档案等，这些文献往往有特定的内容、特定的用途、特定的读者范围和特定的出版发行方式，因此，统称为特种文献。特种文献具有独特的信息价值，其内容新颖专深、实用性强、信息量大，往往代表本学科或本专业当前最高研究水平，是不可忽视和遗漏的重要信息源。特种文献的一部分作为图书或连续出版物或期刊论文正式出版或发表，更多的则是非正式出版，在内部发行。在互联网普及之前，特种文献的获取不及图书、期刊便利，限制了人们的使用及其自身功能的发挥。随着互联网的发展，各类特种文献纷纷被数字化后放置在网络上，为特种文献的获取提供了新的途径，使其成为科研活动中日益重要的信息资源。本章选取几种主要类型的特种文献，阐述其特点及分布状况和检索方法。

第一节 专利文献检索

一、专利文献概述

（一）专利制度

专利制度是指国际上通行的一种利用法律和经济的手段确认发明人对其发明享有专有权，以保护和促进技术发明的制度。实行专利制度的目的是促进国家技术进步、提高民族工业实力和增进社会财富。

最早实行专利制度的国家是威尼斯，在 1474 年颁布了第一部具有近代特征的专利法。尽管最早的专利制度并非出现在英国，但英国是具有专利传统最悠久的国家。在 14 世纪，英国国王就开始为外国技工颁发专利证书，授予垄断权利。1624 年，英国议会颁布《垄断条例》（the Statute of Monopolies of 1624），是世界上第一部现代含义的专利法，其中确定的许多基本原则和定义沿用至今，该条例被视为现代意义的专利保护制度确立的标志。继英国之后，美国在 1790 年、法国在 1791 年、俄国在 1814 年、德国在 1877 年相继颁布了专利法。1883 年，在巴黎由法国等 11 个国家缔结签订《保护工业产权巴黎公约》（简称《巴黎公约》），是第一个也是至今为止最重要的国际专利公约，专利制度走向了全球化进程。我国于 1980 年成立专利局，1984 年颁布《中华人民共和国专利法》，于 1985 年 4 月 1 日正式实施，同年 3 月 19 日我国加入《巴黎公约》。

各个国家规定的专利的种类不尽相同，没有统一的标准。按照我国现行专利法规定，专利分为发明专利、实用新型专利和外观设计专利。

"发明"是指对产品、方法或者其改进所提出的新的技术方案。授予专利权的发明，应当具备新颖性、创造性和实用性。新颖性是指在申请日以前没有同样的发明在国内外出版物上公开发表过、在国内公开使用过或者以其他方式为公众所知，也没有同样的发明由他人向国务院专利行政部门提出过申请并且记载在申请日以后公布的专利申请文件中。创造性是指同申请日以前已有的技术相比，该发明具有突出的实质性特点和显著的进步。实用性是指该发明能够制造或者使用，并且能够产生积极效果。

“实用新型”是指对产品的形状、构造或者其结合所提出的适于实用的新的技术方案。“实用新型”与“发明”的不同之处在于：第一，“实用新型”只限于具有一定形状的产品，不能是一种方法，也不能是没有固定形状的产品；第二，对“实用新型”的创造性要求不太高，而实用性要求较高。

“外观设计”是指工业品的外观设计，也就是工业品的式样。它与“发明”或“实用新型”完全不同，即外观设计不是技术方案。外观设计专利应当符合以下要求：①应是形状、图案、色彩或者其结合的设计；②必须是对产品的外表所作的设计；③必须富有美感；④必须是适于工业上的应用。

（二）专利文献的特点

专利文献是实行专利制度的国家及国际性专利组织在审批专利过程中产生的官方文件及其出版物的总称，包括专利说明书、专利公报、商标、设计公报以及检索专利的工具，其中，专利说明书是专利文献的主体，也是狭义概念上的专利文献。专利文献具有如下特点。

1. 数量巨大、内容广博

每年各国出版的专利文献已超过 150 万件，全世界累积可查阅的专利文献已超过 6000 万件，专利文献占全部科技文献总量的近四分之一；专利文献涵盖了绝大多数技术领域，从小到大，从简到繁，几乎涉及人类生活的各个领域。

2. 传播最新技术信息

首先，大多数国家采用先申请原则，申请人在一项发明创造完成之后总是以最快速度提交专利申请，以防竞争对手抢占先机。德国的一项调查表明，有 2/3 的发明创造是在完成后的一年之内提出专利申请的，第二年提出申请的接近 1/3，超过两年提出申请的不足 5%。其次，新颖性是专利技术的首要条件，发明创造多以专利文献而非其他科技文献形式公布于众。最后，20 世纪 70 年代初专利申请早期公开制度的推行，加速了科技信息向社会传播的速度。

3. 完整而详细揭示发明创造内容

专利申请文件一般都依照专利法规中关于充分公开的要求对发明创造的技术方案进行完整而详尽的描述，并且参照现有技术指明其发明点所在，说明具体实施方式。

4. 格式统一规范，高度标准化

专利说明书有法定的文件结构，从发明创造名称、所涉及的技术领域和背景技术到发明内容、附图说明和具体实施方式等，每项内容都有具体的撰写要求和固定的顺序，并严格限定已有技术与发明内容之间的界线。

5. 具有统一的分类体系

WIPO 为使专利文献信息出版实现国际统一，制订了一系列专利文献信息推荐标准。各国出版的发明和实用新型文献采用或同时标注国际专利分类号（IPC），外观设计文献采用或同时标注国际外观设计分类号。

6. 集专利技术法律经济信息于一体

专利文献不仅记录了发明创造内容，展示发明创造实施效果，同时还揭示每件专利保护的技术范围，记载了专利的权利人、发明人、专利生效时间等信息。

（三）专利文献类型

这里所指的专利文献特指专利说明书。不同国家依据审批的专利类型，产生相应的专利说明书，例如，发明专利说明书、实用新型专利说明书等。中国各类专利说明书自1985年9月开始出版以来，随专利审批程序的变化不断推陈出新，不同审批阶段出版的专利说明书汇总如下。

1.1985～1992年

（1）发明专利申请说明书，文献类型识别代码A。未经实质性审查、尚未授予专利权的说明书。发明专利申请提出后，经初步（形式）审查合格，自申请日（或优先权日）起满18个月即行公布，出版发明专利申请公开说明书。1985年出版至今。

（2）发明专利申请审定说明书，文献类型识别代码B。经过实质性审查、但尚未授予专利权的说明书。1985年专利法规定，发明专利申请自申请日起3年内，申请人可随时向专利局提出对其申请进行实质性审查的请求，经实审合格的，作出审定予以公告，出版发明专利申请审定说明书。自公告日起3个月内无异议或异议理由不成立，对专利申请授予发明专利权。1985年至1992年期间出版。

（3）实用新型专利申请说明书，文献类型识别代码U。我国专利法对实用新型专利申请实行初步审查制，专利提出申请后，初步审查合格即行公告，出版实用新型专利申请说明书。自公告日起3个月内无异议或异议理由不成立，对专利申请授予实用新型专利权。1985年至1992年期间出版。

（4）外观设计申请公告，文献类型识别代码S。外观设计专利申请同样实行初步审查制，专利提出申请后，初步审查合格即行公告。由于外观设计说明书仅由简要说明、图片或照片组成，因而不出版说明书单行本，只在专利公报上进行公告。自公告日起3个月内无异议或异议理由不成立，对专利申请授予外观设计专利权。1985年至1992年期间出版。

为减少重复出版，对上述授权的三种专利一般不再出版专利说明书。如果经异议或无效程序，对发明专利申请审定说明书或实用新型专利申请说明书做出较大修改，才出版相应的经修改后的发明专利说明书或实用新型专利说明书。

2.1993年后

1993年实施第一次修改后的专利法，由于取消了三种专利申请授权前的异议程序，专利说明书出现新的类型。

（1）发明专利说明书，文献类型识别代码C。发明专利申请经实审合格即可授予专利权，自1993年1月1日起开始出版发明专利说明书，从而取代了发明专利申请审定说明书的出版。

（2）实用新型专利说明书，文献类型识别代码Y。实用新型专利申请经初审合格即可授予专利权，自1993年1月1日起开始出版实用新型专利说明书，从而取代了实用新型专利申请说明书的出版。

（3）外观设计授权公告，文献类型识别代码D。

（四）专利文献编号

专利文献号是各工业产权局在公布专利文献（包括公开出版和仅提供阅览复制）或授权、注册、登记时为每件专利文献编制的序号。专利文献号由一组阿拉伯数字表示，采取连续编号、按年代编号和沿用申请号的方法。国别代码和文献种类代码虽然不是构成文献号的组成部分，但在专利文献上国别代码和文献种类代码要和阿拉伯数字一起连用。专利文献号编号规则如下。

（1）连续编号。例如：US 6674332 B1（从1836年第1号排起）。

（2）按年编号。例如：JP 2004—103245 A（每年从第1号排起）。

（3）沿用申请号。例如：DE 10 2005 041 711 A1（申请号10 2005 041 711.6）。

中国专利文献的编号体系包括六种文献号，即：申请号（提交专利申请时给出的编号）；专利号（授予专利权时给出的编号）；公开号（对发明专利申请公开说明书的编号）；审定号（对发明专利申请审定说明书的编号）；公告号（实用新型专利申请说明书的编号、公告的外观设计专利申请的编号）；授权公告号（发明专利说明书的编号、实用新型专利说明书的编号、公告的外观设计专利的编号）。

中国专利说明书的编号体系由于1989年和1993年的两次调整而分为三个阶段：1985～1988年为第一阶段，1989～1992年为第二阶段，1993年以后为第三阶段，举例说明见表5-1～表5-3。

表5-1　1985～1988年的专利文献编号体系

	申请号	公开号	公告号	审定号	专利号
发明	88100001	CN88100001A	—	CN88100001B	ZL88100001
实用新型	88210369	—	CN88210369U	—	ZL88210369
外观设计	88300457	—	CN88300457S	—	ZL88300457

此阶段的编号特点为：①三种专利申请号由8位数字组成，按年编排，如88100001，前两位数字表示申请年代，第三位数字表示专利权种类：1—发明；2—实用新型；3—外观设计；后五位数字表示当年申请顺序号。②一号多用，所有文献号沿用申请号。③专利号前的ZL为汉语“专利”的声母组合，一般用在专利公报或检索工具中。

表5-2　1989～1992年的专利文献编号体系

	申请号	公开号	公告号	审定号	专利号
发明	89100002.X	CN1044155A	—	CN1014821B	ZL89100002.X
实用新型	89200001.5	—	CN2043111U	—	ZL89200001.5
外观设计	89300001.9	—	CN3005104S	—	ZL89300001.9

此阶段的编号特点为：①三种专利申请号由9位数字组成，按年编排，如89103229.2，增加小数点后面的计算机校验码，其他含义不变。②自1989年开始出版的所有专利说明书文献号均由7位数字组成，按各自流水号序列顺排，逐年累计，起始号分别为：

发明专利申请公开号自CN1030001A开始；

发明专利申请审定号自CN1003001B开始；

实用新型申请公告号自CN2030001U开始；

外观设计申请公告号自CN3003001S开始。

首位数字表示专利权种类：1—发明；2—实用新型；3—外观设计。

表 5-3　**1993 年后的专利文献编号体系**

	申请号	公开号	授权公告号	专利号
发明	93100001.7	CN1089067A	CN1033297C	ZL93100001.7
实用新型	93200001.0	—	CN2144896Y	ZL93200001.0
外观设计	93300001.4	—	CN3021827D	ZL93300001.4

此阶段的编号特点为：①自 1994 年起，发明专利申请号后五位申请顺序号中，以 8 和 9 打头的，如 94190001.0 表示指定中国的国际申请，其他含义不变。②自 1993 年开始出版的发明专利说明书、实用新型专利说明书、外观设计专利权授予编号都称为授权公告号，分别延续原审定号或原公告号序列，文献类型识别代码相应改为 C、Y、D。

（五）国际专利分类法

与图书一样，专利文献也有自己的分类体系。各国专利分类体系不同，不利于专利文献的交流与管理，因此，目前世界上大多数国家都采用国际专利分类法（International Patent Classification，IPC）来对专利文献进行分类。使用 IPC 分类号检索，可以将同一主题内容的专利文献全部查检出来而不管其内容由何种文字表述，成功地克服了语言的障碍。

1954 年 12 月 19 日，欧洲理事会的一些国家，如法国、德国、英国、意大利、瑞士、荷兰、瑞典等签订了《关于发明专利国际分类法欧洲协定》，1967 年，世界知识产权组织（WIPO）的前身接受欧洲专利专家委员会建议，将该欧洲专利分类法作为国际专利分类法。1968 年 9 月，第一版 IPC 生效。世界知识产权组织负责国际专利分类系统的管理工作，并每 5 年对 IPC 修订一次，以适应新技术发展的需要。

IPC 的主体是《国际专利分类表》，被简写成“Int. cl^n”，上标 n 表示《国际专利分类表》当前的版本，将它加在所有的按分类表给出的分类号前面。IPC 按照功能和应用相结合、以功能为主的分类原则设立类目，分类表采用等级结构，将整个技术领域按降序依次分为 5 个不同的等级：部、大类、小类、主组、分组逐级分类，形成完整的分类体系。部以下的分类会阶段性调整、增加，从而形成新的 IPC 版本。外观设计在国外属于设计（Design）范畴，因此采用另外的分类方式。

1. 部（Section）

部是 IPC 的第一个分类等级。在 IPC 的分类表中，将全部科学技术领域分成 8 个部，分别用 A～H 中的一个大写英文字母表示：

A 部：人类生活必需（Human Necessities）

B 部：作业、运输（Operations；Transporting）

C 部：化学、冶金（Chemistry and Metallurgy）

D 部：纺织、造纸（Textiles and Paper）

E 部：固定建筑物（Fixed Construction）

F 部：机械工程（Mechanical Engineering）

G 部：物理（Physics）

H 部：电学（Electricity）

另外，在每个部内还设有分部，分部的作用是将某一个部的内容再进一步细分以方便用户检索。分部不作为分类中的一个等级，只有标题没有类号。例如，A 部：人类生活必需，又可以分为以下几个分部（2010 版）：

- ◆ 农业
- ◆ 食品，烟草
- ◆ 个人或家用物品
- ◆ 保健，救生，娱乐

IPC 的 8 个部中，除 H 部（电学）未设分部外，其余部都设有分部。

2. 大类（Class）

大类是 IPC 的第二级类目，是对部的进一步细分。大类的类号由部的类号及在其后加上两位阿拉伯数字组成，其完整的表示形式为：部号＋类号，例如：

部 E：固定建筑物

大类 E01：道路、铁路或桥梁的建筑

3. 小类（Subclass）

小类是 IPC 的第三级类目，是对大类的进一步细分。每一个小类类号由大类类号加一个英文字母组成，但 A、E、I、O、U、X6 个字母不用，例如：

E01D：桥梁。

4. 主组（Main group）

主组是 IPC 的第四级类目，是对小类的进一步细分。主组类号由小类号加上 1～3 位数字，后面再加/00 来表示，例如：

E01D 15/00：活动式或轻便式桥

5. 分组（Subgroup）

分组是 IPC 的第五级类目，是对主组的进一步细分。分组类号是将主组类号中的“/”后面的 00 改为其他的 2～5 位数字，例如：

E01D 15/02：垂直升降桥

小组之内还可以继续划分出更低的等级，类号按顺序制编号，并用在小组文字标题前加注“·”的方法来标示小组之内的等级划分，标题前的“·”数目越多，其类目等级越低。这种小组内的等级划分在分类号中是显示不出来的，例如：

E01D 101/20·混凝土、石料或类似石的材料

E01D 101/24··混凝土

E01D 101/26···加钢筋的

E01D 101/28····预应力的

其中，从 E01D 101/20 到 E01D 101/28，其在小组内的等级是依次降低的，但从分类号上看不出来，只能根据小类文字前面的“·”数目加以判别。

IPC 类号的完整书写格式为：Int. Cl^6 E01D 101/20。为了方便查找 IPC 分类号，每一版的国际专利分类表都配有一本单独出版的《IPC 关键词索引》（Official Catchword Index to the International Patent Classification）。该索引以关键词作标目，其后给出该关键词所属技术领域的 IPC 类号。通常，用户在不熟悉所查技术领域的分类情况下，可以借助《IPC 关键词索引》并结合使用 IPC 分类表，确定分类范围和准确的分类号。

二、专利文献检索

（一）印刷型检索工具

中国专利有三种类型，即发明专利、实用新型专利和外观设计专利。相应地，中国专利文献也包括三种类型：发明专利文献、实用新型专利文献和外观设计专利文献。检索近期中国专利文献可以利用专利局出版的三种专利公报。

1.《发明专利公报》

文摘型周刊，中国专利局自 1985 年 9 月 10 日起开始公开出版，1986 年 7 月前为月刊，1986 年 7 月起改为周刊。

2.《实用新型专利公报》

文摘型周刊，中国专利局自 1985 年 9 月 10 日起开始公开出版，1986 年 1 月前为月刊，1986 年 1 月起为周刊。

3.《外观设计专利公报》

文摘型周刊，中国专利局自 1985 年 9 月 10 日起开始公开出版，1987 年 12 月前为月刊，1988 年 1 月起为半月刊，1990 年 1 月起为周刊。

每期公报后附有三种索引："国际专利分类号索引"、"号码索引"（公开号、申请号、审定号或专利号）、"申请人/专利权人索引"。

美国是世界上最早建立专利制度的国家之一，同时也是世界上拥有专利最多的国家之一。美国专利一般质量较高，参考价值较大。检索美国专利可以利用《美国专利局公报》（《Official Gazette of United States Patent and Trademark Official》），该公报创刊于 1872 年，为周刊，每期公布美国专利局批准的专利申请说明书的摘要。内容包括再公告专利、工业专利和外观设计专利等，其中工业专利占绝大部分。

（二）免费专利文献数据库

随着因特网的发展与普及，各国的专利主管机构纷纷建立门户网站，提供免费专利检索服务。此外，也有一些民间的组织提供免费的专利检索服务。专利由此成为在网上免费传播最广的科技文献。

1. 中国专利信息检索系统（http：//www. sipo. gov. cn/sipo/zljs/default. htm）

由国家知识产权局和中国专利信息中心开发提供，该系统收录了中国自 1985 年实施专利制度以来的全部中国专利文献，可以查询公开日及之前的全部中国专利数据，具有较高的权威性。网上数据每周更新一次，面向公众提供免费专利检索服务。

该系统提供快速检索、高级检索和 IPC 分类检索，支持布尔逻辑运算、截词符运算，也可以采用符号"%"进行模糊检索。主要检索途径包括申请（专利）号、申请日、公开（公告）号、公开（公告）日、申请（专利权）人、发明（设计）人、名称、摘要、主分类号、主题、人名或机构、日期、号码、分类和地址等。检索时可以在文本框中输入一个或多个关键词，关键词之间默认逻辑"与"关系。

检索结果显示申请号和专利名称，点击专利名称可以直接进入该专利的摘要及题录信息显示页面，再点击专利文摘及题录信息显示页面上方的"XXX 说明书"超链接即可免费在线浏览本件专利说明书全文或将专利说明书全文下载保存到本地。说明书为 TIF 格式文件，直接用 IE 可查看说明书全文。

2. 中外专利文献网上检索系统

中外专利文献网上检索系统 CNIPR（http：//search. cnipr. com）是知识产权出版社推出的网上专利检索系统。CNIPR 服务平台提供全部中国专利信息，同时拥有美国、日本、欧洲专利局、世界知识产权组织等 90 多个国家、组织及地区在内的专利数据，总量达到 7000 万件以上。

CNIPR 服务平台基于浏览器访问，实现了在同一中文界面下对世界各国专利信息的统一检索和浏览，全部国外数据采用英文文摘，方便用户使用。平台具有表格检索、逻辑检索、智能模糊检索、相似性检索、行业分类导航检索和 IPC 分类检索等多种途径，还可以实现模糊检索、二次检索、过滤检索、同义词检索等功能。

检索结果以题录方式显示，包括申请号、公告号、题名等字段。点击申请号可以显示专利文献摘要信息，在摘要信息界面，有全文显示和下载链接、同族专利显示、自动翻译功能、相似检索功能、预警度分析、公知公用分析（后两种功能需付费使用）。中文专利有法律状态、引证文献、自动摘要、自动关键词显示功能。

3. USTPO 网上专利数据库（http：//www. uspto. gov/patft/index. html ）

美国专利与商标局（United States Patent and Trademark Office，简称 USPTO）是美国政府参与的一个非商业性联邦机构，主要服务内容是办理和传递专利和商标信息。USTPO 通过因特网提供免费专利文献检索，其网上专利数据库收录自 1790 年以来的美国专利，其中 1790～1975 年的专利为图像格式，只能通过授权日期（Issue Date）、专利号（Patent Number）、美国专利分类号（Current US Classification）途径进行检索。1976 年 1 月 1 日起到当前最近一个星期的美国专利为文本格式，数据每周更新。

USPTO 专利系统提供快速检索（Quick Search）、高级检索（Advanced Search）和专利号检索（Number Search）三种模式。快速检索界面是下拉菜单操作方式，提供两个检索词输入框和两个对应的字段限制对话框，供用户输入检索词并进行检索字段的限制，检索词之间可以进行逻辑组配，可使用的限制检索字段包括专利题目、专利权人、专利申请人、发明人、国际专利分类号、美国专利分类号、专利保护权项等 25 个。检索词输入框下方还设有检索年代范围选择，选项只有两个：1976～当前和 1790～当前。高级检索界面是单一检索框输入模式，需用户编写文字检索式，高级检索支持布尔逻辑算符、字段限定、词组检索、截词检索、年代限定等，用户可以构造一个较复杂的检索提问式。专利号检索界面只提供单一的专利号输入框，可直接在其中输入专利号进行检索，所有的专利号长度必须是 7 位。专利号检索界面支持单个专利检索和多个专利检索。在检索多个专利时，用户只需在输入框中一次输入多个专利号，并将两个号码之间用一个空格隔开即可。号码中有无逗号及号码中的字母是否大小写均不影响检索结果。

4. 欧洲专利局 esp@cenet 网上专利数据库（http//ep. espacenet. com/)

欧洲专利局是于 1972 年正式成立的一个政府间组织，目前有 27 个成员国，主要职能是负责欧洲地区的专利审批工作。欧洲专利局 1998 年联合各成员国的国家专利局设立了 esp@cenet 检索系统，该系统内容分为三部分：世界 80 多个国家出版的专利说明书全文、世界知识产权组织 WIPO 出版的 PCT 专利的著录信息以及专利的全文、欧洲各国出版的专利说明书全文。esp@cenet 数据检索系统中收录每个国家的数据范围不同，数据类型也不同。数据类型包括：题录数据、文摘、文本式的说明书及权利要求，扫描图像存贮的专利说明书的首页、附图、权利要求及全文。

esp@cenet 的检索界面可以使用英文、德文、法文和日文（注：日文仅在 esp@cenet 数据检索系统中使用）四种语言。从 esp@cenet 检索专利信息可以从欧洲专利局的站点进行，也可以从欧洲专利组织各成员国的站点进行，各成员国的站点可支持本国的官方语种。

系统提供智能检索（Smart Search）、快速检索（Quick Search）、高级检索（Advanced Search）、号码检索（Number Search）分类检索（Classification Search）5 种检索模式。智能检索只提供单一检索词输入框，提供类似搜索引擎式的快捷检索。智能检索支持布尔逻辑、位置检索、精确检索等检索技术。

快速检索和高级检索均为菜单式检索，用户在相应的字段中输入检索条件即可执行查找。高级检索与快速检索的不同之处在于，高级检索提供的检索字段比快速检索多，高级检索中提供了 10 种检索入口：发明名称中的关键词、发明名称或摘要中的关键词、ECLA 分类号、IPC 分类号、申请号、公开号、公开日、优先权号、申请人、发明人和 ECLA。号码检索可以进行公开号、申请号或优先权号的输入检索。

分类检索：欧洲专利局可以使用 ECLA（European Classification System，欧洲专利分类系统）检索专利，页面列出了 ECLA 分类的 8 个部（与 IPC 相同），用户可以浏览欧洲专利局的分类系统，也可以直接在输入框中输入检索项进行分类查询。分类检索包括两种方式：输入关键词查找相应的分类号；对某个分类号进行文字描述。

5. 世界知识产权组织网站专利数据库（http：//www. wipo. int/patentscope/en/）

世界知识产权组织（WIPO）是世界重要的专利授权机构，在其门户网站上提供的专利数据库包括两个：International Applications（PCT），提供 180 多万件来自 WIPO 已出版的专利申请说明书，同时还可以浏览 WIPO 最新的专利信息和专利文档；National & PCT Collections，这是 WIPO 新推出的数据库，除可以检索到 180 多万件已出版的专利申请说明书外，还可以检索 ARIPO，Argentina，Brazil，Colombia，Costa Rica，Cuba，Guatemala，Israel，Mexico，Morocco，Panama，Peru，Republic of Korea，Singapore，South Africa，Spain，Uruguay and Vietnam 等国的专利。

6. 加拿大知识产权局网上数据库（http：//patents 1. ic. gc. ca/intro-e. html）

由加拿大专利局提供的，收录了从 1920 年以来 70 多年的加拿大专利文献 200 多万件并定期更新。该库由专利文献（说明书）图像、书目数据以及专利文献的文本组成。其中，书目数据和文本数据可以进行检索，说明书图形文件不能被检索，但通过对书目数据和文本数据进行检索时所命中的专利列表，可以调出相应的专利说明书的图形文件查看和下载。1978 年 8 月 15 日以前的加拿大专利没有文本型的文摘和专利权说明，这部分专利只能检索其专利号、题目、专利所有者和发明人以及其分类号。该库有英语和法语两种语言，可随时进行切换。

7. 日本工业产权数字图书馆（http：//www. ipdl. inpit. go. jp/homepg _ e. ipdl）

日本工业产权数字图书馆，简称 IPDL，可以供公众免费检索日本专利局授权的专利信息。IPDL 号称世界上最大的工业产权信息数据库，存储有自 1885 年日本第一条专利以来至今的专利和实用新型数据。该数据库中的数据每两周更新一次，拥有 4500 万篇文献，11 万亿字节的数据量。检索系统提供日文和英文两种界面。

8. 百度专利检索（http：//zhuanli. baidu. com/）

百度专利搜索是百度与中国专利信息中心合作推出的针对中国专利数据的专业搜索。目前的数据是由国家知识产权局中国专利信息中心提供的所有登记备案的中国专利信息，数据每两周更新一次。百度专利搜索提供专利的基本著录项目，包括专利的名称、申请号、摘要、申请日、公开日、申请人/专利权人、发明设计人、专利代理机构、专利类型和全文链接等。说明书全文是图片格式，要下载AlternaTiffx控件才能正常浏览。

9. 谷歌专利检索（http：//www.google.com/patents）

谷歌专利搜索提供美国专利的开放搜索和专利全文的开放获取，内容包括美国专利商标局（USPTO）专利全文700余万件。

（三）商业专利数据库

除免费数据库外，还有许多由商业公司提供的完全收费的商业专利数据库。这些商业数据库在数据的收录范围、时间跨度、数据加工及文献内容标引、著录质量等方面一般都优于免费数据库，以下选介一些优秀的商业专利数据库。

1. 德温特专利索引（DII）

英国德温特出版公司（Derwent Publication Ltd.）成立于1951年，是一家专门从事专利文献报道的私营出版机构，其主体数据库包括三个部分：DWPI、DPCI及DII。

Derwent Innovations Index（DII）是整合了德温特世界专利索引（Derwent World Patent Index，DWPI）和德温特世界专利引文索引（Patents Citation Index，PCI）而形成的专利信息和专利引文信息数据库，是世界上最大的专利文献数据库。DII收录来自全球41个专利机构的超过1800万条基本发明专利，3890多万条专利情报，数据回溯到1963年，每周增加约2万5千条专利记录。

（1）DII的特点

1）描述性的标题与摘要。专利申请人为了有效保护其发明创造，在专利文献中往往使用一些繁复晦涩的专业术语或法律术语，与一般科技文献中的通用技术用词不同，用习惯的常用词检索很难找到相关的文献。Derwent的技术专家用通俗的语言按照技术人员平常的用词和行文习惯为每一份专利重新编写英文标题和摘要，既克服了语言的障碍，又能够解决普通用户查找的问题。例如，

专利文献原标题："Setting machine"

Derwent描述性标题："Seedling setting machine—has transportation unit for using vacuum to suck withdrawn seedling into predetermined position"

2）专利家族。由于专利的保护具有地域性，常常造成同样的技术文献多次重复出版。同一项发明创造在多个国家申请专利而产生的一组内容相同或基本相同的出版物，称一个专利族。DII将同族专利合并成一条记录，在同一条记录页里会列出同族专利中不同国家授予一项技术的不同专利号，从而对某一个具体专利的全球授权情况一目了然。另外，对于非英文的同族专利，可以通过同族专利的记录，找到同一项技术的英文专利，了解技术细节。第三，DII同族专利规模的大小，会反映一项技术的重要程度。

3）与ISI Web of Science的双向链接。DII以ISI Web of Science（WOS）为平台，将专利文献的引用文献与WOS中的文献进行链接，同时，WOS中的文献若引用了专利，也会增加指向DII的链接，这样便形成两在数据库记录的双向链接，这种双向链接可以帮助用户了解基础研究转化为专利的思路与线索，同时，又给用户掌握新的技术在科学研究中的应用提供了很好的借鉴和参考。

4）指向全文的链接。DII本身是一个文摘数据库，但多数记录有指向全文的链接，点击记录后面的“Original Document”按钮，可直接阅读专利说明书全文。因DII以WOS为平台，而WOS的Thomson Patents Store提供了全球90%以上的专利全文，辅之以DII专利家族的索引，基本上解决了专利全文的获取问题。

（2）DII的检索：DII以WOS为平台，包括化学（Chemical）、电子电气（Electrical & Electronic）、工程技术（Engineering）三个子数据库。用户可以同时检索化学、电气与电子、工程技术各领域的专利，也可以选择其中的一个或几个领域进行检索。检索模式有一般检索（Search）、引证专利检索（Cited Patent Search）和高级检索（Advanced Search）。

1）基本检索提供菜单式操作界面，可供检索的字段有：主题、专利权人名称或代码、发明人、专利号、IPC分类号、Derwent分类号、Derwent手工代码和Derwent入藏号。

Derwent手工代码是Derwent公司为检索电子与电气、化学化工专利而引入的代码检索系统，它用代码来指明发明专利的新颖之处和发明的新应用，以增强利用国际专利分类号检索的精确度。电子与电气专利代码表和化学专利代码表可以在Derwent公司网站中获得。Derwent入藏号是Derwent公司为每一件新进入系统的基本专利编制的唯一入藏号，对基本专利之后进入系统的相同专利，Derwent公司不再为其编制入藏号，而是使用其基本专利的入藏号，Derwent入藏号是检索同族专利的唯一有效途径。

2）高级检索界面非菜单式操作，需用户编写命令检索式，可以使用字段限定、布尔算式等构造复杂检索式。

3）引证专利检索只提供四个检索框：被引专利号（Cited Patent Number）、被引专利权人（Cited Assignee）、被引发明人（Cited Inventor）和被引Derwent入藏号。在利用被引专利权人检索时，1992年以前的专利被限定为最多4个人，每个名称只有24个字符，1992年以后记录对专利权人名称不再有人数限定，而且每个专利权人的名称最多可为40个字符。如果名称过长，则会被缩短或者缩写。在利用Derwent入藏号进行检索时，要输入四位数的年，一个连字符和6位数的序列号。利用被引专利号中检索时，输入被引专利的准确号同时点选输入框下面的“Expand search to include all patent numbers in the found patent family”，可以将所有该专利家庭中所有专利的被引用情况检索出来。

（3）DII结果分析：利用WOS的引证分析功能，可以对检索结果进行多种方式的分析。

1）依据专利权人名称（Assignee Name）、专利权人代码（Assignee Code）分析：了解在某一技术领域，有哪些公司或者机构申请了专利；在这一技术领域里谁申请的专利最多。

2）依据国际专利分类号（IPC Code）分析：了解某一技术领域通常使用哪个国际专利分类号进行索引。

3）依据发明人（Inventor）分析：了解某一领域的技术都是由哪些发明人发明的。

4）依据Derwent分类代码（Derwent Class Code）分析：了解某项技术是如何跨学科进行发展和应用的。

5）依据Derwent手工代码（Derwent Manual Code）分析：了解某项技术通常使用哪个Derwent手工代码进行索引；用户关注的某项技术主要集中在哪些领域。

2. Delphion专利检索系统（http：//www.delphion.com/）

Delphion的前身是IBM知识产权网（The Intellectual Property Network），由IBM公司于1997年建立，通过Internet向公众提供服务，目的是满足个人、政府和组织对知识产权信息迫切的需求。2000 年 Delphion 完全脱离 IBM 成为独立的公司，是目前世界上最大的专利信息服务机构之一，拥有内容丰富、能执行强大检索功能、评价专利信息的检索系统。Delphion 的专利资源包括美国专利、欧洲专利、德温特世界专利索引（DWPI）、日本专利、德国专利、瑞士专利、世界知识产权组织专利合作出版物（WIPO PCT Publications）及同族专利和法律状态（INPADOC）。以上来源的专利中，除日本专利、DWPI、INPADOC 提供专利索引和摘要信息外，其他来源专利均有全文或专利说明书的图片格式。

Delphion 专利信息检索方式有快速/专利号检索（Quick/Number）、布尔检索（Boolean）、高级检索（Advanced）和德温特专利检索。非注册用户通过 Internet 仅可以利用快速/专利号检索免费检索美国授权专利的摘要信息。注册用户可以利用系统的各种检索途径查寻专利文献的内容信息和专利相关知识产权信息，通过系统的辅助功能，用户还可以对专利信息结果进行统计分析。2008 年，Delphion 与 Thomson Reuters 正式结成合作伙伴关系，Delphion 的信息资源还可以通过 Web of Knowledge 进行检索。

3. CNKI 中国专利数据库和国外专利数据库

CNKI 中国专利全文数据库数据来源于国家知识产权局知识产权出版社，收录了 1985 年至今的全部中国专利，双周更新。CNKI 国外专利数据库包含美国、日本、英国、德国、法国、瑞士、世界知识产权组织及欧洲专利局六国两组织的专利，收录年限为 1970 年至今，每季度更新一次。可以通过申请号、申请日、公开号、公开日、专利名称、摘要、分类号、申请人、发明人、优先权等检索项进行检索，专利说明书全文链接到欧洲专利局网站。

与普通的专利数据库相比，CNKI 中外专利全文数据库每条专利的知网节集成了与该专利相关的最新文献、科技成果、标准等信息，可以完整地展现该专利产生的背景、最新发展动态、相关领域的发展趋势，可以浏览发明人与发明机构更多的论述以及在各种出版物上发表的文献。

4. 万方数据中外专利数据库（http：//c. wanfangdata. com. cn/Patent. aspx)

万方数据中外专利数据库收录了国内外的发明、实用新型及外观设计等专利 2700 多万条，其中中国专利收录从 1985 年至今中国专利信息，包含专利公开（公告）日、公开（公告）号、主分类号、分类号、申请（专利）号、申请日、优先权等等数据项。

5. 中国专利信息网（http：//www. patent. com. cn)

由中国专利局检索咨询中心制作，包括自 1985 年至今的全部专利的题录信息，以及发明和实用新型的全文图形。因特网用户可以免费向该专利服务机构注册，注册后可得到有限的免费服务，只能检索到专利摘要和著录项目等基本信息，不能看到专利全文说明书及外观设计图形。而付费的会员则可查看专利说明书全文信息。

第二节 标准文献检索

一、标准文献概述

（一）标准化发展史与标准文献概念

标准化是人类进入社会共同生活过程中的产物，它随着生产的发展和科技的进步而发生、发展。标准化程度受生产力发展的制约，同时又为生产力的进一步发展创造条件。最初的标准化目的是为了满足物资公平交换的需要，决定度、量、衡单位和器具标准统一。当农业和手工业分工时，为了提高生产率，对工具和技术规范化就成了迫切要求，这是古代标准化的萌芽。当人类社会进入以机器生产、社会化大生产为基础的阶段，科学技术适应工业的发展，为标准化提供了大量生产实践经验和系统实验手段，使标准化活动进入科学阶段，并开始通过民主协商的方式在广阔的领域推行工业标准化体系，作为提高生产率的途径，如1789年美国艾利·惠特尼在武器工业中用互换性原理以批量制备零部件，制订了相应的公差与配合标准；1834年英国制订了惠物沃思“螺纹型标准”，并于1904年以英国标准BS84颁布；1897年英国斯开尔顿建议在钢梁生产中实现生产规格和图纸统一，并促成建立了工程标准委员会；1906年国际电工委员会（IEC）成立；1914年美国福特汽车公司运用标准化原理将生产过程的时空统一起来创造了连续生产流水线；1927年美国总统胡佛发表了“标准化对工业化极端重要”的论断。在此阶段，荷兰（1916年）、菲律宾（1916年）、德国（1917年）、美国（1981年）、瑞士（1918年）、法国（1918年）、瑞典（1919年）、比利时（1919年）、奥地利（1920年）、日本（1921年）等国家相继成立了国家标准化组织，目前，世界上已有100多个国家成立了自己国家的标准化组织。在此基础上，1926年在国际上成立了国家标准化协会国际联合会（ISA），1946年国际标准化组织ISO正式成立，标准化活动由企业行为步入国家管理，进而成为全球的事业，活动范围从机电行业扩展到各行各业。标准化从生产的各个环节，各个分散的组织到各个工业部门，扩散到全球经济的各个领域，由保障互换性的手段，发展成为保障合理配置资源、降低贸易壁垒和提高生产力的重要手段。

现代工业化进程中，现代产品、工程和服务具有显著的系统性和社会化特征，一项产品、工程和服务往往涉及几十个行业和几万个组织及许多领域的科学技术（如美国的“阿波罗计划”、“曼哈顿计划”），标准化更需要运用科学的理论和现代技术手段，建立与全球信息化、经济一体化、技术现代化相适应的标准化体系，为全球经济可持续发展提供标准化支持。

新中国成立以来，党和国家非常重视标准化事业的建设和发展。1949年10月成立中央技术管理局，内设标准化规格处。1957年在国家技术委员会内设标准局，开始对全国的标准化工作实行统一领导，同年我国参加了国际电工委员会（IEC）。1958年国家技术委员会颁布第一号国家标准GB1《标准幅面与格式、首页、续页与封面的要求》。1978年5月国务院成立了国家标准总局以加强标准化工作的管理，同年以中华人民共和国名义参加了国际标准化组织（ISO）。1979年7月国务院颁发了《中华人民共和国标准化管理条例》。1979年开始，国家标准化行政部门组建了234个全国专业标准化技术委员会，400多个分技术委员会，有25000多名各行各业专家、学者和标准化管理人员被聘为标准化技术委员会委员；有100多个标准化技术归口单位。1988年7月19日国务院为了加强政府对技术、经济监督职能，决定将国家标准局、国家计量局和国家经委的质量管理部分职能合并成立国家质量监督局。1998年改名为国家质量技术监督局，直属国务院领导，统一管理全国标准化、计量、质量工作。

1988年12月29日第七届全国人大常委会第五次会议通过了《中华人民共和国标准化法》，并以国家主席令颁布，于1989年4月1日起施行，这标志着我国以经济建设为中心的标准工作，进入法制管理的新阶段。

标准文献是按照规定程序编制并经过一个公认的权威机构（主管机关）批准的，供在一定范围内广泛而多次使用，包括一整套在特定活动领域必须执行的规格、定额、规划、要求的技术文件，通常统称为“标准”。标准文献除了以标准命名外，还常以规范、规程、建议等名称出现，国外标准文献常以Standard（标准）、Specification（规格）、Rules（规则）、

Instruction（指导）、Practice（工艺）、Bulletin（公报）等命名。

标准文献有利于企业或生产实现经营管理统一化、制度化、科学化。标准文献反映的是当前的技术水平，国外先进的标准可以为我们提高工艺技术水平、开发新产品提供参照。另外，标准文献还可以为进口设备的检验、装配、维修和配置零部件提供参考，它为整个社会提供了协调统一的标准规范，起到了解决混乱和矛盾的整序作用。

（二）标准文献的种类

标准文献可按其使用范围、内容和性质、成熟程度来进行分类。

1. 按使用范围划分

（1）国际标准：指国际通用的标准，如 ISO 标准、IEC 标准；

（2）区域标准：指世界某一地区通行的标准，如“全欧标准”；

（3）国家标准：由国家标准化机构颁布的标准，在一个国家范围内适用，如中国国家标准；

（4）行业标准：又称专业标准，由行业主管机构和行业标准化机构批准发布，是某一行业范围内的标准；

（5）企业标准：企业标准是对企业范围内需要协调统一的技术要求、管理要求和工作要求所制订的标准。

以上各类型标准也称为标准的级别，各层次之间有一定的依从关系和内在联系，形成一个覆盖全面又层次分明的标准体系。中国的标准依据《中华人民共和国标准化法》的规定，按照适用范围将标准划分为国家标准、行业标准、地方标准和企业标准 4 个层次。国家标准属最高等级标准，在全国范围内适用。行业标准是对没有国家标准而又需要在全国某个行业范围内统一的技术要求所制订的标准，行业标准不得与有关国家标准相抵触，行业标准在相应的国家标准实施后，即行废止。地区标准是指对没有国家标准和行业标准而又需要在省、自治区、直辖市范围内统一的要求而制订标准，地方标准在相应的国家标准或行业标准实施后即行废止。企业标准是指企业生产的产品，在没有国家标准、行业标准和地方标准的情况下，由企业制订的产品标准。企业标准应严于国家标准、行业标准或地方标准，或是对国家标准、行业标准的选择或补充的标准。

2. 按内容及性质划分

（1）技术标准：技术标准包括基础标准、产品标准、方法标准、安全与环境保护标准。

（2）管理标准：管理标准包括技术管理标准、生产组织标准、经济管理标准、行政管理标准、业务管理标准、工作标准。

3. 按成熟程度划分

可划分为正式标准和试行标准两类（或称作强制性标准和推荐性标准）。

（三）标准文献的特点

标准文献与图书、期刊等完全不同，具有许多重要的特点：

（1）标准文献一般都编有标准号，标准号是检索标准文献的重要依据。

（2）标准具有一定的法律约束力，例如，企业生产产品就必须按照相应的产品标准执行，从而保证产品的安全性、互换性和通用性等。

（3）标准的更新换代频繁，随着科技的发展和社会的进步，需要对原有的标准进行不断的修订以保证先进性。标准的平均寿命为 4～5 年。

（4）标准文献的制定要通过起草、提出、批准、发布等程序，并规定出实施时间与范围。

（四）标准文献的代号、编号

1. 国际标准的代号、编号

国际标准指由国际标准化组织颁布的标准，重要的国际标准化组织包括 ISO、IEC、ITU，并称为世界三大标准化组织，几乎全部重要的国际标准均来自它们。

ISO 标准代号为 ISO，其编号形式为：ISO＋标准号＋［横杠＋分标准号］＋冒号＋发布年代（方括号中的内容可有可无），例如：ISO8402：1987、ISO9000－1：1994 等，分别是某一个标准的编号。

IEC 标准代号为 IEC，其编号形式为：IEC＋顺序号－年代或 IEC＋发布顺序号－该标准的某部分号－发布年代，例如：IEC 61000－2－13－2005：电磁兼容性（EMC）第 2－13 部分：环境、辐射和传导的大功率电磁（HEMP）环境。

ISO/IEC ＊＊＊＊：＊＊＊＊，表示国际标准化组织和国际电工委员会联合发布的标准。

IEC 标准在 1996 年同 ISO 标准进行分工，5 万号以前由 ISO 出版，5 万号以后由 IEC 出版。现在 ISO 标准号为 1－59999，IEC 标准号 60000－79999，ISO/IEC 联合制定的标准为 80000 系列。从 1997 年之后，所有 IEC 新标准或修订标准均以 60000 系列编号，例如，原 IEC 529 现编号为 IEC 60529。IEC 的 29 号标准现改为 IEC60029。

ITU 标准编号体系：ITU 标准均由字母代号和数字代码组成，中间用小数点分隔。英文字母表示不同的技术专业或用途，目前，ITU－T 已使用了除 W 外的 25 个字母作代码。

（1）ITU－R（无线电标准）的标准编号为：ITU－R XXX，例如，ITU－R 367。

（2）ITU－T（通信标准）的标准编号为：ITU－T A－ZYYYY 为建议号码，例如，ITU－T D. 120。

2. 中国国家标准的代号、编号

我国国家标准分为强制性标准和推荐性标准，《标准化法》规定："保障人体健康，人身、财产安全的标准和法律、行政法规规定强制执行的标准是强制性标准，其他标准是推荐性标准。"强制性国家标准的代号为 GB，推荐性国家标准的代号为 GB/T。

国家标准编号形式为：GB＋标准发布顺序号—标准发布代号，例如：GB 18599—2001，GB/T 700—2006 分别是国家标准和国家推荐标准的编号。

除了 GB、GB/T 之外，尚有军用、卫生标准等给出了专门标准代号：

GB. n	国家内部标准；
GB. j	国家工程建议标准；
GB. w	国家卫生标准；
GJB	国家军用标准；
GSB	国家实物标准。

3. 中国行业标准的代号、编号

行业标准也分为强制性标准和推荐性标准。行业标准的代号由 2 位拼音字母组成，例如：JY（教育行业）、CY（新闻出版行业）、WH（文化行业）。行业标准的编号由行业标准代号、标准发布顺序号和标准发布年代号组成，例如：QB/T 1080—2007，JB/T 10231. 22—2006。

4. 中国企业标准的代号、编号

中国企业标准代号以“Q”为分子，以企业名称代码为分母。企业标准编号由企业标准代号再加上标准的序列号组成，例如：Q/SH 0026—2009《川东北地区采气工程推荐作法》。

（五）标准文献分类

标准文献的分类主要采用《中国标准文献分类法》、国际标准分类法（ICS）、国际十进分类法（UDC）等分类系统。

《中国标准文献分类法》1984年国家标准局编制，是目前国内用于标准文献管理的一部工具书。该分类法由24个一级大类目组成，用英文字母表示，每个一级类目下分100个二级类目，二级类目用二位数字表示。

《国际标准分类法》(International classification for standards，ICS）用作国际、区域性和国家以及其他标准文献的分类。国际标准化组织（ISO）发布的标准1994年以前使用《国际十进分类法》(UDC)，1994年以后改用ICS分类。我国自1995年底发布的国家标准也将《国际十进分类法》(UDC）改用《国际标准分类法》(ICS）分类。ICS分类法由三级类构成。一级类包含标准化领域的40个大类，每一大类号以两位数字表示，如01，03，07。二级类号由一级类号和被一个全隔开的三位数字组成。全部40个大类分为335个二级类，335个二级类中的124个被进一步分成三级类。三级类的类号由二级类的类号和被一个圆点隔开的二位数组成，如，43.040.02（照明和信号设备）。

二、标准文献检索

（一）印刷型检索工具

1.《中国标准导报》

由中国标准出版社主办，月刊。报道标准化学术论述、标准化的发展和动态；介绍国内外标准化领域的最新研究成果；提供最新标准发布、出版、废止及代替信息。

2.《中国国家标准汇编》

由中国标准出版社自1983年起陆续出版。

3.《ISO Focus+》

2010年1月创刊，是整合了原《ISO Focus》和《ISO Management Systems》以后的升级版，每年出版10期，7～8月和12～1月分别出一期，以英、法两种文字出版。《ISO Focus+》涵盖了全部ISO标准，是报道和检索ISO标准的重要工具。

4.《IEC年报》(IEC Annual Reports)

由IEC每年出版，内容包括上一年内标准化研究进展、IEC制定出版的国际标准、IEC技术工作、经济状况等信息。

（二）标准文献数据库

1. ISO标准数据库（http：//www.iso.org/iso/home.html）

ISO国际标准是国际标准化组织（International Organization for Standardization，简称ISO）颁布的标准。ISO成立于1947年，是世界上最大的国际标准化机构，目前已有成员国100多个，任务是制订国际标准，促进、协调世界范围内的标准化工作，它负责除电工领域外的一切国际标准化工作。ISO的所有标准每隔5年将重新审定一次，使用时应注意利用最新版本。

ISO标准数据库以ISO网站为检索平台，检索途径有分类浏览、简单检索、高级检索三种模式。在分类浏览检索模式中，系统提供按国际标准分类表ICS分类浏览和按ISO的技术委员会（TC）分类浏览两种途径。按ICS分类浏览，需要逐级展开各级类目，直到找到自己需要的类目。点击选中的类目，即可得到该类目下所有的国际标准目录，逐个浏览从中筛选出所需的标准名称。

在简单检索方式中，选择所要检索的数据库，输入描述标准内容的关键词，系统将在标准名称和文摘字段中检索与输入的检索词相匹配的记录。当检索结果较多时，可以利用检索框后面的6个按钮进行排序，分别为：Relevance（按相关度排序）、ISO number（按ISO标准号排序）、TC（按ISO的技术委员会编号排序）、ICS（按国际标准分类号排序）、Date（按日期排序）、Stagecode（按标准当前状态代码排序）。

在高级检索方式中，系统提供多个字段的组合检索。主要检索字段包括：Find keyword or phrase、ISO number、ISO part number、ICS、Stage code、Date stage reached、Commitee、Subcommitee等。

（1）Find keyword or phrase 关键词或词组检索。可输入单词或词组，词组必须置于双引号中。支持布尔逻辑运算（and/not/or），如果在该字段中一次输入2个或以上检索词，系统默认各词之间以“or”算符相连。支持截词检索，采用“*”为截词符。

（2）ISO number、ISO part number 标准号检索。按标准号检索时，输入标准顺序号即可，如检索ISO9001—2000标准只需输入9001。若检索标准中的某一部分，例如ISO9000第4部分，可在ISO number后输入9000，再在ISO part number后输入4，也可直接在ISO number后输入9000－4。

若查某个范围的标准，如输入1：200，则出来1到200号的标准；想查几个不连续的标准，则用逗号分隔，如输入9000，14001，1404；若要查某个范围和某具体标准，用逗号分隔，如输入1：200，9000。

（3）Stage code 标准发展状态代码。用于检索所达到的某一特定发展状态（指标准审批、实施等阶段）的标准。ISO使用的阶段代码是以International Harmonized Stage Code System（国际协调代码系统）为依据。该字段必须输入完整的4位数字状态代码，如50.00；也可检索某一状态范围内的一系列标准如50.00：50.99，40.99，50.99。该字段必须与其他字段连用，不可单独使用。

（4）Date stage reached 到达当前状态的日期。须与Stage code（阶段代码）连用，格式为YYYY-MM-DD，可以使用“：”检索连续的阶段代码，或用“，”检索间断的多个阶段代码，或将上述方法结合使用。

（5）Commitee、Subcommitee 技术委员会。该字段供用户按技术委员会分类进行检索。ISO下设200多个技术委员会（Technical Committee，TC），每个委员会下设置分委员会（Sub-Committee，SC）和工作组（Working Group，WP）。ISO国际标准均由TC，SC，WG负责制订。

ISO标准根据制订标准的技术委员会的类目名称进行分类，其类号由“TC＋数字代码”组成。点击该字段的下拉菜单，选择需要检索的技术委员会的英文代码，如TC207（环境管理技术委员会），便可检索出该技术委员会所在学科领域的全部标准。

若对某技术委员会下设的分技术委员会进行检索，应先选定技术委员会代码，然后输入分技术委员会的编号，如：先在“Committee”下拉菜单中选定TC207，再在“Subcommittee”中输入 5（生命周期评估）。

2. IEC 标准数据库

IEC 标准是由国际电工委员会（International Electrotechnical Commission，简称 IEC）统一制订的。IEC 成立于 1906 年，与 ISO 并列为两大国际性标准化组织。IEC 专门负责研究和制订电工电子技术方面的国际标准，包括综合性基础标准，电工设备标准，电工材料标准，日用电器标准，仪器仪表及工业自动化标准，安全标准等。IEC 设有 79 个技术委员会（TC）和 27 个分委员会（SC）。1975 年以前 IEC 公布的为推荐标准，1975 年以后为 IEC 国际标准。

IEC 标准检索网站（http：// webstore. iec. ch/webstore/webstore. nsf/Homepage? ReadForm）可以在线检索和购买 IEC 标准。系统提供快速检索（Search）、标准号检索（Quick access by ref. number）和高级检索（Advanced Search）三种检索方式。IEC 快速检索支持标准号和关键词检索，用户可以在检索框中输入标准号或描述标准内容的关键词或词组；标准号检索需要用户在检索框中输入标准号；高级检索提供多种检索途径如，标准代码（Reference Header）、标准号（Reference Number）、委员会名称（Commitee Title）、委员会代码（Commitee TC/SC）、国际标准分类号（ICS Code）、国际标准分类类目名称（ICS Code Title）、时间（Date）等，用户可以进行多条件组合检索。

3. ITU 标准数据库

国际电信联盟（International Telecommunication Union，ITU）是世界上最早的国际标准化组织，它的历史可以追溯到 1865 年。1865 年 5 月 17 日，法国、德国、俄国、意大利等 20 个欧洲国家的代表在巴黎签订了《国际电信公约》，国际电报联盟（International Telegraph Union，ITU）宣告成立。随着电话与无线电的应用与发展，ITU 的职权不断扩大。1906 年，德国、英国、法国、美国、日本等 27 个国家的代表在柏林签订了《国际无线电报公约》。1932 年，70 多个国家的代表在西班牙马德里召开会议，决定把上述两个公约合并，制订《国际电信公约》，并决定自 1934 年 1 月 1 日起正式将国际电报联盟改称为“国际电信联盟”并将电报、电话、无线电咨询委员会改为“国际电信联盟”。经联合国同意，1947 年 10 月 15 日成为联合国的一个专门机构，其总部设在日内瓦。

ITU 包括三个主要机构：电信标准部门（TSS，即 ITU - T），负责通信标准制订工作；无线电通信部门（RS，即 ITU - R），管理国际无线电频谱和卫星轨道资源，制订无线电标准；电信发展部门（TDS，即 ITU - D），帮助普及以公平、可持续和支付得起的方式获取信息通信技术。

ITU 主页（http：// www. itu. int/en/pages/default. aspx）提供 ITU 标准的检索。在主页的右上角，有一个简单检索框，可以在这里输入标准号或名称执行检索。或者，点击页面右上角的“Advanced Search”，进入高级检索界面。系统提供四种检索模式：all of these words（包含全部检索词）、any of these words（包含任意一个检索词）、this exact phrase（精确检索）、none of these words（不包含以下检索词），检索时，在对应的模式框中输入检索词。除以上四种检索途径外，系统还提供各类限定条件，以使结果更加准确，包括：

文献语种限定：英语、法语、西班牙语、中文、俄文、阿拉伯语。

时间范围限定：时间最早为 1920 年。

网站检索区间限定（Web Areas）：除可以在数据库中检索文献记录外，系统还提供对

ITU 网站内容的检索，但这些数据是非结构化的。ITU 网站被划分为五个区间：News-Room、General Secretariat、Radiocommuication（ITU - R）、Standardization（ITU - T）、Development（ITU - D）、ITU Telecom，以上项目系统默认全选，用户可以根据需要自行定制。

文献类型限定（Document Areas）：存储在数据库中的结构化数据是系统检索的主要对象，类型包括 Recommendations（标准）、Meeting documents（会议文献）和 Publications（ITU 发布的文件，包括技术报告和推荐标准）。

除此而外，还有 ITU 部门（Sector）限定、来源（Source）、状态（Status）等限定条件，用户可根据检索课题要求，选择使用。

结果记录大部分需要付费获取原文，但也会因语种的不同而异，同一标准文献，有的语种提供免费原文，有的语种原文需付费购买。

4. 中国标准服务网（http：//www.cssn.net.cn）

中国标准服务网是国家级标准信息服务门户，是世界标准服务网 WSSN 的中国站点。中国标准服务网的标准信息主要依托于国家标准化管理委员会、中国标准化研究院标准馆及院属科研部门、地方标准化研究院（所）及国内外相关标准化机构，提供的信息种类齐全、权威并且更新及时。其网上检索系统分为强制性国标检索、期刊检索、专著检索、标准检索、标准内容指标检索、技术法规检索 6 个子系统。其中，强制性国标检索系统可免费查看全文，其余子系统提供免费文摘检索，提供原文传递服务。

中国标准服务网提供三种检索方式：模糊检索、分类检索和高级检索。模糊检索功能位于主页的中间位置，是简单的检索方式，用户可按标准号或关键词对标准信息数据库进行方便快捷的检索。按“标准号”检索仅对标准号一个字段进行查询，按“关键词”检索可同时对中文标题、英文标题、中文关键词、英文关键词等字段进行查询。按“关键词”检索时，检索条件可以是单个词，也可以是多个词，多个词之间应以空格分隔，系统默认词之间是逻辑“与”的关系；输入的多个关键词必须同是中文或同是英文，如果中英文混输，一般无法检索到想要的标准。

分类检索功能位于主页中间位置，包括“国际标准分类”和“中国标准分类”两个体系。分类检索适用于不了解要检索的标准号或关键词的情况，用户通过直接点击“国际标准分类”和“中国标准分类”链接进行分类查询。

高级检索功能提供了更丰富的检索途径并支持不同条件的组合检索。单击简单检索框后面的“高级检索”或主页上方的“标准检索”，进入到中国标准服务网高级检索界面。高级检索界面以列表方式提供多种检索途径，页面左边是检索字段名称，右边是相应的检索词输入框，检索字段包括标准号、中英文标题、中英文关键词、被替代标准、采用关系、国际标准分类、中国标准分类。在一个字段中输入多个检索词时要用半角空格隔开，系统默认“与”的关系。“采用关系”是了解标准之间的互相采用关系的，一般与其他字段联用。检索时，首先输入某一类标准的相关信息，然后在“采用关系”中输入相应的代码，如 JIS（日本）、IEC、ISO 等点击“检索”，结果将显示出采用了 JIS 或者 IEC 或者 ISO 标准的该类标准。

5. 中国标准咨询网（http：//www.chinastandard.com.cn）

中国标准咨询网由中国技术监督情报协会、北京超星公司、北京中工技术开发公司合作建立。中国标准咨询网提供ISO标准、IEC标准、ANSI标准、ASTM标准、ASME标准、EN标准、UL标准、BS标准、DIN标准、JIS标准、AFNOR标准、GB标准、HB标准、GBJ标准、IEEE标准的免费题录检索，标准全文需付费获取。

系统提供初级检索和高级检索两种检索方式。初级检索只能进行单个字段的检索，检索途径字段包括中文标准名称、英文标准名称、发布日期、发布单位、实施日期、采用关系、标准号、中国标准文献分类号共8个。如果不输入任何检索词，点击“搜索”则显示所选数据库的全部数据。高级检索提供多个字段的逻辑组合检索，而且允许进行“包含”、“等于”、“大于”、“小于”四种方式的模糊检索。

6. 国家标准化管理委员会信息查询系统（http：//www.sac.gov.cn/xxcx/）

国家标准化管理委员会是国务院授权的履行行政管理职能，统一管理全国标准化工作的主管机构。其网站提供国家标准公告查询、国家强制性标准查询、国家标准目录查询、国家标准计划查询、专业标准化技术委员会查询、行业标准备案公告信息查询和地方标准备案公告信息查询7个信息查询系统，全面覆盖我国标准化工作信息及标准文献信息。其中，国家强制标准查询系统提供我国强制标准的全文在线阅读，但在首次打开阅读页面时，需安装用于标准阅读的浏览器ActiveX控件。

7. 万方中外标准数据库

中外标准数据库是万方数字资源系统的一个子系统，内容为国家技术监督局、建设部情报所提供的中国国家标准、建设标准、建材标准、行业标准、国际标准、国际电工标准、欧洲标准以及美国、英国、德国、法国等国的国家标准和日本工业标准等。该数据库为文摘型数据库，无标准全文。

8. CNKI标准数据库

CNKI拥有《国家标准全文数据库》、《中国行业标准全文数据库》、《中国标准数据库》和《国外标准数据库》共4个标准相关的子库。

《国家标准全文数据库》收录了由中国标准出版社出版的，国家标准化管理委员会发布的所有国家标准，占国家标准总量的90%以上，收录年代为1950年至今，每季更新。

《中国行业标准全文数据库》收录我国现行及废止的行业标准全文，至2010年11月年实现交通、轻工、黑色冶金、有色金属、稀土、中医药、文化、印刷工业、旅游共9个行业标准的开发，收录年代为1950年至今，内容持续更新。

《中国标准数据库》收录了所有的国家标准（GB)、国家建设标准（GBJ)、中国行业标准的题录信息。收录年代为1957年至今。

《国外标准数据库》收录了国际标准（ISO)、国际电工标准（IEC)、欧洲标准（EN)、德国标准（DIN)、英国标准（BS)、法国标准（NF)、日本工业标准（JIS)、美国标准（ANSI)、美国部分学协会标准（如ASTM，IEEE，UL，ASME）等题录信息。可以通过标准号、中文标题、英文标题、中文关键词、英文关键词、发布单位、摘要、被代替标准、采用关系等检索项进行检索。收录年代为1919年至今。

9. 中国标准网（http：//www.zgbzw.com/indexl.html）

可免费检索国家标准、行业标准、部分国际标准（ISO、IEC)、标准新书目、标准图书目录、作废标准情况等，提供在线订购标准全文和会员咨询服务等。

10. 国家科技图书文献中心国外标准库（http：//www. nstl. gov. cn）

可免费检索ISO、IEC、英国、德国、法国和日本的国家标准的文摘，全文需付费购买。

11. 欧洲标准化委员会（http：//esearch. cen. eu/）

该组织成立于1957年，目的是向欧共体（EEC）成员国推荐标准，统一各成员国的标准，以便增进贸易和促进业务交流。该组织在ISO标准的基础上开展工作，到1991年止，已制订了欧洲标准（EN）达4000个。通过欧洲标准化委员会网站可检索其颁布的标准。

12. 开放标准网（http：//www. open-std. org/）

目前主要包括了ISO（国际标准化组织）和IEC（国际电工委员会）的JTC1（联合技术委员会）发布的信息技术相关标准（ISO/IEC JTC 1）全文，内容涉及编码字符集、编程语言、操作系统、用户界面等。

13. 全球标准化资料库（http：//www. nssn. org/）

在线免费查询全球600多家标准组织与专业协会制订的225 000多条标准的目录，提供获取全文的途径，如联系电话或标准化组织的网站。

14. 美国国家标准网（http：//www. ansi. org/）

美国国家标准中有一小部分是美国国家标准学会（American National Standards Institution，简称ANSI）制订的，大部分是该学会在各专业标准中选择的对全国具有重要经济意义的标准，这些标准经ANSI各专业委员会审核后提升为国家标准，目前共有标准1万多件。ANSI通过网站提供网络检索服务。

15. 英国标准网（http：//www. bsi. org. uk/）

英国国家标准由英国标准学会（British Standards Institution，简称BSI）制定，现有标准11 000多件。英国国家标准不分类，标准目录按专业出版，共分40种专业目录。英国标准网主页提供管理系统登记，产品试验和证明、标准、视察服务、训练、检索、商业伙伴、标准目录、英国标准在线等服务。

16. 日本工业标准网（http：//www. jisc. go. jp/）

日本工业标准（Japanese Industrial Standard，简称JIS）为国家标准，由日本工业标准调查会（JISC）制定，范围几乎包括日本所有工业领域的标准，还包括药品、化肥、农药、畜产品、水产品及农林产品的标准，共有标准8000多件。

第三节 科技报告检索

一、科技报告概述

（一）科技报告的概念

科技报告是研究单位向主管机构或资助单位提交的科学研究成果的总结或进展情况的技术文献，它可以是科研成果的总结，也可以是科研进展情况的实际记录。许多最新的研究成果，尤其是尖端学科的最新探索往往出现在科技报告中。随着科技和经济的发展，科技报告数量迅速增长，每年约达百万件，成为宝贵的科技信息源。

（二）科技报告的类型

科技报告按不同的标准可划分为以下类型。

（1）按内容可分为：基础理论研究类和工程技术类。

（2）按形式可分为：

技术报告——Technical Reports，简称 TR；

技术札记——Technical Notes，简称 TN；

技术论文——Technical Papers，简称 TP；

技术备忘录——Technical Memorandum，简称 TM；

通报——Bulletin；

技术译文——Technical Translations，简称 TT；

合同户报告——Contractor Reports，简称 CR；

特种出版物——Special Publications，简称 SP；

其他，如会议出版物、教学用出版物、参考出版物、专利申请说明书及统计资料等。

（3）按研究进展程度可分为：

初步报告——Primary Report；

进展报告——Progress Report；

中间报告——Interim Report；

终结报告——Final Report。

（4）按密级程度可分为：

绝密报告——Top Secret Report；

机密报告——Secret Report；

秘密报告——Confidential Report；

非密限制发行报告——Restricted Report；

非密报告——Unclassified Report；

解密报告——Declassified Report；

保密的科技报告大多属于军事、国防工业和尖端技术成果。

（三）科技报告的特点

1. 反映新的科技成果迅速

由于有专门的出版机构和发行渠道，科研成果通过科技报告的形式发表通常比期刊早一年左右。

2. 内容新颖、专深具体

科技报告报道的题目大都涉及尖端科学的最新研究成果，对问题研究的论述包括各种研究方案的选择和比较、各种可供参考的数据和图表、成功与失败的实践经验等，内容具体。

3. 种类多、数量大

科技报告几乎涉及整个科学、技术领域以及社会科学、行为科学和部分人文科学。据统计，全世界每年出版的科技报告数量达 100 万件以上。

4. 出版形式独特

每篇科技报告都是独立的、特定专题的技术文献，独自成册，以单行本形式出版发行。但是，同一单位、同一系统或同一类型的科技报告，都有连续编号，每篇报告一个号码。科技报告一般无固定出版周期，报告的页数不等。除一部分技术报告可直接订购外，多数不公开发行。

（四）科技报告的编号

科技报告都有一个编号，但各系统、各单位的编号方法不完全相同，编号的结构形式也比较复杂。国外常见的主要科技报告的编号，一般有以下几种类型的符号：

（1）机构代号：机构代号是科技报告号的主要部分，一般以编辑、出版、发行机构名称的首字母标在报告代号的首位，机构代号可以代表机构的总称，也可以代表下属分支机构。例如：DOE—，代表“美国能源部”；STAN-CS-，代表“斯坦福大学，计算机系”。

（2）类型代号：主要代表科技报告的类型，有两种编号方式：

1）用缩写字母表示，如：

PR-Progress Report，进展报告；

QPR-Quarterly Progress Report，季度进展报告；

TM-Technical Memorandum，技术备忘录；

TP-Technical Papers，技术论文；

TT-Technical Translations，技术译文。

2）用数字表示，如DOE报告代号：

TID-3000代表文献目录；

TID-5000代表研究发展报告；

TID-7000代表特殊出版物；

TID-8000代表丛书；

TID-10000代表按“民用计划”公布的研究报告。

（3）密级代号：代表科技报告的保密情况。

ARR-绝密报告；

S-机密报告；

C-保密报告；

R-控制发行的报告；

U-非保密报告。

（4）分类代号：用字母或数字表示报告的主题分类。如，P-物理学（Physics）。

（5）日期代号和序号：用数字表示报告出版发行年份和报告的顺序号，如：STAN-CS-82-916，其中STAN-CS表示机构，82表示年份，916表示序号。

二、科技报告检索

（一）印刷型检索工具

1.《科学技术研究成果公报》

我国科研成果的统一登记和报导工作是从1963年正式开始的。凡是有科研成果的单位都要按照规定程序上报、登记。国家科技部根据调查情况发表科技成果公报和出版《科学技术研究成果公报》。我国出版的这套研究成果报告内容相当广泛，实际上是一种较为正规的、代表我国科技水平的科技报告。

2.《Energy Research Abstracts》（ERA，能源研究文摘）

由美国能源部编辑出版，创刊于1976年，报道能源部所属的实验室、研究中心和合同户所提供的研究报告。

3.《Government Reports Announcements & Index》(GRAI，政府报告通报与索引)

由美国商务部国家技术情报服务局编辑出版，创刊于1946年，是系统报道美国四大报告的文摘检索工具，其对应的联机数据库是NTIS（National Technical Information Service)。

4.《Scientific & Technical Aerospace Reports》(STAR，宇航科技报告)

由NASA科技情报机构负责编辑出版，创刊于1963年，是系统出版NASA报告及其他有关航天科技资料（不含期刊）的文摘刊物。

5.《Nuclear Science Abstract》(NSA，核科学文摘)

美国能源署技术情报中心主办专门报道国际核科学技术方面的文献。

（二）中国科技报告数据库

1. 中国科技成果数据库（http：//c. wanfangdata. com. cn/Cstad. aspx)

中国科技成果数据库是万方数据资源系统的一个子库，是国家科技部指定的新技术、新成果查新数据库，其收录范围包括新技术、新产品、新工艺、新材料、新设计，涉及自然科学各个学科领域。该库已成为我国最具权威的技术成果宝库，数据来源为历年各省市部委鉴定后上报国家科委的科技成果及其他科技成果，资源类型是文摘题录数据库（不可下载全文)，每月更新。该数据库可以通过全文、成果名称、分类号、关键词、成果简介、成果公布年份、省市、完成单位、完成人、联系单位、联系人、成果类别、成果水平、鉴定单位、鉴定日期、应用行业码、应用行业名称等进行简单检索或多条件组合检索。

2.《国家科技成果数据库（知网版)》 （http：//dbpub. cnki. net/grid2008/dbpub/brief. aspx? id=snad)

《国家科技成果数据库（知网版)》是CNKI的一个子库，主要收录正式登记的中国科技成果，按行业、成果级别、学科领域分类。每条成果信息包含成果概况、立项、评价，知识产权状况及成果应用，成果完成单位、完成人等基本信息，同时每条成果的知网节集成了与该成果相关的最新文献、专利、标准等信息，可以完整地展现该成果产生的背景、最新发展动态、相关领域的发展趋势，可以浏览成果完成人与完成单位更多的论述以及在各种出版物上发表的信息。收录年限为1978年至今数据，数据周更新。截止2011年03月，《国家科技成果数据库（知网版)》共计收录成果45万多项。

3. 国家科技成果网（http：//www. tech110. net)

国家科技成果网是由国家科学技术部创建的以科技成果查询为主的科技网站。它所拥有的全国科技成果数据库内容丰富、权威性高，已收录全国各地区、各行业经省、市、部委认定的科技成果约30余万项，库容量以每年3万～5万项的数量增加，充分保证了成果的时效性。除提供国家科技成果的免费网上查询外，还可进行全国科研单位、上网科技网站查询，发布科技成果供求信息等。1999年6月面向社会开放，该网站的“科技成果”栏目下的“成果查询”和“成果公报”子栏目分别提供成果查询和《国家科学技术研究成果公报》双月刊的电子版。

4. 国研报告（http：//www. drcnet. com. cn)

国务院发展研究中心调查研究报告简称国研报告。是国务院发展研究中心不定期发布的有关中国经济和社会诸多领域的调查研究报告，具有很高的权威性和预见性。网络版每天在线更新，下载全文需付费。

5. 中国商业报告库（http：//www.infobank.cn/）

中国商业报告库是中国资讯行的子库之一，收录经济专家及学者关于中国宏观经济、金融、市场、行业等的分析研究文献及政府部门颁布的各项年度报告全文，主要为用户的商业研究提供专家意见的资讯，数据每日更新，下载全文需付费。

（三）美国科技报告及其网络分布

1. 美国科技报告概述

尽管许多发达国家都有自己的科技报告，如英国航空航天委员会的报告、法国原子能的报告、西德的航空研究报告等，但在数量庞大的各类科技报告中，以美国政府的科技报告为最多，而且比较系统。其中，历史悠久、报告量多、参考和利用价值大的主要有PB报告、AD报告、NASA报告和DOE报告。这四种报告的累积量都在几十万篇以上，占全世界科技报告的大多数。

（1）PB报告。二次世界大战后，美国以战胜国身份获取了一大批战败国的战时科技资料，美国政府于1945年6月成立了美国商务部出版局（Office of the Publication Board），由它负责整理并报道这些资料，同时也报道美国政府自己解密和公开的科技报告。每件资料都冠以出版局的英文名称的字首“PB”为代号，故称为PB报告。1970年起，转而由NTIS来负责PB报告的收集及报道工作。

PB报告的编号原采用流水号前冠以PB代码，到1979年编到PB-301431。1980年采用新的编号，即“PB+年代+顺序号”，如：PB85-426858，其中单篇报告、NTIS专题检索目录及连续出版物和刊物分别单独编号。

随着时间的推移，PB报告的内容逐步由军事科学技术转向民用工程技术，包括土木建筑、机械、工业管理、电子学与电机工程、城市规划、环境保护、交通运输、化学研究方法与设备、农业和生物医药学等领域。

（2）AD报告。AD报告原为美国武装部队技术情报局（Armed Services Technical Information Agency，简称ASTIA）收集、出版的科技报告，始于1951年，称为ASTIA Documents，简称AD报告。AD报告是美国陆海空三军科研机构的报告，也包括公司企业及外国的科研机构和国际组织的研究成果及一些译自苏联等国的文献。

AD报告的密级包括机密、秘密、内部限制发行、非密公开发行四级。AD报告由ASTIA统一编号，报告号的编号方法起初采取混排，后在AD后再加一个字母，以区分不同密级，如：AD-A表示公开报告、AD-B表示内部限制发行报告、AD-C表示秘密、机密报告等。AD报告的内容不仅包括军事方面，也涉及许多民用技术，包括航空、军事、电子、通信、农业等22个领域。

（3）NASA报告。NASA报告是美国国家航空和航天局（National Aeronautics and Space Administration，简称NASA）出版的科技报告。NASA的前身是成立于1915年的美国国家航空咨询委员会（National Advisory Committee for Aeronautics，简称NACA），是美国最主要的航空科学研究机构。NACA和NASA及其所属的科研机构及合同户产生的大量科技报告均冠以NACA或NASA编号，故称为NASA报告。

NASA报告号采用“NASA-报告类型-顺序号”的表示法，报告类型按内容分为：

NASA-TR-R-技术报告；

NASA-TN-D-技术札记；

NASA-TM-X-技术备忘录；

NASA-TP-技术论文；

NASA-TT-F-技术译文；

NASA-CR-合同户报告；

NASA-CP-会议出版物；

NASA-Case-专利说明书；

NASA-SP-特种出版物。

NASA报告主要报道空气动力学、发动机及飞行器材、试验设备、飞行器制导及测量仪器等航空、航天学科内容，同时也涉及机械、化工、冶金、电子、气象、天体物理、生物等。因此，NASA报告实际上是一种综合性的科技报告。

(4) DOE报告。DOE报告是美国能源部（Department of Energy，简称DOE）出版的报告。原为美国原子能委员会（Atomic Energy Commission，简称AEC）出版的科技报告，称AEC报告。AEC组织成立于1946年，1974年撤销，成立了能源研究与发展署（Energy Research and Development Administration，简称ERDA）。它除了继续执行前原子能委员会的有关职能外，还广泛开展能源的开发研究活动，并出版ERDA报告，取代原AEC报告。1977年，ERDA改组扩大为能源部。1978年7月起，它所产生的能源研究报告多以DOE编号出现。AEC报告的内容除主要为原子能及其应用外，还涉及其他学科领域。ERDA和DOE报告的内容则由核能扩大到整个能源的领域。

AEC/ERDA/DOE报告号不像PB、AD、NASA报告那样有统一编号，它是由各研究机构名称的缩写字母加数字号码构成。由于所属机构较多，编码较复杂，1981年开始，能源部发行的报告统一采用"DE+年代+顺序号"的形式，所以DOE报告1981年以后又称DE报告。

2. 美国科技报告的检索

(1) NTIS美国政府报告数据库（http：//www.ntis.gov/search/index.aspx）。NTIS的全称是National Technical Information Service，NTIS美国政府报告数据库是美国国家技术情报社出版的美国政府报告数据库，是目前查找美国政府四大报告的主要检索工具。NTIS以收录美国政府立项研究及开发的项目报告为主，少量收录西欧、日本及世界各国（包括中国）的科学研究报告。报告类型包括项目进展初期报告、中期报告、最终报告等，年文献量约70000件。具体说，NTIS报导全部PB报告、所有非密的或者解密的AD报告、部分NASA报告和DOE报告，以及其他类型的科技报告，还有部分会议文献和美军的申请专利与批准专利说明书的摘要。该库75%的文献是科技报告，其他文献有专利、会议论文、期刊论文、翻译文献；25%的文献是美国以外的文献；90%的文献是英文文献。专业内容覆盖科学技术各个领域。检索结果为报告题录和文摘。上述网址只提供美国政府报告的题录信息，没有文摘。同时，该数据库还包括在CSA（Cambridge Scientific Abstracts）数据库中，可以提供文摘。

NTIS数据库提供快速检索（Quick Search）和高级检索（Advanced Search）两种检索模式。快速检索界面提供的检索字段包括：Abstract（摘要）、Author（作者）、Title（题名）、Accession Number（NTIS订购号）、Product Number（报告号）字段，其默认选项为All Fields（所有字段）。

高级检索界面除提供以上快速检索中的字段外，还提供五个文本框以进行检索模式的限定：

1）With all of the words：即命中文档包含所有检索关键词，进行精确查询。不要在词间输入逻辑算符 AND；

2）With the exact phrase：即命中文档中包含输入的精确短语，精确性更高；

3）With at least one of the words：即命中文档中至少包括检索词中的一个词，进行模糊查询，不要在词间输入逻辑算符 OR；

4）Exclude words：即命中文档不包括某些词，相当于布尔算符中的 NOT；

5）Limit results by source agency：即命中文档应来自于某一指定机构。

用户首先选择一个检索字段，接下来选择以上五种模式中的一种，输入相应的检索词执行检索。此外，高级检索界面还提供了文献类型、文献主题、时间等限定项，通过点选辅助限定检索结果。

（2）美国国防部科技报告服务（http：//www. dtic. mil/dtic/）。美国国防部科技报告服务（Scientific and Technical Report Collection）是由美国国防部提供的科技报告，涉及国防极其相关领域，多数可以看到摘要，有些只能得到题录，个别能看到全文。要想获得全文，点击 Order 按钮，将出现一个订购原文的收费表“SHOPPING CART”，上面给出价格和付费方式。

（3）NASA 科技报告数据库（http：//ntrs. nasa. gov/）。NASA 科技报告数据库包括 NTRS（NASA Technical Reports Server）和 NACATRS（NACA Technical Reports Server）两个数据库，是检索世界航空、航天资料主要的综合性检索工具。主要包括 NASA 及其合同用户编写的科技报告，美国和其他国家政府机构、公司、大学和研究机构所出版的科技报告、学位论文、期刊论文、专利、会议论文、图片、电影和技术视频资料。学科涉及航空、航天、化学化工、材料、工程、机械、激光、地球科学、能源、生命科学、数学与计算机科学、物理学、空间科学、社会科学。该数据库可提供部分免费全文科技报告，有些报告原文需付费购买。

（4）美国能源部信息之桥（http：//www. osti. gov/bridge）。美国能源部信息之桥（DOE Information Bridge）是一个综合性的检索网站，提供开放式的、完整的全文检索，可以方便快捷的进行全文的免费下载。内容包括关于美国能源部的物理学、化学、原料、生物学、环境科学、能源技术、工程学、计算机信息技术、可再生能源等方面的研究发展报告。

系统提供基本检索（Basic Search）和字段检索（Field Search）。基本检索只有单一的检索词输入框，可以输入词、短语，支持逻辑算符和截词符，精确的短语检索需要用“”括起来。字段检索相当于高级检索，提供多种字段和条件的组合检索。

（5）GrayLITNetwork 科技报告全文数据库（http：//graylit. osti. gov）。GrayLITNetwork 是由美国能源部（DOE）科技信息办公室（OSTI）联合美国国防科技信息中心（DTIC）、美国航空航天局（NASA）、美国环保总局（EPA）提供的科技报告数据。GrayLITNetwork 由以下五个数据库组成：Defense Technical Information Center（DTIC）Report Collection 提供解密文件，超过 42000 篇全文报告，内容涉及国防研究和基础科学；DOE Information Bridge Report Collection 能够检索并获得美国能源部提供的研究与发展报告全文超过 65 000 篇报告，内容涉及物理、化学、材料、生物、环境科学及能源；EPA—

National Environmental Publications Internet Site 超过 9000 篇报告，内容涉及水质、废水、生态问题、湿地等；NASA Jet Propulsion Lab（JPL）Technical Reports 超过 11 000 篇报告，内容涉及推进系统、外太空进展、机器人等；NASA Langley Technical Reports 超过 2500 篇报告，内容涉及航天、太空科学等。

（6）CEQAnet Database（http：//www. ceqanet. ca. gov/QueryForm. asp）。CEQAnet 收录了来自美国加州大学环境质量行动（California Environmental Quality Act，CEQA）1990 年以来产生的全部环境科学方面的科技报告全文。除此而外，该数据库还包括了许多来自其他部门产生的环境科学方面的科技报告。

（7）The Congressional Research Service Reports（http：//www. ncseonline. org/NLE/CRS/）。这是 Committee for the National Institute for the Environment 的站点，提供了许多环境方面的报告全文。

（8）NCSTRL（http：//www. ncstrl. org/ ）。汇集了世界上许多大学以及研究实验室有关计算机学科的科技报告，可以浏览或检索，可免费得到全文。

（9）Economics WPA（http：//econwpa. wustl. edu/wpawelcome. html）。由华盛顿大学经济系提供的经济学科的报告，其中包括许多大学的研究成果，多数可以免费得到全文。

（10）NBER Working Paper（http：//www. nber. org/）。来自美国国家经济研究局（National Bureau of Economic Research）的研究报告文摘。

（四）其他国外科技报告数据库

1. 英国科技报告检索

英国一些政府机构发行一定数量的研究报告，其中较常见的有英国原子能管理局的 UKAEA 报告、科学与工业研究部的 DSTR 报告、英国航空研究委员会的 BRAC 报告。其中主要是英国贸易与工业部与英国图书馆的研究报告。

（1）英国贸易与工业部的研究报告（http：//www. bis. gov. uk/publications）。英国贸易与工业部（Department of Trade and Industry，UK）每年都有大量的研究报告，这些研究报告涉及能源、工业，经济、贸易、化学、建筑、电子等诸多领域，其提供的研究报告基本上是全文，这些资源是用户了解英国的经济、工业与社会发展的重要信息源。查找这些报告可以直接链接到贸易与工业部的网站，点击“Publications”进入检索界面，网站提供浏览式、关键词和报告号三种检索途径。

（2）英国图书馆文献提供中心的科技报告（http：//www. bl. uk/articles）。英国图书馆文献提供中心（British Library Document Supply Centre，DSC），建立起了全球最大的科技报告收藏网站，馆藏近 500 万种，尤其是英国的科技报告、美国联邦政府资助的科学研究报告以及国际机构如 INIS、ESA、FAO、EU 的科技报告收集非常齐全。在 DSC 主页上可以免费检索科技报告的题名，获取原文需交纳一定费用。这个网站主要提供科技报告的目录，在 DSC 的主页上选择集成目录进入检索界面，通过关键词检索，用户可以选择的关键词字段，如题名、作者、出版年、出版商、主题词、美国国会标题词等。

2. 俄罗斯科技报告检索

前苏联全苏科技情报研究所负责全国科学研究和试验设计的成果登记、收集和累积工作，并连续出版一套名为“科学技术总结”的汇总性报告。此外，许多科研设计部门和大学也不定期地连续出版一些类似研究报告的“著作集”和“学术札记”。目前俄联邦的科技报告主要可通过全俄科学技术信息中心查找，全俄科学技术信息中心是俄联邦教育科学部直属的国家级综合性科技信息机构。全俄科学技术信息中心网站有英文版，点击主页右上角的“英文”按钮即可。不过，目前此网站不提供科技报告的检索，用户可直接与其机构联系获取所需的科技报告。

3. 日本科技报告检索

日本一些国立或公立研究机构、公司企业的研究机构、大学附设的研究机构及民间研究机构也出版一定数量的研究报告。例如，东京大学原子能研究所的 INS - PH 报告（高能物理研究报告）、INS - PT 报告（物理学理论研究报告）、INS - TCA 报告（宇宙线研究报告）、科学技术厅航空宇宙技术研究所的 NAL - TM 报告、工业技术院电子技术综合研究所的研究报告和调查报告等。日本科学技术信息资源（Japanese Information Related Science and Technology，简称 JIRST）是检索日本科技报告的重要机构，其主要内容有日本工业技术报告目录，科学技术领域的公司企业，研究所名录，科学技术数据库，研究人员名录等。有英文和日文两种版本，日文网址 http：//www-djr. jst. go. jp/ji-st/；英文网址 http：//www-djr. jst. go. jp/ji-st/index-EN. html。

4. Documents & Reports of the WorldBank Group（http：//www-wds. worldbank. org/）

世界银行组织的文件与报告库，可以免费看全文。

5. W3C Technical Reports and Publications（http：//www. w3. org/TR/）

World Wide Web Consortium 关于计算机 Web 网络方面的技术报告。

第四节 学 位 论 文 检 索

一、学位论文概述

（一）学位论文的概念

学位是对专业技术人员根据其专业技术学术水平而授予的一种称号。学位制起源于 12 世纪，是促进高等教育发展的有效制度，目前，世界上大多数国家都实行了学位制。尽管各国学位的设置不尽相同，但多数国家采用的是三级学位制，即学士（Bachelor）、硕士（Master）和博士（Doctor）。学位论文伴随着学位制度的实施而产生，它是高等院校或科研单位的毕业生为获取学位资格递交的学术性研究论文，对应的英文名称为“Thesis”和“Dissertation”。

（二）学位论文的类型

学位论文一般分为两大类型。一类是理论研究型的，作者通常在搜集、阅读了大量资料之后，依据前人提出的论点和结论，再通过自己的深入研究或大量实验，进一步提出自己的新论点和新假说。另一类是调研综述型的，作者主要是以前人关于某一主题领域的大量文献资料为依据，进行科学的分析、综合和核实后，对其专业领域的研究课题做出概括性的总结，提出自己独特的论点和新见解。

（三）学位论文的特点

1. 出版形式特殊

学位论文的目的只是供审查答辩之用，一般都不通过出版社正式出版，而是以打印本的形式储存在规定的收藏地点，且每篇论文打印的数量均不多。

2. 内容具有独创性

学位论文一般都具有独创性，探讨的课题比较专深。但因学位论文有不同的等级，故水平参差不齐。通常情况下，学位论文只限于硕士和博士论文。

3. 数量大，难以系统地收集、管理和交流

随着科学技术的迅速发展，学位教育越来越受到各国的重视。每年授予硕士学位和博士学位的人数众多，由此产生的学位论文数量巨大；因学位论文一般在各授予单位或指定地点才有收藏，搜集起来比较困难。

因学位论文的上述特点，需要通过专门检索工具和特殊搜集渠道才能获得。为此，许多国家都编辑出版各类报道学位论文的检索工具。

二、学位论文检索

学位论文因其探讨的问题比较专一，对问题的阐述较为详细和系统，能反映某一学科当前的水平而成为科学研究的重要信息源，但由于它一般不公开出版，且印数有限，流通范围也一般局限于本单位内部，因而索取困难。但借助互联网技术，目前，学位论文的获取较以前相对便捷，用户通过互联网和商业数据库来获取学位论文及其相关信息。

（一）PQDT 博硕士论文全文数据库

ProQuest Digital Dissertations&Theses Database 是 ProQuest 公司出品的博硕士论文数据库，简称 PQDT。数据库内容为文摘、全文格式。收录欧美及世界其他一些国家 2000 余所大学的 270 多万篇博士、硕士学位论文数据，其中，120 多万篇是全文数据。所收录的学位论文回溯年代长，可追溯至 1637 年。PQDT 早期论文有简要的题录信息，1980 年以后出版的博士论文摘要 350 字左右，1988 年以后出版的硕士论文摘要为 150 字左右，1997 年之后的论文大多为全文格式，每年新增约 7 万篇博、硕士学位论文全文数据。PQDT 是目前世界上最大的和使用最广泛的学位论文数据库，是学术研究中十分重要的参考信息源。

自 2002 年起，国内各学术研究单位、高等院校，以及公共图书馆，组成了 ProQuest 博士论文 PDF 全文的订购联盟，并在上海交通大学和北京大学建立了 ProQuest 博士论文中国集团联盟站点。各单位只要订购了指定数量的 ProQuest 博士论文全文即成为联盟的成员馆，可共享各成员馆订购的所有学位论文全文资源。目前该库已经收录了近 2 万篇学位论文全文，并将每年增长 1 万多篇。

PQDT 数据库提供了基本检索、高级检索和论文分类浏览三种检索方式。

1. 基本检索

基本检索有三个检索词输入框，提供了 11 个字段的选择，包括作者（AU）、文摘（AB）、论文名称（TI）、学校（SC）、学科（SU）、导师（AD）、学位（DG）、论文卷期次（DISVOL）、国际标准书号（ISBN）、论文号（PN）和语种（LA）等，用户在输入框内输入检索词，确定检索字段，选定布尔逻辑算符，限定检索年代范围，点击“查询”即可开始检索。同一字段可运用布尔逻辑算符、截词符、位置算符、嵌套检索等检索技术。最多可同时在 3 个字段中进行检索。

2. 高级检索

高级检索界面分为两部分：一部分是检索式输入框，需在这里输入检索式。另一部分是检索式辅助构造表，有摘要、作者、论文名称、学校、学科、指导老师、学位、卷期次、

ISBN、语种、论文号、检索历史、时间等13个检索框，通过点击“增加”将检索条件加入检索式输入框中来辅助构成检索式。

3. 论文分类浏览

论文分类浏览提供11个大类，每个大类又包括一些小类，点击小类名称，得到该类所有文献的列表。如果检索结果数量太多，可进行二次检索。

无论是基本检索还是高级检索，检索结果的显示都是一样的。通常系统默认每屏显示20条记录，记录按学位获得年降序排列，如果年份相同，则按著者姓名排列。在检索结果列表中点击“索引+文摘”标记可对文摘进行打印、下载或e-Mail方式输出。在文摘页上有全文链接标志，点击该标志可获得PDF格式输出的全文。

（二）NDLTD学位论文数据库（http：//www.ndltd.org/）

NDLTD（Networked Digital Library of Theses and Dissertations）是由美国国家自然科学基金支持的一个网上学位论文共建共享项目，为用户提供免费的学位论文文摘，部分可免费获取学位论文全文。NDLTD的成员来自世界各地，全球已经有170多家图书馆、7个图书馆联盟、20多个专业研究所加入了NDLTD。

目前，数据库收录的总条目数量已达76万余篇。要查询NDLTD学位论文数据库，用户可先登录NDLTD网站主页，点击“Find ETDs”链接，进入ETD查询与浏览服务页面。该页面内有VTLS和Scims所提供的两个数据库检索系统，用户可以选择使用。VTLS的检索系统提供有关键词检索以及按语言、地区、国家、来源机构等方式进行浏览的功能。用户可以按相关度、主题、出版日期等对检索结果进行排序。其检索结果首先显示相关论文的题名、作者、语言、主题、全文格式、内容介绍等概要信息。点击题名链接，可进入提供该论文的成员机构网站浏览论文的详细信息，如有全文，可点击相应链接进行浏览或下载。

（三）Calis学位论文数据库（http：//etd.calis.edu.cn/ipvalidator.do）

Calis学位论文数据库是由Calis全国工程文献中心组织、协调全国近百所高校合作建设的数据库。数据来源于“211工程”的83所重点高校的硕士、博士学位论文，其内容涵盖自然科学、社会科学、医学等各个学科领域。系统提供简单检索和复杂检索两种检索模式。

简单检索功能只提供单一检索式输入框，但可以通过选择检索条件和检索字段来限定检索结果。检索条件包括“前方一致”、“包含”和“同义词”三个选项；检索字段包括“中文题名”、“外文题名”、“论文关键词”、“论文摘要”、“作者”、“导师”和“学科”。

复杂检索允许用户输入多个检索式，各检索式之间用逻辑算符连接。每一个单独的检索式都可以独立设定检索条件和检索字段。检索条件包括“包含其一”、“包含全部”、“完整包含”、“前方一致”和“同义词”五种，检索字段与简单检索一致。

（四）万方学位论文数据库（http：//c.wanfangdata.com.cn/Thesis.aspx）

中国科技信息研究所是国家法定的学位论文收藏机构之一，1980年开始收集我国自然科学领域的博士、博士后及重点高校、硕士研究生论文。1995年由万方数据公司将这些论文制成文摘数据库。该库收录了各高等院校、研究生院及研究所向中国科技信息研究所送交的我国自然科学领域的硕士、博士和博士后的论文，已达30万余篇，并每年增补论文3万篇。2002年，开始推出对应的全文数据库，目前已达11万余篇全文，是我国最大的学位论文数据库。

（五）CNKI学位论文全文数据库

CNKI平台包括两个学位论文数据库：一是中国优秀硕士学位论文全文数据库，一是中国优秀博士学位论文全文数据库。

中国优秀硕士学位论文全文数据库，简称CMFD（http：//acad.cnki.net/Kns55/brief/result.aspx? dbPrefix=CMFD）收录来自全国590家优秀硕士培养单位的110多万篇硕士学位论文。论文主题覆盖基础科学、工程技术、农业、哲学、医学、人文、社会科学等各个领域。

中国博士学位论文全文数据库，简称CDFD（http：//acad.cnki.net/Kns55/brief/result.aspx? dbPrefix=CDFD）收录全国396家优秀博士培养单位的15万余篇博士学位论文。论文主题覆盖基础科学、工程技术、农业、医学、哲学、人文、社会科学等各个领域。

（六）国家科技图书文献中心数据库（http：//www.nstl.gov.cn/ index. Html）

国家科技图书文献中心（NSTL）提供中外文学位论文数据库检索服务，用户可免费检索中外学位论文摘要，原文可在线申请。其中中文学位论文数据库主要收录了1984年至今我国高等院校、研究生院及研究院所发布的硕士、博士和博士后的论文共计168万余条。学科范围涉及自然科学各专业领域，并兼顾社会科学和人文科学，每年增加论文6万余篇，每季更新。

外文学位论文数据库收录了美国ProQuest公司博硕士论文资料库中2001年以来的优秀博士论文。学科范围涉及自然科学各专业领域，并兼顾社会科学和人文科学。该数据库将每年递增约2万篇最新博士论文，更新时间为每年年底，目前，论文总数为21万余条。由于该数据库正在建设中，有极少原文暂不能提供。

（七）台湾分散式学位论文共建共享计划（http：//ethesys.lib.nsysu.edu.tw/link.shtml）

该计划始于1999年台湾中山大学系统收录应届毕业生的学位论文项目，之后台湾众多高校加入该计划，将各自的学位论文上传到统一的平台上（博、硕士论文联邦查询系统，OAI），实现开放在线查询。目前文献总数为320101篇，大部分论文有全文。检索时需先选学校，检索词要输入繁体字。

（八）来自高等学校的学位论文数据库

高等院校和科研机构是主要的研究生学位授予单位，大部分高校和科研机构的图书馆都承担学位论文的收藏和提供利用功能。读者可以就近在本单位、本地或者本专业系统其他高校、科研机构的图书馆检索各单位自己培养的研究生的学位论文，直接阅览和复印所需资料。大多数著名高校都建有自己的学位论文数据库。自2001年起部分高校（清华大学、北京大学、武汉大学等）已经开始实现本校研究生毕业论文全文的网上提交，并将根据学生的授权情况对校内用户逐步开通全文检索和浏览。访问高等院校图书馆的站点可获得大量的学位论文信息，典型的图书馆学位论文数据库如下：

（1）Hong Kong University Theses Online。网址：http：//sunzi.lib.hku.hk/hkuto/authorQ.jsp，香港大学学位论文，收录年限为1941年至今，文献总数为18 911篇，其中18 574篇为全文文献。

（2）HKUST Electronic Theses Database。香港科技大学学位论文，2002—，大部分有全文。

（3）MIT Theses：http：//dspace.mit.edu/handle/1721.1/7582。MIT（麻省理工大

学）学位论文，多数有全文。

（4）Virginia Polytechnic Institute and State University 学位论文库。网址：http：//scholar. lib. vt. edu/theses/browse/，论文收录年代为1995年至今，有全文。

（5）Texas Digital Library。网址：http：//repositories. tdl. org/tdl-ir/advanced-search，The University of Texas、Texas A&M University、The University of Austin、Texas Tech University四所大学的部分学位论文，有全文。

（6）北京大学图书馆学位论文数据库（http：//lib. pku. edu. cn/xwlw. html）。

（7）中国人民大学学位论文数据库（http：//202. 112. 118. 14/tpi/sysasp/share/login_1. asp? sysid=111）。

（8）上海交通大学学位论文数据库（http：//thesis. lib. sjtu. edu. cn/）。

（9）中国科学院学位论文数据库（http：//dpaper. csdl. ac. cn/xwlw/index. jsp）。

如果通过以上途径只获得学位论文的题录信息，则可以通过文献传递等方式向国内外学位论文收藏单位索取需要的论文全文。国内学位论文收藏单位主要有：高校和科研机构等硕博士培养单位的图书馆（收录本单位学位论文）；中国国家图书馆（教育部指定唯一收藏全国博士论文、博士后研究报告和海外留学生学位论文的机构）；中国科技信息研究所（国务院学位办指定的自然科学领域博士和硕士学位论文收藏地）；中国社会科学院文献信息中心（国务院学位办指定的社会科学博士和硕士学位论文收藏点）等。

国外学位论文收藏单位主要有：各高校和科研机构等硕博士培养单位的图书馆（收录本单位学位论文）；美国大学缩微品国际出版公司（University Microfilms Inc.），专门负责收集学位论文并以印刷型、缩微胶片、磁带、光盘和网络数据库的形式提供利用。

第五节　会议文献检索

一、会议文献概述

（一）会议文献概念

随着科学技术的迅速发展，各个国家的学会、协会、研究机构及国际学术组织越来越多，为了加强科学家之间的信息交流，各学术组织每年都定期或不定期地召开学术会议，包括国际性会议、地区性会议、全国性会议、学会或协会会议、同行业联合会议等。会议文献是产生于会议过程中的各种资料和基于会议资料的各类出版物的总称，包括会议前参加会议者预先提交的论文文摘、在会议上宣读或散发的论文、会上讨论的问题、交流的经验和情况等经整理编辑加工而成的正式出版物。许多新发现和新设想也会在会议上首次公布和讨论，因此会议文献内容新颖，学术性强，能反映该学科或专业领域内的最新进展和成就，往往代表各国科学技术的水平和动态。据美国科学信息研究所（ISI）统计，全世界每年召开的学术会议约1万个，正式发行的各种专业会议文献5000多种。学术与专业会议及其会议文献是了解学科、专业发展水平和动向的重要信息源。会议文献在主要的科技信息源中，重要性和利用率仅次于期刊。

（二）会议文献的类型

1. 按出版时间划分

（1）会前文献。会前文献一般是指在会议进行之前预先印发给与会代表的论文、论文摘要或论文目录。会前文献具体有四种：会议论文预印本、会议论文摘要、议程和发言提要、会议近期通信或预告。大约50%的会议只出版预印本，会后不再出版会议录，在此情况下，预印本就是唯一的会议资料。

（2）会中文献。它包括开幕词、讲演词、闭幕词、讨论记录、会议简报、决议等。

（3）会后文献。主要指会议结束后正式发表的会议论文集。会后文献有许多不同的名称：会议录（Proceeding）、会议论文集（Symposium）、学术讨论论文集（Colloquium Papers）、会议论文汇编（Transactions）、会议记录（Records）、会议报告集（Reports）、会议论文集（Papers）、会议出版（Publications）、会议辑要（Digest）等。

2. 按出版形式划分

（1）图书。多数以其会议名称作为书名，或另加书名，将会议名称作为副书名。一般按会议届次编号，定期或不定期出版。

（2）期刊。除图书形式外，相当部分的会后文献以期刊形式发表。它们大都发表在有关学会、协会主办的学术刊物中。有些会议文献作为期刊的副刊或专号出版。

（3）科技报告。有部分会议论文被编入科技报告。

（4）视听资料。会后文献出版较慢，因此国外有的学术会议直接在开会期间进行录音、录像，会后以视听资料的形式发表。

二、会议信息的检索

通过查找近期将要召开的学术会议信息，了解、预知某一科技领域有关某一主题的会议将于何时、何地召开，由何机构主办。会议信息一般通过以下主要途径获取。

1. 因特网会议预告（Internet Conference Calendar）

网址：http：//www.mojam.com，此网页给出每日更新的有关学术会议、研讨会、专题讨论会、博览会、培训等信息，用户可按国家、各大洲进行分类免费查询。

2. 技术会议信息中心（Technical Conference Information Center ）

网址：http：//www.techexpo.com/events/，用户可根据会议名称、内容、主办单位、国家、城市及州来查找即将召开的科技会议的信息。

3. 欧洲研究会议（Europe Research Conferences）

网址：http：//www.esf.org/euresco/，它是由欧洲科学基金会维护的WWW网页，主要提供各学科已经召开与即将召开的会议的信息及内容。

4. 国际标准化组织（ISO）的标准化会议预告（ISO Meeting Calendar）

网址：http：//www.iso.ch/cale/calendar.html，此网页提供了即将召开的国际标准化会议的具体时间、地点、内容等信息。

5. IEEE通信协会会议预告

网址：http：//www.comsoc.org/confs/，美国电气与电子工程师学会（IEEE）下属通信协会的Web网页，不仅提供了由IEEE主持的有关学科领域里即将召开的会议时间、地点、内容，也给出了自1996年以来已召开的会议信息。

6. 工程、材料科学会议网（Engineering，Material Science Conferences）

网址：http：// dir.yahoo.com/Science/Engineering/Material _ Science/Conferences/，这是一个有关会议的超链接的网页，由此可了解到许多工程材料科学方面的会议信息及内容。

7. 全球学术会议发布网站（Allconferences. com）

网址：http：//www. allconferences. com/，可以按学科检索或者浏览来自世界各地的学术会议信息，还可以免费上传会议信息。

8. Conferencealerts

网址：http：//www. conferencealerts. com/，提供世界上即将召开的学术会议的日程信息，可以按学科主题、国家/地区浏览，也可以进行检索，还可以免费订制最新的相关学科会议日程信息。

9. 高登研究会议（Gordon Research Conferences）

网址：http：//www. grc. org/，高登研究会议由 Johns Hopkins 的 Dr. Neil E. Gordon 发起，宗旨在于为生物学、化学、物理等前沿领域的研究人员提供自由的学术交流机会。会议发起于 1931 年，每年夏天举行，每年都有不同主题的会议召开。高登会议被看作是国际上学术水平最高的会议之一，其网站提供 1947 年以来及未来两年内即将召开的高登研究会议的日程信息。

10. 中国学术会议在线

网址：http：//www. meeting. edu. cn，是 2005 年经国家教育部批准，由教育部科技发展中心主办，为用户提供学术会议信息服务的平台。包括国内外学术的预报、会议分类搜索、会议在线报名、会议论文征集、会议资料发布、会议视频点播、会议同步直播等服务。该网站对国内会议消息检索提供包括会议名称、所属学科、主办单位、演讲人、城市等 5 个检索项，对国外会议消息则只提供按主题、按日历等两种查看检索方式。

11. 香山科学会议

网址：http：//www. xssc. ac. cn，香山科学会议于 1993 年正式创办，每年分两次公布全年的会议安排，每年 1 月 1 日发布上半年的会议安排计划，7 月 1 日发布下半年会议安排计划，基础研究的科学前沿问题与我国重大工程技术领域中的科学问题均可作为会议主题。申请者可以集体或个人的名义通过香山科学会议网站提交召开会议或参会申请，查看申请状况，查看会议安排计划表。

12. 中国会议网

网址：http：//www. chinameeting. com，由北京金谷田经济顾问有限公司主办，发布国际及国内各学科领域展览、会议、会议征文、培训等信息，可以进行参展、参会、培训报名。直接浏览网站提供的预告列表，单击链接，就可以查看相关会议消息。

三、会议文献的检索

由于会议文献的出版不规则，会议文献的检索与获取比较困难。传统的会议文献通常以印刷形式出版，周期长，且获取不易。现代信息技术为会议文献的发布和传递提供了非常便利的条件，目前，会议文献主要分布在一些专门的会议文献数据库、大型文献检索系统和研究机构的网站中，既有正式出版的会议录、预印本、也有一些会议视频等。

（一）专业会议文献数据库

1. ISI Proceedings

ISI proceedings 是美国科学情报研究所（ISI）出版的两大会议录索引 ISTP（科学技术会议录索引）和 ISSHP（社会科学及人文科学会议录索引）的集成，是世界最权威的会议论文数据库，汇集了世界上最新出版的会议录资料，包括专著、丛书、预印本以及来源于期刊的会议论文，以 ISI Web of Knowledge 为检索平台。

ISTP 为世界著名四大检索工具之一，收录自 1990 年以来每年近 10 000 个国际科技学术会议所出版的会议论文，涵盖学科包括农业、环境科学、生物化学、分子生物学、生物技术、医学、工程、计算机科学、化学和物理。

ISSHP 收录 1990 年以来每年近 2 800 个国际学术会议所出版的会议论文，涵盖了社会科学、艺术和人文科学的所有领域，包括心理学、社会学、公共健康、管理、经济、艺术、历史、文学和哲学等。

2. 美国会议论文索引（CPI）数据库（http：//www.csa.com/factsheets/cpi-set-c.php）

美国会议论文索引数据库是《会议论文索引》（Conference Papers Index，CPI）的网络版数据库，收录 1982 年以来的世界范围内会议和会议文献的信息，提供会议论文和公告会议的索引。其学科范围主要涉及农业、生物化学、化学、化学、工程、林学、生物学、环境科学、土壤学、生物工艺、临床学等领域。

3. OCLC

OCLC FirstSearch 检索系统提供两个会议论文数据库 PapersFirst 和 Proceedings。PapersFirst 数据库收录世界范围内各类学术会议上发表论文的索引信息，涵盖了自 1993 年以来所有来自于英国图书馆文献供应中心的发表过的研讨会、大会、博览会、研究讲习会和会议的资料，共有 650 多万条记录，包含在会议中讨论的各种主题。此数据库以论文为主，按何人、何时、发表何论文排序。数据每月更新二次。Proceedings 是 ParpersFirst 的相关库，涵盖了自 1993 年以来所有来自英国图书馆文献供应中心的发表过的研讨会、大会、博览会、研究讲习会和会议的资料，而且每条记录都包含一份在每次大会上所呈交的文件的清单，从而提供了各次活动的一个概貌，共有 19 万 2 千多条记录。与 ParpersFirst 不同的是，该数据库以会议名称排序，按何年、何会、何人、发表何论文排序。该数据库每周更新两次。

4. STN 联机系统中的 CONF 会议论文数据库

CONF（Conferences in Energy，Physics and Mathematics）数据库是世界著名联机检索系统 STN 的一个子库，提供 1973 年以来的科技会议的名称、举办单位、会议地点、举行日期、联络人、主题及出版物。主题包括：能源、物理、数学、计算机科学、航天科学、工程、天文学等。不含文摘。

5. 中国重要会议论文全文数据库（http：//acad.cnki.net/Kns55/brief/result.aspx?dbPrefix=CPFD）

中国重要会议论文全文数据库是 CNKI 的一个子库，收录了 2000 年以来我国 300 个一级学会、协会和相当的学术机构或团体主持召开的国际性和全国性会议的会议论文集，包括正式出版物和非正式出版物。部分社科类会议论文可回溯至 2000 年以前。数据年更新约 15 万篇，网上数据每日更新。截至 2010 年底，已收录出版国内外学术会议论文集近 15000 本，累积文献总量 130 多万篇。

6. 中国学术会议论文全文数据库（http：//c.g.wanfangdata.com.cn/Conference.aspx）

中国学术会议论文全文数据库是万方数据的一个子库，主要收录 1998 年以来国际级学会、协会、研究会组织召开的学术会议论文，数据范围覆盖自然科学、工程技术、农林、医学等领域，截至 2010 年底，会议记录为 150 余万条。数据内容包括中文和外文，其中外文数据来源于在中国召开的国际会议的论文，论文内容多为西文。

7. 国家科技图书文献中心会议论文数据库

国家科技图书文献中心（NSTL）文献服务平台包括中文会议论文数据库和外文会议论文数据库。其中，中文会议论文数据库主要收录了1985年以来我国国家级学会、协会、研究会以及各省、部委等组织召开的全国性学术会议论文。数据库的收藏重点为自然科学各专业领域，每年涉及600多个重要学术会议，年增加论文4万多篇，每季或每月更新。到目前为止，该数据库收录的会议论文摘要有68万余条。外文会议论文数据库主要收录了1985年以来世界各主要学协会、出版机构出版的学术会议论文，部分文献有少量回溯。学科范围涉及工程技术和自然科学各专业领域。每年增加论文约20余万篇，每周更新。在NSTL中外会议论文数据库中检索得到的结果是会议论文题录，部分可以查看文摘，注册用户后可申请获取会议原文，但是需要支付一定的费用。

8. 国家工程技术数字图书馆会议论文数据库（http：//www.istic.ac.cn/）

国家工程技术数字图书馆学术论文数据库收录1982年以来的中文会议文献累计5万余册，年增量近3000册；收录1968年以来的外文会议文献累计10万余册，年增量3000余册，几乎覆盖世界上所有科技类重要学协会出版的会议文献。可免费获得论文的题录信息，全文可在线索取。

9. CALIS会议论文（文摘）检索（ http：//opac.calis.edu.cn）

CALIS会议论文（文摘）收录了来自“211工程”的61所重点学校每年主持的国际会议的论文。目前，我国重点大学每年主持召开的国际会议在20个左右，其中大多数的会议提供有正式出版号的会议论文集。该数据库年更新会议论文总数可达1.5万篇以上。CALIS会议论文数据库得到的是题录信息，可以选择查看文摘，协议单位可获得全文传递服务。

除以上介绍的专门会议文献数据库外，会议文献还广泛分布于各大型综合文献检索系统中，如EI、SpringerLink、Ebscohost、SDOS等，用户可以利用综合检索平台，通过指定文献类型进行会议文献的查找。

（二）来自学术团体的会议文献

学术团体是会议文献的重要来源，许多专业协会、学会拥有自己的数据库和网站，如IEEE、ACM、ASME、ASCE等。用户一方面可以使用他们的数据库获取全文，另一方面可以直接利用其网站获取相关会议信息。

1. Proceedings Query Page for the Astronomy Database

网址：http：//adsabs.harvard.edu/proceedings _ service.html，由NASA资助，提供天文学方面的70多种会议录全文，时间跨度为1974年至今。

2. IEEE/IET Electronic Library（IEL）全文数据库（1988年至今）

提供美国电气电子工程师学会（IEEE）和英国工程技术学会（IET）出版的会议录全文，此外，该库还可以查到IEEE/IET的期刊和标准全文。

3. SPIE会议录（国际光学工程学会）

网址：http：//www.spie.org/，免费检索文摘，可在线订购全文。

4. AIAA出版物（美国航空航天协会）

网址：http：//www.aiaa.org/，免费检索会议报告题录信息（1996年至今），可在线购买会议原文。

5. ACM Digital Library（1985年至今）

收录了美国计算机协会（Association for Computing Machinery）的会议录全文。除此以外，该库还可以查到ACM的各种电子期刊和快报等文献。

6. American Chemical Society

网址：http：//www.acs.org/，美国化学学会的网站，提供有ACS主办的全国性和区域性会议的情况，并发布最新的会议信息。

7. 中国科学技术协会

网址：http：//www.cast.org.cn/，提供了全国性学会和地方科协主办的学术会议和学术活动的简要信息，以及自己主办的各种会议和活动的详细信息，包括即将召开的会议预报及历届会议的大会指南、代表名单、会上交流的重要论文全文。

第六节 政府出版物检索

一、政府出版物概述

政府出版物是指由各国政府部门及其所设立的专门机构发布出版的文献信息资料，包括政府报告、政策法令、规章制度、会议纪要、调查统计资料等。政府出版物几乎涉及整个知识领域，但侧重于政治学、社会学、经济学、财政、工业、教育和历史等方面内容，包括行政性文件和各部门的研究报告、技术政策文件两大类。

政府出版物反映了政府机构的活动，反映了官方的意志和观点，大部分是政府在决策和工作过程中产生的文献，它往往提供原始的资料数据，因而正式、权威，材料充实，数据可靠。政府出版物对于了解一个国家的科技政策、经济政策及科技活动和水平，具有一定的参考价值。

二、政府出版物检索

在世界各国积极倡导的"信息高速公路"的五个应用领域中，"电子政府"被列为第一位，是全面实现网络社会的第一步。欧美日等国家最早开始规划利用网络构建"电子化政府"或"连线政府"，作为提升政府效率及便民服务的重点。随着信息技术的发展与互联网络的拓展，世界各国都着手进行电子政府建设，通过这一窗口介绍自己的职能、人员、机构、政策、法规、成果以及出版物信息等。1999年，由中国电信和国家经济贸易委员会经济信息中心牵头，联合四十多家部委（办、局）信息主管部门在京共同召开"政府上网工程启动大会"，倡议发起了我国的"政府上网工程"，旨在带动整个政府的办公自动化，真正对政府的办事效率、政府透明度，起到促进作用。截至2005年，我国已经有96%的部委单位拥有网站，81.3%的地方政府拥有网站，其中省级政府门户网站的拥有率为90.3%，地市级政府门户网站的拥有率为94.9%，相当一部分县级政府也拥有门户网站，基本上建立起来了覆盖全面的政府网络。

（一）政府出版物网络检索

1. White House（http：//www.whitehouse.gov）

白宫主页，提供最新的美国对内、对外政策的新闻信息，可检索总统、副总统及第一夫人资料、新闻和政策、白宫历史与游览、政府内阁等信息，同时也提供了许多指向相关信息的链接。

2. FIRSTGov（http：//www. firstgov. gov）

一个以客户为中心的单一政府网站，是美国2万多个政府网站的统帅。可以从该网站访问、链接47 000 000个政府信息、服务和网上交易的网页，几乎涵括了所有的美国政府网站。

3. 中国网（http：//www. china. org. cn 或 http：//www. china. com. cn/）

由国务院新闻办公室主管的国家六大重点媒体网站之一，在这里，可以找到中国国情的方方面面，包括国情、政治、经济、教科文卫体、人民生活、环境保护、旅游等方面的事实和数字。

4. Australian. gov. au（http：// australia. gov. au/topics/government-and-parliament/government-information）

提供澳大利亚政府信息资源，按主题归类，同时该网站还提供多国政府信息的网站地址。

5. 中华人民共和国中央人民政府网站（http：// www. gov. cn）

中央政府门户网站于2006年1月1日正式开通，是政府面向社会的窗口，其中有对全国各省、直辖市以及港澳台的政府站点的导航系统及检索系统。

6. 中华人民共和国住房和城乡建设部网站（http：//www. mohurd. gov. cn/）

提供网上办公、文件发布和信息公开等各类信息和服务，是了解行业信息、政策法规以及办理相关业务的窗口。

7. 中国政府网站导航（http：//www. grchina. com/i/gov. htm）

由政府公务员上网指南委员会创建，分中央政府部门导航和地方政府部门导航，以视觉形式提供中国各级各类政府官方网址的链接。

8. Google（http：//www. google. com/unclesam）

专门的政府出版物搜索工具，输入上面提供的Google网址，就可直接链接到Google专门为检索政府出版物设计的检索界面。

9. Bitlaw（http：//www. bitlaw. com/links/government. html）

这是一个检索各国政府出版物的搜索工具，可以按国家检索，也可以在统一的检索界面按主题搜索。每个国家下都列出主要的搜索该国政府出版社的工具。

10. Fedworld. gov（http：//www. fedworld. gov/govlinks. html）

检索美国政府信息的网站。

（二）政府出版物专业数据库

除利用各国、各级政府的网站获取政府出版物之外，也有专门的政府信息搜索工具和专业数据库，它们都收录了大量的政府出版物的信息，从而形成了丰富的政府出版物信息源。

1. Catalog of U.S. Government Publications（http：// catalog. gpo. gov/F? RN = 108972629）

美国政府出版物目录，对应于印刷型的《美国政府出版物每月目录》，收录1994年1月至今公开发行的联邦政府出版的大部分印刷型和电子型的政府出版物的书目信息，不收录议案、专利、地图以及保密性文献，其中大部分出版物都分发到各个储藏图书馆。

2. OCLC

OCLC FirstSearch检索系统包含了两个政府出版物子数据库ERIC和GPO。ERIC是由美国教育资源信息中心整理的已出版的和未出版的教育方面的文献指南，涵盖数千个教育主题，提供完备的教育书刊的书目信息。ERIC 收录了 1000 种以上的期刊和其他资料，共有记录 130 多万条，可免费阅读近 24 万篇全文文章。收录日期从 1996 年至今，数据每月更新一次。GPO 收录美国政府出版物，包含 52 万多条记录，报道了与美国政府相关的各方面的文件。这些文件的类型有：国会报告、国会意见听证会、国会辩论、国会档案、法院资料以及由美国具体实施部门，如：国防部、内政部、劳动部、总统办公室等出版发行的文件，覆盖了从 1976 年 7 月以来的资料，每月更新记录。

3. 剑桥科学文摘数据库

剑桥科学文摘数据库（Cabridge Scientific Abstract，简称 CSA）中，除了 ERIC，还包含了 AG-RICOLA、NTIS 两个政府出版物数据库。

政府出版物，尤其是印刷型政府出版物，如果被某一图书馆或文献情报机构收藏，一般会在其 OPAC 中得以反映，因此，我们可以根据已知的一些信息来查询可能收藏政府出版物的图书馆（如中国国家图书馆、美国国会图书馆）的 OPAC 系统，或直接查找图书馆的联合目录。对于美国政府出版物而言，因为早在 19 世纪就制订了联邦储藏图书馆计划（Federal Depository Library Program，FDLP），美国政府出版局将其部分出版物免费分发给全国 1400 个储藏图书馆（Depository Library），通过他们向所在地区的公众提供借阅服务。为方便公众查询，每一个储藏图书馆的政府出版物收藏情况都在 OPAC 中得以充分反映，因此，只要检索这些储藏图书馆的馆藏书目数据库，就可以获取大量的美国政府出版物的信息。

第六章　重要中文信息检索系统

第一节　中　国　知　网

一、中国知网概述

中国知网是中国知识基础设施工程（China National Knowledge Infrastructure，CNKI）的简称，创建于1996年底，由中国学术期刊（光盘版）电子杂志社出版，同方知网（北京）技术有限公司提供服务。截止到2010年，中国知网系统收录文献总量7242万篇，文献类型包括学术期刊、博士学位论文、优秀硕士学位论文、工具书、重要会议论文、年鉴、专著、报纸、专利、标准、科技成果等。数据每日更新，24小时提供服务。

目前中国知网的架构包括三部分：面向所有用户的数字出版平台、面向个人用户的个人数字图书馆和面向机构用户的机构数字图书馆三部分。本书仅介绍面向所有用户的数字出版平台的资源状况和使用方法。

（一）资源简介

为方便检索，中国知网（以下简称CNKI）将全部资源按文献类型分为11个总库和7个知识仓库，每个总库又包含不同文献类型的单库（子库）。总库都有自己单独的检索平台，在平台主页上以统计报表的形式展示该总库中各子库资源的出版和收录情况，用户可以进行基于总库特征的跨库统一检索，也可以选择在单库中检索。

CNKI总库包括：中国学术文献网络出版总库、国际学术文献数据库、中国经济信息文献总库、中国高等教育文献总库、中国精品科普期刊文献库、中国精品文化期刊文献库、中国精品文艺作品期刊文献库、中国党建期刊文献总库、中国政报公报期刊文献总库、工具书与知识元数据库。其中中国学术文献网络出版总库中又包括子总库：中国学术期刊网络出版总库、中国博士学位论文全文数据库、中国优秀硕士学位论文全文数据库、中国年鉴网络出版总库、中国统计年鉴数据库、中国工具书网络出版总库、中国大百科全书全文数据库、中国专利全文数据库、国家科技成果数据库、中国标准数据库、中国重要会议论文全文数据库、中国重要报纸全文数据库等。

CNKI在文献总库的基础上，针对各类行业用户，提供了7个知识仓库：中国医院知识仓库、中国基础教育知识仓库、中国农业知识仓库、中国建筑知识仓库、中国城市规划知识仓库、中国煤炭知识仓库和中国金融知识仓库。

（二）学科划分

中国知网中的学科划分，除了个别数据库外，一般均按内容划分为10个专辑，168个专题，各专辑名称及主要内容如下：

(1) 基础科学专辑，包括自然科学理论与方法、数学、力学、物理学、天文学、气象学、海洋学、地质学等。

(2) 工程科技Ⅰ辑，包括化学、材料科学、矿业工程、金属学及金属工艺、轻工业手工业、一般服务业、安全科学与灾害防治等。

(3) 工程科技Ⅱ辑，包括工业通用技术及设备、机械工业、航空航天科学与工程、铁路运输、水利水电工程、建筑科学与工程、新能源等。

(4) 农业科技专辑，包括农业基础科学、农业工程、农作物、园艺、林业、水产和渔业等。

(5) 医药卫生科技专辑，包括临床医学、预防医学与卫生学、中医学、药学、基础医学等。

(6) 信息科技专辑，包括无线电电子学、电信技术、计算机软件及计算机应用、自动化技术、新闻与传媒、出版、图书情报与数字图书馆等。

(7) 哲学与人文科学专辑，包括文艺理论、世界文学、中国文学、音乐舞蹈、哲学、逻辑学、伦理学、美学、心理学、宗教等。

(8) 社会科学Ⅰ辑，包括马克思主义、中国共产党、政治学、军事、宪法、诉讼法与司法制度等。

(9) 社会科学Ⅱ辑，包括民族学、人口学与计划生育、人才与劳动科学、高等教育、职业教育、体育等。

(10) 经济与管理专辑，包括经济理论及经济思想史、旅游、文化经济、金融、会计、审计等。

(三) 主要数据库介绍

1. 中国学术期刊网络出版总库（简称 CAJD)

截至 2010 年 10 月，收录国内学术期刊 7686 种，其中包括创刊至今出版的学术期刊 4600 余种，全文文献总量 3000 多万篇。收录年限从 1915 年至今，部分期刊回溯至创刊。

2. 中国博士学位论文全文数据库（简称 CDFD)

收录全国“985”、“211 工程”等重点高校，中国科学院、社会科学院等研究院所的博士学位论文。截至 2010 年 10 月，收录来自 388 家培养单位的博士学位论文 13 万多篇。覆盖基础科学、工程技术、农业、医学、哲学、人文、社会科学等各个领域。收录年限为 1984 年至今。

3. 中国优秀硕士学位论文全文数据库（简称 CMFD)

截至 2010 年 10 月，收录来自 561 家硕士培养单位的优秀硕士学位论文 100 多万篇。覆盖基础科学、工程技术、农业、哲学、医学、人文、社会科学等各个领域。收录年限为 1984 年至今。

4. 中国重要会议论文全文数据库

由国内外会议主办单位或论文汇编单位书面授权并推荐出版的重要会议论文，由中国学术期刊（光盘版）电子杂志社编辑出版的国家级连续电子出版物专辑。截至 2010 年 10 月，已收录出版国内外学术会议论文集近 15 000 本，累积文献总量 130 多万篇。收录年限为 1953 年至今。

5. 中国重要报纸全文数据库

收录 2000 年以来中国国内重要报纸刊载的学术性、资料性文献的连续动态更新的数据库。截至 2009 年 11 月 1 日，收录国内公开发行的 500 多种重要报纸累积报纸全文文献 647 万多篇。

6. 中国工具书总库

从 2006 年 3 月立项至今，收录近 4000 余部工具书，包括语文词典、双语词典、专科辞典、百科全书、图录、表谱、传记、语录、手册等，约 1500 万个条目，70 万张图片，内容涵盖哲学、文学艺术、社会科学、文化教育、自然科学、工程技术、医学等各个领域。

7. 中国年鉴网络出版总库

目前国内最大的连续更新的动态年鉴资源全文数据库，收录中国国内的中央、地方、行业和企业等各类年鉴的全文文献，共 2231 种、1373 万篇。内容覆盖基本国情、地理历史、政治军事外交、法律、经济、科学技术、教育、文化体育事业、医疗卫生、社会生活、人物、统计资料、文件标准与法律法规等各个领域。收录年限为 1912 年至今。

二、检索方法

CNKI 中包含的各种数据库的检索界面相似，检索方法也基本相同，这里仅以《中国学术网络出版总库》检索平台为例（主页如图 6-1 所示）介绍其检索方法。

《中国学术网络出版总库》平台包括统一检索平台、文献分类限定、总库文献出版报表等部分。

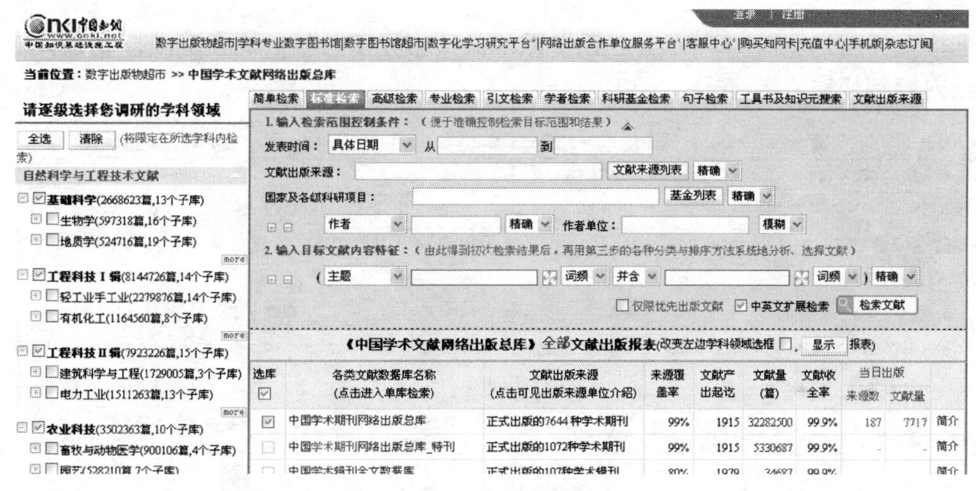

图 6-1　中国学术网络出版总库主页

统一检索平台提供快速检索、标准检索、专业检索、引文检索、学者检索、科研基金检索、句子检索、工具书及知识元检索、文献出版来源 10 种跨库检索方式。其中快速检索、标准检索、专业检索是以文献的内容特征为检索对象的检索方式；引文检索、学者检索和科研基金检索是以文献的作者、科研基金等外部特征为线索检索文献；工具书及知识元检索、文献出版来源是以解答用户的问题为目标，提供知识信息的事实检索方式。

总库资源报表提供包含各个数据库的文献来源、文献覆盖率、文献产出起讫、文献量、文献收全率、当日产出文献等数据的出版总报表，帮助用户了解各总库内文献分布情况、文献来源以及最近更新文献信息。

文献分类限定（见图 6-2）以目录树的形式将 CNKI 十大专辑下的 168 个专题和近 3600 个子栏目分层次加以组织，概念由大到小层层包含，直至到最后

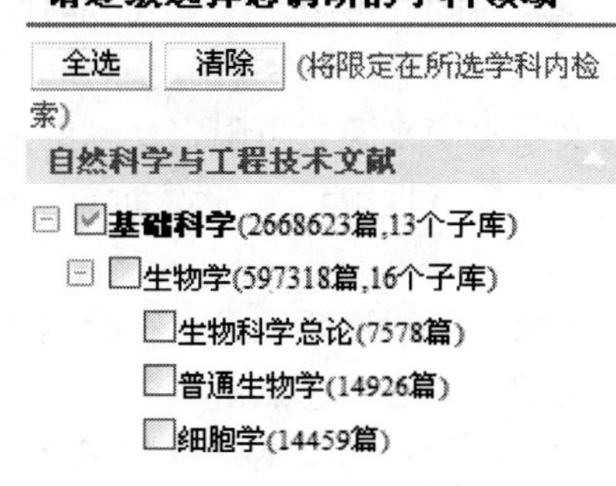

图 6-2　CNKI 文献分类限定

一级名称。在学科名称左侧勾选学科，可作为检索范围控制条件，检索将在限定的学科范围内进行。这种方法能够有效缩小检索结果数量，使结果更加集中、准确。文献分类限定适用于平台的任意一种检索方式，在输入检索式之前，首先进行学科设定。

1. 简单检索

简单检索界面如图 6-3 所示，简单检索提供了类似搜索引擎的检索方式，不做各种条件的限定，检索范围为数据库中所有内容的所有字段。只需要输入所要查找的关键词，点击“简单检索”，即可获得相关的文献。

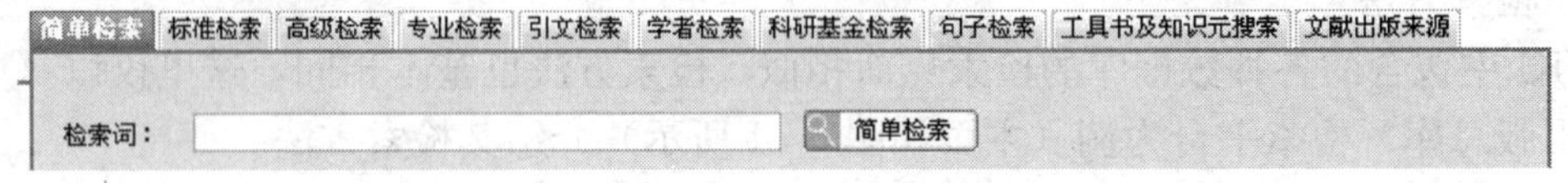

图 6-3　CNKI 简单检索界面

2. 标准检索

标准检索界面如图 6-4 所示，是系统默认的检索界面，包括检索范围控制条件输入区、目标文献内容特征输入区。

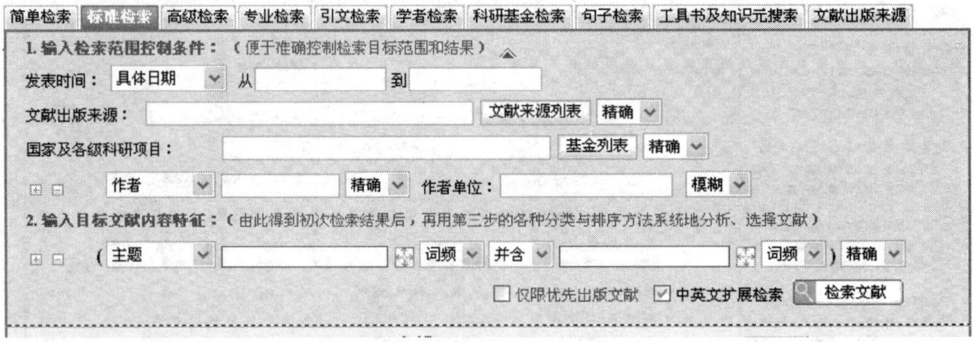

图 6-4　CNKI 标准检索界面

主要操作说明：

(1) 检索字段。标准检索的检索字段包括：发表时间、文献出版来源、国家及各级科研项目、发文作者、作者单位、全文、篇名、主题、关键词和中图分类号。其中，主题字段是指在题名、关键词和摘要字段检索。

发表时间：可限定文献发表时间范围到日。起始时间若不填写，则系统默认为文献收录最早时间为起始时间；若截止时间不填写，系统默认检索到当前日期。

文献出版来源：可限定文献的来源范围。例如：文献的出版媒体、机构或提供单位等，可直接在检索框中输入关键词，也可以点击检索框后的“文献来源列表”按钮，选择文献来源。

国家及各级科研项目：在检索中可限定文献的支持基金，可直接在检索框中输入基金名称的关键词，也可以点击检索框后的“基金列表”按钮，选择支持基金输入检索框中。

发文作者：在检索中可限定文献的作者和作者单位。在下拉框中选择限定“作者”或“第一作者”，在后面的检索框中输入作者姓名，在作者单位检索框中输入作者单位名称，可以限定在某单位的作者发文中检索，可排除不同机构学者同名的情况。若要检索多个作者合著的文献，点击检索项前的“＋”号，添加另一个限定发文的作者。

（2）精确模糊检索。精确匹配：子值（用多值分隔符或括号、空格、感叹号、问号、点等分割为多个子值）完全一致，不考虑可显示中英文以外的符号。例如：输入检索词“清华大学学报”，则检索出：清华大学学报（自然科学版）、清华大学学报（哲学社会科学版）等完整包含“清华大学学报”的期刊上发表的文献。

模糊匹配：包含检索词的子值，不考虑可显示中英文以外的符号。例如：输入检索词“电子学报”，则可能检索出：量子电子学报等这样的期刊上发表的文献。如果检索电子XX学报，需要加通配符：“＊”（代表0～n个字符）或“?”（代表一个字符）。

（3）扩展词推荐功能。可帮助输入的检索词的扩展信息，也可控制检索文献的精确度。在检索框中输入一个关键词后，点击检索框后的扩展按钮“”，系统会推荐中心词为该关键词的一组扩展词，可在其中选择相关词作为检索用词。

（4）检索限定。所有检索框在未输入关键词时默认为该检索项不进行限定，即如果所有检索框不填写时进行检索，将检出库中的全部文献。

（5）词频控制。对于内容检索项：全文、主题，检索词输入框后“词频”可控制该检索词在检索项中出现的次数要大于等于选择的次数，得到检索结果。可选择的范围为：2、3、4、5、6、7、8、9、20、50、100。

（6）中英文扩展检索。对于内容检索项，输入检索词后，可勾选“中英文扩展检索”，系统将自动使用该检索词对应的中文扩展词和英文扩展词进行检索，帮助用户查找更多更全的中英文文献。

（7）检索步骤。在标准检索中，将检索过程规范为三个步骤：

第一步：输入检索控制条件。如：时间、支持基金、文献来源、作者等。

第二步：输入文献内容特征。在下拉菜单中，选择一个检索字段，例如：题名，在其后的检索框中填入一个关键词。若一个检索式由两个或两个以上关键词构成，分别将每一个检索词输入到一个检索框中，各个检索框之间通过下拉菜单，选择逻辑算符“并含”、“或含”或“不含”进行连接。添加完所有检索项后，点击“检索文献”。

第三步：对检索结果进行分组分析和排序分析，反复筛选修正得到最终结果。

3. 高级检索

高级检索界面如图6-5所示，高级检索为用户提供更灵活、方便的检索方式，在标准检索的功能之外，增加了第一作者检索字段。

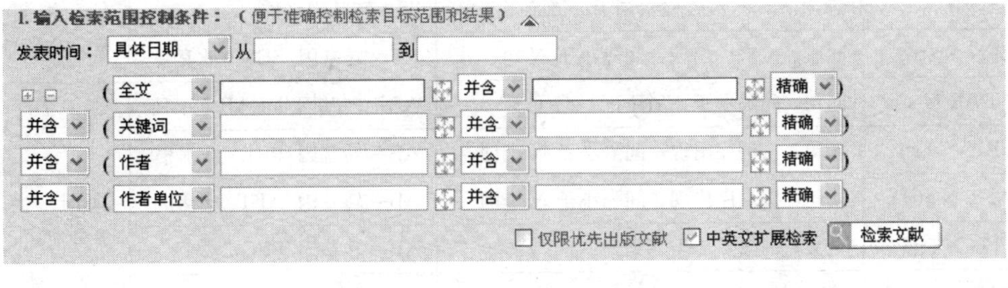

图6-5　CNKI高级检索界面

点击页面上的“＋”、“－”可以增加检索条件输入行，并与上一行检索条件自由组配逻辑关系，最多可以增加7行。

检索项包括：题名、关键词、主题、全文、作者、第一作者、作者单位、文献来源。扩展词检索、精确模糊控制、中英文扩展检索等使用方法均同标准检索。

4. 专业检索

专业检索界面如图 6-6 所示，专业检索支持更多的检索技术，能够处理复杂的检索课题，适用于专业人员查新、信息分析等工作之用。

图 6-6　CNKI 专业检索界面

专业检索界面需要输入命令形式的专业检索式，专业检索式由逻辑运算符、可检索字段和操作符组成，其构造方法如下：

（1）选择检索项。专业检索支持的检索项（检索字段）及其代码如下：SU＝主题、TI＝题名、KY＝关键词、AB＝摘要、FT＝全文、AU＝作者、FI＝第一责任人、AF＝机构、JN＝中文刊名 & 英文刊名、RF＝引文、YE＝年、FU＝基金、CLC＝中图分类号、SN＝ISSN、CN＝统一刊号、IB＝ISBN、CF＝被引频次。

（2）使用运算符构造表达式。运算符及其使用方法见表 6-1。

表 6-1　CNKI 运算符及其使用方法

运算符	检索功能	检索含义	举　例	适用检索项
＝str1 * str2	并且包含	包含 str1 和 str2	TI＝转基因 * 水稻	所有检索项
＝str1＋str2	或者包含	包含 str1 或者 str2	TI＝转基因＋水稻	
＝str1－str2	不包含	包含 str1 不包含 str2	TI＝转基因－水稻	
＝str	精确	精确匹配词串 str	AU＝袁隆平	作者、第一责任人、机构、中文刊名 & 英文刊名
＝'str/SUB *N*'	序位包含	第 *n* 位包含检索词 str	AU＝'刘强/SUB 1'	
%str	包含	包含词 str 或 str 切分的词	TI%转基因水稻	全文、主题、题名、关键词、摘要、分类号
＝str	包含	包含检索词 str	TI＝转基因水稻	
＝'str1/SEN N str2'	同段，按次序出现，间隔小于 *N* 句		FT＝'转基因/SEN 0 水稻'	
＝'str1/NEAR N str2'	同句，间隔小于 *N* 个词		AB＝'转基因/NEAR 5 水稻'	主题、题名、关键词、摘要、分类号
＝'str1/PREV N str2'	同句，按词序出现，间隔小于 *N* 个词		AB＝'转基因/PREV 5 水稻'	
＝'str1/AFT N str2'	同句，按词序出现，间隔小于 *N* 个词		AB＝'转基因/AFT 5 水稻'	
＝'str1/PEG N str2'	全文，词间隔小于 *N* 段		AB＝'转基因/PEG 5 水稻'	
＝'str $ *N*'	检索词出现 *N* 次		TI＝'转基因 $ 2'	

（3）使用“AND”、“OR”、“NOT”等逻辑运算符将表达式按照检索目标组合起来。

注意事项：

1）所有符号和英文字母，都必须使用英文半角字符；

2）“AND”、“OR”、“NOT”三种逻辑运算符的优先级相同，如要改变组合的顺序，使用英文半角圆括号“()”将条件括起；

3）逻辑关系符号“与”(AND)、“或”(OR)“非”(NOT)前后要空一个字节；

4）使用“同句”、“同段”、“词频”时，需用一组西文单引号将多个检索词及其运算符括起，如：'流体＃力学'。

例：要求检索钱伟长在清华大学或上海大学时发表的文章。

检索式：AU＝钱伟长 AND (AF＝清华大学 OR AF＝上海大学)。

5. 引文检索

引文检索以检索参考文献为出发点，根据文献的引用关系，找到引用文献。引文数据库中的所有文献都与其他文献具有引用或被引用的关系，引文检索通过这些关系检索到内容相关文献。在引文检索结果页面，点击“查看引证文献”按钮，可查看在结果中选定文献的全部引用文献，勾选文献后，点击“查看引证文献”进入引证文献的列表。

6. 学者检索

学者检索是通过学者姓名、单位、研究方向关键词等信息，查找学者发表的全部文献及被引下载等情况。通过学者知网节可以全方位的了解学者主要研究领域，研究成果等情况。对检索到的同名学者，用户可选择同名学者进行合并。

7. 科研基金检索

科研基金检索是通过科研基金名称，查找科研基金资助文献。通过对检索结果的分组筛选，还可全面了解科研基金资助学科范围，科研主题领域等信息。

8. 句子检索

句子检索是通过用户输入的两个关键词，查找同时包含这两个词的句子。由于句子中包含了大量的事实信息，通过检索句子可以为用户提供有关事实问题的答案。

使用句子检索方式，检索得到的检索结果以摘要的形式展示，并将关键词在文献中出现的句子摘出来，起到解释或回答问题的作用。

9. 工具书及知识元搜索

知识元检索是将文献总库中的作者、学术术语、概念、数字、图形、表格等知识元信息抽取出来，为用户提供有关知识元的事实检索。检索界面如图 6-7 所示，检索平台提供了工具书、数字检索、翻译助手、图形、表格等检索方式。

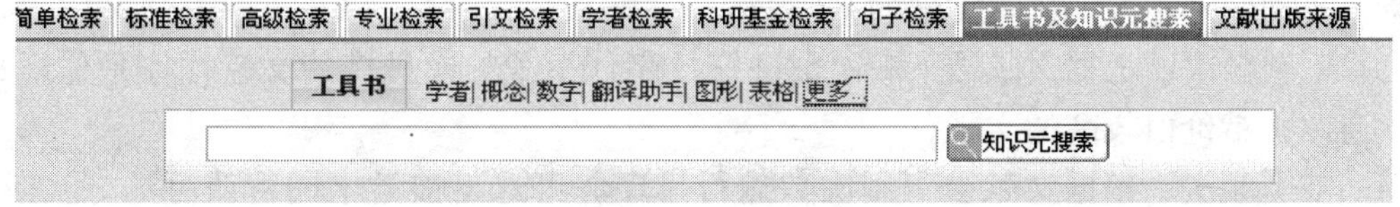

图 6-7　工具书及知识元搜索界面

10. 按文献来源检索

文献来源检索包括检索学术期刊、博士学位授予点、硕士学位授予点、会议论文集、报纸、年鉴（种）和图书出版社。通过确定这些文献来源，可查找到其出版的所有文献，再利用分组、排序等工具，对这些文献进一步分析和调研。

三、检索结果处理

1. 在结果中检索

在第一次检索结束后，可以根据检索结果进行二次检索。填写完所有的检索项后，点击“在结果中检索”，将在第一次检索结果内进行进一步检索。此操作可以多次执行，直到获得满意的检索结果。

2. 检索结果分组

检索结果分组提供学科类别、中文关键词、研究层次、文献作者、作者单位、文献出版来源、研究获得资助、发表年度、来源数据库 9 种分组方式，通过分组可以进一步筛选关注的文献。点击检索结果列表上方的分组名称，页面左侧分组栏目按照该分组类型展开分组具体内容，如图 6－8 所示，是按照“学科类别”分组。若需取消分组，点击“不分组”即可。

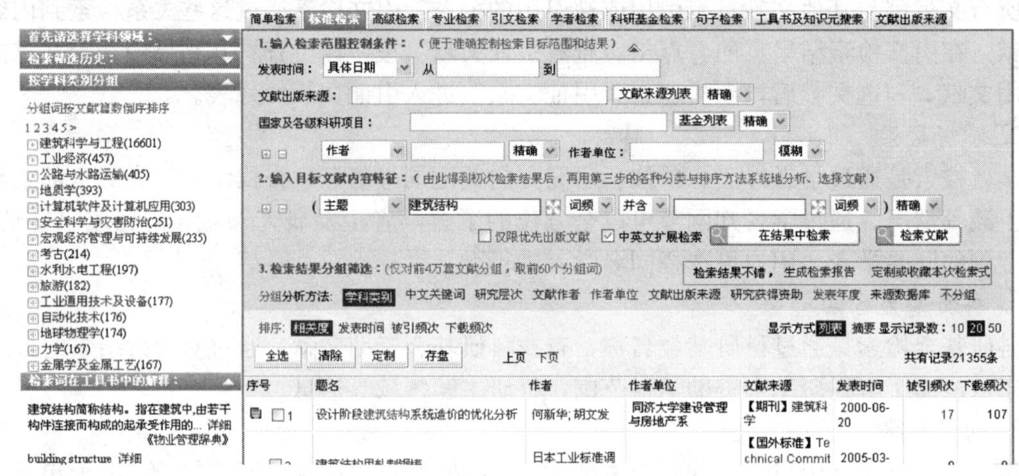

图 6－8　检索结果分组

3. 评价性排序

除了分组筛选，数据库还为检索结果提供了相关度排序及发表时间、被引频次、下载频次、浏览频次等评价性排序。

（1）相关度排序：根据检索结果与检索词相关程度进行排序。反映了结果文献与用户输入检索词之间相关的程度，越相关越排前，可找到文献内容与检索词最相关的文献。

（2）发表时间：根据文献发表的时间先后排序。可以找到最新文献，找到库中最早出版的文献，实现学术跟踪，进行文献的系统调研。

（3）下载频次：根据文献被下载次数进行排序。下载频次最多的文献往往是传播最广，最受欢迎，文献价值较高的文献。

（4）被引频次：根据文献被引用次数进行排序。可选出被学术同行认可的好文献及出版物。

4. 选择记录显示格式

检索结果的默认显示方式是按列表显示，每页显示 20 条记录，另外还可选择摘要形式显示。

5. 生成检索报告

检索报告是基于一次检索的结果提供的统计报表信息，得到结果后，可点击“生成检索报告”，得到检索报告页面。检索报告页面中包含：检索用户及本次检索的时间、检索输入条件、检索结果统计报表、本次检索筛选出的文献及对检索方法和结果的自我评价。

6. 存盘

可将选中的文献使用“存盘”功能以各种格式保存到本地，并导入相应的文献管理软件或报告文档中，在保存到本地之前，可预览各种格式保存的内容及形式，也可打印或输出到本地，如图 6-9 所示。

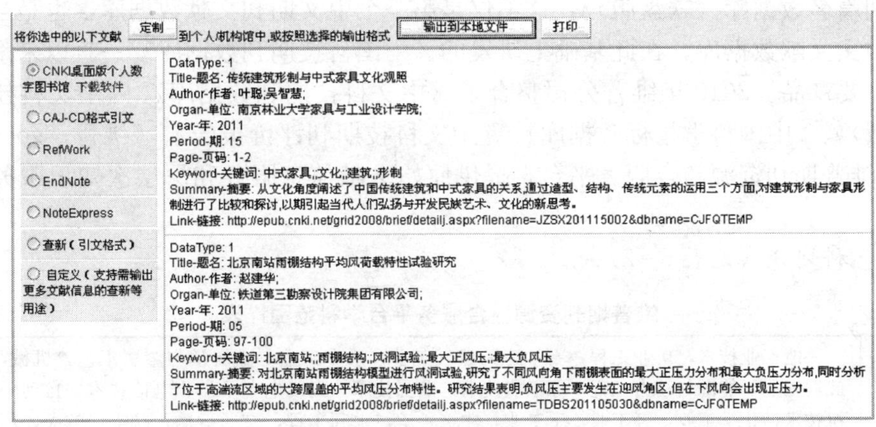

图 6-9　检索结果输出页面

7. 浏览及下载

要下载或浏览全文有两种方式，一种是在检索页面中点击任意文章前的“▣”，另一种是在点击篇名查看论文详细内容页，选择“CAJ”或“PDF”格式下载。CNKI 的全文文献是以 CAJ 和 PDF 两种格式输出的，用户可以任意选择格式。浏览全文可以在线直接打开浏览，也可下载到本地之后浏览全文，如图 6-10 所示；还可利用阅读器里面的工具对原文进行复制、标记等操作。浏览、保存、打印选中的文章的全文。计算机上需要预先安装专用的全文阅读器软件 CAJViewer 或 AdobeReader 后方可阅读全文。

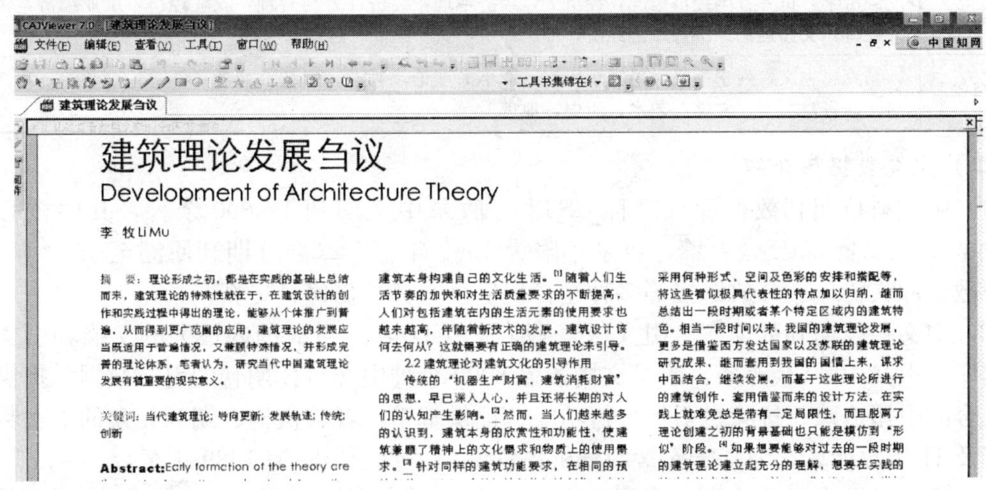

图 6-10　CAJViewer 浏览器打开全文图示

第二节　维普期刊资源整合服务平台

一、维普期刊资源整合服务平台简介

维普期刊资源整合服务平台由重庆维普资讯有限公司出版并提供服务，创建于1989年。维普资讯有限公司前身是中国科技情报所重庆分所数据库研究中心，该中心自主研发了《中文科技期刊篇名数据库（软盘版）》，这不仅是第一个中文期刊文献数据库，也是当时中国最大的自建中文文献数据库。在此基础上研发的《中国科技期刊数据库》一直以来都是维普资讯公司的主要产品。2010年维普公司整合了《中文科技期刊数据库》、《中文科技期刊数据库（引文版）》、《中国科学指标数据库》、《中文科技期刊评价报告》、《维普—google学术搜索》，推出维普期刊资源整合服务平台，提供原始文献信息服务和深层次知识服务的整合服务系统。

（一）学科划分（见表6-2）

表6-2　　维普期刊资源整合服务平台学科范围详表

工程技术	一般工业技术，矿业工程，石油，天然气工业，冶金工业，金属学与金属工艺，机械，仪表工业，武器工业，能源与动力工程，原子能技术，电工技术，无线电电子学，电信技术，自动化技术，计算机技术，化学工业，轻工业，手工业，建筑科学，水利工程，交通运输，航空，航天，环境科学，安全科学
医药卫生	预防医学，卫生学，中国医学，基础医学，临床医学，内科学，外科学，妇产科学，儿科学，肿瘤学，神经病学与精神病学，皮肤病学与性病学，耳鼻咽喉科学，眼科学，口腔科学，外国民族医学，特种医学，药学
农业科学	农业基础科学，农业工程，农学（农艺学），植物保护，农作物，园艺，林业，畜牧，动物医学，狩猎，蚕，蜂，水产，渔业
自然科学	自然科学总论，数理科学和化学，天文学，地球科学，生物科学
图书情报	文化理论，世界各国文化与文化事业，信息与知识传播，科学，科学研究
教育科学	教育，体育
经济管理	经济学，世界各国经济概况，经济史，经济地理，经济计划与管理，农业经济，工业经济，信息产业经济，交通运输经济，旅游经济，邮电经济，贸易经济，财政，金融
社会科学	马克思主义，列宁主义，毛泽东思想，邓小平理论，哲学，宗教，社会科学总论，政治，法律，军事，语言，文字，文学，艺术，历史，地理

（二）主要数据库介绍

（1）中文科技期刊数据库（简称CSTJ），收录中文期刊12 000余种，其中核心期刊1957种，文献总量3000余万篇，收录年限为1989年至今（部分期刊回溯至1955年）。以全文下载、原文传递、开放链接等多种途径提供全文。数据每日更新。

（2）中文科技期刊数据库（引文版）（简称CCD），是目前国内最大的文摘和引文索引型数据库，引文4000余万条，收录文摘覆盖8000余种中文科技期刊的引文数据，提供多篇文献集合的引用追踪、排除自引等分析功能。提供基于作者、机构、期刊元素的引文数据统计功能及H指数计算，为基于元素的分析提供便利。收录年限为1989年至今。

（3）中国科学指标数据库（简称CSI），2009年推出的文献计量工具产品，是目前国内规模最大的动态连续分析型事实数据库。通过引文数据分析揭示国内科学发展趋势，运用科

学计量学方法，以 8000 多种中文期刊近 10 年的千万篇文献为计算基础，对我国科技论文的产出力和影响力及其分布情况进行客观统计和描述。可以查看关于学者、机构、地区、期刊的科研水平及影响力评价，并了解当前国内的科研动态、研究热点和前沿。数据评价时段从 2000 年至今，每双月更新。

(4) 中文科技期刊评价报告（VJCR），以 8000 余种期刊作为来源期刊进行引文加工，对 4000 余种中文科技期刊的载文和引证情况作引证分析评价，综合评价、定量分析中文期刊的质量和影响力。包括总被引频次、影响因子、立即指数、被引半衰期、引用半衰期、期刊他引率、平均引文率 7 个评价指标项。

二、检索方法

维普期刊资源整合服务平台主页，如图 6-11 所示。维普期刊资源整合服务平台包含 4 个功能模块：期刊文献检索模块、文献引证追踪模块、科学指标分析模块和搜索引擎服务。主要提供中文科技期刊数据库、中文科技期刊数据库（引文版）、中国科学指标数据库的检索及机构用户基于谷歌或百度搜索引擎的维普期刊资源检索。期刊文献检索模块是《中文科技期刊数据库》的入口、文献引证追踪模块是《中文科技期刊数据库（引文版）》的入口、科学指标分析模块是《中国科学指标数据库》的入口、搜索引擎服务是《维普—google 学术搜索》的入口。

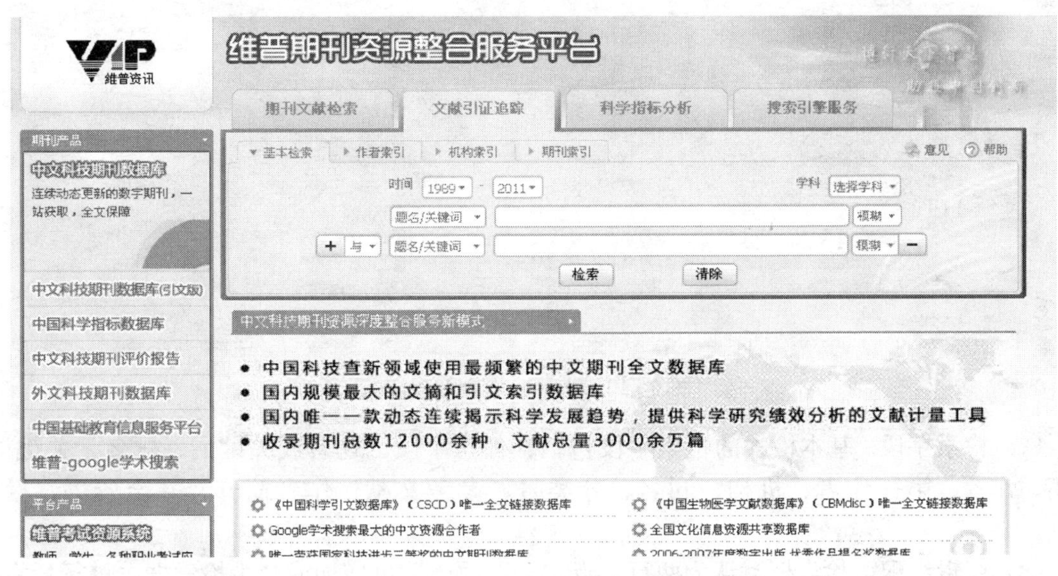

图 6-11　维普期刊资源整合服务平台主页

本书以《中文科技期刊数据库》检索平台为例，详细介绍其检索方法，其他数据库虽检索字段不同，但是原理相似，不再逐一介绍。中文科技期刊数据库检索平台提供基本检索、传统检索、高级检索、期刊导航、检索历史 5 种检索方式。

1. 基本检索

基本检索界面如图 6-12 所示，是系统默认的检索界面。

主要操作说明：

(1) 检索条件限定。在基本检索首页使用下拉菜单选择时间范围、期刊范围、学科范围等检索限定条件。

时间范围限定：使用下拉菜单的选择，时间范围是 1989 年至今可任意选择。

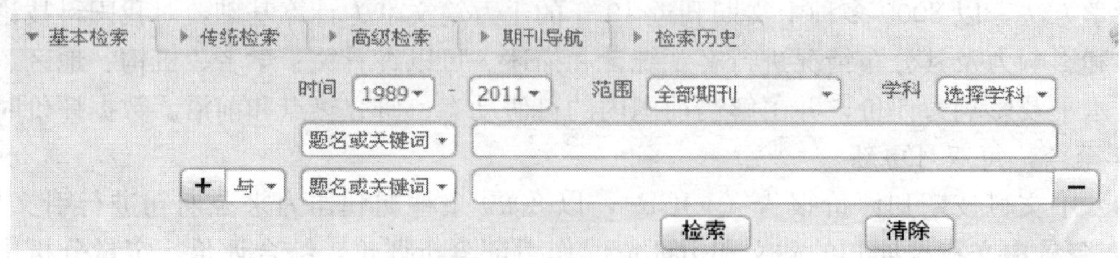

图 6-12 基本检索界面

期刊范围限定：可选全部期刊、核心期刊、EI 来源期刊、CA 来源期刊、CSCD 来源期刊、CSSCI 来源期刊。

学科范围限定：包括管理学、经济学、建筑科学、材料科学等 45 个学科，勾选复选框可进行多个学科的限定，如图 6-13 所示，可任意选择，在所勾选的学科限定范围内检索。

图 6-13 学科范围详细列表

（2）检索字段。基本检索的检索字段包括：任意字段、题名或关键词、题名、关键词、文摘、作者、第一作者、机构、刊名、分类号、参考文献、作者简介、基金资助、栏目信息。

（3）逻辑组配。检索框默认为两行，点“+”、“−”可增加或减少检索框，进行任意检索入口“与、或、非”的逻辑组配检索。最多可以增加 4 行。

2. 专业检索

专业检索界面如图 6-14 所示，是原《中文科技期刊数据库》的检索模式，检索系统界面分为检索区域、学科分类导航区、检出题录粗览区、检出题录细览区。

检索区域位于页面上部，包括检索入口和检索式等；学科分类导航区位于页面左侧，分为专辑导航和分类导航两种，专辑导航是按照系统服务平台的 8 个学科分类组织文献的。分类检索是严格按照《中国图书馆图书分类法》划分学科组织文献的；检出题录粗览区和检出题录细览区位于页面的右下部，是检索结果显示区域。

（1）检索字段。专业检索字段包括：关键词（K）、作者（A）、第一作者（F）、刊名（J）、任意字段（U）、机构（S）、题名（T）、文摘（T）、分类号（C）、题名或关键词

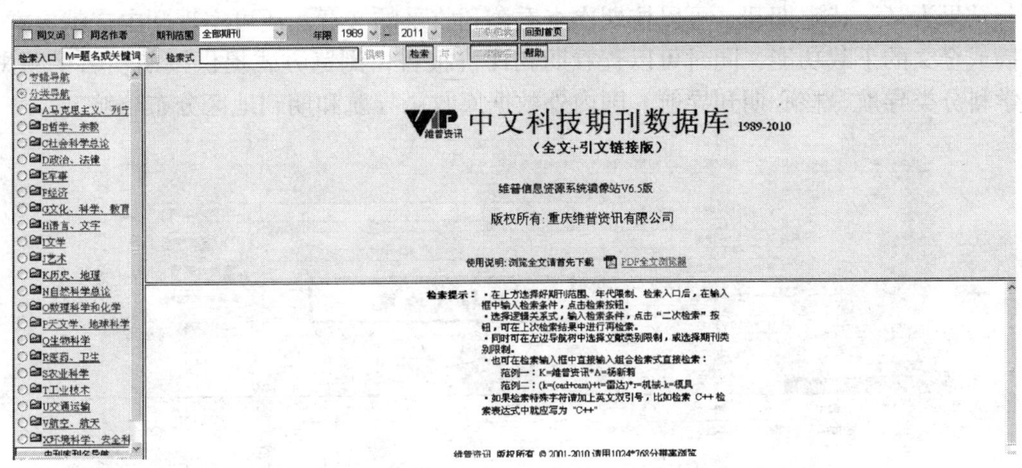

图 6-14　专业检索界面

(M)，“任意字段”指在所有字段内检索。

(2) 检索范围限定。导航：数据库提供了树形分类导航浏览系统，分为专辑导航和分类导航，分类导航按学科对资源进行分类，对所收录的论文逐层进行分类限定。选中节点后，任何检索都局限于此类别以下的数据。检索式输入框不填写，直接点击“检索”，默认为浏览该类别的所有记录。

同义词库：功能默认关闭，选中即打开（只有在选择了关键词检索入口时才生效）。

同名作者：功能默认关闭，选中即打开（只有在选择了作者、第一作者检索入口时才生效）。

时间范围限定：使用下拉菜单选择，时间范围是 1969 年至今，可任意选择。

期刊范围限定：核心期刊、EI 来源期刊、SCI 来源期刊、CA 来源期刊、CSCD 来源期刊、CSSCI 来源期刊、全部期刊。

3. 高级检索

高级检索界面如图 6-15 所示，包括向导式检索和直接输入检索式检索两种方式。

(1) 向导式检索。提供分栏式检索词输入方法，除可选择逻辑运算、检索项、匹配度外，还可以进行相应字段扩展信息的限定。检索时先在检索项的下拉框选择检索字段，然后在对应的输入框输入检索词，多个检索词组配后执行检索。

“查看同义词”、“同名/合著作者”、“查看分类表”、“查看相关机构”、“期刊导航”均可以实现相对应的功能，只需要在前面的输入框中输入需要查看的信息，再点击相对应的按钮，即可得到系统给出的提示信息。

(2) 直接输入检索式检索。适用于专业人士，在检索框中直接输入由检索词和检索算符组成的复杂检索式。检索优先级为：无括号时逻辑“与”优先，有括号时先括号内后括号外。

(3) 扩展检索条件。用户可以利用时间、专业限制、期刊范围进一步限制检索结果范围，获得更符合需求的检索结果。

4. 期刊导航

期刊导航分检索和浏览两种方式，如图 6-16 所示。检索方式提供刊名检索和 ISSN 号检索，结果为某一特定期刊。可以按期次查看该刊收录的文章，还可实现刊内文献检索、题录文摘或全文的下载功能，同时可以查看期刊评价报告；浏览方式提供按期刊名字顺浏览、期刊学科分类导航、核心期刊导航、国内外数据库收录导航和期刊地区分布导航。

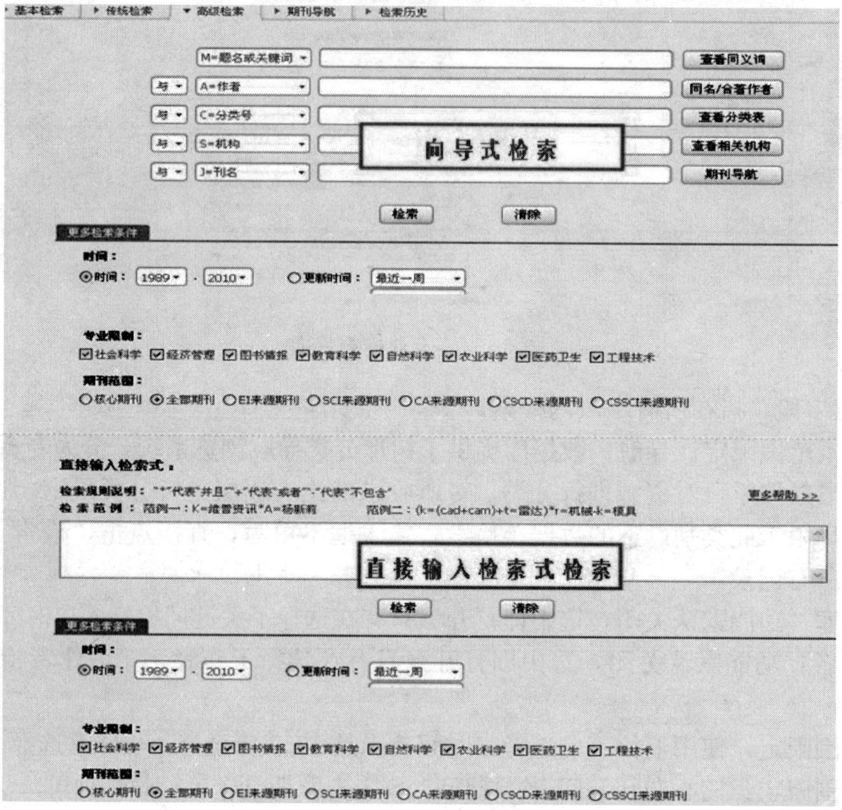

图 6-15 高级检索界面

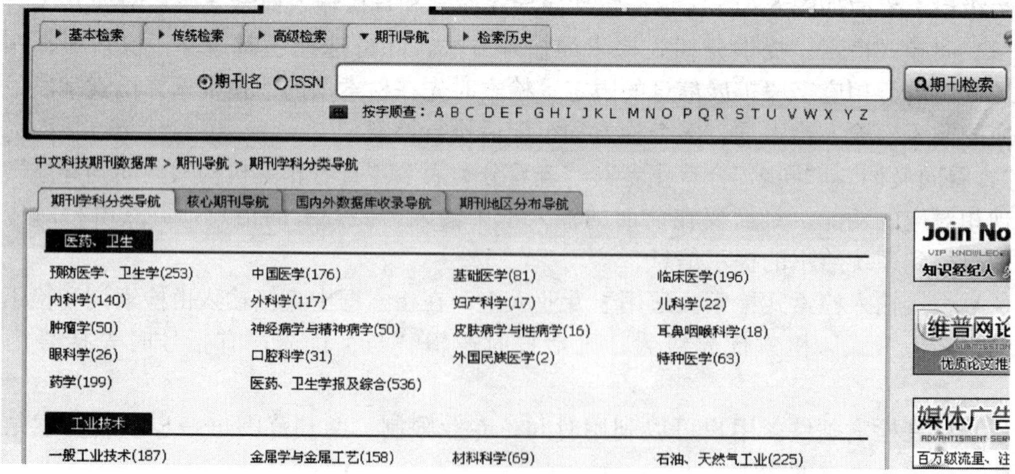

图 6-16 期刊导航界面

期刊学科分类导航：按期刊所属学科统计和浏览期刊列表，分为医药卫生、工业技术、自然科学、农业科学、社会科学 5 个大学科，预防医学卫生、电工技术等 64 个二级学科。

核心期刊导航：按《中文核心期刊要目总览》（2008 年版）统计和浏览核心期刊列表。

国内外数据库导航：汇总 23 家国内外知名数据库收录期刊的最新情况。

期刊地区分布导航：按出版机构所属区域统计和浏览期刊分布情况。

5. 检索历史

系统对用户的检索历史做自动保存，如图 6 - 17 所示。点击保存的检索式进行该检索式的重新检索，也可以进行“与、或、非”逻辑组配。最多允许保存 20 条检索表达式。

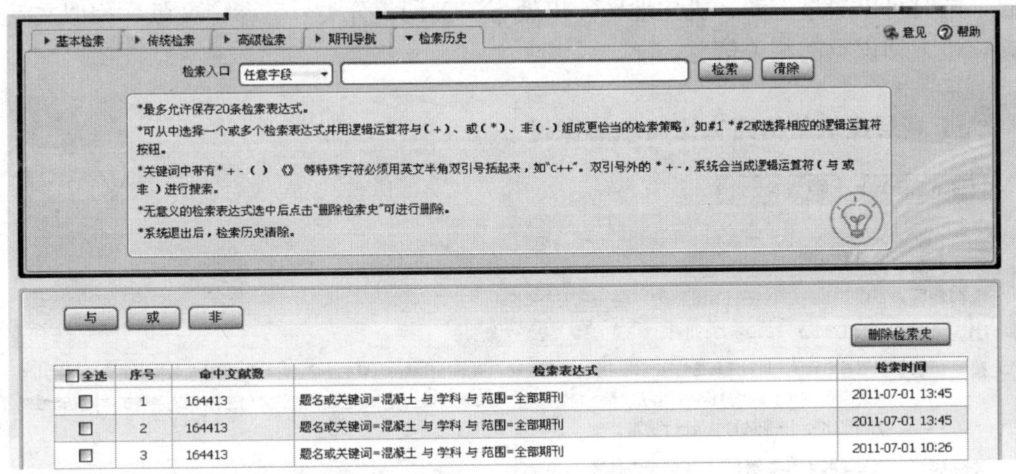

图 6 - 17　检索历史界面

三、检索结果处理

检索结果页面如图 6 - 18 所示。

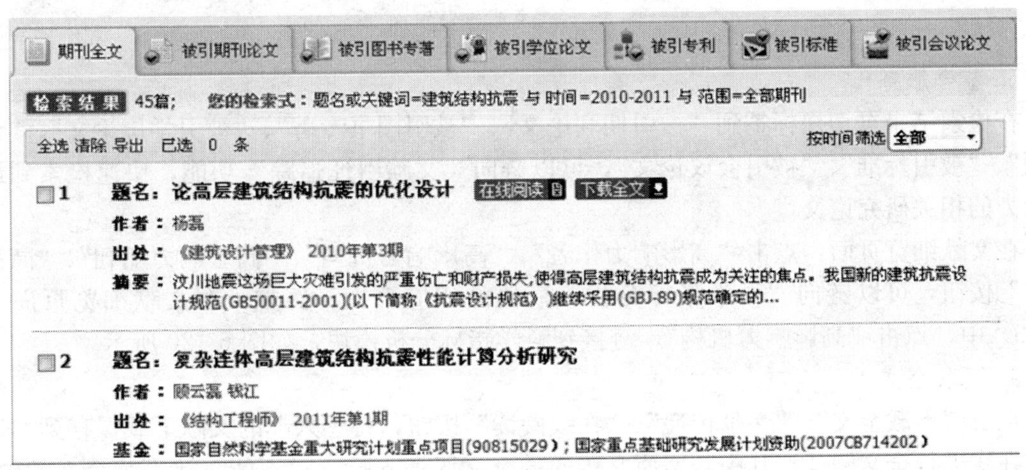

图 6 - 18　检索结果显示界面

1. 显示信息

检索结果页面显示出检索式、检索结果记录数、检索结果的题名、作者、出处、基金和摘要信息，其中“出处”字段增加了期刊被国内外知名数据库收录最新情况的提示标识，与基金字段一起帮助用户判断文献的重要性。

2. 按时间筛选

限定筛选一个月内、三个月内、半年内、一年内、当年内发表的文献。

3. 导出题录

选中检索结果题录列表前的复选框，点击“导出”，可以将选中的文献题录以文本、参考文献、XML、NoteExpress、Refworks、EndNote的格式导出。

4. 知识链接

点击文献题名进入文献细览页面，如图6-19所示。文献细览不仅可以查看该文献的详细信息，同时可以通过作者、机构地区、出处、关键词、分类号、参考文献、相似文献提供的链接，检索知识点的相关信息。

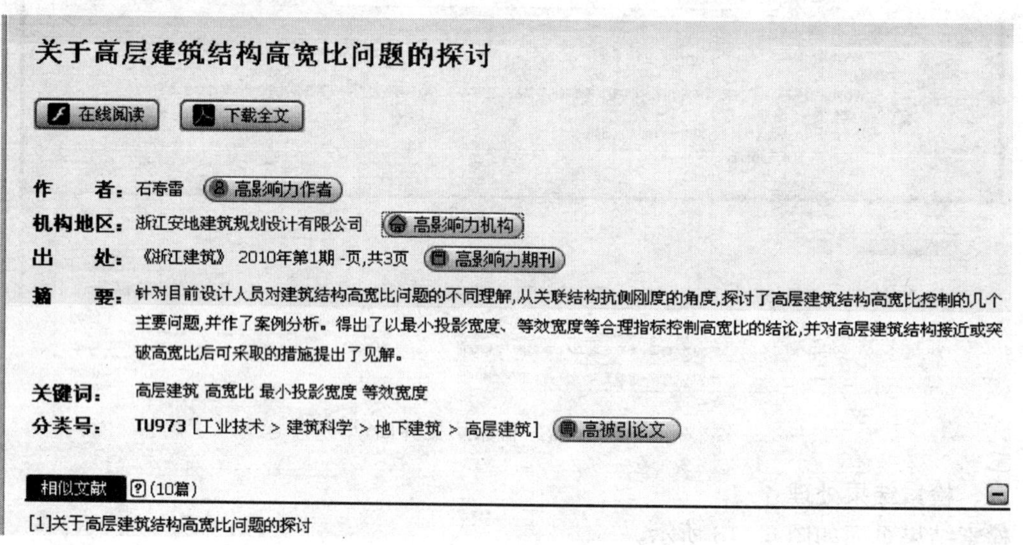

图6-19 文献细览页面

5. 整合服务

在检索结果页切换标签到“被引期刊论文”、“被引图书专著”、“被引学位论文”、“被引专利”、“被引标准”、“被引会议论文”，可以链向“文献引证追踪”功能，快速检索到最有影响力的相关研究论文。

在文献细览页面，点击“高影响力作者”、“高影响力机构”、“高影响力期刊”、“高被引论文”按钮，可以链向“科学指标分析”模块的相应页面。例如：在文献细览页面（图6-19）中，点击“高影响力机构”，链接到科学指标分析模块，如图6-20所示。

6. 获取全文

点击“下载全文”、“文献传递”、“在线阅读”按钮，将感兴趣的文献下载保存到本地磁盘或在线进行全文阅读。其中新增原文传递的全文服务支持，对不能直接下载全文的数据，通过委托第三方社会公益服务机构提供快捷的原文传递服务。

7. 在结果中检索

首次检索之后，可以重新进行检索，也可以在第一次检索结果的基础上进行二次检索（包括“在结果中检索”、“在结果中添加”、“在结果中去除”三种方式），实现按需缩小或扩

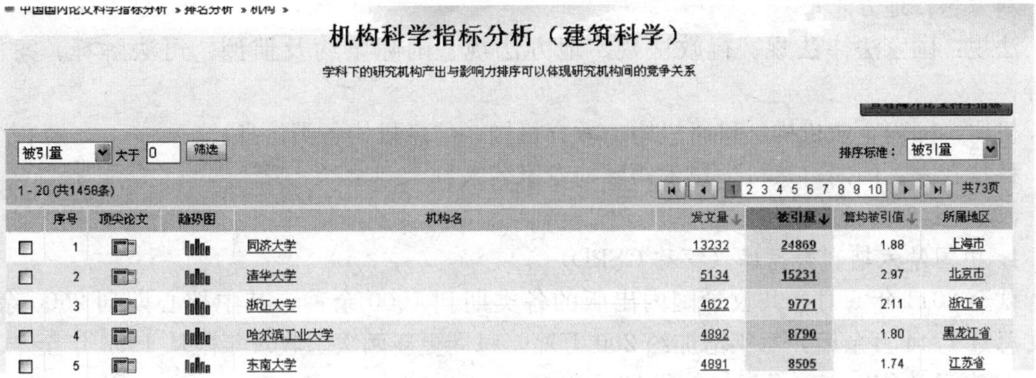

机构科学指标分析（建筑科学）

学科下的研究机构产出与影响力排序可以体现研究机构间的竞争关系

被引量 大于 0 筛选　　排序标准：被引量

1 - 20 (共1458条)　　1 2 3 4 5 6 7 8 9 10　共73页

序号	顶尖论文	趋势图	机构名	发文量	被引量	篇均被引值	所属地区
1			同济大学	13232	24869	1.88	上海市
2			清华大学	5134	15231	2.97	北京市
3			浙江大学	4622	9771	2.11	浙江省
4			哈尔滨工业大学	4892	8790	1.80	黑龙江省
5			东南大学	4891	8505	1.74	江苏省

图 6 - 20　整合服务链接到科学指标分析模块结果显示

大检索结果范围。

8. 浏览、下载和打印

系统提供的文献全文为 PDF 格式，需预先下载专用的全文浏览器软件。在检索结果列表页面，有“下载全文”和“在线阅读”的按钮，点击相应按钮进行文献的下载保存或在线阅读。题录文摘输出方式为：可以通过主检索界面右上角的选择对话框  选择 当前记录 下载题录 的提示，选择“标记记录”、“当前记录”或“全部记录”三种方式下载。

第三节　万方数据知识服务平台

一、万方数据知识服务平台概述

万方数据知识服务平台（Wanfang Data Knowledge Service Platform）创建于 1997 年 8 月，是由北京万方数据股份有限公司提供服务，以中国科技信息研究所全部信息资源为基础建立的。万方数据知识服务平台提供检索、多维知识浏览等信息揭示方式，以及知识脉络、查新咨询、论文相似性检测、引用通知等服务。平台收录的文献类型包括：中外学术期刊论文、学位论文、中外学术会议论文、标准、专利、科技成果、图书、政策法规等。万方数据知识服务平台以中文简体、中文繁体、英语三种语言显示，数据每日更新，24 小时提供服务。

（一）文献类型

万方数据知识服务平台全部资源分为 12 种文献类型，具体文献类型所涵盖的内容如下。

学术论文：期刊、学位、会议、外文期刊、外文会议等学术论文；

期刊：期刊论文包括科技及人文和社会科学期刊的论文文献；

学位：硕士、博士、博士后的学位论文；

会议：重要学术会议的论文；

外文文献：外文期刊论文和外文会议论文；

专利：中外专利，包括发明专利、实用新型及外观设计专利；

标准：中国标准、国际标准以及各国标准；

成果：国内科技成果、国家级科技计划项目；

新方志：地方志；

法规：国家法律法规、行政法规、地方法规、国际条约及惯例、司法解释、案例分析等；

机构：国内企业机构、科研机构、教育机构、信息机构各类信息；

科技专家：国内自然科学技术领域的专家名人。

（二）主要数据库介绍

1. 中国学术期刊数据库（简称 CSPD）

截至 2011 年 5 月，共收录国内出版的各类期刊 7000 余种，其中核心期刊 2500 余种，论文总量 1744 万余篇，每年增加约 200 万篇，每周更新两次。收录年限从 1998 年至今。

2. 中国学位论文数据库（简称 CDDB）

中国学位论文数据库是万方数据知识服务平台的重要组成部分，收录国内高校、科研院所等学位授予单位的博士、博士后、硕士及同等学力的学位论文。截至 2011 年 5 月，论文总量 180 余万篇，每年增加约 30 万篇。内容涵盖理学、工业技术、人文科学、社会科学、医药卫生、农业科学、交通运输、航空航天和环境科学等各学科领域，是我国收录数量最多的学位论文数据库。收录年限为 1980 年至今，其中，2002 年以后的学位论文为全文形式，2002 年以前的论文是摘要形式，可提供 1977 年以来的学位论文全文传递服务。

3. 中国学术会议文献数据库（简称 CCPD）

中国学术会议文献数据库由中文全文数据库和西文全文数据库两部分构成，其中："中文版"所收录会议论文内容是中文；"英文版"主要收录在中国召开的国际会议的论文，论文内容多为西文。内容涵盖人文社会、自然、农林、医药、工程技术等各学科领域，以国家级学会、协会、研究会组织、部委、高校召开的全国性学术会议论文为主。采用受控语言进行主题标引，以《汉语主题词表》为叙词表，按照《中国图书资料分类法》分类，大部分记录附有论文文摘。中国学术会议文献数据库是目前国内覆盖学科最全、收录数量最多的会议论文数据库，截至 2011 年 5 月，会议总量 178 余万篇，每年增加约 20 万篇，收录年限从 1985 年至今，数据每月更新。

4. 中外专利数据库（简称 WFPD）

包括中国专利文献、国外与国际组织专利两部分，专利文献类型包括发明、实用新型及外观设计等，内容涉及自然科学各个学科领域。截至 2011 年 3 月收录中国专利 500 余万项，外国专利 2200 余万项，每年增加约 25 万条，每两周更新一次。

5. 中外标准数据库（简称 WFSD）

中外标准数据库包括标准文摘数据库和标准全文数据库。截至 2011 年 5 月共收录各类标准题录 28 万余条，综合了由国家技术监督局、建设部情报所、建材研究院等单位提供的中国国家标准、建设标准、建材标准、行业标准及国际标准、国际电工标准、欧洲标准以及美、英、德、法国国家标准和日本工业标准等各类标准。

6. 中国法律法规数据库（简称 CLRD）

中国法律法规数据库主要由国家信息中心提供，包括 13 个基本数据库，内容涵盖国家法律法规、行政法规、地方法规及国际条约及惯例、司法解释、案例分析等，涉及社会各个领域。该库数据格式采用国际通用的 HTML 格式 。截至 2011 年 5 月，共收录自新中国成立以来全国人民代表大会及其常委会、国务院及其办公厅、国务院各部委、最高人民法院和最高人民检察院以及其他机关单位所发布的国家法律、行政法规、部门规章、司法解释，以及其他规范性文件等约 37 万余条。收录年限从 1949 年至今。

7. 中国科技成果数据库（简称 CSTAD）

中国科技成果数据库是国家科技部指定的新技术、新成果查新数据库。数据主要来源于历年各省、市、部委鉴定后上报国家科技部的科技成果及星火科技成果，科技成果形式包括新技术、新产品、新工艺、新材料、新设计等。截至 2011 年 5 月，共收录国内科技成果及国家级科技计划项目 61 万余条，收录年限从 1980 年至今，数据每月更新。

8. 中国特种图书数据库（简称 CSBD）

特种图书主要包括新方志、专业书、工具书等，这些图书均来源于各专业出版社、组织等专业机构，内容覆盖社会各个领域。截至 2011 年 3 月，共收录特种图书约 2 万种，总计近 330 余万条。数据每季度更新。

9. 中国企业机构数据库（简称 CEOD）

主要收录国内外企业机构、科研机构、教育机构、信息机构等机构信息，对机构进行全方位的立体描述，是国内外了解中国市场的一条捷径，是查找我国企事业单位的发展现状及成就的重要信息来源。截至 2011 年 5 月，共收录各类机构信息 20 余万条。数据每月更新。

10. 中国专家数据库（简称 CESD）

主要收录国内自然科学技术领域的专家名人的个人信息，及其在相关研究领域内的研究内容和所取得的进展，有助于国内外相关研究人员掌握本领域的前沿信息。记录主要内容包括：姓名、性别、工作单位、工作职务、教育背景、专业领域、研究方向、研究成果、专家荣誉、获奖情况、发表的专著和论文等。截至 2011 年 5 月，信息总量达两万余条。

11. 外文文献数据库

包括外文期刊论文和外文会议论文，外文期刊论文收录了 1995 年以来世界各国出版的 12634 种重要学术期刊，部分文献有少量回溯；外文会议论文，收录了 1985 年以来世界各主要学协会、出版机构出版的学术会议论文，部分文献有少量回溯。数据每月更新，以文献传递方式获取原文。

12. OA 论文索引库（OAPID）

OA 论文索引库 OA Paper Index Database（简称 OAPID）。OA 即开放存取（Open Access），用户可通过该平台免费发布、查找、获取 OA 论文。为方便 OA 论文资源的统一检索和使用，万方数据知识服务平台将多家 OA 论文托管机构的文献与自身拥有的文献实现统一检索，内容覆盖数学、物理、计算机、通信、自动化、生物、医药、卫生等学科。截至 2011 年 3 月，论文总量 250 余万篇，每周更新。

二、检索方法

万方数据知识服务平台主页如图 6-21 所示，包括检索范围限定区、快速（一框式）检索区、专题导航检索区、跨库检索区、单库检索区、资源列表区、学术论文导航检索区等，每个检索区都可以独立进行检索操作。“一框式”检索简单、快捷，是万方数据知识服务平台最常用的检索方式。

1. 快速检索

快速检索位于万方数据知识服务平台主页上方，如图 6-21 所示。检索范围限定区包括学术论文、期刊、学位、会议、外文文献、专利、标准、成果、新方志、法规、机构、科技

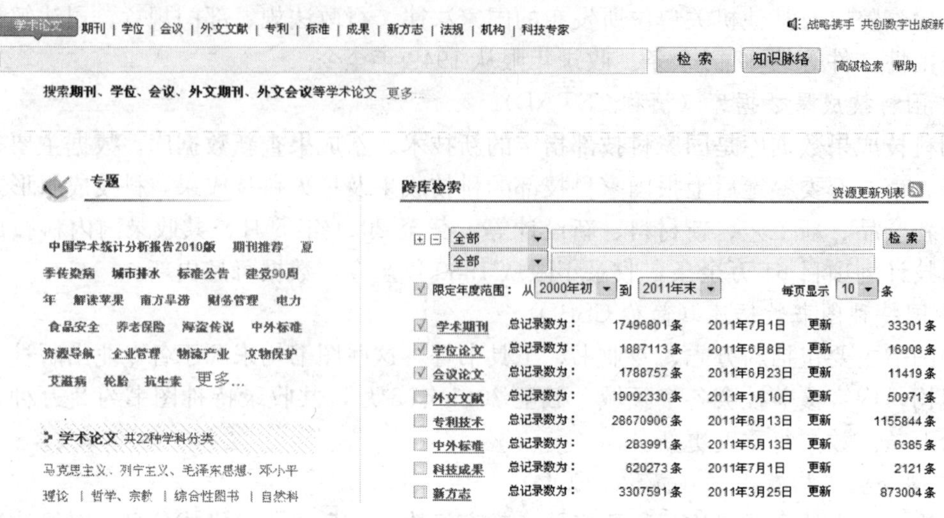

图 6－21　万方数据知识服务平台主页

专家 12 个文献类型，系统默认类型为“学术论文”。

（1）检索规则。

1）检索语言：知识服务平台首页、检索结果等页面的检索输入框默认接受的检索语言为 PairQuery，也就是 PQ 表达式。表达式由多个空格分隔的部分组成，每个部分称为一个 Pair，每个 Pair 由冒号分隔符“：”分隔为左右两部分，“：”左侧为限定的检索字段，右侧为要检索的词或短语，如：标题：建筑结构。检索词部分使用引号“”或书名号《》括起来，表示精确匹配。如：作者：“张晓”，表示作者字段中含有并且只含有“张晓”的结果。

2）日期范围：日期范围的检索采用 Date：1998－2003 的形式，“－”前后分别代表限定的年度上下限，上限和下限可以省略一个，代表没有上限或下限，但“－”不可省略。

3）符号：包括空格、冒号、引号、横线，可任意使用全角、半角符号及任意的组合形式。

（2）检索方法。在快速检索编辑区输入检索词，系统将在所选择的文献类型所在的数据库中引擎式学术搜索，也就是选择某一文献类型进行单库库内检索，检索范围为数据库中所有内容的所有字段。

2. 跨库检索

跨库检索界面如图 6－22 所示，用户可自由选取期刊、学位、会议、标准、专利、企业等一个或多个数据库同时检索，只需输入一个检索式，便可以看到多个数据库的查询结果。“＋”、“－”可以增加检索条件行，并与上一行检索条件自由组配逻辑关系，最多可以增加 4 行。

3. 主题检索

点击主页快速检索旁的“高级检索”进入主题检索界面，如图 6－23 所示。高级检索提供三种主题检索方式：高级检索、经典检索、专业检索。高级检索与经典检索方法在这里就不再介绍，检索方法与本章中讲解的其他数据库相似。

专业检索的检索表达式使用 CQL 检索语言：含有空格或其他特殊字符的单个检索词用引号“”括起来，多个检索词之间根据逻辑关系使用“AND”或“OR”连接。

图 6-22　跨库检索界面

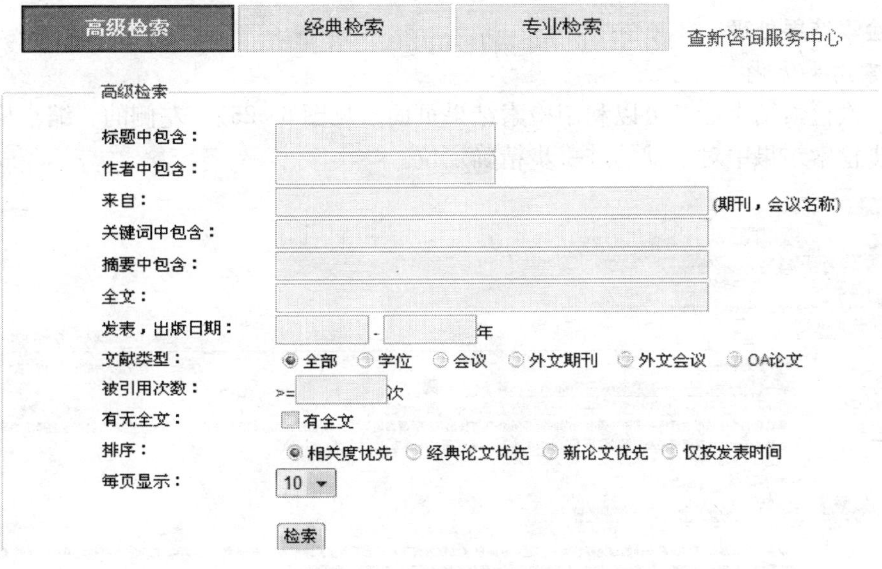

高级检索　经典检索　专业检索　查新咨询服务中心
高级检索
标题中包含：
作者中包含：
来自：(期刊，会议名称)
关键词中包含：
摘要中包含：
全文：
发表，出版日期： - 年
文献类型： 全部 学位 会议 外文期刊 外文会议 OA论文
被引用次数： >= 次
有无全文： 有全文
排序： 相关度优先 经典论文优先 新论文优先 仅按发表时间
每页显示： 10
检索

图 6-23　主题检索界面

专业检索提供的检索字段包括：Title（题名）、Creator（作者或发明者）、Source（来源）、KeyWords（关键词）、Abstract（摘要）。专业检索提供的可排序字段包括：CoreRank（核心期刊）、CitedCount（被引次数）、Date（日期）、Relevance（相关度）。

例如：①激光 AND KeyWords=纳米；②Title All“电子逻辑电路”。

4. 知识脉络检索

知识脉络是以主题词为核心，根据所发表论文的知识点和知识点的共现关系进行的统计分析，使用可视化的方式向用户揭示知识点发展趋势和共现研究时序变化。文献中每个关键词后都紧跟知识脉络图标，点击图标后展开该关键词的知识脉络分析。也可通过分析后系统挖掘的热点词汇，链接到万方数据库中搜寻相关文献。知识脉络使用可视化技术动态展示知识的研究趋势二维折线图，其中 X 轴代表年份，Y 轴代表发文频次，系统通过最近十年的数据构建折线图，对不同知识点进行比较分析，输入检索词“建筑材料”点击“知识脉络检索”，检索结果如图 6－24 所示，可以看到建筑材料方面的研究趋势，呈上升趋势。

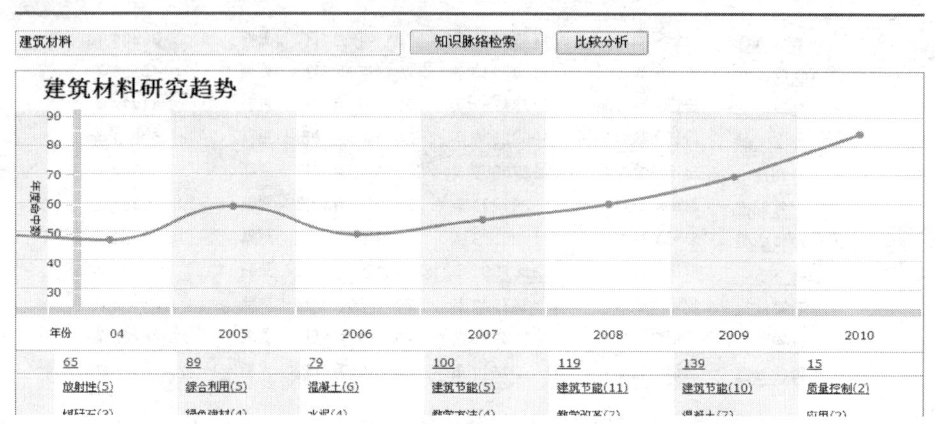

图 6－24　知识脉络检索结果页面

三、检索结果处理

1. 检索结果优化

在第一次检索结束后，可以利用检索结果页面（见图 6－25）。左侧的“缩小检索范围”，实现在初步检索结果中对文献的进一步精确定位。

图 6－25　检索结果界面

2. 检索结果排序

系统提供了经典论文优先、相关度优先、最新论文优先的排序，系统默认的排序方式为按相关度排序，参见图 6－25。

经典论文优先：被引用次数比较多，或者文章发表在档次比较高的杂志上的、有价值的文献排在前面；

相关度优先：与检索词最相关的文献优先排在最前面；

最新论文优先：发表时间最近的文献优先排在前面。

3. 结果聚类

系统提供按学科、年份、文献来源、论文类型、来源期刊等的检索结果聚类统计。结果聚类不仅便于条件的抽取，同时满足对所查文献类型结构、研究时间分布、收录期刊分布、结果所涉学科和该主题文献的交叉研究范围有一个整体的把握。

4. 结果收藏

在检索结果细览界面，点击“ ”可以将检索结果分别添加到浏览器收藏、雅虎收藏和百度收藏。

5. 导出

在文献检索结果页面，选择需要导出的文献，点击“导出”按钮可以将文献导出。系统提供了6种记录导出格式：参考文献、文本、XML、NoteExpress、Refworks、EndNote。

6. 获取全文

获取全文方式有三种：原文下载、原文传递、原文链接。对于有全文的中文期刊论文、学位论文、会议论文、中国专利、法律法规，用户可以在平台上直接下载；对不能获取全文的，可以通过原文传递索取原文，平均传递时间为10小时；原文链接提供外国专利、OA期刊论文、学者博文的原文下载链接，通过DOI定位文献。

7. 浏览及下载

点击文章题名，可查看详细摘要信息、引文链接、文献扩展链接；点击“查看全文”可直接打开PDF全文在线浏览和内容编辑；点击“下载全文”图标可直接下载PDF格式全文。

第七章 国外著名信息检索系统

第一节 工 程 索 引

一、工程索引简介

工程索引（The Engineering Index，简称 EI）创刊于 1884 年，是美国工程信息公司（Engineering Information Inc.）出版的世界著名的工程技术领域二次文献检索工具。收录文献几乎涵盖了工程技术各个领域，具有综合性强、资料来源广、地理覆盖面广、时间跨度大、报道量大、权威性强的特点，与 SCI、ISTP 和 ISR 并称为四大检索工具。

EI 自创刊至今，其产品经历了几个重要的发展阶段：

1884 年 EI 创刊，推出月刊、年刊的印刷版；

20 世纪 70 年代，推出电子版数据库（Compendex），并通过 Dialog 等大型联机系统提供检索服务；

20 世纪 80 年代，推出光盘版数据库（CD-ROM，Compendex）；

20 世纪 90 年代，推出网络版检索平台（Engineering Village），2000 年 8 月，推出 Engineering Village2 新版本。

Engineering Village2 平台上提供 10 余个数据库的内容，包括 Ei Backfile，Ei Compendex，Inspec，Geobase，NTIS，Ei Patents，Referex 等，其中 Ei Compendex 就是我们常说的美国工程索引（EI）数据库，是平台的核心数据库。2009 年之后，EI Compendex 与 EI PageOne 合并成为 EI Compendex Web。

EI Compendex Web 数据库起始年份是 1969 年，收录了世界上 55 个国家 15 个语种的 5600 余种工程类期刊中的技术论文、会议论文和科技报告，每年新增 65 万条记录，数据库每周更新。EI Compendex Web 收录范围涵盖了机械工程、土木工程、环境工程、电气工程、结构工程、材料科学、固体物理、超导体、生物工程、能源、化学和工艺工程、照明和光学技术、空气和水污染、固体废弃物的处理、道路交通、运输安全、控制工程、工程管理、农业工程和食品技术、计算机和数据处理、电子和通信、石油、宇航、汽车工程以及这些领域的子学科和其他主要的工程领域。这些学科可以概括为 6 大范畴：化学工程、土木工程、矿业工程、机械工程、电气工程、工程总论。

二、EI Compendex Web 检索

（一）EI Compendex Web 检索规则

1. 逻辑算符

EI Compendex Web 检索系统允许使用的逻辑算符：AND、OR、NOT，检索顺序从左至右，例如：

a AND b OR c 将按（a AND b）OR c 检索

a OR b AND c 将按（a OR b）AND c 检索

a OR b NOT c 将按（a OR b）NOT c 检索

在简单检索（Easy Search）和快速检索（Quick Search）界面，因为这两种检索界面是

菜单式操作方式，因此，检索词按照输入检索框的先后顺序执行检索。

在专家检索（Expert Search）界面，检索算式规定输入命令格式，可以利用括号规定运算顺序，括号内的先运算，多重括号从内层算起。例如：

"rapid transit" WN All OR "light rail" WN ALL AND signal WN TI

等同于：

signal WN TI AND（"rapid transit" WN All OR "light rail" WN ALL）

2. 位置算符

Ei Village 检索系统允许使用的位置算符有三个：

（1）NEAR/n：两个检索词之间允许插入 0～n 个词，词序不限。如，board near/0 game 将检出 board game 或 game board 。

（2）ONEAR/n：两个检索词之间允许插入 0～n 个词，词序不许改变。如，solar onear/0 energy 将只检出 solar energy 。

（3）" " 或 {}：词组检索，按照检索词输入形式执行精确检索。如，{wear of materials} 将只检出 wear of materials 。

3. 截词符和通配符

Ei Village 检索系统允许使用的截词符与通配符如下。

* ：截词符，代表 0 个或若干个字符，放在单词词尾，如：

optic * 将检出 optic，optics，optical。

？：单字符通配符，代表一个字符，可以用多重问号代替相应数量的字符。用在单词词中或词尾，如：

Te? m 将检出 term，team；Educat?? 将检出 educator，educated，不会检出 education。

$ ：词干检索，可以检索到一个词经过词形变化后的各种形式，用在高级检索界面，如：

$management 将检出 management，managing，managed，manager，manage，managers。

提示：在 EI Compendex Web 简单检索和快速检索中，除了作者字段，将自动进行词干检索，若使用""（或者 {}）进行词组检索，则不能同时执行词干检索。如果使用了截词符或者通配符，则不会执行词干检索。通配符不能解决单词美英拼写不同的问题，如，color、colour 要分别输入。

4. 特殊字符

特殊字符是除 a～z，A～Z，0～9，?，*，#，( ) 或 {} 之外的所有字符。检索时系统将忽略特殊字符。如果检索的短语中含有特殊字符，则需将此短语放入括号或引号中，此时特殊字符将被一个空格所代替。

如果检索的短语中包含连接词（and，or，not，near），则需将此短语放入括号或引号中。

（二）EI Compendex Web 检索方法

EI Compendex Web 提供三种检索界面，简单检索（Easy Search）、快速检索（Quick Search,）和专家检索（Expert Search）。

1. 简单检索（Easy Search）

"简单检索"（如图 7 - 1 所示）可在单个检索框中输入检索表达式（包含检索词及

AND，OR，NOT 等算符)。简单检索界面力求像搜索引擎界面一样简洁，不做各种条件的限定，检索范围为数据库中所有内容的所有字段。

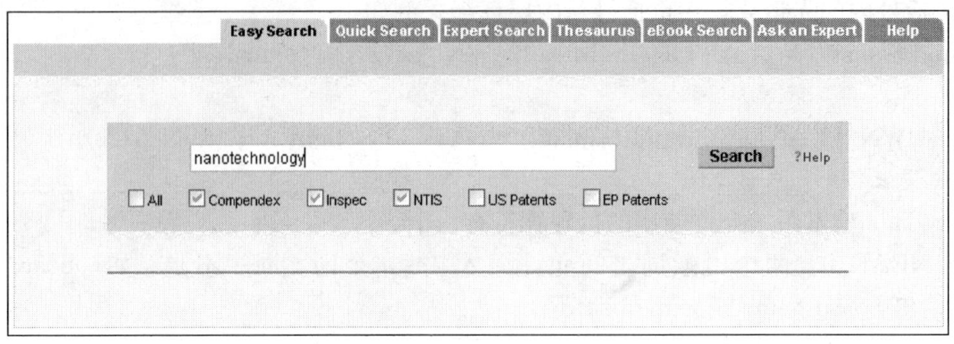

图 7-1 EI Compendex Web 简单检索界面

2. 快速检索（Quick Search）

“快速检索”（图 7-2）是系统默认的检索界面，包括以下几部分功能区：检索式输入区、系统索引区、检索条件限定区和检索指南区。

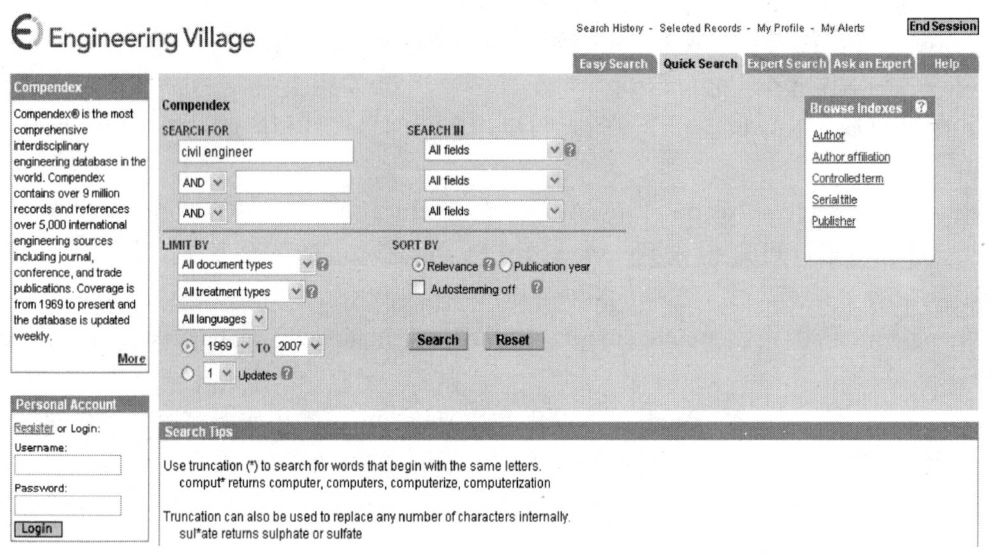

图 7-2 EI Compendex Web 快速检索界面

主要操作说明：

(1) Quick Search 检索界面的检索字段包括：all fields（全部字段）、Subject/Title/Abstract（主题词、题名、文摘）、Author（作者）、Author affiliation（作者单位）、Publisher（出版商）、Serial title [刊名（期刊、专著或会议论文集名称）]、Title（题名）和 Ei controlled term（EI 受控词）。

Ei 文献的作者著录格式是“姓，名”。作者姓名根据来源文献著录，如来源文献作者名是全称，则 Ei 著录“姓”和“名”的全称，如来源文献“名”使用缩写，则 Ei 著录时“名”也用缩写。因不同的来源文献，作者姓名的写法不同，对同一作者，Ei 在著录时没有给出统一格式，所以用户检索时，要尽可能考虑到作者姓名的各种不同格式。作者名后可以使用截词符，如：Smith，A * 表示系统将就 Smith，a.、Smith，A. A.、Smith，A. B、Smith，Aarom、Smith，Aaron C 等作者进行检索。用作者字段检索时可参考索引表(Browse Indexes）中的作者（Author）索引。

通过作者机构（Author affiliation）检索文献时，作者机构一般只著录第一作者或通信作者所在的机构，机构名称的格式和简称也有变化，检索时要尽可能考虑到各种不同格式。可以参考索引表中的作者机构（Author affiliation）索引。

通过受控词字段检索文献时，因受控词有专门的词表，推荐使用索引表中的控制词(Controlled term）索引。

（2）Quick Search 检索界面有关闭自动取词根功能选项（Autosteming off)。快速检索界面实行自动取词根，即系统将分别以所输入词的词根为基础的所有派生词为检索词。如果检索时不需要此功能，要记得在 Autosteming off 选项前做选中标记。

（3）检索限定（Search Limits）

EI Compendex 数据库从 1985 年起增加了文献类型字段和处理类型字段以限定检出文献，详细项目见表 7－1。用户如果使用这两种字段限定检索，将检不出 1985 年以前的文献。

表 7－1　EI Compendex 检索限定项与处理类型项目表

文献类型（Document Type）		处理类型（Treatment Type）	
Journal article	期刊论文	Applications	应用
Conference article	会议论文	Biographical	传记
Conference proceeding	会议论文集	Economic	经济
Monograph chapter	专题论文	Experimental	实验
Monograph review	专题综述	General review	一般综述
Report Chapter	专题报告	Historical	历史
Report review	综述报告	Literature review	文献综述
Dissertation	学位论文	Management aspects	管理方面
Unpublished paper	未出版文献	Numerical	数值
		Theoretical	理论

3. 专家检索（Expert Search）

专家检索方式支持布尔逻辑算符和快速检索以外的一些检索指令，可更为快速、准确地查询所需的信息。专家检索要求用户在一个检索框内输入检索表达式，检索表达式用命令 Within（WN）指定检索字段，如：{civil engineering} wn TI 。其中 wn 为命令，表示在特定的字段中检索，TI 是 Title 的字段代码，如图 7－3 所示。各字段的代码可参见检索框下面的“Search Codes”栏。

（三）检索结果处理

1. 统计分析

检索结果页面的“Refine Results”功能项，把检索结果按字段进行了分析统计，并显示统计结果最多的前 10 项，如图 7－4 所示。提供分析统计的字段有 Author（作者)、Author affiliation（作者机构)、Controlled Vocabulary（受控词)、Classification Code（主题分

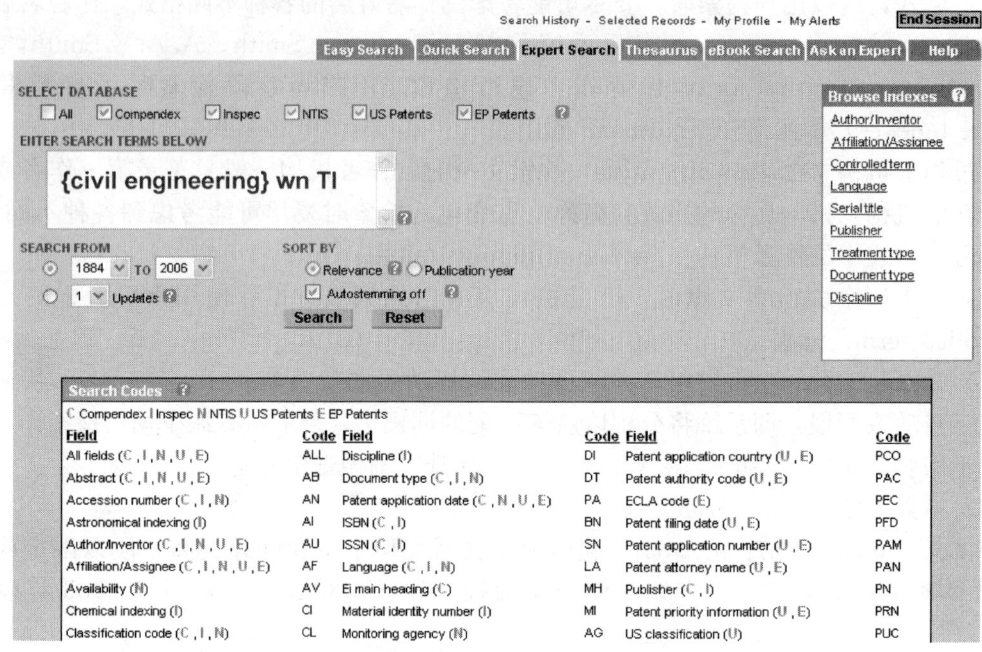

图 7-3 EI Compendex Web 专家检索界面及表达式编写

类)、Country(国家)、Document Type(文献类型)、Language(语言)、Publisher(出版商)。通过该功能，用户不仅可以进一步精炼检索结果，还可了解有哪些科研人员、哪些科研单位、哪些国家在从事相关专题的研究，相关的研究课题属于哪些学科分类等。

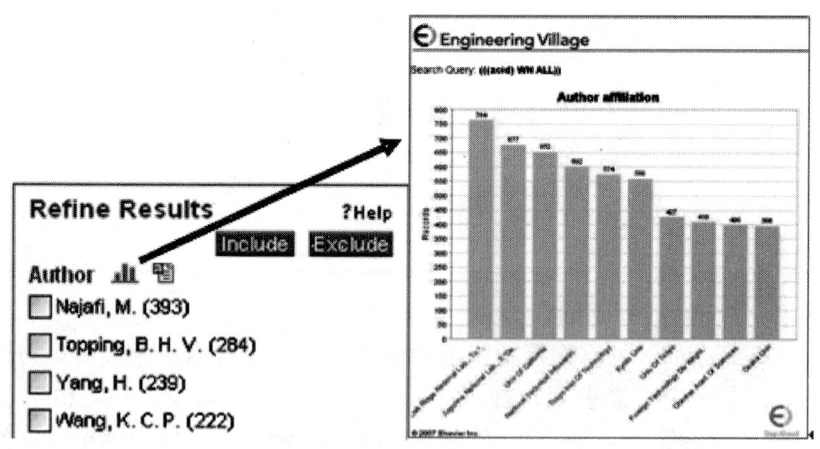

图 7-4 EI Compendex Web 系统的结果分析统计功能

选择统计项目，点击上方的“Include”，可筛选并显示该统计项的检索结果，如点击“Exclude”，则在检索结果中剔除属于统计项的记录。

2. 标记

检索结果显示页面的“Results Manager”可标记所选记录并选择记录显示格式，直接在记录前的方框点选。

Select all on page：选择当前页面上的所有记录；

Select range：选择某个范围的记录，比如第10～20条记录；

Clear all on page：清除页面上的选择标记；

Clear all selections：清除所有的选择标记。

3. 选择记录显示格式

检索结果的默认显示方式是按题录格式（Citation）显示，每页显示25条记录，另外还可选择文摘格式（Abstract）或详细记录格式（Detailed Record）。

4. 结果输出

系统对选择的记录可按当前显示格式Email到指定的邮箱，或打印（Print），或下载（Download）到文献管理软件，如Endnot、Refworks等，或保存到个人账户文件夹（Save to Folder），该功能需注册后才可使用。

5. 外部链接

EI虽然是一个二次文献数据库，但其网络版检索平台增加了指向全文的链接，在能够链接到全文的结果记录下，均有获取记录全文“Full Text”按钮。目前，能够链接到全文的出版社有Elsevier Science，Institute of Physics，ASCE，Springer，John Wiley & Sons，Academic Press等。

6. 保存检索策略和Email提醒

该项功能须先注册并登录才能使用。系统的“Search History”可显示本次登录后所执行的所有检索，也可保存检索策略，以便下次登录后重新执行同样的检索。设置电子邮件（e-Mail）定题提醒，即系统根据用户设置的检索策略和检索频率定期检索数据库中更新的数据，如有新结果，即通过E-mail发送到用户的信箱。每次电子邮件定题提醒可最多发送25条记录，如果在更新中检索到超过25条记录，用户的电子邮件定题提醒中将出现一个超级链接，点击它将链接到Engineering Village 2，就可查看所检索的全部新记录。

第二节　Web of Science

一、Web of Science简介

Web of Science，简称WOS，是美国科技信息研究所（ISI-Institue for Scientific Information）于1997年开发的基于Web的信息检索系统，目前，以世界著名信息服务商汤森路透集团（Thomson Reuters）推出的ISI Web of Knowledge为检索平台。

WOS信息检索系统是一个综合性、跨学科的、核心期刊引文索引数据库，主要由三大著名引文索引数据库——科学引文索引（SCI）、社会科学引文索引（SSCI）、艺术与人文科学引文索引（A&HCI）组成，另外，还包括两个会议论文引文数据库、两个化学信息事实型数据库，这些数据库既可以分别独立进行检索也可以同时检索。Web of Science的全部资源由7个子数据库组成：

（1）科学引文索引（Science Citation Index Expanded，简称SCI），收录了8183种科技期刊的文献，其中核心期刊3774种。收录年限为1900年至今。涉及的主要学科有：数学、物理、化学、生命科学与技术、医学、天文学、药理学、植物学、计算机科学、环境、材料

科学、农业、兽医学、动物学等。

（2）社会科学引文索引（Social Sciences Citation Index，简称SSCI)，收录2756种社会科学期刊的文献信息。收录年限为1956至今。涉及的学科有人类学、商业、经济学、教育、语言学、哲学、心理学、历史、图书馆学和信息科学、法律、社会学、城市规划以及妇女研究等。

（3）艺术、人文科学引文索引（Arts & Humanities Citation Index，简称A&HCI)，收录了1567种人文、艺术科学期刊的文献信息，收录年限为1975年至今。涉及的学科有考古学、建筑、艺术、亚洲研究、电影/广播/电视、民俗、历史、哲学、语言、语言学、文学评论、文学、音乐、哲学、诗歌、宗教、戏剧等。

（4）科学技术会议录索引（Conference Proceedings Citation Index - Science，简称CPCI -S)，收录自然科学与工程技术领域的会议录，收录年限为1997年至今。

（5）社会科学和人文科学会议录索引（Conference Proceedings Citation Index - Social Science & Humanities，简称CPCI - SSH）收录社会科学、艺术与人文领域的会议录，收录年限为1990年至今。

（6）Current Chemical Reaction（CCR）收录一步或多步反应的新方法，数据源自重要期刊和39个专利授权机构的专利，每一步反应都提供精确的反应式及反应详细信息。收录年限为1986年至今。还包括1840年以来Institut National de la Propriete Industrielle收集的14万个化学结构数据。

（7）Index Chemicus（IC）收录重要国际期刊中报道的新颖有机化合物及重要的相关数据，许多记录具有从原料到最终产物的反应过程，是关于生物活性物质和天然产物新信息的重要来源。收录年限为1993年至今，每周新增约3500个化合物。

与普通的信息检索系统不同，WOS以布拉德福文献离散定律和加菲尔德引文分析理论为指导，除拥有经过严格筛选的、高质量的专业期刊外，更为注重利用引文分析理论揭示文献之间的相互引证关系，引文检索是WOS区别于其他数据库产品而独具特色与优势的地方。引文分析理论是以引用文献为基础，通过文献之间的相互引证关系来揭示文献之间的内在联系。引文检索的意义在于通过回溯与追踪各类型文献，进而使用户得以了解与其研究相关的信息。同时，引文检索通过已出版的期刊论文的参考文献为检索点，从根本上揭示了作者的研究成果曾经受哪些文献的影响。引文索引可以帮助我们实现：

（1）发现哪些人在引用自己的研究成果，了解他们在自己现有研究成果的基础上是如何引申的，从而发现自己研究的新方向和新改进；

（2）了解竞争对手在研究中关注的资料情况；

（3）勾画出某个研究领域，某个重大发现或重要发明的历史发展过程；

（4）利用某一篇已知的论文作为自己研究的开端，通过引文查找出谁在引用这篇文章，谁在引用这篇文章的引用文献……追溯这项研究的最初和全部相关资料。

（5）通过追踪共同引用的文献，发现最新的研究热门问题。

二、Web of Science 检索

（一）Web of Science 检索规则

1. 逻辑算符

Web of Science支持的逻辑算符为：AND、OR、NOT，运算顺序为：NOT→AND→OR。

2. 截词符

Web of Science 支持的截词符有三个：

?：有限截断，一个问号代表一个字符。

*：无限截断，代表 0～n 个字符，可以用在词中和词尾。

$：代表 0 个或 1 个字符，用在词中和词尾。

三种截词符可以混合使用，如，Behavio$r* 将检出 behavior，behaviour，behavioral。

3. 词组检索和位置算符

符号 "" 用以进行词组检索，词间不准插词，词序不准改变，但词间若有连字符或逗号按词组检索。如，"waste water" 将检索出 waste water，waste-water。

Same 是位置算符，所连接的两个词必须同时出现在同一个句子或同一句话中，词序不限。例：Microbe same treatment。

以上各种算符的混合运算顺序为：( ) →SAME→NOT→AND→OR。

(二) Web of Science 检索方法

Web of Science 提供基本检索（Search）、高级检索（Advanced Search）、引文检索（Cited Reference Search）、结构检索（Structure Search）四种检索方式。

1. 基本检索（Search）（图 7-5）

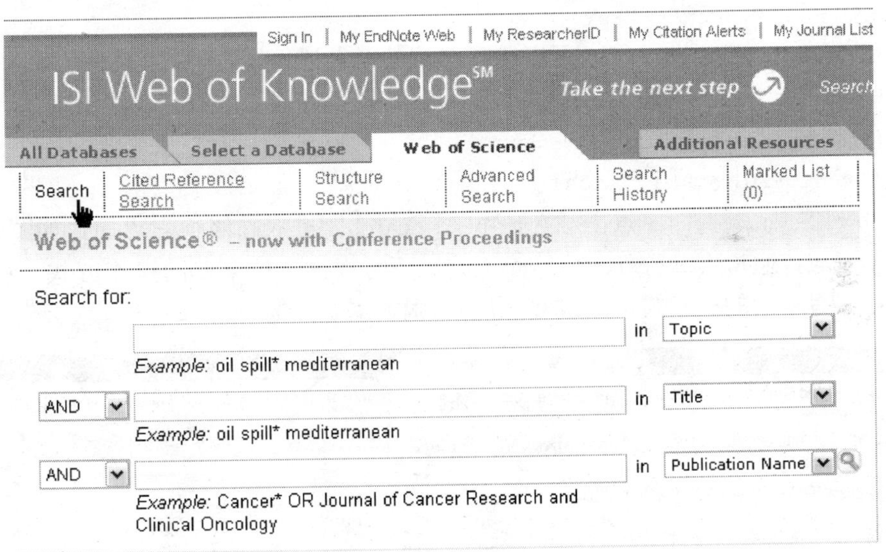

图 7-5　Web of Science 基本检索界面

基本检索界面提供的检索字段有：

Topic：在 title（篇名）/abstract（摘要）/keyword（关键词）字段进行检索。

Title：在篇名字段检索。

Author：作者字段，文章的所有作者都可以被检索到。作者名字的书写格式为：姓_（空格）名字首字母（不超过 5 个字符），例：检索 G. A. T. Mcvean 应输入 mcvean gat。

较复杂的姓名或者姓名中含有特殊符号的，要检索可能有的各种写法，如：检索 M. D'Angelo 应输入 dangelo m* 或者 d'angelo m*。可以利用系统的 "Author Finder" 来帮助查找作者名字的正确写法。

Group Author：团体作者字段，应输入团体作者的各种可能写法，可以利用系统的“Group Author Index”帮助查找团体作者的具体写法。

Editor：期刊或者会议论文等的编辑者。

Publication Name：期刊刊名，支持缩写形式和全拼形式，可以利用刊名索引帮助查找期刊的全名。

Year Published：出版年，可以输入年代的四位数字，最多输入十年的范围。此字段不可单独使用，要与作者等字段联合使用，如：2004 或 1980—1985。

Address：作者地址，系统会记录所有作者的地址，但只有通信作者的地址会列在第一行。利用 SAME 可以找到作者为特定大学、系、研究所的文献。如：

University of British Columbia，Department of Botany 应输入：

univ british columbia same bot

有些地址需要输入缩写形式，可以使用“Abbreviations Help”帮助查询。

Conference：会议，会议论文的全记录中会提供会议的日期、名称、主办者、会议地点作为此字段的检索项，如：想要查询 1996 年剑桥所举办的 Carbon Dioxide Removal 会议，应输入：“Carbon Dioxide Removal” AND Cambridge AND 1996。

Language：语言。

Document Type：文献类型。

Funding Agency：资助单位，可以输入单位的全名或缩写。

Grant Number：计划编号，用户可以输入“acknowledgement”表内出现的计划编号检索，如：9871363 。

2. 高级检索（Advanced Search）

在 Web of Science 页面中点击“Advanced Search”进入高级检索界面，如图 7-6 所示。高级检索界面与普通检索（Search）界面不同，不再提供下拉菜单的操作方式，用户可以使用各种算符编写复杂的检索式，完成复杂题目的检索。

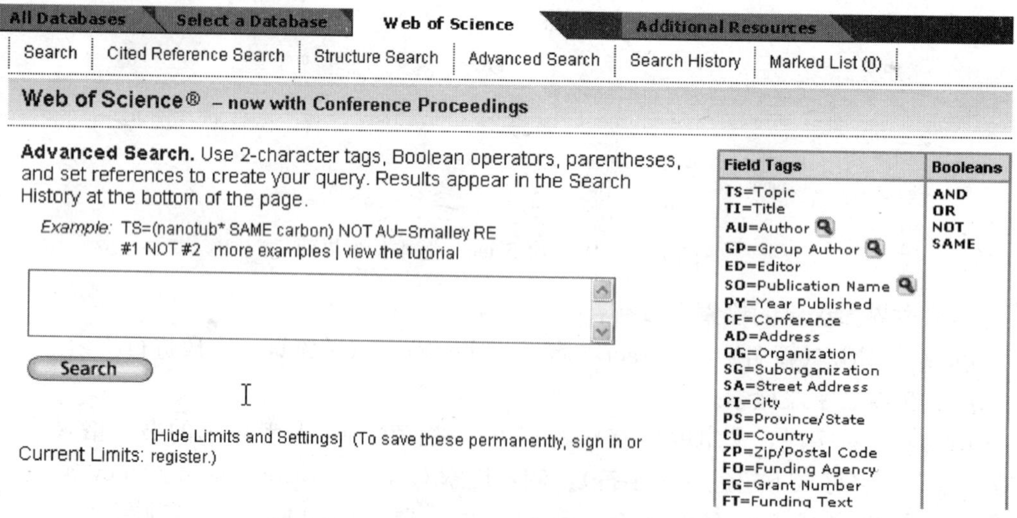

图 7-6 Web of Science 高级检索界面

高级检索式编写格式：字段代码＝检索式

例：如果要检索发表于 Energy 或 Energy Policy 中有关减少二氧化碳排放的文章。检索式如下：

TS= ((carbon bioxide or co2) same emission * and (reduc * or mitigat * or abat *)) and SO= (energy or energy policy)

高级检索的检索结果不直接列表显示，而是先在页面下方的“Search History”(检索历史）处列出检索算式和返回的结果数目，点击结果数将会看到全部检索结果列表。

3. 引文检索 (Cited Reference Search)

当用户需要查找某一位作者发表的文献被引用的情况时，最有效的途径是利用引文检索。在 Web of Science 页面中点击“Cited Reference Search”进入引文检索页面，引文检索界面如图 7-7 所示。

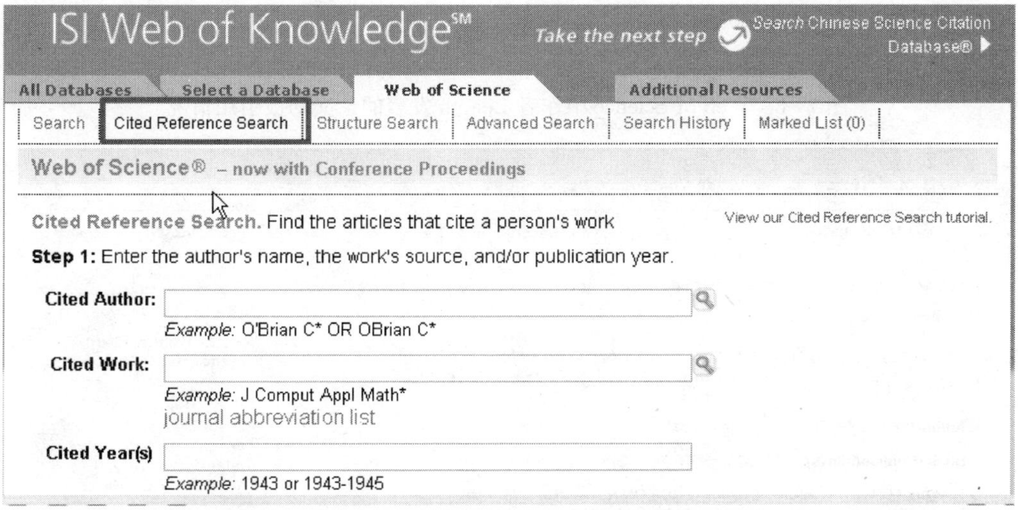

图 7-7　Web of Science 引文检索界面

引文检索界面只有三个检索输入框：Cited Author（被引作者)、Cited Work（被引刊物)、Cited Years（被引年代)。

在“cited author”检索框中输入：作者的姓、空格、名字的首字母（不超过 3 个)，如：Lee yh ，anand k * 。

在“cited work”检索框中输入：期刊名称，不超过 20 个字母。

在“cited years”检索框中输入：被引文献的发表年代。

例如，要查找作者为 Lee yh 发表的论文的被引用情况，首先使用被引作者进行检索，得到该作者发表的论文的引用列表，如图 7-8 所示。

如果记录后面有“View Record”链接，表明该篇论文被 Web of Science 收录，点击“View Record”，会显示这篇文章的详细信息，如图 7-9 所示，详细信息包括该篇文章被引用次数、文章的参考文献数、引用文章的篇名及作者信息、与该篇文章相关的引用地图等。

4. 化学结构检索 (Structure Search)

在 Web of Science 的开始页面上点击“Structure Search”就进入到化学结构检索界面。在使用前需要下载 Chemistry Plug-in 这个免费插件，这样才能够正常使用化学结构检索功

CITED REFERENCE INDEX
References: **1 - 50 of 4,162** Page 1 of 84 Go

Select Page | Select All* | Clear All
Finish Search

Select	Cited Author	Cited Work [SHOW EXPANDED TITLES]	Year	Volume	Page	Article ID	Citing Articles **	View Record
☐	LEE YH	02051889	2002		APPL		1	
☐	LEE YH	0301064	2003				2	
☐	LEE YH	10 INT S CYCL 2000 A	2000		21		1	
☐	LEE YH	1024 B IVL SWED ENV	1991				1	
☐	LEE YH	13TH P INT COMP SOFT	1989		250		1	
☐	LEE YH	14 ANN APPL POW EL C	1999	1	509		1	
☐	LEE YH	14 INT C TRIB	2004	2	929		2	
☐	LEE YH	1449 TRB NAT RES COU	1994		234		2	
☐	LEE YH	15 EUR C REAL TIM SY	2003		105		8	View Record
☐	LEE YH	15 P NAMRC BETHL	1987		195		3	

图 7-8 Web of Science 中作者 Lee yh 发表的论文的被引用情况

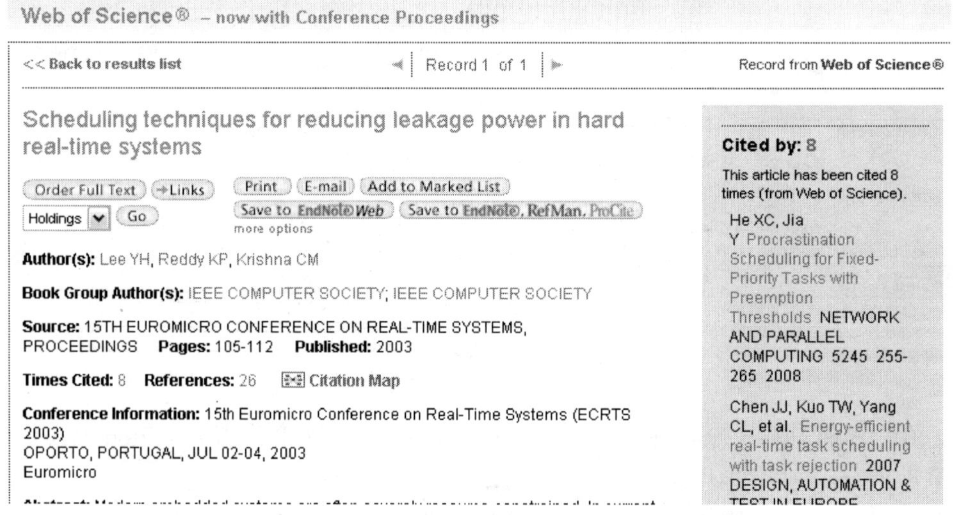

图 7-9 作者 Lee yh 发表的论文的被引用情况详细信息

能。另外，在检索前还要在"Citation Database"中勾选 Current Chemical Reactions 和 Index Chemicus 两个数据库。

Web of Science 的化学结构检索可以检索与用户创建的化学结构式相匹配的化合物和化学反应、与化合物和化学反应相关联的数据、或只检索化合物或化学反应数据而不进行化学结构检索。化学结构检索界面提供三种检索方式：Draw Query，构造一个化学结构检索式进行检索；Compound Data，按照化合物数据进行检索；Reaction Data，按照反应的数据进行检索。化学结构检索界面如图 7-10 所示。

（1）Draw Query：要创建化学结构检索式，需要事先在计算机上安装化学结构绘图插件 Structure Drawing。点击"Draw Query"，系统会弹出化学结构绘制窗口，如图 7-11 所示。

在这个页面中，我们可以利用它所提供的数据来构造化学反应，点击"Back"，将其贴

All Databases | Select a Database | Web of Science | Additional Resources

Search | Cited Reference Search | Structure Search | Advanced Search | Search History | Marked List (0)

Web of Science®

Chemical Search. Enter a Structure Drawing and/or any desired data. Then click either SEARCH button to process your query. The search will be added to the search history.

Search　Clear

Structure Drawing

Click the structure drawing option to create a structure and insert it into the Query box below. Then select a search mode.

Search Mode:

◉ Substructure

○ Exact Match

Draw Query

Query Not Defined

Compound Data

Enter a compound name, biological activity and/or molecular weight. Use the checkboxes to specify a role.

Compound Name:

Compound Biol. Act.:　Biological Activity List

Molecular Weight:

☐ as Reactant ☐ as Product ☐ as Catalyst ☐ as Solvent

Reaction Data

Enter any reaction conditions to be searched, along with desired reaction keyphrases or comments.

Atmosphere:　Pressure (Atm):　Refluxed Flag ☐

Time (Hrs):　Temperature (C):

Product Yield:　Other:　Terms List

Reaction Keyphrases:　Keyphrase List

Reaction Comments:

Search　Clear

图 7 - 10　Web of Science 化学结构检索界面

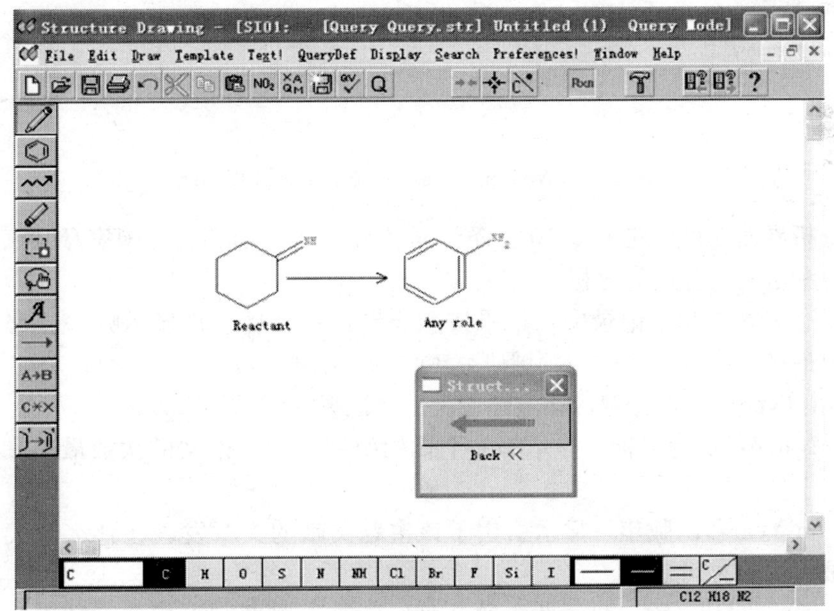

图 7 - 11　化学结构绘制软件操作窗口

入到检索框中，系统将利用输入的化学结构式执行检索。

（2）Compound Data：利用文本形式进行化学结构检索。在这种检索方式中，可以通过输入化合物的名称（Compound Name）进行检索，也可以输入化合物的生物活性（Compound

Biol. Act）来检索。还可以输入反应中物质分子量（Molecular Weight）的大小，并选择物质在反应中所处的角色（as reactant，as product，as catalyst，as solvent）进行检索。

（3）Reaction Data：利用反应数据进行检索。可以给出反应的条件，比如保护气体是什么、反应时间多长、温度多高等。另外，还可以对反应进行描述并对反应做出评价，比如优势、局限性、注意事项等其他定性数据。

（三）检索结果处理

1. 检索结果分析

Web of Science 提供了强大的结果分析功能，依靠系统的辅助分析工具，可以挖掘深层次的结果信息。结果分析工具主要有三项：

（1）Refine Results：检索结果优选。系统提供了从文献类型、主题、作者、来源期刊、发表年代、会议名称、机构名称、国家、语种、二次检索途径的优选，在相应的选项前做勾选标记，点击“Refine”便可以对初次得到的检索结果依照选定的条件进行筛选。

（2）Analyze Results：检索结果分析。点击结果页面右上角的 Analyze Results ，可以对检索结果依据作者、期刊名、学科、年代、机构等进行统计分析，如图 7 - 12 所示。

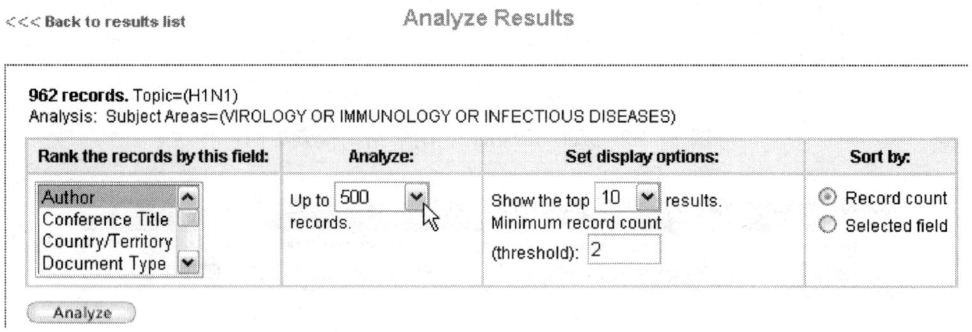

图 7 - 12 Web of Science 系统的结果分析功能

在结果分析界面，可以对最多 10 万条记录依照作者、期刊名、国家/地区、学科领域、出版年、语言和机构名称进行分析。

Author：作者，在相关记录中，如果按照作者进行分析，将显示哪一位作者引用该主题文献的次数最多，确认从事这一领域研究工作的活跃学者。

Document Type：文献类型，该主题论文主要以哪些文献类型发表。

Institute Name：机构名称，显示哪一个机构引用此主题论文的次数最多，确定主要的研究机构。

Publication Year：出版年，显示引用了该主题文献的文章发表在什么年代，从而确定此主题文献被引用的时间趋势。

Source Title：期刊名称，显示此主题文献经常被哪些期刊引用，可利用此分析结果帮助未来选择论文投稿方向。

Language：语言，了解此主题文献的主要写作语言是什么。

Subject Category：学科分类，通过显示一篇论文被不同领域的论文的引用情况，了解该课题研究的学科交叉趋势。

例如，以 H1N1 为检索词，对结果选择了期刊名称字段进行分析后，得到图 7 - 13 所示的分析结果，从而确认发表有关 H1N1 文章的主要期刊情况。

View Records / Exclude Records	Field: Source Title	Record Count	% of 962	Bar Chart
☐	VACCINE	132	13.7214 %	▬
☐	JOURNAL OF VIROLOGY	93	9.6674 %	▬
☐	JOURNAL OF INFECTIOUS DISEASES	80	8.3160 %	▬
☐	JOURNAL OF GENERAL VIROLOGY	69	7.1726 %	▬
☐	VOPROSY VIRUSOLOGII	58	6.0291 %	▬
☐	VIROLOGY	55	5.7173 %	▬

图 7 - 13　发表有关 H1N1 文章的主要期刊情况

(3) Creat Citation Report（形成引用报告）："Citation Report" 提供关于此次检索结果的合计的引用统计，包括所有文章被引用次数总和、平均每篇文章被引用次数、平均每篇文章每年被引用次数、每篇文章在一年中平均被引用次数、H - index。

重新回到上例中，在 "topic" 字段输入 H1N1，其他条件不加限定，得到结果总数为 1662 篇文档，对这 1662 篇文档形成引用报告。点击检索结果页面右上方的 Create Citation Report，生成的报告形式如图 7 - 14 所示。

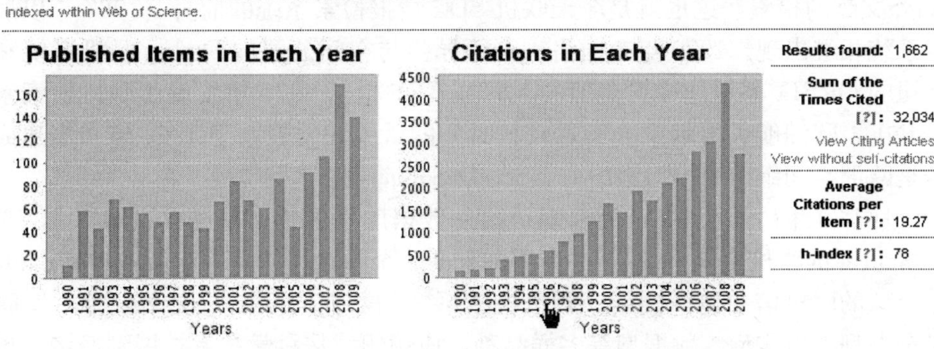

图 7 - 14　H1N1 相关文章的引用统计报告

Published Items in Each Year：此次检索结果每年发表文章数量统计，从此图表可以看出此次检索结果哪一年发表的文章数最多，哪一年产生的数量较少。

Citations in Each Year：检索结果每年引用数量统计，从此图可以看出此次检索结果哪一年引用的数量最多，哪一年引用的数量最少。

Sum of the Times Cited：此次检索结果引用次数总和。

Average Citation Per Item：此次检索结果平均每篇文章引用次数。

h-index：h指数，表示本次检索结果中至多有 h 篇文章被至少引用过 h 次，在结果页面由一条绿色水平线表示，例如，h-index20，表示此次检索结果有20篇文章至少被引用过20次。

2. 检索结果输出

Web of Science 检索结果输出方式有：Print（打印）、e-Mail（输出至电子邮箱）、Save to Endnote Web（输出至个人文件管理软件 Endnote Web）、Add to Marked List（添加到选中文献列表）。

第三节 联机信息检索系统

一、联机信息检索系统概述

早期的计算机信息检索系统是运行在单机上的，人们无法在异地对系统中的文献进行检索和使用。20世纪70年代，计算机分时系统的出现，通信技术的改进，使得多终端、远距离两地检索信息的技术得以推广，计算机检索技术从脱机检索阶段进入联机检索阶段。

所谓联机信息检索一般是指信息用户利用终端设备，通过通信设施（如通信网、调制解调器、通信控制器等）直接与检索系统的中央计算机相连，进行人—机对话，从检索系统的数据库中查找出用户所需信息的全过程。联机信息检索系统不仅能够使许多相对独立的检索终端同时与主机进行“对话”，而且能对用户的提问进行及时处理，即刻回答。用户还可以即时修改检索提问，调整检索策略，直至获取满意结果。

（一）联机信息检索发展历程

联机信息检索起源于20世纪60年代的美国。1962年，美国麻省理工学院的技术情报加工系统（TIP）开始创建，进行世界首次联机检索试验。1965年，系统发展公司（SDC）在高级研究计划局的支持下进行了第一次全国规模的联机检索网的表演，为13个单位提供20万份国外文献的检索，这也就是今天联机SDC情报检索系统的前身。1967年以后，许多联机检索系统相继出现。1970年美国洛克希德导弹与空间公司的Dialog联机系统和美国系统发展公司的ORBIT系统建成。美国的MEDLARS也于1970年发展了联机检索系统，成为MEDLINE。欧洲航天文献中心经过较长时间的试验和发展，于1969年初步建成联机检索系统，是欧洲空间组织情报检索中心ESA/IRS的前身。

在20世纪70年代末至80年代中期是国外数据库发展速度最快的时期，从1979年到1990年，全世界的联机检索系统从59个增加到644个，数据库从400个增加到4460个，形成了覆盖全球的联机信息检索网络。联机检索系统的数据库从以二次文献为主发展到全文型、百科全书型、事实型、数据型等多样品种，应用领域从科学技术扩展到经济、市场、金融、产业、保险、法律、新闻等社会生活各个领域。此阶段大型国际联机检索系统主要有：DIALOG、OCLC、MEDLARS、STN、ORBIT、BRS等。中国联机系统中较大的4个系统是：中国科技信息研究所的ISTIC系统、北京文献服务处的BDSIRS系统、化工信息研究所的CHOICE系统和机电信息研究所的MEIRS系统。

20世纪90年代末，万维网的建立和图形浏览器的诞生加速了Internet的普遍应用。这个开放的网络给了用户无限的可能，形成了一个全球化的信息空间。在这种信息环境中，采用相对封闭的服务器/客户机模式的联机检索系统积极顺应潮流，寻找在Internet下新的生长点。许多传统的联机信息检索系统，如 Dialog、OCLC 等开始依托 Internet 提供基于 Web 方式的联机信息检索，用菜单式操作代替早期的命令行式检索界面，普通用户无需掌握繁杂的操作指令和规程便可以进行使用。此外，联机检索服务商们利用 Internet 广泛、开放、便捷的特点，适时地降低了收费标准，以更好地推广产品和吸引用户，这些措施极大地推动了联机检索系统在网络环境下的发展。

（二）联机信息检索系统构成

联机信息检索系统采用相对封闭的服务器/客户机模式，通常由联机检索中心、国际通信网络和检索终端组成。

1. 联机检索中心

联机检索中心是系统的中心组成部分，由中央主机、数据库、数据库管理与检索软件以及相应的检索服务体制组成。中央主机是系统的主体，利用中央主机进行信息的存储、处理、检索以及整个系统的运行和管理。联机检索系统一般拥有多台中央主机，可以随时切换，保证检索过程不会因主机故障而中断。

数据库是联机检索的操作对象，是存储在磁带、磁盘或光盘等介质上的文献或数据记录的集合。数据库的品种、文献数量、回溯年限是衡量联机检索系统规模的重要标识。一个联机检索系统一般可以提供数十到数百个数据库。

数据库管理与检索软件是控制中央主机或者服务器进行数据库检索操作的程序，其性能直接影响用户所获取信息的质量。

2. 通信网络

通信网络是连接联机检索系统与终端用户的桥梁。联机检索系统的通信网络依托于公用电话线、专用线、通信卫星、海底电缆构成的国际通信网络，90 年代以后又增加了因特网，用户通过 Telnet（远程登录）或 Web 方式与信息检索系统联机。

3. 检索终端

检索终端是用户向联机信息检索中心发送或者接收信息的设备，目前，普通用户大多使用 PC 机作为检索终端。

（三）联机信息检索系统的特点

（1）用户通过终端与通信网络直接与远程中央计算机相连，检索操作是实时的、在线的、直接的。

（2）检索过程是人机对话方式，可及时显示检索结果并允许在线修改检索策略。

（3）联机检索系统的数据库具有信息追溯年代长、收录范围广的特点。据统计，世界上公开发行的文献，80%都可以通过国际联机检索系统查到。

（4）可根据用户的不同需求随机或脱机浏览、打印所得信息。

（5）检索费用昂贵，一般用户难以承受。传统联机检索系统使用费包括数据库使用费、联机机时费、记录输出费等。

（6）检索指令复杂，多为专业检索人员才能熟练使用。但 20 世纪 90 年代后，许多联机检索系统开始依托 Internet 提供基于 Web 方式的联机检索。

二、Dialog 联机检索系统

（一）Dialog 简介

Dialog 系统又称 Dialog 对话系统，因研究人机对话检索方式而得名，它是目前世界上最大的联机检索系统，也是我国用户使用最多的国际联机检索系统。Dialog 系统于 1964 年由美国洛克希德导弹和空间公司下属的一个情报科学实验室初创，1972 年 Dialog 系统正式开始商用联机服务，之后，其规模不断扩大，影响越来越广。1981 年 6 月，该系统正式宣布成为洛克希德公司的子公司，独立经营检索业务，其总部设在美国加利福尼亚州的 Palo Alto，2000 年，Dialog 被 Thomson 公司收购，同样取名为 Dialog。Dialog 拥有 900 多个数据库，其联机服务网络遍布世界 100 多个国家，是世界上最强大、最专业的信息服务机构。

（二）Dialog 系统的数据库资源

Dialog 数据资源按类型划分主要有以下四种类型：

Bibliographic Databases（题录文摘型数据库）；

Directory Databases（名录手册型数据库）；

Full - text Databases（全文型数据库）；

Numeric Databases（数值型数据库）。

Dialog 数据资源按主题划分主要有以下 7 大范畴：

Business Databases（商业）；

Intellectual Property Databases（知识产权）；

Science & Technology Databases（科技）；

News Databases（新闻）；

Social Sciences & Humanities Databases（社会科学与人类学）；

Multidisciplinary Databases（综合类信息）；

Law & Government Databases（法律与政府）。

Dialog 系统中，每个数据库均有相应的名称或数字代码（文档号），供用户检索时选择使用。

（三）Dialog 系统的联机方式

Dialog 系统根据不同用户的需求，提供了多种联机方式，并制订了相应的收费标准。

（1）通过 Internet Web 浏览器方式检索 Dialog；

（2）通过 Internet 远程登录方式（Telenet）检索 Dialog；

（3）通过公共数据网检索 Dialog。

检索费用包括三部分：

（1）数据库检索费。有两种计费方式：按用时间计费、以使用系统资源数量计费，用户可自行选择。

（2）记录输出打印费。以显示或打印的记录篇数计费，不同数据库、同一记录不同显示方式的收费不同。

（3）通信费。是指与 Dialog 系统联机时所占用的通信网络的费用，取决于以何种方式与主机相连。

（四）Dialog 系统的检索方式

Dialog 系统根据不同用户的需求，提供了多种检索界面和联机方式。

1. 供专业检索人员使用的检索方式

（1）DialogClassicWeb（http：//www. dialogclassic. com）：纯文本操作界面，使用指令语言检索 Dialog 全部数据库。

（2）DialogWeb（http：//www. Dialogweb. com）：菜单式操作界面，可以检索 Dialog 全部数据库。

（3）通过 Internet 远程登录方式检索 Dialog：使用 DialogLink 通信软件（免费下载），主机域名：Dialog. com 纯文本界面。

（4）通过公共数据网检索 Dialog：以专线或者电话拨号方式实现与 Dialog 主机联机，纯文本界面。

2. 供非专业人员使用的检索方式

Dialog 推出了多种基于 Web 的面向非专业检索人员的操作平台，界面简单、直观、友好，用户还可以及时获取联机帮助。但这些面向非专业人员的检索系统只能检索到 Dialog 的部分数据库，用户需根据自己的需要进行数据库的选择。

（1）DialogPro（http：//www. DialogPro. Dialog. com）：为中小型企业量身定做的产业信息平台，提供商业、知识产权、新闻和科学信息。

（2）Dialog1（http：//www. Dialog1. com）：一键式简易操作界面，基于问题的操作方式使得用户无需了解系统的操作命令。提供生物、商业、化学、能源、工程知识产权、市场、药物和新闻信息。

（3）DialogSelect（http：//www. DialogSelect. com）：内容来自 300 多个 Dialog 主要数据库，包括商业、化学、能源、食品、政府、知识产权、新闻、医学、药学、技术信息。

（4）DialogWeb（http：// www. dialogweb. com）：具有命令行和菜单两种检索方式，同时适用于专业和非专业人士使用，可以检索来自系统的全部数据库。

（5）DatastarWeb（http：// www. datastarweb. com）：主要提供药学、生物医学、化学、计算机、工程、产业信息和商业信息。

（6）NewsRoom Plus（http：// www. Dialognewsroom. com）：提供 HTML、PDF、XML、MS WORD 文本格式以及视频新闻信息。

（五）Dialog 系统的基本检索指令和检索运算符

1. 基本检索指令

Dialog 基本检索指令适用于命令驱动界面，功能强大，可以保证用户迅速、全面查找到所需信息，是专业用户常用的检索方法。Dialog 系统约有 60 多条命令，其中常用的有 20 多种，见表 7－2。

Dialog 系统指令的输入格式：

？指令　参数　＜回车＞

格式说明：

?：系统提示符，用户只有在？出现后才能向系统发出检索指令。

指令：是系统的指令符号，说明指令操作的具体类别。

参数：是指令操作的对象和说明，与指令用空格分隔。

回车：用户输入一条指令后，必须按电脑的“回车键”系统才能执行。

例：打开数据库指令 Begin 或 B

？begin 411

？b 399，8

？b biotech

表 7-2 **常用 Dialog 系统检索指令**

指令	功能	格式	示例
BEGIN 或 B	打开文档	? B [文档号]	? b 411
ADD	增加数据库，变成多库检索	? ADD [文档号]	? ADD 399，631
SELECT 或 S	查找含有关键词的指令	? S [关键词]	? S computer
SELECT STEPS 或 SS	步进检索，系统对每个关键词都赋予步骤号和结果	? SS [关键词]	? SS computer retrieval
COMBINE 或 C	组配检索	? C [检索式] and [检索式]	? C 1 and 2
DILPLAY 或 D	显示记录	? D [检索步骤号/显示格式/记录序号]	? D S5/AU/1-18
TYPE 或 T	联机打印检索结果	? T [检索步骤号/打印格式/记录号]	? T [s12/6/1-8]
PRINT 或 PR	脱机打印	? PR [检索步骤号/显示格式/记录号]	? PR [s12/6/1-8]
SAVE	保留检索式	? save	
RECALL	调用保留检索式	? recall [文件名]	
SORT	结果排序	? SORT ＜步骤号＞/＜记录号＞/＜字段代码＞ ＜顺序＞ A 表示升序，D 表示降序	? sort s1/all/sa，D
LOGOFF HOLD	暂时关机指令	暂停时间为 30 分钟，此间系统为用户保留检索结果	
LOGOFF	关机指令	系统与检索终端断开	

更多指令参照 http：//support. dialog. com/searchaids/success/toc. shtml

2. Dialog 基本检索算符

Dialog 系统支持逻辑算符（AND，NOT，OR）、位置算符和截词符。位置算符包括：(w) 或者 ()、(n)、(S)，具体使用方法参见本书第三章。Dialog 系统截词符有四个：

(1)? ：无限截断，用一个问号放在词尾，代表任意字符数或没有字符，如：toxic? 将检出 toxic，toxicity。

(2)? ：中间屏蔽，用一个问号放在单词中间，代表一个字符数，如：te? m 将检出 term，team。

(3)?? # ：有限截断，用 n（$n>=2$）个问号放在词尾，代表 0～n 个字符数，如：process??? 将检出 process，processes，processing。

(4)? _? ：问号—空格—问号，放在词尾，代表 0 至一个字符数，如：cat? ? 将检出 cat，cats。

以上基本运算符的运算顺序为：NOT → AND → OR，同时含有位置算符与逻辑算符时的运算顺序为：(w)，(n)，(s) → NOT→ AND→ OR。

可以利用括号改变运算顺序，有括号时先算括号里的，多重括号从内层括号开始运算，例：(sewage or sewerage or wastewater) and treatment，将先运算括号里的 OR，后算 AND。

（六）Dialog 系统的检索方法

1. 命令检索界面基本检索方法

通过专线或者远程登录方式与 Dialog 系统联机，进入命令检索界面。

```
? b 411                (注:进入 411 总索引)
File 411:DIALIDEX(R)
DIALIDEX(R)
  (C)2007 Dialog

? sf medicine          (注:选择文档)
You have 26 files in your file list.
(To see banners, use SHOW FILES command)

? s cystic(w)fibrosis/ti,de and gene(w)therapy and adenovirus? and py>2006  (注:输入检索式)
Your SELECT statement is:
 S CYSTIC(W)FIBROSIS/TI,DE AND GENE(W)THERAPY AND
ADENOVIRUS? AND PY>2006
Items File
----- ----
1 5: Biosis Previews(R)_1926—2007/Sep W4
2 34: SCISEARCH(R) CITED REF SCI_1990—2007
2 45: EMCare_2007/Sep W4
14 73: EMBASE_1974—2007/Oct 01
1 155: MEDLINE(R)_1950—2007/Sep 27
>>>Term "DE" is not defined in file 172 and is ignored
1 172: EMBASE Alert_2007/Sep 24
2 399: CA SEARCH(R)_1967—2007/UD=14715
7 files have one or more items; file list includes 26 files.
   One or more terms were invalid in 4 files.    (注:411 总索引的检索命中结果)

? rank files           (注:检索结果排序)
Your last SELECT statement was:
S CYSTIC(W)FIBROSIS/TI,DE AND GENE(W)THERAPY AND
ADENOVIRUS? AND PY>2006
Ref Items File
--- ----- ----
N1 14 73: EMBASE_1974—2007/Oct 01
N2 2 34: SCISEARCH(R) CITED REF SCI_1990—2007
N3 2 45: EMCare_2007/Sep W4
N4 2 399: CA SEARCH(R)_1967—2007/UD=14715
N5 1 5: Biosis Previews(R)_1926—2007/Sep W4
N6 1 155: MEDLINE(R)_1950—2007/Sep 27
N7 1* 172: EMBASE Alert_2007/Sep 24
```

N8 0 35: Dissertation Abs Online_1861—2007/Jul

N9 0 65: Inside Conferences_1993—2007/Oct 01

N10 0 71: ELSEVIER BIOBASE_1994—2007/Aug W4

7 files have one or more items; file list includes 26 files.

- Enter P or PAGE for more -

? **save temp** (注:将上一检索式暂时保存)

Temp SearchSave "TH476810754" stored

? **b n1:n6** (注:进入上一步排序后的 1 号和 6 号数据库)

SYSTEM:OS - DIALOG OneSearch

File 73: EMBASE 1974—2007/Oct 01

(c) 2007 Elsevier B. V.

File 34: SCISEARCH(R) CITED REF SCI 1990—2007/SEP W4

(c) 2007 THE THOMSON CORP

File 45: EMCare 2007/Sep W4

(c) 2007 Elsevier B. V.

File 399: CA SEARCH(R) 1967—2007/UD = 14715

(c) 2007 American Chemical Society

File 5: Biosis Previews(R) 1926—2007/Sep W4

(c) 2007 The Thomson Corporation

File 155: MEDLINE(R) 1950—2007/Sep 27

(c) format only 2007 Dialog

Set Items Description

--- ----- ----------

? **exs** (注:执行上一保存检索式)

Executing TH476810754

Processing

155901 CYSTIC/TI,DE

240892 FIBROSIS/TI,DE

98067 CYSTIC/TI,DE(W)FIBROSIS/TI,DE

5223001 GENE

7607993 THERAPY

179967 GENE(W)THERAPY

145643 ADENOVIRUS?

2554569 PY>2006

S1 22 CYSTIC(W)FIBROSIS/TI,DE AND

GENE(W)THERAPY AND

ADENOVIRUS? AND PY>2006

? **rd** (注:结果去重)

S2 19 RD (unique items)

```
? t s2/8,k/1 from each          (注:以格式 8 显示结果)
2/8,K/1 (Item 1 from file: 73)
DIALOG(R)File 73: EMBASE
(c) 2007 Elsevier B.V. All rights reserved.

14702287 EMBASE No : 2007424629
Gene prophylaxis by a DNA repair function

Publication Date: 2007
DRUG DESCRIPTORS:
8 hydroxyguanine; DNA formamidopyrimidine glycosylase—drug therapy—dt;
DNA glycosyltransferase—endogenous compound—ec; adenovirus vector;
glycosylated albumin; reactive oxygen metabolite; retrovirus vector; virus
vector
MEDICAL DESCRIPTORS:
 * lung cancer—drug therapy—dt; * lung cancer—therapy—th
DNA polymorphism; DNA repair; Escherichia coli; alpha 1…
Gene therapy, the treatment of disorders or pathophysiologic
…
? logoff                  (注:关机,结束检索)
```

2. Web 检索界面

利用系统浏览器登录 DialogWeb 主页（http：//www.dialogweb.com)，输入用户名和密码就可以进入 DialogWeb 检索界面。DialogWeb 提供了两种 Web 检索界面：命令检索（Command Search)、引导检索（Guided Search)。命令检索同上文所述，这里介绍引导检索。

Dialog 系统引导检索界面如图 7-15 所示，系统提供了 Author（作者)、Author's Organization（作者所属单位)、Words in Title（题名关键词)、Publication（出版商）等检索途径，将检索式和各项限定条件输入相应的检索框中，按"Search"执行检索。

（七）检索结果处理

1. 命令检索的结果处理

Dialog 命令检索提供三种结果处理方式：

（1）联机打印指令（Type 或 T)。Type 指令的使用方式有两种：一是以集合号联机打印，其格式为:? TYPE 集合号/输出格式/命中文献记录的序号。例如,? type 7/4/3 就表示用户要求联机系统以第 4 种打印格式联机打印第 7 种提问编号的命中文献记录的第 3 篇。Dialog 系统规定的输出打印格式有 9 种，见表 7-3。在打印过程中如果想停止打印，只要键入 RETURN 即可。第二种方式是以文献记录存取号联机打印。由于在数据库里每篇文献记录都有一个存取号，因此用户也可使用这个编号联机打印文献记录。例如，在 ? type 4723/7 中，4723 是文献记录的存取号，7 为第 7 种打印格式。使用联机打印指令可以在当时就得到检索结果，但所付费用较高。

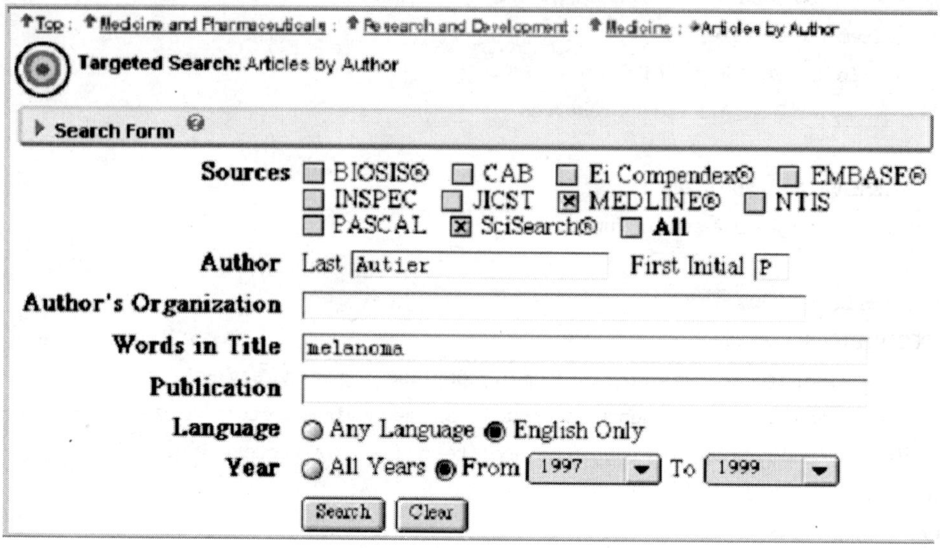

图 7-15　DialogWeb 引导检索的检索界面

表 7-3　Dialog 预定义打印格式

格式 1	Dialog 存取号
格式 2	除文摘及正文外的全记录（包括文献的题目、出处及标引词等内容）
格式 3 或 Medium	题录（题目、作者、刊名、出处等，无文摘和标引词）
格式 5 或 Long	除正文以外的全记录
格式 6 或 Short	Dialog 存取号和题目、作者
格式 7 或 Long	题录和文摘
格式 8 或 Free	免费格式，一般只含题目、标引词、出版年
格式 9 或 Full	全记录（包括全文）
格式 K 或 KWIC	文中关键词（显示记录中含有检索词的那一部分内容及其上下文）

（2）脱机打印指令（PRINT 或 PR）。脱机打印是指 Dialog 系统先将用户的脱机打印指令和要求存储在主机内，再由检索系统中心打印处理后邮寄给用户。打印格式和联机打印相同。脱机打印的费用较低，但需要等待较长的时间。

系统允许用户按自己的需要自定义显示、打印和存储记录的格式。具体做法是：使用由两个字母组成的字段代码来定义显示或打印格式，可以相继输入其相应的字段名称，并用逗号隔开，不过一次最多只能自定义 9 种格式。例如：TYPE S1/TI，AU，AB/1—5，意为显示第一组检索集合中第 1—5 个记录的题名、作者和文摘。

（3）屏幕显示指令（DISPLAY 或 D）。检索完成后可以使用 DISPLAY 命令显示符合检索要求的记录。例如，检索式 ? display s 2/5/1 表示按格式 5 显示第 1 条记录。DISPLAY 指令的功能和使用方法与 TYPE 指令基本相同，差别在于 TYPE 指令把命中文献连续显示在屏幕上，而 DISPLAY 指令则会按屏显示命中记录。如果记录太长，在一个屏幕上显示不完，系统会给出 MORE 字样，键入 PAGE（P）指令即可继续显示剩余的部分。

2. Dialog Web 检索结果的处理

Dialog Web 检索结果显示分为短（Short）、中（Medium）、长（Long）、完全（Full）、自由（Free）五种格式。用户选择一种显示格式后，点击“Display”按钮后便可按定制的格式显示结果记录。用户还可以对结果记录进行保存、打印操作。

三、其他著名联机检索系统

（一）ORBIT 联机检索系统

1. 系统简介

ORBIT 是美国 Online Retrieval of Bibliographic Information Time - Share 的缩写，即文献目录信息联机分时检索系统。ORBIT 系统由美国系统发展公司与美国国防部共同开发，创立于 1963 年，1974 年发展成为国际联机检索系统。ORBIT 提供科学、技术、专利、化学、能源、市场、公司、财政等多方面的服务。

1994 年法国 QUESTEL 联机检索系统与 ORBIT 系统合并，改为现名 QUESTEL · ORBIT。合并后的 QUESTEL · ORBIT 成为世界上最具权威性的知识产权信息供应商。该系统目前拥有 500 多个数据库，上亿篇文献，提供专利、商标、化学、科学技术、商业和新闻等的联机服务，尤其在专利、商标和科技信息方面具有独特的优势，被公认是世界领先的联机检索系统。通过该联机检索系统，可以检索世界上 90 多个国家和机构的专利，其中有 20 多个国家和机构的专利全文数据可以用英语和原语言同时检索，主要国家的专利信息可以追溯到 1900 年。

2. 数据库检索

同其他大型联机检索系统一样，QUESTEL · ORBIT 提供指令检索和基于 Web 的浏览器检索两种检索方式。

（1）指令检索。用户通过 Telnet 方式与服务器联机，地址为 questel. questel. fr，使用指令方式检索 QUESTEL · ORBIT 全部数据库。QUESTEL · ORBIT 支持布尔逻辑运算、位置运算、截词运算，常用命令有：

打开数据库命令：file；

显示命令：prt test，prt，prt max，prt set，prt legal 等；

保存检索式命令：save，store；

专利族检索命令：fam；

断开连接：st ent，st sv；

更多指令参考：http：//qwebprd. questel. fr/imag2000/en/help _ index. html。

（2）基于 Web 浏览器的检索。用户通过浏览器与系统主机联机，以菜单方式执行检索，这种检索方式简单易操作，更适合新手或没有丰富经验的用户使用，地址为：http：//www. qweb. questel. fr 或 http：//www. questel. com/prodsandservices/qweb. com。

基于 Web 的检索系统提供快速检索（Quick Search）、标准检索（General Search）、号码检索（Number Search）和引文检索（Citation Search）四种检索界面，其中标准检索界面如图 7 - 16 所示。

在 Web 检索界面，用户依据菜单的指引进行关键词、公司名称、发明人及专利号等途

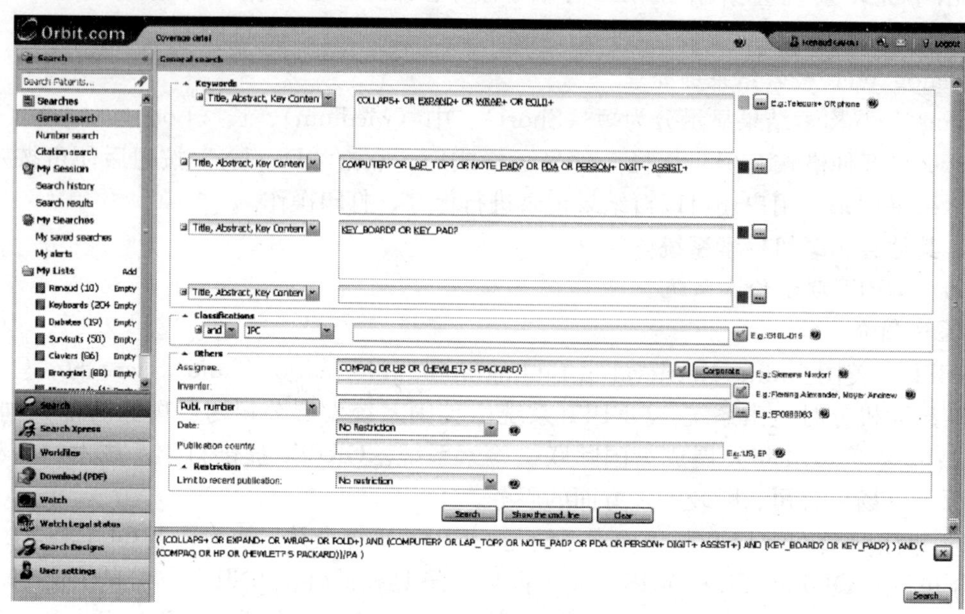

图 7-16 QUESTEL·ORBIT 标准检索（General Search）界面

径的检索。同时，系统提供了多种辅助功能，帮助用户迅速查找到准确的检索词，如专利号索引、公司名称索引等，如图 7-17 所示。

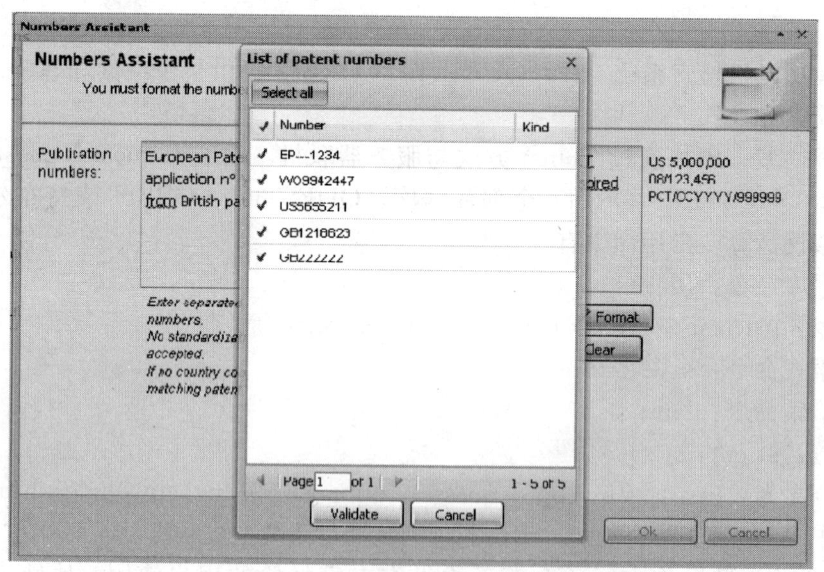

图 7-17 QUESTEL·ORBIT 专利号索引

3. 检索结果处理

在指令检索模式中，用户可以根据自己的需要，选择多种方式定制结果的显示模式或者输出模式。指令参照：http：//qwebprd.questel.fr/imag2000/en/help_index.html，在 Web 检索界面，系统提供结果分析、存储、输出、分享等多种功能。

(1) 结果分析（Analyzing）。系统提供结果的计算机辅助分析，提供多种结果优选、结果分组功能并形成各种统计图表，如图 7-18 所示。

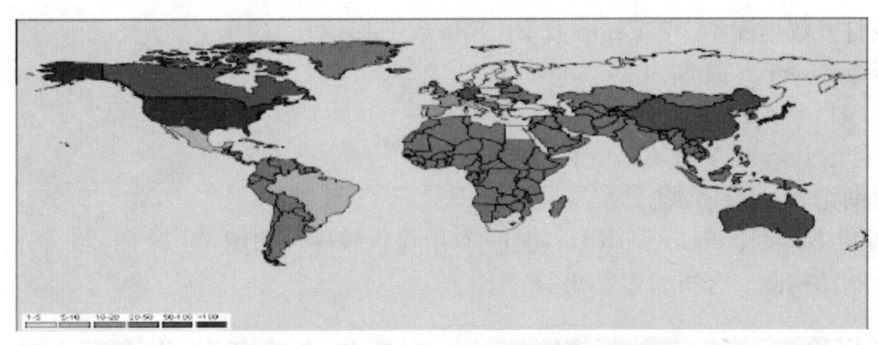

图 7-18　基于国家的主题专利地理分布图

(2) 结果存储（Storing）。系统提供多种格式的打印、存储、e-Mail 功能。

(3) 输出（Export）。当用户已经与服务器断开后，系统提供输出（Export）功能，用户可以将结果以富文本格式（RTF）输出到本地硬盘。

(4) 分享（Sharing）。用户可以利用系统的 Sharing 功能将选定结果与他人分享。系统提供四种选择：不与他人分享、与任何正式用户分享、与专家分享、与特殊人群分享。

(二) STN 联机检索系统

1. 系统简介

STN 全称为 The Scientific and Technical Information Network，始建于 1983 年，是由美国化学文摘服务社（CAS-Chemical Abstracts Service），德国卡尔斯鲁厄专业信息中心（FIZ-Karlsruhe）和日本国际化学情报协会（JAICI）共同创建的著名国际联机检索系统。

STN 以收录科技信息为主，几乎涵盖了科学技术各个领域内的信息，其中，化学、化工和专利信息是该系统的特色。STN 拥有 220 多个数据库，其中包括许多权威的专业数据库，比如，化学文摘 CA、生物学文摘 BIOSIS、德温特世界专利索引 DII、美国医学文摘 MEDLINE、科学引文索引 SCI、金属文摘 MEDTADEX、日本科技速报 JICST、美国政府四大科技报告等。学科内容包涵化学化工、生命科学、生物技术、医药、农业、食品科技、工程技术、材料科学、计算机科学、电子技术、环境科学、地质学、数学、物理、能源、航空航天、人文科学和专利技术等，此外也有商情信息，如化工产品、医药、公司信息等。STN 全部数据库包括四种类型：书目型、事实型、数值型和全文型。

2. 数据库检索

STN 有三个服务中心，用户只需与其中的一个服务中心的主机联机，便可实现对三台主机的同时访问。三个服务中心的地址为：

(1) 北美服务中心：http：//www. cas. org；

(2) 欧洲服务中心：http：//www. fiz-karlsruhe. de；

(3) 亚洲服务中心：http：//www. jst. jo. jp。

STN 提供 STN Classic、STN on the Web 和 STN Easy 三种检索界面，下面分别加以简要介绍。

（1）STN Classic：此界面供专业检索人员使用，可检索所有的数据库及所有类型数据，需使用 STN 指令。STN 指令与 Dialog 指令类似，STN 指令集可以通过以上三个服务中心获取，常用的指令如：

选择或打开数据库指令：Begin 或 B；File 或 Fil；

选词指令：search 或 S；

联机打印指令：Type 或 T；

关机指令：Logoff Y 或 Log Y；

联机帮助指令：Help 或?。

STN 提供 STN Express with Discover 专用检索软件，如图 7-19 所示，该软件可以帮助检索、绘制结构图、分析检索结果等。

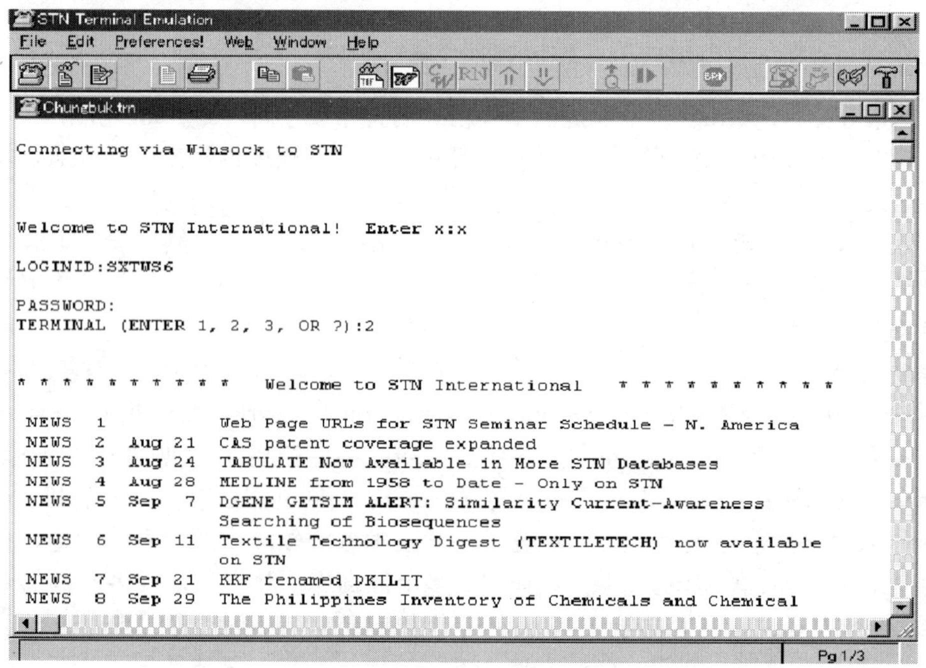

图 7-19 STN Express with Discover 专用检索软件

（2）STN on the Web：基于 Web 的指令检索界面，如图 7-20 所示，功能与 STN Classic 相同，只是通过 Web 浏览器登录与检索，不需要下载专用软件，但是也可以使用画图软件。适用于有经验的检索者，可检索所有数据库。

（3）STN Easy：基于 Web 的菜单式检索界面，用户无须掌握 STN 指令，供新用户和没有检索经验的用户使用。检索功能与前两种比不够强大，仅能够检索 80 多个数据库，不能进行结构检索，STN Easy 检索界面如图 7-21 所示。

3. STN 的特殊功能

STN 以化学、化工和专利信息为特色，在检索技术方面，率先使用图形检索方法，用户只需下载一个图形绘制软件便可以进行结构式的图形检索。STN 在结构检索、Markush 结构检索、化学反应检索、基因序列检索方面处于领先地位。

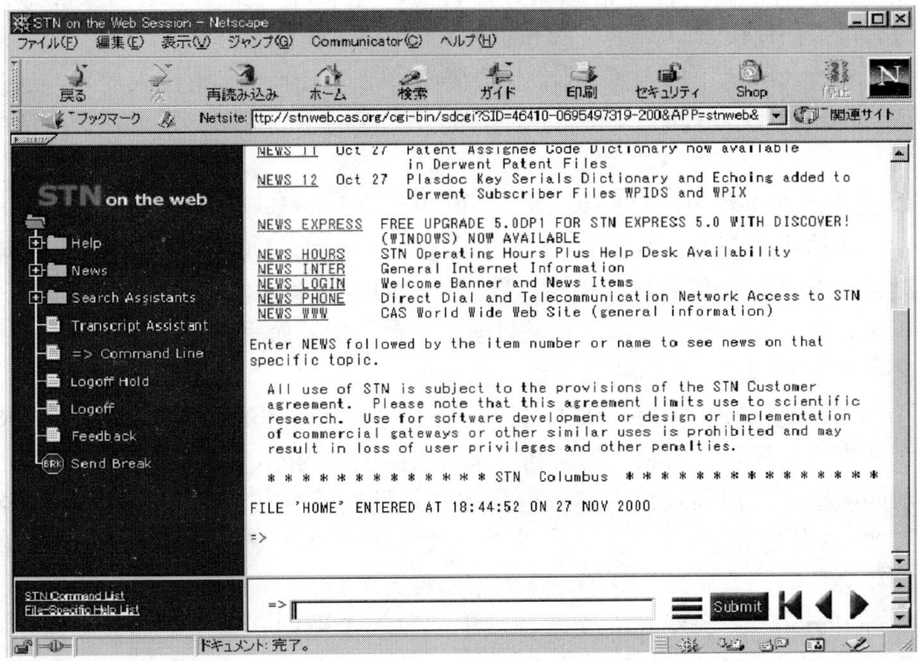

图 7-20　STN on the Web 检索界面

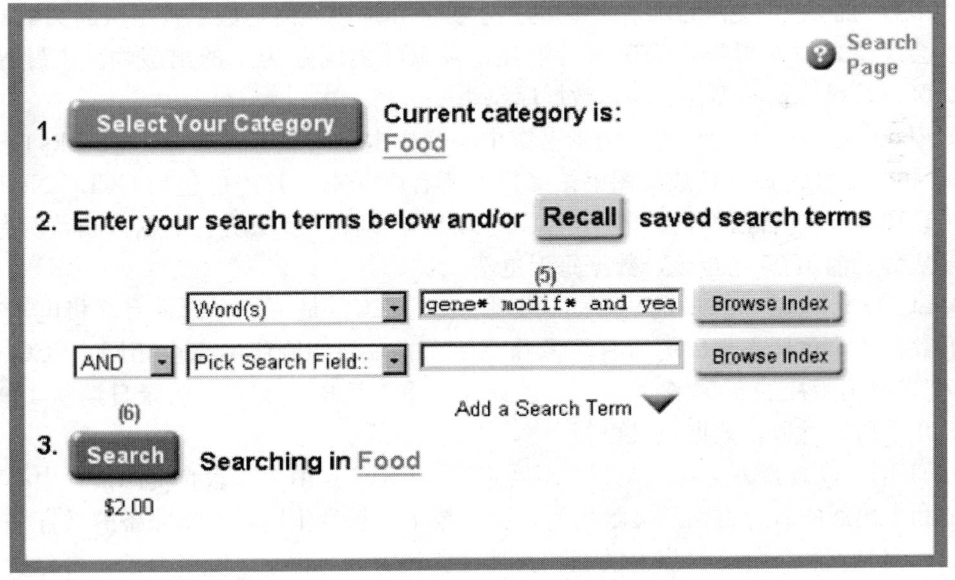

图 7-21　STN Easy 检索界面

（三）OCLC 联机检索系统

1. 系统简介

OCLC（Online Computer Library Center，Inc.）即联机计算机图书馆中心，成立于1967 年，总部设在美国俄亥俄州的都柏林。OCLC 是世界上最大的图书馆合作组织，向全球的图书馆、信息中心提供各种信息服务。目前，有来自世界 171 个国家和地区，超过 72 000个图书馆都在使用 OCLC 的资源和服务。

FirstSearch 是 OCLC 的一个联机检索系统，1992 年 10 月开始投入使用，通过 OCLC 的 FirstSearch 检索系统可查阅 64 个数据库，涉及广泛的主题范畴，覆盖社会生活的各个领域和学科。

CALIS 清华大学工程中心已购买 OCLC FirstSearch 的基础组（Base Package）数据库的使用权，提供给我国 211 工程的部分院校通过专线使用。OCLC Firstsearch 基础组包括 12 个数据库，其中大多是综合性文摘索引数据库，内容涉及艺术和人文科学、商务和经济、会议和会议录、教育、工程和技术、普通科学、生命科学、医学、新闻和时事、公共事务和法律、社会科学等领域。OCLC 的基础组数据库详细信息如下。

（1）ArticleFirst：OCLC 为登载在期刊目录中的文章所作的索引。包括自 1990 年以来的 16000 多种来自世界各大出版社的期刊目次表页面上的内容，每一条记录都对期刊中的一篇文章、新闻故事、信件和其他内容进行描述，并且提供收藏该期刊的图书馆的名单。目前，该库有 2700 多万条记录，包括近一半的全文文章，主题涵盖商业、人文学、医学、科学、技术、社会科学、大众文化等等。该数据库每天更新。

（2）ClasePeriodica：科学和人文学领域中的拉丁美洲期刊索引。该数据库由 Clase 和 Periodica 两部分组成，Clase 索引了从 1975 年开始至今在拉丁美洲期刊中发表的社会科学和人文学科方面的文献，Periodica 收录了从 1978 年开始至今科技方面的期刊。该库提供对 2800 多种以西班牙文、葡萄文、法文和英文发表的学术期刊上的 40 多万条书目引文提供检索，绝大多数为全文。包括在 24 个不同的拉丁美洲和加勒比海地区编校出版的文章、论文、单行本、会议录、技术报告、采访以及简注，及以泛美问题为主的出版物。主题涵盖理、工、农、医、社科、哲学等各学科。数据库每季度更新一次。

（3）Ebooks：OCLC 为世界各地图书馆中的联机电子书编纂的目录。Ebooks 收录参加 WorldCat 联合编目的 OCLC 成员图书馆编目的所有电子书，其中也包括 OCLC NetLibrary 的电子书。Ebooks 包含已编目的电子书共 67 万 5 千多种，涉及所有主题，涵盖所有学科。收录日期从公元前 1000 年至今，数据每天更新。

（4）ECO - Index：OCLC 的学术期刊汇编索引。ECO 是一个全部带有联机电子全文的学术期刊数据库，包括文章中的所有图像和原始内容，与印刷版本完全相同。ECO 资源来自世界 70 多家出版社的 6000 多种期刊，总计 420 多万篇电子文章。收录日期从 1995 年至今，涵盖几乎所有学科，数据每月更新。

（5）ERIC：以教育为主题的期刊文章及报道。ERIC 是由美国教育资源信息中心整理的已出版的和未出版的教育方面的文献指南，涵盖数千个教育主题，提供完备的教育书刊的书目信息。ERIC 收录了 1000 种以上的期刊和其他资料，共有记录 130 多万条，可免费阅读近 24 万篇全文文章。收录日期从 1996 年至今，数据每月更新一次。

（6）MEDLINE：医学数据库，涵盖所有医学领域，包括牙科学和护理学。标引了国际上出版的 19 500 多种期刊，相当于印刷型的索引。收录日期从 1950 年至今，共有记录 1870 多万条，其中近 80%为全文文章，数据每天更新。

（7）OAIster：全球联合机构知识库。包含世界上 1100 多家图书馆及机构提供的数据资源，是全球最大的开放档案资料数据库，代表了世界上一千多个提供方的多学科资源。

OAIster的数据记录达2300多万条，资源类型包括数字化图书与期刊文章、原生数字文献、音频文件、图像、电影资料、数据集、论文、技术报告、研究报告、摄影图片等。数据库每季度更新一次。

(8) PapersFirst：OCLC为在世界各地会议上发表的论文编纂的索引。涵盖了自1993年以来所有来自于英国图书馆文献供应中心的发表过的研讨会、大会、博览会、研究讲习会和会议的资料，共有650多万条记录，包含在会议中讨论的种种主题。此数据库以论文为主，按何人、何时、发表何论文排序。数据每月更新二次。

(9) Proceedings：OCLC为世界各地的会议所编纂的索引。Proceedings是ParpersFirst的相关库，涵盖了自1993年以来所有来自英国图书馆文献供应中心的发表过的研讨会、大会、博览会、研究讲习会和会议的资料，而且每条记录都包含一份在每次大会上所呈交的文件的清单，从而提供了各次活动的一个概貌，共有19万2千多条记录。与ParpersFirst不同的是，该数据库以会议名称排序，按何年、何会、何人、发表何论文排序。该数据库每周更新两次。

(10) WorldAlmanac：芬克与格瓦纳百科全书及四本年鉴。该数据库资源主要来自：

Funk & Wagnall's New Encyclopedia;

The World Almanac and Book of Facts;

The World Almanac of the U. S. A.;

The World Almanac of U. S. Politics;

The World Almanac for Kids。

包括传记、百科全书款目、事实与统计资料，涉及的范畴包括艺术、娱乐、新闻人物、计算机、科学和技术、经济学、体育运动、环境、税收、周年纪念日、美国的城市和州、国防、人口统计、世界上的国家及许多其他的主题，涵盖了自1998年到现在的资料，有记录32 000多条，可以联机获取包括全部内容的完整记录。数据库每年更新一次。

(11) WorldCatDissertations：WorldCat中所有硕士和博士论文的数据库。该数据库收集了OCLC WorldCat中所有的博硕士论文和已出版的以OCLC成员编目的论文为基础的资料，涉及所有学科，涵盖所有主题。资源主要来自于欧美几千所大学，共有记录800多万条。从数据库高级检索的"互联网资源"中可获得20%约160万篇的全文论文，可免费下载。此数据库每天更新。

(12) WorldCat：OCLC为世界各国图书馆中的图书及其他资源所编纂的目录。是世界上最大的书目记录数据库，包含OCLC所有成员图书馆编目的所有记录。从1971年建库到目前为止，共收录有470多种语言总计达16多亿条的馆藏记录。基本上反映了从公元前1000多年至今世界范围内的图书馆所拥有的图书及其他资料，主题范畴非常广泛，包括图书、手稿、地图、网址与网络资源、乐谱、计算机程序、电影与幻灯、录音录像带、报纸、期刊与杂志、文章、章节以及文件等等。该数据库信息平均每十秒更新一次。

2. 数据库检索

FirstSearch有两种服务方式：一种是TTY（Telnet）方式，一种是万维网（Web）方式。1996年2月以前FirstSearch检索使用的是TTY方式，即在Internet网上用Telnet进入FirstSearch，目前在OCLC的Web服务器上仍保留此方式。利用TTY方式检索的优点是屏幕简单而且每一屏幕信息的后面都有命令提示，用户只需键入一个或几个缩写的字符即可。TTY 方式的缺点是不能显示图像，每次换屏需要敲入命令等。通过万维网运行的 FirstSearch Web 具有 HTML 的一些先进的特点，这些特点包括可以显示联机图像、表格以及字符的上下标等，而且用鼠标进行操作，用户很容易掌握。

下面介绍 Web 方式 FirstSearch 检索方法。首先登录 First Search 主界面，在主界面，系统提供了两个选项：Database（数据库）和 Searching（检索）。在数据库选项中选择你希望检索的数据库名称，如 WorldCat、Proceedings、ArticleFirst 等进入某一具体数据库。在任意一个数据库中，系统提供三种检索方式：Basic Search（基本检索）、Advanced Search（高级检索）、Expert Search（专家检索），选择其中一种方式，输入检索词执行检索。

（1）基本检索（Basic Search）。菜单式检索，检索选项包括 Keyword（关键词）、Author（作者）、Title（题名）、ISBN（国际标准书号）、Year（年代）等最常用检索项，界面简洁易操作，如图 7-22 所示。

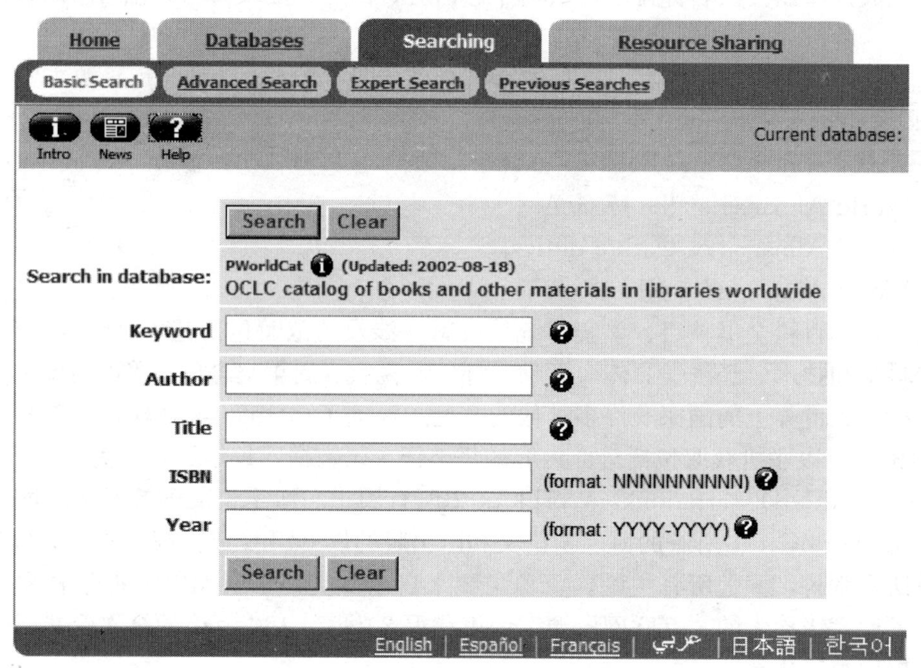

图 7-22 First Search 基本检索界面

（2）高级检索（Advanced search）。高级检索界面的检索选项数量多达 20 几项，如图 7-23所示，包括团体作者、会议名称、资料类型、出版商、文献获取码等各种可能选项。与基本检索相比，高级检索增加了检索限定项，如时间、语种、文献类型等，用户可以在高级检索界面完成更为复杂的检索要求。

（3）专家检索（Expert Search）。专家检索同高级检索一样功能完善，检索项与限定项丰富，唯一的不同在于检索式输入方式采用命令方式，用户需要编写专家检索式。专家检索界面对于熟悉检索技术的用户来说简单、高效，但对于编写专家检索式不熟练的用户来说采用高级检索界面更为适宜。

3. 检索结果处理

系统执行检索后，将产生一个命中记录的集合，以题录方式显示。在每一条记录前有文

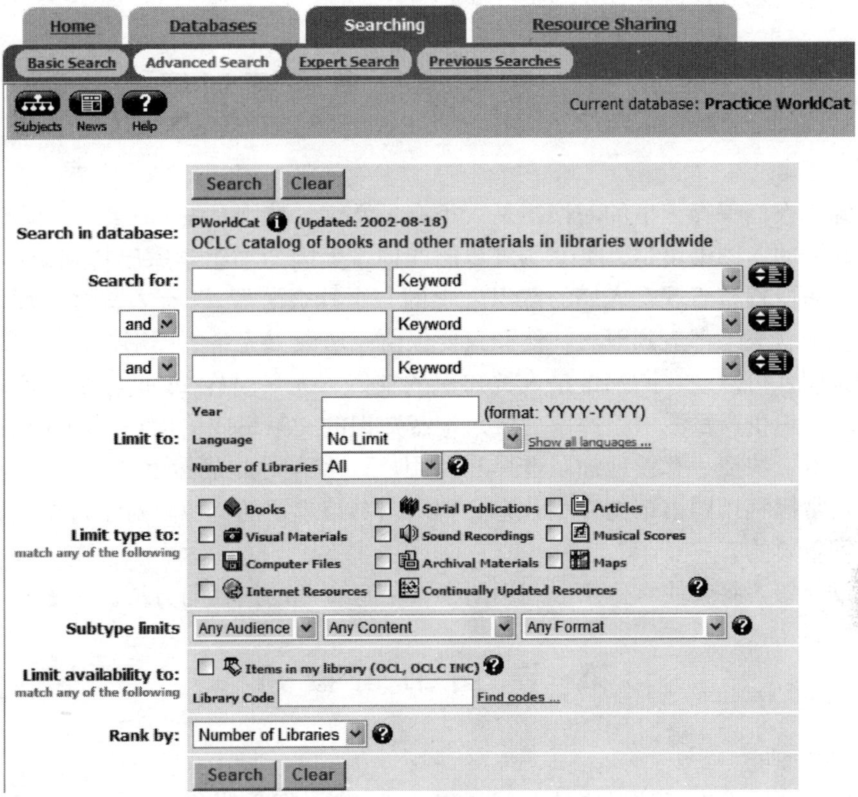

图 7-23　First Search 高级检索界面

献类型图标，如视频资料、图书等。检索结果页面提供文献优选功能（Limit Results），用户通过系统提供的内容、类型等选项进行结果的进一步优化。

系统还提供结果聚类（Sort）、相关主题、相关作者项，通过这些功能向用户提供与其研究主题相关的信息。

某一篇具体文献的输出有 Print（在线打印）、e-Mail（输出到邮箱）和 Export（输出到文件管理软件）三种处理方式，用户可根据需要灵活选择。

第八章　图书馆信息资源利用

图书馆源于人们保存记事的习惯，是人类有了文字，特别是发明了纸张和印刷术之后才产生和发展起来的。图书馆是人类文明进步的产物，美国图书馆学家巴特勒说：“图书馆是将人类记忆的东西移植于现在人们的意识之中的一个社会装置。”有人曾这样预言：假如人类社会的一切劳动成果都遭到毁灭，然而只要保留一座藏书完备的图书馆，就可以借此重建美好的人类家园。可以说，图书馆是人类知识的宝库。尤其是在21世纪这个信息社会、知识经济时代，知识生产量激增，并由此带来记载知识的文献量成倍增长，如何在纷繁复杂的信息资源中正确、快捷、有效地加以选择和利用，许多人对此茫然不知。那么走进图书馆、了解图书馆，掌握利用图书馆的方法，充分利用图书馆丰富的资源，对于每个人读书治学和成才都是非常重要的。

通过本章介绍，将会使学生掌握利用图书馆信息资源的途径与方法。

第一节　图书馆概述

一、图书馆职能

在英语中与“图书馆”相对应的单词是“Library”，据牛津英文词典1734年时的解释，它的含义为“阅读、研究或参考之处所”，1933年版的牛津字典则将其解释为“……一个负责管理图书典藏的公共研究机构或组织”，第一次为图书馆加上了“公共”二字。1975年的《大英百科全书》写道：“图书馆人员的职责就是提供各种作为传播用的图书资料给具有个别不同需要的读者，这些读者可能是街坊的儿童，也可能是在大学研究的学者”。在我国，图书馆历史悠久，起初并不称为“图书馆”，而是称为“府”、“阁”、“观”、“台”、“殿”、“院”、“堂”、“斋”、“楼”，如西周的盟府、两汉的石渠阁、东观和兰台等。早期的图书馆都是皇家藏书院，如宋朝的崇文院、清朝的文渊阁，以后逐渐出现了私人藏书楼，如明代的天一阁就是我国最早的私人藏书楼。早期的图书馆都是只为少数人服务的，近几十年来才出现了为大众服务的真正意义上的图书馆，图书馆不仅在社会中扮演着重要角色，而且已经逐渐成为人们生活的一部分。

关于图书馆的作用，或说图书馆的社会职能，1975年，国际图联（IFLA）在法国里昂召开的图书馆职能科学讨论会上，一致认为主要有以下四种。

1. 保存人类文化遗产

图书馆的产生，是保存人类文化遗产的需要。因为有了图书馆这一机构，人类的社会实践所取得的经验、文化、知识才得以系统地保存并流传下来，成为今天人类宝贵的文化遗产和精神财富。

2. 开展社会教育

近代，资本主义大工业的产生，要求工人有较多的劳动知识和劳动技能，图书馆从而真正走入平民百姓当中，担负起了对工人的科学知识文化教育的职能。现代社会，图书馆成为继续教育、终身教育的基地，承担了更多的教育职能。

3. 传递科学信息

传递科学信息是现代图书馆的一个重要职能。图书馆丰富、系统、全面的图书信息资料，成为图书馆从事科学信息传递工作的物质条件。在信息社会，图书馆的科学信息传递功能将得到加强。

4. 开发智力资源

图书馆收藏的图书资料，是人类长期积累的一种智力资源，图书馆对这些资源的加工、处理，是对这种智力资源的开发。同时，图书馆将这些图书资料提供利用，是开发图书馆用户的脑力资源。换言之，图书馆承担有人才培养的职能。

另外，图书馆作为一个文化教育机构，在人民生活水平日益提高的今天，还为人民群众提供了第五种功能：提供文化娱乐。

图书馆提供的服务，满足了社会对文化娱乐的需要，丰富和活跃了人民群众的文化生活，在精神文明建设当中，起到了不可磨灭的作用。

图书馆是通向知识的大门，它通过系统收集、保存与组织文献信息，实现传播知识、传承文明的社会功能。就高校图书馆而言，我国《普通高等学校图书馆规程》指出："高等学校图书馆是学校图书情报中心，是为教学和科研服务的学术性机构。它的工作是学校教学和科学研究工作的重要组成部分。"这一论述明确了高校图书馆的性质，同时也指出了它的工作任务与方向。为教学、科研人员和学生提供信息服务，是高校图书馆核心价值和功能的体现。一个国家的大学图书馆发达与否，是一个国家的高等教育是否发达进步的标志。前哈佛大学图书馆馆长、历史学家保罗·巴克就曾指出："没有一个高质量的图书馆就不会有高质量的教育"，高校图书馆历来被誉为"大学的心脏"。

二、图书馆类型

在图书馆事业的发展进程中，社会上相继出现了各式各样的图书馆。这些图书馆的具体任务和服务对象不同，对文献资料的搜集、整理、保管和传播的内容、形式和方法也各有差异，根据不同的分类标准，图书馆可以分为多种类型。

1974 年国际标准化组织颁布了 ISO 2784—1974（E）《国际图书馆统计标准》，其中图书馆的分类一章将图书馆划分为国家图书馆、高等院校图书馆、其他主要的非专门图书馆、学校图书馆、专门图书馆和公共图书馆六大类型。在我国，划分图书馆类型的标准主要有如下几种：

（1）按图书馆的管理体制（隶属关系）划分，可以将图书馆划分为文化系统图书馆、教育系统图书馆、科学研究系统图书馆、工会系统图书馆、共青团系统图书馆、军事系统图书馆等。

（2）按馆藏文献范围划分，可以分为综合性图书馆，专业性图书馆等。

（3）按用户群划分。可以分为儿童图书馆、盲人图书馆、少数民族图书馆等。

上述各类型图书馆中，公共图书馆、科学图书馆、高等院校图书馆被视为我国整个图书馆事业的三大支柱。

三、图书馆组织结构

图书馆实行馆长负责制，即馆长在上级党委和行政主管部门领导下，全面负责图书馆业务、行政工作。图书馆的组织结构可分为行政机构和业务机构，行政机构包括馆长办公室和后勤等部门。图书馆业务机构的划分，没有统一的标准和规定，各馆都是根据自己的馆情来设置的。但是工序是图书馆设置业务部门的主要依据，图书馆各项业务工作是前后衔接、环环相扣的，中心环节是用户服务工作，依据工序设置业务部门有利于组织业务工作，便于业务部门之间的相互配合，使图书馆各项工作成为一个统一的整体。一般来说，传统的图书馆通常设立下列部门：

（1）采编部。主要负责文献资料的采访、征集、验收、登录及注销；文献资料的分类、编目和主题标引；文献采购的协调和馆际交换；编制新书通报等。

（2）外借阅览部。主要负责用户登记、发放借阅证件；办理馆藏文献的外借和阅览；管理并指导用户使用目录；宣传推荐文献、指导用户阅读；帮助用户复印复制资料等。

（3）参考咨询部。主要负责编制各种专题书目索引；指导用户使用书目索引、文摘、题录及其他各种工具书；解答用户咨询等。

（4）文献典藏部。主要负责基本书库和保存本书库的组织管理；办理文献的出库和归架；做好文献保护工作。

（5）业务研究辅导部。主要负责本地区、本系统图书馆的业务辅导工作；组织本地区、本系统图书馆工作经验的交流和图书馆业务的研究；有些还负责办理本地区中心图书馆委员会和图书馆学会的日常工作。

（6）特藏部。负责珍本、善本文献和其他特藏资料的管理和流通。

（7）自动化部。负责本馆自动化管理系统的开发、管理与维护工作。

图书馆的任务、馆藏、人员、设备等因素都影响图书馆的机构设置，比如说规模大的图书馆可以分别设立采访部和编目部，规模小的图书馆常将采访与编目、典藏合并，设立采编部。公共图书馆设立业务研究辅导部，高校图书馆普遍不设立这个部门。

随着网络化的深入，在虚拟环境下，图书馆的工作环节和程序发生变化，相应的传统图书馆职能部门，如采购、典藏、服务等部门的职能将扩展，可按任务组成信息搜集部、信息转换部、数据描述部、数字化服务部、技术支持部等部门。

第二节　图书馆信息资源介绍

一、图书馆服务内容

现代图书馆秉承对全社会开放的理念，承担起实现和保障公民基本阅读权利、缩小社会信息鸿沟的神圣使命。中国图书馆人经过不懈的追求与努力，逐步确立了对社会普遍开放、平等服务、以人为本的基本原则。图书馆的知识与信息服务具有公益性的特点，这是图书馆与其他商业化信息服务的主要区别。“图书馆向所有读者提供平等服务”，“以读者为一切工作的出发点”（《图书馆服务宣言》），“节省读者的时间”（图书馆学五定律，阮冈纳赞），也是图书馆工作的中心与出发点。

用户是图书馆服务的对象，图书馆的服务工作是指以图书馆各种资源的使用和服务为中心开展的多类型、多功能的服务体系，一般包括文献的外借、阅览、文献宣传、阅读辅导、参考咨询、文献检索、网络信息导航等。此外，一些大型图书馆还开展深度信息咨询工作，如科技查新、专利查新、定题信息服务等。

由于网络的发展与普及，用户获取信息的环境大大改善，图书馆信息服务的能力也得到提高，在传统服务项目的基础上又增加了馆外主动服务（Outreach Service）、网络环境下的文献传递服务、馆际互借服务、图书馆环境下的联机服务、个性化定制服务和网络导航等。

二、图书馆资源介绍

20 世纪 90 年代以后，以计算机技术和通信技术为代表的现代信息技术迅速发展。先进的计算机技术和网络通信技术的结合，为信息资源网络化提供了强有力的手段和保障，图书馆信息资源类型得到拓展和丰富，呈现多载体、多记录手段、多版权状态的资源特征。依据图书馆信息资源的分布，可以将图书馆信息资源划分为现实馆藏资源和虚拟馆藏资源。现实馆藏是指本馆拥有产权的所有信息资源，包括传统的文献资源、馆藏书目数据库和电子出版物等；虚拟馆藏指通过本馆计算机系统及其通信设备可以共享的馆外信息资源。目前图书馆信息资源形成了传统文献资源、馆藏书目数据库、电子出版物和网络信息资源并存的形式。

图书馆主页是图书馆网上服务的“窗口”，用户进入相应的图书馆主页，就能够利用图书馆的资源，图书馆服务的内容和质量均可以从图书馆主页上得到体现。经过多年的实践，图书馆主页已经形成稳定的结构，一般包括以下几部分内容：

1. 图书馆概况

主要是本馆情况介绍，包括图书馆简介、馆舍布局、机构设置、开放时间、服务电话、规章制度等。

2. 图书馆服务

图书馆服务是图书馆主页内容的核心部分，分为基本服务和特色服务。基本服务是指馆藏文献信息检索，是每个上网图书馆都应具备的内容，如馆藏书刊目录查询、读者信息查询、图书续借、图书预约、图书催还、新书通报、数据库检索、读者咨询、读者培训等。特色服务是在基本服务之上提供的深层次信息服务，如学科服务、代检代查、馆际互借等。

3. 图书馆资源

包括中文数据库、外文数据库、视听资料数据库、随书光盘数据库、图书馆自建特色资源数据库、馆藏中文现刊目录、馆藏外文现刊目录等。

4. 附加内容

主要是指网络资源的导航服务，如与本校主页的链接、与国内重要文献信息机构链接、与 Internet 搜索引擎的链接、与国内外大学图书馆的链接、与本校重点学科一致或相似的文献资源的链接等。另外，为了及时了解用户对本馆的意见和建议，在主页中设立意见箱、电子邮件反馈单链接等促进图书馆与读者交流的栏目。

由于各馆馆情不同，因此图书馆主页建设各具特色，但它们无疑都具备三项基本功能，即信息发布功能、信息服务功能和信息导航功能，如北京大学图书馆主页，如图 8-1 所示。

图 8-1　北京大学图书馆主页

第三节 图书馆文献资源的选择与利用

一、馆藏文献分类与组织

文献分类可以将学科性质相同的文献聚在一起，将不同的文献加以区别，便于图书馆工作人员对文献进行科学管理，用户也方便按类查找文献。在进行文献资源分类时需要一定的依据，这个依据就是文献分类法。目前国内常用的分类法有《中国图书馆图书分类法》（下文简称《中图法》）、《中国科学院图书馆图书分类法》（下文简称《科图法》）、《中国人民大学图书馆分类法》（下文简称《人大法》）。国内的公共图书馆和大学图书馆主要采用《中图法》，如中国国家图书馆、北京大学图书馆；《科图法》主要在科学院系统图书馆中应用，如中国科学院文献情报中心。同一主题，不同的分类法给出的分类号是不同的，如：计数机语言，中图号是“TP312”，科图号是“73.9621”，用户要注意了解图书馆的分类体系。

《中图法》是一个等级体系分类法，按照从总到分，从一般到具体的编制原则确定分类体系，《中图法》的结构为：

（1）基本部类：《中图法》分为五大基本部类，分别为：马克思主义、列宁主义、毛泽东思想、邓小平理论，哲学、宗教，社会科学，自然科学，综合性图书。

（2）基本大类：基本部类下设 22 个大类，构成分类表的第一级类目，22 个大类是：A. 马克思主义、列宁主义、毛泽东思想、邓小平理论；B. 哲学、宗教；C. 社会科学总论；D. 政治、法律；E. 军事；F. 经济；G. 文化、科学、教育、体育；H. 语言、文字；I. 文学；J. 艺术；K. 历史、地理；N. 自然科学总论；O. 数理科学和化学；P. 天文学、地球科学；Q. 生物科学；R. 医药、卫生；S. 农业科学；T. 工业技术；U. 交通运输；V. 航空、航天；X. 环境科学、安全科学；Z. 综合性图书。

（3）简表：由基本大类与由其直接展开的一、二级类目所形成的类目表。

（4）详表：由简表展开的各种不同类目组成详表，是文献分类的真正依据。

《中图法》的标记符号采用汉语拼音字母与阿拉伯数字相结合的混合号码，即用一个字母表示一个大类，以字母的顺序反映大类的序列，字母后用数字表示大类以下类目的划分，数字的编号使用小数制，如 G64 高等教育。T（工业技术）大类因为门类多的缘故，又按照字母顺序依次划分了 16 个次大类：TB 一般工业技术；TD 矿业工程；TE 石油、天然气工业；TF 冶金工业；TG 金属学与金属工艺；TH 机械、仪表工业；TJ 武器工业；TK 能源与动力工程；TL 原子能技术；TM 电工技术；TN 无线电电子学、电信技术；TP 自动化技术、计算机技术；TQ 化学工业；TS 轻工业、手工业；TU 建筑科学；TV 水利工程。

文献组织就是将馆藏文献按照一定的方法，科学、系统、合理有序的排列在书架上，并形成一定的检索系统。在传统图书馆中，文献的组织由三部分组成：排架号、目录和文献本身。排架号是一组唯一的代码，指示文献的位置；目录将文献的特征信息提取出来，组成有序的可检索的体系，指示用户通过排架号获取文献。藏书排架的目的是为了藏书的检索利用，绝大多数图书馆采用的是分类排架法，即以图书所属学科门类为依据，按图书分类号顺序排列图书的方法，对分类号相同的图书，再按书次号顺序排列（同时考虑复分号），以决定同类书在书架上排列的先后顺序。每种文献的分类排架号由分类号和书次号（种次号、著者号、登记号）两组号码组成，叫做文献的索书号（Call Number），如：G258/23，G258

是分类号，表示该书所属的学科门类；23 是书次号，表示该书在书架上的位置。

书库每一类书都按照图书分类法进行类目排架和标架，架位排列是按英文字母顺序从A，B，C，D，…，Z 依次排架。书架架标显示的是一个区间，开始号代表该排书架的第一本书，从小到大，逐步过渡到末尾架，结束号为该排架的最后一本书。第一排书架与第二排书架之间呈“S”型迂回绕架连接。

二、馆藏文献资源查阅途径和一般方法

利用检索工具将众多的信息资源进行分析加工后，按照一定的特征标识组织形成信息集合，针对这些既定的标识特征所进行的检索就是检索途径，检索途径分内容途径和外表途径。内容途径主要指从文献所载的知识信息中隐含、潜在的内容角度来检索，包括分类途径和主题途径；外表途径是从文献的外表特征所进行的检索，包括责任者、题名、文献号等。内容途径适用于未知的文献，外表途径适用于检索已知的文献。并非所有的检索工具都提供上述全部检索途径，一般而言，通用的检索途径主要有题名、著者、关键词、主题词、分类号等。

用户熟悉图书馆分类的基本原则后，在查阅所需图书资料时，最便捷的方法就是利用图书馆提供的相关目录、索引、指南或通过联机公共检索目录（OPAC），根据用户已经掌握的待查文献线索，选择最佳途径进行查找。

第四节 图书馆服务类型及项目

一、图书馆书目数据检索

（一）馆藏资源 OPAC 检索

OPAC 是“Online Pubic Access Catalog”的首字母缩写，国内翻译为“联机公共检索目录”或“联机目录”。它是通过因特网对图书馆馆藏信息资源进行远程检索的工具，是用户利用图书馆的切入点，用户可以在任何时间、任何地方通过 OPAC 访问图书馆，检索并利用图书馆的馆藏资源。

OPAC 系统因集成系统的不同，其系统平台、用户界面也各不相同，但是它们都遵循元数据标准，实现的功能也基本相同。OPAC 一般都具有揭示图书馆的馆藏信息、揭示馆藏文献基本内容、反映馆藏情况、读者信息查询、信息发布等功能，还可以实现续借、预约、定题服务、收藏感兴趣文献、荐购图书、发布图书馆公告、读者留言等一系列功能。清华大学图书馆采用 INNOPAC 系统作为馆藏文献资源管理系统，如图 8-2 所示，现以清华大学图

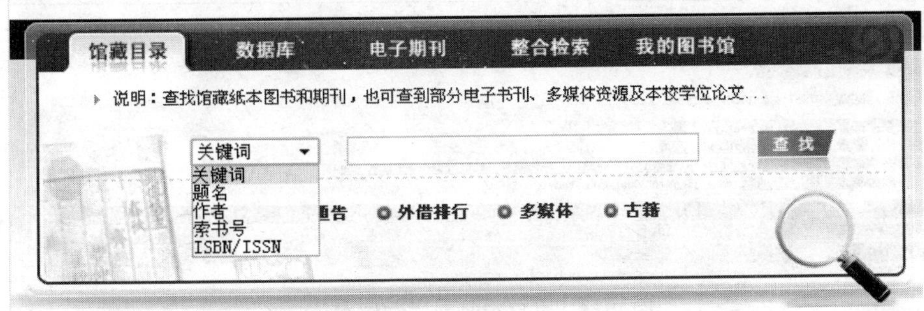

图 8-2 清华大学图书馆 OPAC 界面

书馆为例，介绍 OPAC 的基本功能。

1. 馆藏书目查询

查询的范围包括馆藏中外文图书、中外文期刊、电子资源、多媒体、教材、电子图书、古籍等。检索字段有关键词、题名、作者、主题、索引号、文献号、ISBN/ISSN。检索结果能够清晰的反映该文献在图书馆中的位置和状态、该书的馆藏地点、借阅状态（已借出、可借）、借还书时间，使馆藏对用户完全透明。

（1）进入系统。登录清华大学图书馆主页（http://www.lib.tsinghua.edu.cn/），单击“馆藏目录”进入书目检索系统，如图 8-3 所示，系统提供关键词、题名、作者、主题、索引号、文献号、ISBN/ISSN 作为检索入口。

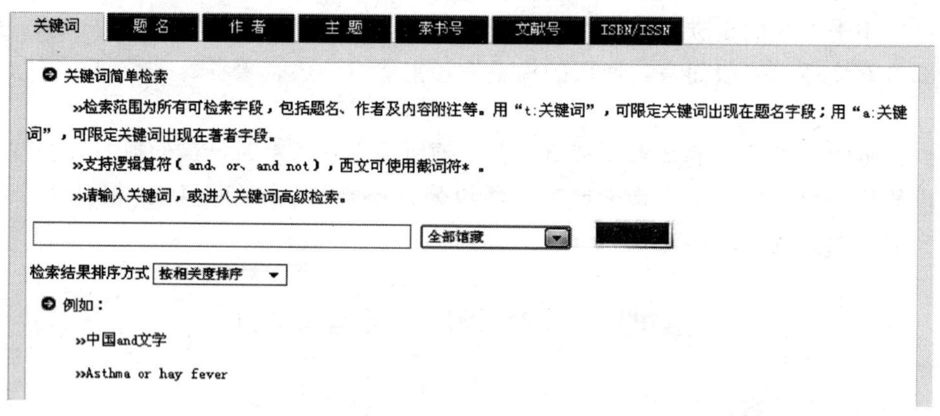

图 8-3 OPAC 书目检索系统

（2）检索操作。系统默认检索字段为“关键词”，可以根据需要选择其他检索字段，输入检索词，按回车键或点击“查询”按钮即开始检索。在输入框后有一个下拉菜单，分别选择其中任一条件限定自己的系统排序方式和检索范围。

（3）检索结果。在检索结果页面，单击每一书名，将进入该书的书目记录，书目记录包括书目信息及详细的馆藏信息，如图 8-4 所示。

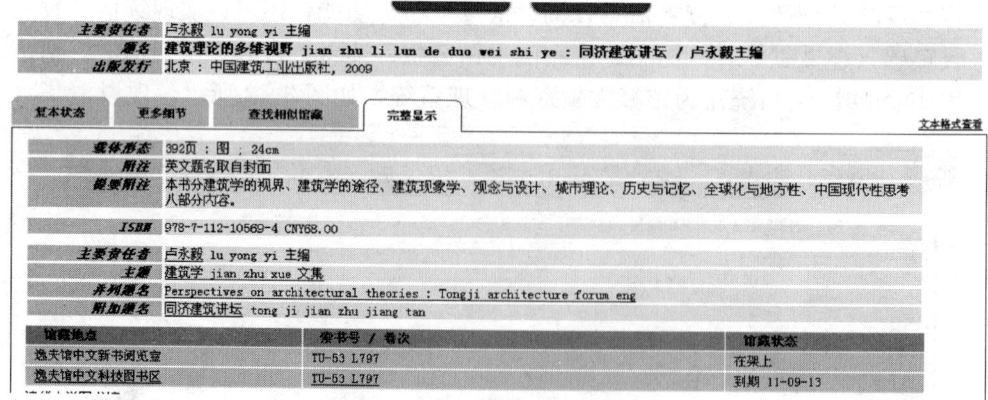

图 8-4 书目记录及详细馆藏信息

（4）检索结果的限定。如果检索命中记录数太多，可以使用“限定/排序”缩小检索范围。

1）在结果一览表的页面上，单击屏幕上方的“限定/排序”按钮，屏幕显示输入限制条件页面。

2）可以按资料类型、语种、馆藏地、出版年、出版社、检索字段等多种条件限制。选定后，点击“提交”按钮。

3）系统将命中的记录以一览表形式列出，单击每条记录，系统将显示该记录的详细信息。

2. 揭示馆藏文献基本内容

利用OPAC检索的结果，可以了解馆藏文献的内部特征和外部特征，包括文献的题名、并列题名、主要责任者、出版地、出版社、出版时间、载体形态、插图情况、主题、学科分类等信息。

3. 用户信息查询

利用OPAC查看个人图书借阅情况、办理续借、取消预约、修改密码（PIN）以及设定邮件或手机提醒等。此类功能方便用户了解借书数量、归还日期，以便及时归还；当检索到自己需要的图书已经外借，可以预约这本书，当该书归还时，系统会为其保留该书，同时在网上发布消息；如果用户没有看完一本书，用户也可以不必到图书馆在网上的任何一台计算机上办理图书续借。

清华大学图书馆主页上“我的图书馆”就是用户信息查询的入口，如图8-5所示。

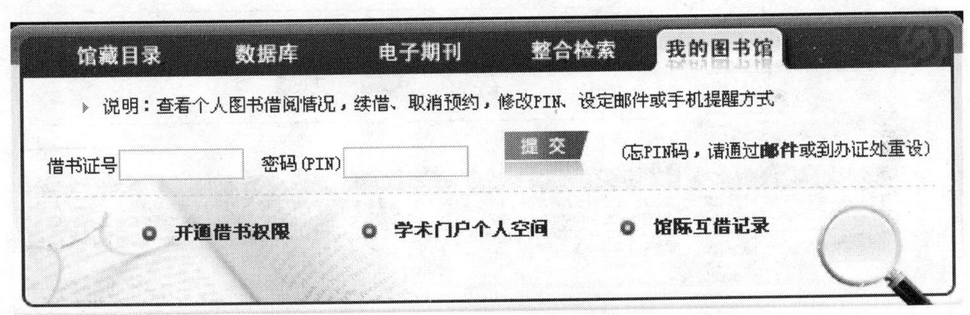

图8-5　用户信息查询界面

4. 动态信息发布

可以在OPAC上发布新书通报、外借排行、期刊导航、馆内导航等动态信息，读者通过“新书通报”了解最新到馆新书，通过“外借排行榜”了解哪些图书流通率高。

5. 了解本馆购买的数据库资源

图书馆购买的数据库是重要的网上服务项目，也是读者获取文献信息的主要途径。有些OPAC设置了数据库导航功能，在主页面上按数据库名称、按照分类浏览、按照字母浏览的方式列出图书馆所有数据库资源。用户只要选择想要检索的数据库，即可进入该数据库进行检索。

（二）联合目录

联合目录（Union Catalogue）是指一种联合两所以上图书馆馆藏目录的数据库。使用者从单一网站窗口来检索国内多所图书馆的馆藏，能为用户提供哪个图书馆收藏有他所需要的文献信息。

13 世纪的《英格兰图书馆登记册》是世界上最早的联合目录。19 世纪以后，各国联合目录工作得到很大发展。20 世纪初，在美国“国会图书馆联合目录”方案中第一次使用“联合目录”这一术语。

联合目录按文献类型分为图书联合目录、期刊联合目录等；按地域范围可以分为国际性联合目录（如 OCLC 的 WorldCat）和国家性联合目录（如中国科学院编制的联合目录 UNICAT）。机读联合目录是 OPAC 的另一种形式，目前全球最大的在线联合目录为 OCLC 所提供的“WorldCat”。

1. 联合目录集成服务系统（UNICAT）

联合目录集成服务系统集成了国内 500 余家成员馆的印本资源和电子资源信息，是一个多类型、多载体、多学科的大型集成目录系统，如图 8-6 所示，包括全国中、西、日、俄文期刊联合目录数据库、中国科学院图书联合目录数据库和电子资源知识库。

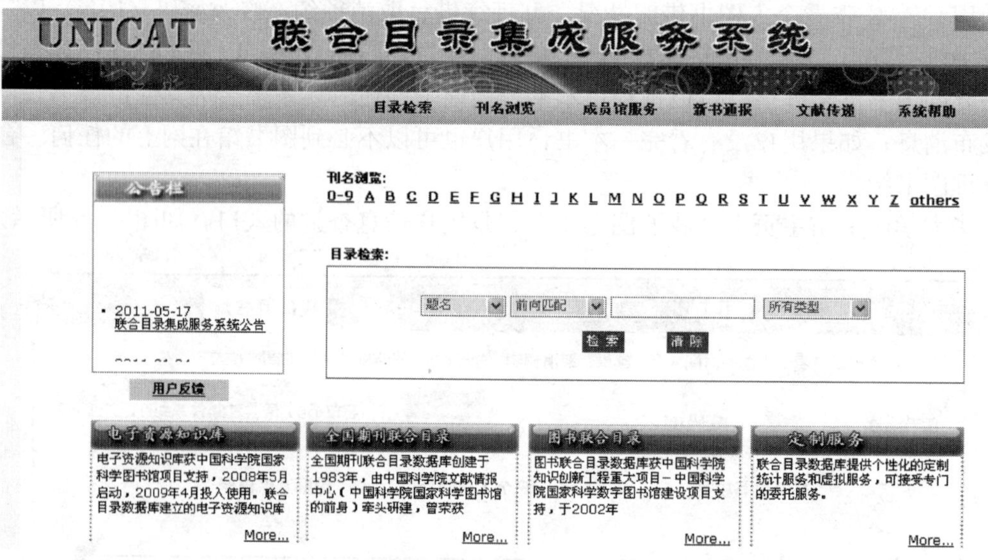

图 8-6 联合目录集成服务系统界面

截至 2010 年 5 月通过中国科学院联合目录可以查询其所有成员馆收藏的 8.7 万种中文、西文、日文、俄文印本期刊，88 万种中文、西文印本图书，12 万种中文、西文电子图书，5.2 万条中文、西文电子期刊数据以及部分开放获取电子期刊的有关信息。其主要的用户服务功能如下：

（1）目录检索与文献传递。可以通过题名、ISSN/ISBN、出版年、出版者、主题词、作者、首字母缩写、罗马字拼音、拉丁拼音等字段检索某类特定文献的信息。对检索结果同时揭示其电子资源馆藏及其所有成员馆的相应纸本馆藏，并可以方便地获取许可电子全文或利用原文传递服务。

使用方式：进入系统后使用题名等途径执行检索→点击检出的书名或刊名→有“e”标识的可以直接获取全文，无“e”标识的打开“查看更多馆藏信息”→查看“收藏单位”和“馆藏索书号”或“电子收藏年卷期”、“印本收藏年卷期”，在此基础上可以直接提交原文传递或馆际互借请求，详细的使用方法请见联合目录网站提供的帮助内容。

（2）新书通报与图书目次。除新书通报功能外，还提供图书目次服务功能。读者在查到所需图书的书目信息后，通过提供的图书目次，能准确定位到所需图书的篇章，并将所需章节内容带入原文传递系统中进行原文请求。

（3）开放链接。使一些大型数据库（CSA，Web of Knowledge，OVID 等）及 Google Scholar、百度的检索结果无缝链接到联合目录的相应记录。联合目录可以作为开放链接服务知识库，支持科技信息中与文献资源有关的发现、检索和利用，并可支持其他系统的调用与共享，可整合资源发现、全文链接、原文传递等服务。

（4）定制服务。联合目录数据库利用成员馆及馆藏优势，可以为有特殊要求的用户提供个性内容的、可定制的联合目录服务，使用户在某一地区、某一行业等建立小范围的联合目录系统，方法简便快捷。

中科院国家科学图书馆首页右侧“服务直达”中即提供了联合目录的入口，同时也在“快速检索”—“找期刊”的提示信息中提供了该数据库的链接。

2. CALIS 联合目录

CALIS 联合目录是全国高等学校图书馆馆藏联合目录。始建于 1997 年，作为 CALIS 的重要子项目，主要任务是建立多语种书刊联合目录数据库和联机合作编目资源共享系统，为全国高校的教学科研提供书刊文献资源网络公共查询，支持高校图书馆系统的联机合作编目，为成员馆之间实现馆藏资源共享、馆际互借和文献传递奠定基础。CALIS 联合目录数据库包括中文书目库、西文书目库、日文书目库、俄文书目库。

CALIS 联合目录公共检索系统，如图 8-7 所示，系统提供题名、著者、主题、分类/索书号、关键词、号码等检索途径，支持中文拼音题名、中文拼音责任者、日文假名题名、日文假名责任者的检索。既具有简单检索功能，也具有组合、限制等高级检索功能。浏览功能提供对题名、责任者、主题的浏览，此外，古籍数据还提供四库分类的树型列表浏览。CALIS 联合目录数据库不提供对结果集的二次检索。

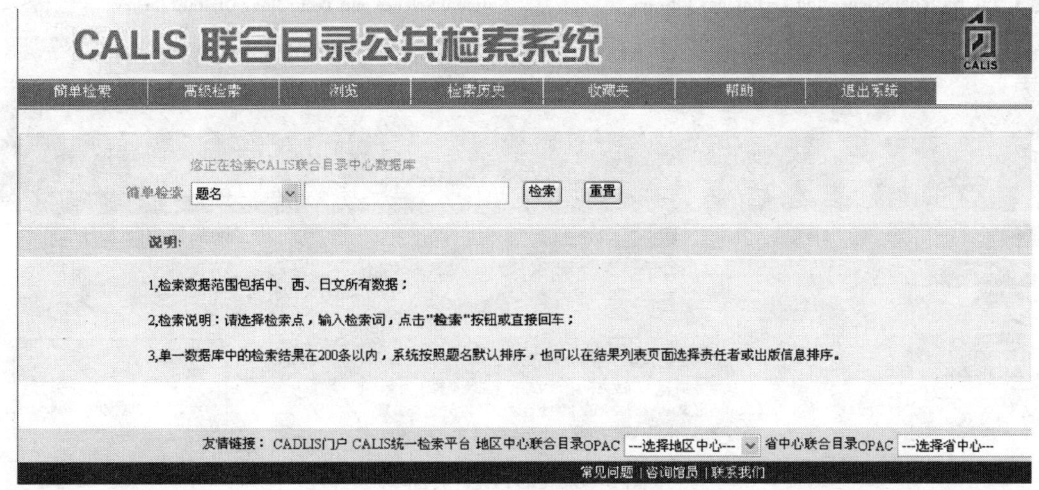

图 8-7　CALIS 联合目录公共检索系统界面

二、文献传递

文献传递服务（Document Delivery）是把读者需要的文献从文献源传递给读者的一种服务，是一种只提供复制件的非返还式馆际互借。文献传递可以弥补本馆资源的不足，满足读者对馆外资源的需求，是图书馆信息服务的重要内容之一。文献传递服务可分为以电子方式提供的文献传递和以非电子方式提供的文献传递。电子方式主要指通过传真及计算机网络进行的文献传递；非电子方式主要包括以传统的邮寄或专人、专车送达等方式进行的文献传递服务。文献传递的优点是能够满足不同用户的需求、快速、高效、简便。国家科技图书文献中心（NSTL）、中国高等教育文献保障系统（CALIS）、中国高校人文社会科学文献中心（CASHL）等机构都提供文献传递服务。下面以国家科技图书文献中心为例，介绍通过文献传递获取原文的方法。

（一）国家科技图书文献中心（NSTL）简介

国家科技图书文献中心（National Science and Technology Library，简称 NSTL）是经国务院批准，于 2000 年 6 月 12 日成立的一个基于网络环境的科技信息服务机构。中心由中国科学院文献情报中心、中国科学技术信息研究所、机械工业信息研究院、冶金工业信息标准研究院、中国化工信息中心、中国农业科学院农业信息研究所、中国医学科学院医学信息研究所、中国标准化研究院标准馆和中国计量科学研究院文献馆组成。NSTL 拥有印本外文文献 25000 多种，其中外文期刊 17000 多种，外文会议录等 8000 多种，居国内首位。资源类型有学术期刊、会议文献、学位论文、科技报告、标准规程、中外专利等，主要服务为免费检索及浏览文摘，网上订购全文。

（二）使用方法

1. 浏览馆藏

登录 NSTL 主页（http：//www. nstl. gov. cn），如图 8 - 8 所示，系统提供按字顺和按学科的期刊浏览。

图 8 - 8 NSTL 主页面

2. 获取原文

第一步：用户注册。需要全文传递服务的用户，须先进行用户注册。登录 NSTL 主页进行用户注册。

第二步：递交请求。登录 NSTL 主页，检索文献，查到所需文献的篇名目次信息，点击“加入购物车”按钮，确认传递原文后选择投递方式、所在地、填写个人信息等信息，选择支付费用的方式。

第三步：获取文献。提交文献传递请求后，通常在 1～3 个工作日内通过邮箱获取全文链接或馆际互借处获取所借图书。

（三）收费

国家科技图书文献中心对西部地区用户实行订购文献的半价优惠，其他地区按照索取文献的类型不同收费。中国大陆地区（非标准和非专利文献）全文提供服务收费标准：复制费用每页 0.3 元，可以选择网上支付、邮局汇款、银行转账等多种支付方式。

三、网络信息资源导航

1. 图书馆特色资源导航

发挥 Internet 的优势，在主动性和知识性服务基础上建立的多样化导航服务开创了“用户需要什么，图书馆就提供什么”的服务模式，用户利用网络导航可以节省大量时间，还可获得意想不到的收获。特色资源导航是图书馆提供的专业深层次服务，通常是针对本校重点学科的资源导航，将某一学科国内外、各种类型的重要信息资源汇集在一起，提供用户使用。国内许多在数字化方面起步较早的大学图书馆其网络导航系统经过了数年的运行，已经建设得比较完善。

图书馆特色资源导航除报道自己拥有的实际馆藏资源外，还有相当一部分是对网络资源开发后所得的、采用人工标引等方法加工的各类国内外优秀网络资源。例如，北京大学图书馆学科导航系统设置了 28 个学科入口，如图 8-9 所示。香港理工大学图书馆也有含 35 个学科的 Subjects Guide（学科导航），以 Environment（环境）学科导航为例，仅在 Specific Resources（特种资源）一栏下，就设立了 Environmental Education（环境教育），Environmental Law（环境法），Environmental News（环境新闻）等 13 个分支，每个分支下少至 3～4 个，多至 10 多个可检项，查找极为方便。

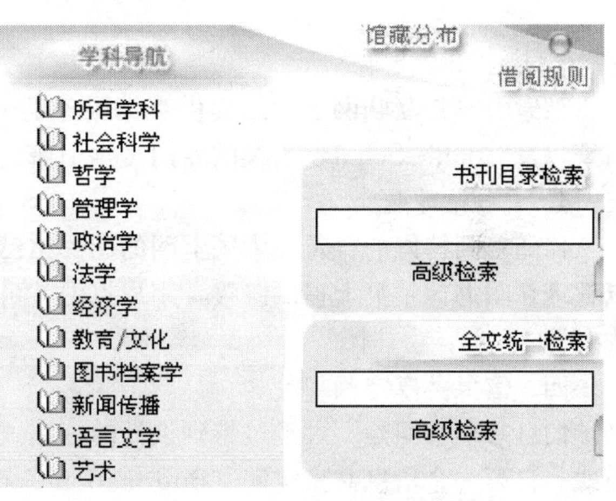

图 8-9　北京大学图书馆学科导航

2. 重点学科网络资源导航库

作为信息资源和读者之间的桥梁，高校图书馆可以针对网络信息的特点，有组织地进行信息资源的选择和整合工作，最大限度地节省读者的检索和甄选时间，为其提供高质量的网络信息资源导航服务。正是基于这种思想，中国高等教育文献保障系统（CALIS）在“九五”期间启动了“重点学科网络资源导航库”（以下简称“导航库”）项目，目的是建设一个集中服务的全球网络资源导航数据库，提供重要学术网站和免费学术资源的导航，帮助高校科研人员快速、准确地获取所需的相关权威机构、出版物、专家、学术动态等信息。该项目由上海交通大学牵头承建，共有 48 个图书馆参加，完成了 217 个重点学科的导航库建设，基本覆盖了我国高校主要重点学科。

CALIS 重点学科网络资源导航库（http://navigation.calis.edu.cn/cm/main.jsp），如图 8-10 所示，提供快速检索、高级检索、分类检索方式，用户可依据学科进行浏览或检索。

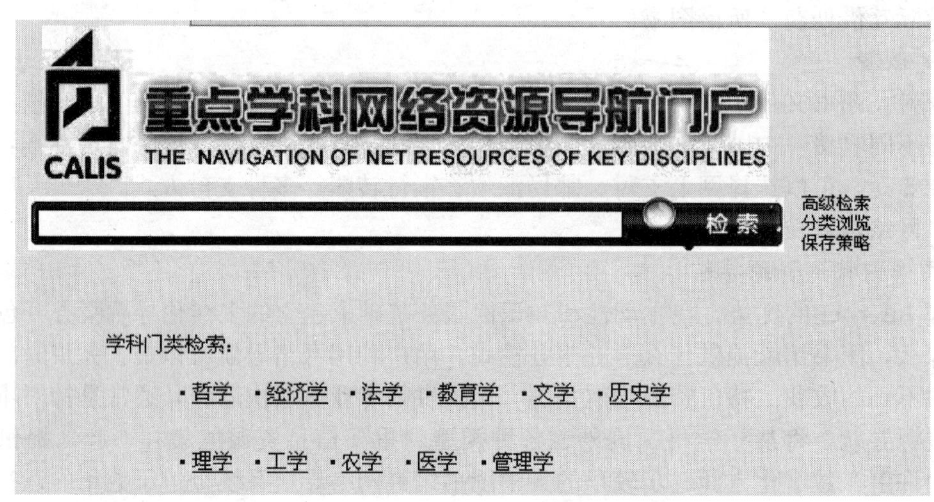

图 8-10 CALIS 重点学科网络资源导航库主页面

3. 搜索引擎导航

搜索引擎是互联网上专门提供查询服务的一类网站，如百度、Google 这样的综合搜索引擎以及 Google Scholar 之类的专门搜索引擎。

4. 图书馆导航

伴随着因特网的普及，中国上网的图书馆已经越来越多，将这些上网的图书馆的网址加以整理在图书馆主页上提供链接，用户点击就可以直接登录到网上图书馆的主页，浏览、查找资源。

四、信息共享空间

信息共享空间是一种经过特别设计的一站式服务中心和协同学习环境，是一种全新服务模式。自第一个信息共享空间（Information Commons，IC）于 1992 年 8 月在美国爱荷华大学图书馆开放以来，便在北美及世界其他许多国家或地区相继诞生和流行起来。信息共享空间综合使用方便的互联网、功能完善的计算机软硬件设施和内容丰富的信息资源（印刷型工具书、电子资源和多媒体资源等），在技能熟练的图书馆参考咨询馆员、计算机专家共同支持下，为读者（包括个人、小组或学术团队）的学习、讨论和研究等活动提供一站式服务，提高读者的信息素养和艺术修养，促进读者学习、交流、协作和研究。信息共享空间一般包括以下功能区：

（1）电子阅览区。电子阅览区配置电脑、打印机及自助扫描设备，安装各种常用软件，读者可在此自行检索、浏览、下载本馆电子资源和网络资源，可联机打印，亦可浏览本馆多媒体光盘或书刊附盘。配备实物音像资料如 VCD/DVD/CD 光盘、录音带、录像带、书/刊附盘、音视频点播节目等，可在电子阅览区阅览。

(2) IC咨询台。IC空间设置咨询台，有专门的参考咨询馆员为读者解答遇到的问题，部分常用的印刷型工具书也放在咨询台供读者使用。

(3) 音像视听区。音像视听区配置有电脑、耳机，可供多人同时单机或者在线使用音像视听资料。该区一般都配有沙发，供读者休息。

(4) 大屏幕放映区。大屏幕放映区提供馆藏影片放映与有线电视欣赏服务。该区安排既定主题放映，也提供小组预约放映。

(5) 研讨小间。信息共享空间提供独立研讨小间，配有投影仪和网络接口，适合小组式的讨论学习。

五、RSS订阅服务

RSS（Really Simple Syndication）是基于XML技术的因特网内容发布和集成技术，是目前使用最广泛的资源共享应用，可以认为是资源共享模式的延伸。

RSS服务能直接将最新的信息即时主动推送到读者桌面，使读者不必直接访问网站就能得到更新的内容。读者定制RSS后，只要通过RSS阅读器，就可看到即时更新的内容。RSS技术被广泛应用于图书馆服务项目之中，如清华大学图书馆的“电子期刊最新RSS推送”。

定制RSS步骤：下载RSS阅读器；复制频道的链接地址（URL）；运行RSS阅读器，从文件菜单中选择“添加新频道”，将链接地址（URL）粘贴到输入框中，再按照提示操作，即完成了一个频道的定制；点击频道名即查阅随时更新的信息。

第五节　网上图书馆

随着因特网的普及，越来越多的图书馆建立门户网站，借助互联网提供资源和服务，将传统的物理图书馆放置在网络上，我们将其称为网上图书馆。网上图书馆能够为用户提供远程服务，拓展与延伸了图书馆的传统服务功能，是网络时代的新型图书馆管理模式和组织形式。这里选取几个国内外有代表性的图书馆，做一简要介绍。

一、国内网上图书馆

1. 中国国家图书馆（http://www.nlc.gov.cn）

中国国家图书馆（National Library of China）是中国的国家图书馆，旧称北京图书馆，一般简称“国图”。国家图书馆总建筑面积25万m^2，居世界国家图书馆第三位。中国国家图书馆是国家总书库，国家书目中心和国家古籍保护中心，履行国内外图书文献收藏和保护的职责。馆藏资源包括图书、期刊、报纸、学位论文 、古籍善本、特藏专藏、工具书、年鉴、电子出版物、缩微资料、视听资料等。国家图书馆全面入藏国内正式出版物，是世界上入藏中文文献最多的图书馆。同时收藏大量外文出版物（包括有关本国的外文书刊）和中文非正式出版物，是国务院学位委员会指定的博士论文收藏馆。截至2009年底，国家图书馆馆藏中文普通图书507万余册，采选多个复本，提供阅览、外借、基藏和保存等服务；馆藏外文图书350万余册。

利用国图的“文津搜索”可以检索馆藏信息资源，其检索界面如图8-11所示。国图的“虚拟现实服务”比较有特色，虚拟现实服务分为虚拟导航和读者站。借助计算机系统对国家图书馆二期馆区的物理建筑结构和阅览室分布等实现环境模拟，用户可通过下载程序，虚拟地“参观”、了解新馆的建筑和业务布局。同时，在虚拟馆内特定地点布置专门设备，提供图书馆电子图书的浏览服务与体验。读者可通过非接触式的虚拟交互方式翻阅计算机上的电子图书。

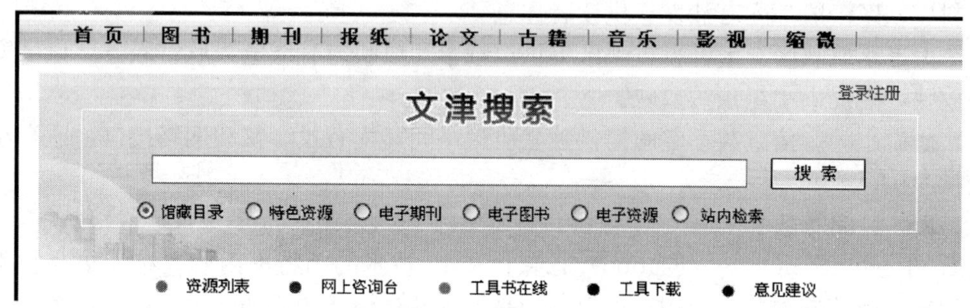

图 8-11 文津搜索主页面

2. 上海图书馆（http://www.library.sh.cn/）

上海图书馆是一个研究型公共图书馆，建于 1952 年 7 月，原址位于南京西路 325 号。1996 年上海图书馆新馆正式对外开放，成为一个大型综合性研究型公共图书馆，跻身于世界十大图书馆之列。现有馆藏各类文献达 4998 万册（件），馆藏图书 1000 多万册，是我国第二大公共图书馆，资源类型包括：中外文图书、报纸、期刊、碑帖、地图、中国家谱、古籍、数字文献、专利文献、技术标准资料、科技报告、音像资料、产品样本资料等。作为国务院新闻办主办的“中国图书推广计划”子项目之一，上海图书馆与全球在线计算机图书馆中心（OCLC）以及中国国内外 65 家图书馆和信息机构建立了馆际互借协作关系，实现了跨行业、跨地区、跨国界的图书馆之间的资源共建共享。

3. 中国科学院国家科学图书馆（http://www.csdl.ac.cn/）

中国科学院国家科学图书馆是支撑我国科技自主创新、服务国家创新体系、促进科学文化传播的国家级科技文献情报机构，主要为自然科学、交叉科学和高技术领域的科技自主创新提供文献信息保障、战略情报研究服务、公共信息服务平台支撑和科学交流与传播服务。中国科学院国家科学图书馆于 2006 年 3 月由中国科学院所属的文献情报中心、资源环境科学信息中心、成都文献情报中心和武汉文献情报中心四个机构整合而成，其馆藏总量达 520 万件，藏书 440 万册。其网上图书馆建立了中文科技期刊的基于 Web 的科技文献文摘、引文、联合目录馆藏的科技知识服务体系，面向广大机构和个人用户提供中文科技期刊文献资源的有效发现和评价服务。

4. 北京大学图书馆（http://www.lib.pku.edu.cn/portal/index.jsp）

1902 年建馆，其前身是京师大学堂藏书楼，辛亥革命后，京师大学堂藏书楼改名为北京大学图书馆。百余年来，北京大学图书馆已发展成为资源丰富、现代化、综合性、开放式的研究型图书馆，馆藏文献资源总量 1590 万余册，其中以 150 万册中文古籍为世界瞩目，其中 20 万册 5 世纪至 18 世纪的珍贵书籍，是中华民族的文化瑰宝。此外，外文善本、金石拓片、1949 年前出版物的收藏均名列国内图书馆前茅，为研究家所珍视。近年来引进的国内外数字资源，包括各类数据库、电子期刊、电子图书和学位论文在内达数十万种。中国高等教育文献保障系统（CALIS）的管理中心和全国文理中心、中国高校人文社会科学文献中心（CASHL）、教育部高校图书情报工作指导委员会秘书处、中国图书馆学会高校分会秘书处等机构设在北京大学图书馆。

5. 清华大学图书馆（http://www.lib.tsinghua.edu.cn/）

清华大学图书馆始建于1912年，拥有以自然科学和工程技术科学文献为主体，兼有人文、社会科学及管理科学文献的多种类型、多种载体的综合性馆藏体系。清华大学图书馆在近百年的发展历程中，累积了一批颇具特色的馆藏，包括古籍、清华文库、清华学位论文库、特色资源数据库等。2009年末的实体馆藏总量376万册（件），其中包括20多万册古籍和一批甲骨、青铜器和名人字画等文物珍品。

清华大学图书馆在网上提供网上信息服务，包括查找资料、学术信息门户、数据库、电子期刊、电子图书、特色资源、馆际互借和文献传递服务、学科服务、科技查新、代检代查等。

二、国外网上图书馆

1. 美国国会图书馆（http://www.loc.gov/index.html）

美国国会图书馆（The Library of Congress）建于1800年，是美国的四个官方国家图书馆之一，也是全球最重要的图书馆之一。美国国会图书馆是在美国国会的支持下，通过公众基金、美国国会的适当资助、私营企业的捐助及致力于图书馆工作的全体职员共同努力建成的，它是美国历史最悠久的联邦文化机构，已经成为世界上最大的知识宝库，是美国知识与民主的重要象征，在美国文化中占有重要地位。美国国会图书馆保存各类收藏近1亿2100万项，超过三分之二的书籍是以多媒体形式存放的，其中包括很多稀有图书、特色收藏、世界上最大的地图、电影胶片和电视片等。美国国会图书馆开发的全球法律信息网络（Global Legal Information Network）、THOMAS公共立法信息系统、合作性数字化参考服务（CDRS）导引计划，都可以通过Internet随时向研究人员提供信息与咨询。

2. 大英图书馆（http://www.bl.uk/）

大英图书馆（The British Library），也称不列颠图书馆、英国国家图书馆，于1973年7月1日建立，是世界上最大的学术图书馆之一。图书馆位于伦敦和西约克郡，由前大英博物馆图书馆、国立中央图书馆、国立外借科技图书馆及英国全国书目出版社等单位组成。英国图书馆藏有国内专著、档案及法律缴送的连续出版物、海外当代图书与连续出版物、英国及海外早期印刷书、文字产生以来的东、西方手稿、前印度办事处的档案与图书资料、印刷或手绘地图及乐谱、集邮资料、声像资料、各种形式的商业情报、专利说明书、会议录和数以百万计的英国与海外报告、论文及缩微制品等。

3. W3虚拟图书馆（http://www.w3.org）

W3中心的虚拟图书馆（VIRTUAL Library）将世界上有专业属性的重要的WWW服务器都集中起来，并在其主页上显示。点击屏幕上的"VIRTUAL Library"，可得到按照英文字母顺序排列的专业列表。点击专业名称即可导向该专业的专门WWW服务器或主页，由此打开具体的信息资源。

4. 哈佛大学图书馆（http://hul.harvard.edu/）

哈佛大学位于美国波士顿附近的剑桥城，建于1636年，是美国最古老的大学。哈佛大学图书馆拥有1500余万册藏书、550万卷微缩胶卷、650万份手稿及500万份照片、地图和录音带等研究资料，是美国最大的大学图书馆，也是世界上藏书最多、规模最大的学术图书馆，这些蕴藏思想智慧的综合性的馆藏资源对哈佛师生的学习研究发挥着重要作用。哈佛的电子书籍收藏系统十分强大，学生们几乎可以查看到每一期学术刊物的电子版本。

第六节 数字图书馆

一、数字图书馆概述

（一）数字图书馆的一般概念

数字图书馆 Digital Library，简称 DL。1993 年由美国国家科学基金会（NSF）、美国国防部尖端研究项目机构（DARPA）、美国国家航空与太空总属（NASA）联合发起的数字图书馆创始工程（DLI）提出了“数字图书馆”一词，以后数字图书馆一词便迅速被图书馆界及其他相关领域所使用。至今中外对“数字图书馆”还没有一个明确、完整的定义，即使是身处数字图书馆研究前沿的美国，数字图书馆的定义也是随着数字图书馆研究和建设的深入而在不断完善。

“数字图书馆是向用户群体提供便于查找利用庞大的、经过组织的信息和知识存储库的系统。这个信息组织的特点是没有预知的关于信息使用的详情。用户进入这个存储库，重新组织和使用之。这种能力由于数字技术的能力而大大增强”。这一概念描述是美国在 1995 年召开的联邦信息基础结构与应用项目（IITA）数字图书馆专题研讨会上提出，后来又有了扩充和完善。

“数字图书馆并不仅仅是一个有着信息管理工具的数字收藏的等价词，数字图书馆更是一个环境，它将收藏、服务和人带到一起以支持数据、信息乃至知识的全部流程，包括从创造、传播、使用到保存的全过程。”这是 1997 年 3 月在美国国家科学基金会（NSF）赞助召开的关于“分散式知识工作环境”专题讨论会上，对数字图书馆概念的描述。

“数字图书馆是把众多地方资源连在一起的虚拟技术，能够使最广大的用户最大限度地获取信息，得到信息服务。数字图书馆馆藏不应局限于原件的替代品，还应包括用印刷方式表现或传递的实物，并将其数字化。”这是美国研究图书馆协会（ARL）给出的定义。

由此也可以看出美国对数字图书馆的定义侧重于数字图书馆技术，更多强调技术的具体作用。

1996 年在北京召开的第 62 届国际图联（IFLA）大会，数字图书馆的问题成为该会议的一个讨论专题。在会上 IBM 公司和清华大学图书馆联手展示了“IBM 数字图书馆方案”，我国正式提出了数字图书馆的概念。我国对数字图书馆的认识，则是从信息资源数字化开始的，认为“数字图书馆是传统图书馆的扩展”，“数字图书馆是用数字技术收集、存储和组织信息，并通过计算机网络查询和检索信息的一种现代化的信息系统”，“数字图书馆是一个数字化的信息系统，它将分散于不同载体、不同地理位置的信息资源以数字化方式储存，网络化方式相互连接，提供即时利用，实现资源共享”。

国家图书馆将数字图书馆定义为：国家信息基础设施提供关键性信息管理技术，同时提供其主要的信息库和资源库。换句话说，数字图书馆是国家信息基础设施的核心。

综合各界对数字图书馆的定义，本书归纳后得出这样一种比较普遍的定义：数字图书馆是对以数字化形式存在的信息进行收集、整理、保存、发布和利用的实体，其形式可以是具体的社会机构或组织，也可以是虚拟的网站或者任何数字信息资源集合。

（二）数字图书馆的特征

数字图书馆是数字化技术、超大规模数据库技术、网络技术、分布式处理技术、信息抽取技术等诸多高技术的结合，信息技术的集成在数字图书馆的建设中扮演了非常重要的角色。数字图书馆不是简单的互联网上的图书馆主页，它提供了一整套面向对象的、分布式的、平台无关的数字化资源的集合，作为知识中心快捷地为用户提供信息。与传统图书馆相比，数字图书馆具有以下特征。

1. 数字化资源

数字图书馆馆藏内容全部是以电子和网上数字信息资源为管理对象，包括所有数字形式的图书馆资源，经过数字化转换的资料或本来就是以电子形式出版的资料；新出版的或经过回溯性加工的资料；资源类型包括期刊、参考工具书、专著、视频声频资料等各种文件格式。

2. 分布式的管理和存取

可以利用网络平台将管理功能分散到网络上，而不是将它们集中于单一的数据中心。过去由于时间和传输限制而无法获取的信息资源，现在都可以通过网络进行分布式的管理和存取。

3. 以用户为中心的服务模式

数字图书馆的服务是开放型的，是以用户为中心的，用户通过网络终端，可在世界上任何地方查询任何开放数字图书馆的信息。也就是说，图书馆的阅览室扩展到用户的办公室、教室甚至家里。而且随着计算机技术的不断完善，定制个性化的个人图书馆已经成为可能。

4. 传播和利用共享化

对社会普遍开放，对所有人群提供均等服务，并且同一信息可多人同时使用。众所周知，一本书一次只可以借给一个人使用。在数字图书馆则可以突破这一限制，一本“书”通过服务器可以同时借给多个人查阅，大大提高了信息的使用效率。

5. 远程传递信息迅速

数字图书馆加快了信息传递、信息交流与信息反馈的速度。读者只要登录网站，轻点鼠标，即使和图书馆所在地相隔千山万水，也可以在几秒钟内看到自己想要查阅的信息。

（三）数字图书馆的信息组织

数字图书馆的信息组织由三部分组成：指针、元数据和数据。指针对应于物理图书馆的排架号，用来唯一标识数据；元数据对应于目录，是一组用来描述数据本身特征的数据集；数据则对应于文献，是数字图书馆的基本信息对象。在数字图书馆信息组织中指针与元数据具有非常重要的作用。

（四）数字图书馆、电子图书馆、虚拟图书馆之间的关系

近年来人们经常提到电子图书馆（Electronic Library）、虚拟图书馆（Virtual Library）的概念，这些概念与数字图书馆之间的关系各界人士众说纷纭，有人认为它们是数字图书馆的不同称谓，有人认为这几个概念涵盖内容基本相同，彼此可以替代，而本书作者认为它们之间有本质区别，在概念上不能混淆。

电子图书馆（Electronic Library）一词最早见于 R. W. Cristian 的《电子图书馆：书目数据库》（1975），而第一次对其明确定义是 K. E. Dowlin 在 1984 年出版的《电子图书馆：前景与进程》中。现在对电子图书馆较为公认的定义是：此类图书馆收藏的不是一本本的印

刷在纸上的图书，而是以电子形式储存、检索文献信息，从而为公众提供服务的图书馆。现在英文的“Electronic Library”多数是指由政府机构提供的门户系统，如佛罗里达州电子图书馆（Florida Electronic Library）。

虚拟图书馆（Virtual Library ）这个概念最早是于1980年由英国不列颠图书馆外借部的计算机与数据通信工作的负责人哈利（A. J. Harley）首次提出的。1992年美国人卡耶（Gapen D. Kaye）在他的一篇论文中把虚拟图书馆定义为：“利用电子网络远程获取信息与知识的一种方式。”指用户可以通过计算机信息网络技术实现的具有传统图书馆的基本功能的网络实体，可以实现跨地域跨时空的信息采集和管理。虚拟图书馆也可以是单一的无形图书馆，或为入门网站（Portals)。这个图书馆或入门网站，创建了一种结合无数的网络电子或数字资源和服务的机制，用户可通过网络远程访问该图书馆提供或汇整的电子或数字资源，或使用该图书馆的服务，例如联机参考咨询。

电子图书馆中的“电子”主要指作用于信息的技术性质，电子图书馆更多地表达了技术上的含义。虚拟图书馆中的“虚拟”用户类似于在实体图书馆（传统图书馆）中的体验，是一种抽象意义上的环境。人们对虚拟图书馆的理解更多的是服务，虚拟图书馆主要是通过网络提供服务，使用户可以方便、快捷、随时随地查阅自己所需要的信息。而数字图书馆中“数字”注重的是信息存在形式，对数字化信息的收藏、用户、信息资源与通信网络必不可少。数字图书馆和电子图书馆都有自己的实体馆藏，是图书馆的一种形态，而虚拟图书馆是一种获取信息的方式或信息空间。

二、数字图书馆与传统图书馆的关系

数字图书馆是在传统图书馆的基础上发展起来的，数字图书馆与传统图书馆之间有许多相似之处：

（1）服务宗旨相同。为用户提供文献信息服务这一宗旨没有改变，且使之更加完善。

（2）核心工作流程相同。最核心的还是对文献信息进行收集、整理、加工、存储，然后提供给用户。

（3）构成的基本要素相同。馆舍、收藏、管理、研究人员、技术设备及用户等仍是缺一不可，只是在内容和形式上有所改变。但数字图书馆有着传统图书馆无法比拟的优势：占用的物理空间小；用户使用更方便；资源类型更加丰富；用户群没有地域限制，允许任何人在任何地方，以任何身份进入图书馆自由查询。

相对于传统图书馆，数字图书馆的确具有更多的优势，从而也引出了数字图书馆能否替代传统图书馆的问题，这一直以来是图书馆界不断争论的热点。图书馆有悠久的历史，经历了古代图书馆、近代图书馆和现代图书馆几个历史时期。传统图书馆在人类社会文明的发展中起到了巨大的推动作用，充分地发挥了文献整序、信息传递、智力资源开发、社会教育和人类文化遗产保存的功能。现代图书馆虽然只有几十年的时间，但变化很大，走过了自动化、网络化阶段，现在又向数字化迈进。

数字图书馆的出现是人们的信息需求与现代高新技术发展的必然结果，数字图书馆不是对传统图书馆的否定，数字图书馆将带动传统图书馆走入一个更广的发展空间。二者优势互补，数字图书馆提高了传统图书馆的服务质量和水平，克服了传统图书馆空间的限制，是对其服务功能在网络上的补充和延伸，例如 ：联机参考咨询服务、联机利用指导等，提供馆藏的增值服务。

传统图书馆是数字图书馆信息资源产生的基石，传统图书馆馆藏资源数字化建设丰富了数字图书馆的内容，而数字图书馆的出现使传统图书馆有了丰富的信息资源保障，拓展了服务空间。传统图书馆文献保存及休闲功能，弥补了数字图书馆目前电子资源尚待克服的长久资源保存问题，也满足了社会大众在信息学习之外的休闲需求，扮演着个人与社会交互联结的公众服务角色。

由此可见，数字图书馆是图书馆发展过程中一种阶段性的产物。数字图书馆与传统图书馆是相互促进、相互完善、共同发展的。图书馆事业的历史和发展，验证了印度图书馆学家阮冈纳赞所说的“图书馆是发展着的有机体”这一法则。本书作者认为，数字图书馆与传统图书馆之间的关系，不是替代的关系，而是相互依存、相互促进的关系，21 世纪图书馆的格局将是数字图书馆与传统图书馆共存互补、有机结合的混合体。

三、国内外数字图书馆建设进展

高新技术的日益普及，知识经济时代的崛起，网上信息的有效管理越来越引起世界各国的关注，数字图书馆是 20 世纪 80 年代末，各国纷纷提出发展信息系统的战略措施。

在美国和英国建立了以局域网络为基础的图书馆网络系统，1993 年美国提出了“国家信息基础结构（NII）”行动计划和建设“全球信息基础设施（GII）”的主张；1994 年欧盟宣布建设信息社会计划；1995 年，俄罗斯杜马通过《俄罗斯信息、信息化和信息保护法》；随后，日本、加拿大、法国、新加坡等国家或地区也都相应地加入到数字图书馆的建设中来。我国数字图书馆研究主要由国家图书馆牵头，走的是一条资源主导型发展模式。自 1995 年开始，国家图书馆跟踪国际数字图书馆的发展动态，先后与中科院、北京大学、清华大学等单位合作研制开发了几个重要的项目，包括：“数字图书馆实验项目”、“基于特征的多媒体信息检索系统的研究开发”、“标准通用置标语言（SGML）的图书馆应用”、“知识网络——数字图书馆系统工程”、“中关村科技园区数字图书馆群软课题研究”，“教育部的数字化图书馆攻关计划”等，并且已经取得了不少的研究成果，为中国数字图书馆工程奠定了良好基础。

经历了 30 多年的建设，时至今日世界范围的数字图书馆建设取得了显著的成就，并积累了一定的经验，设立了一大批数字图书馆项目，本书仅举几个比较有代表性的数字图书馆项目：

1. “数字图书馆联盟”数字图书馆（http://www.diglib.org/）

数字图书馆联盟（DLF）由美国 12 所大学图书馆及国会图书馆联合组成，在促进收藏和推广数字化著作方面发挥了较大作用。DLF 所实施的数字图书馆是公益性质数字图书馆，主要包括了美国大学图书馆核心馆藏、技术报告等进入公共利用的图书资料，其主页如图 8 - 12所示。美国卡内基梅隆大学数字视频图书馆（DigitalVideoLibrary）（http://www.informedia.cs.cmu.edu/）就是此项目的实验基地之一。

2. 英国数字图书馆规划（the eLib Programme）

这是一项由英联邦联合情报系统委员会（Joint Information Systems Committee，简称 JISC）资助和监督的大型研究开发计划。该计划正式开始于 1995 年，共安排预算资金 31 500万英镑，分三个阶段进行。第一和第二阶段包括近 60 个相关的课题，第三阶段自 1998 年开始，目前还在进行过程中。项目的主要目的是带动整个高等教育界开发电子图书馆资源，促进信息技术在英国高等教育系统的应用，这些课题代表英国电子图书馆研究的

图 8-12 DLF 数字图书馆主页

主流。

3. 美国国会图书馆国家数字图书馆项目

美国国会图书馆国家数字图书馆项目（the Library of Congress National Digital Library Program，简称 NDLP）开始于 1995 年，它致力于将国会图书馆馆藏中具有美国特色和历史性意义的文献资料数字化，并通过网络为全世界的用户所利用。这些文献资料包括照片、手稿、珍善本书、地图、录音和影片。NDLP 数字图书馆按照主题组织不同的收藏，每个收藏都可以是一组档案文件、一套累计的资料或 URL 地址或查询检索工具。该项目已经完成，并且可在因特网上检索到的收藏已达到 26 个。美国国会图书馆的“美国的回忆”（American Memory）（http://lcweb2.loc.gov/amhome.html），提供了美国自 1774 年至 1955 间的多类历史、文化、史实性文献。“计算机辅助实现虚拟电子图书馆”（MARVEL）全面介绍美国国会图书馆、美国国会、政府信息、版权信息、该馆的联机系统、全球电子图书馆系统、研究与发展等各类资源。

4. 日本国会图书馆的“电子图书馆”计划

2002 年，日本最大的数字图书馆“日本国会图书馆关西新馆”一期建设竣工、开馆。完成的数据总量仅图像数据就达 1000 多万页，包括许多国宝或作为重要文化财产的珍藏本，如明治时期发行的图书等。日本数字图书馆建设侧重的是公有领域内的信息资料，发挥着保存和拯救历史的重要作用。

5. 澳大利亚国家图书馆（http://www.nla.gov.au/）

澳大利亚国家图书馆的收藏已经成为国家最重要的文化遗产资源。该站内容包括澳大利亚期刊、国家图书馆目录、政府信息、澳大利亚档案及原稿记录等。

6. 欧洲多国的国家书目共享系列项目

与美国不同，欧委会的做法是分散难点、各个击破，支持较多数量应用性明确的中小型课题。这些项目中影响较大的是欧洲多国的国家书目共享。在此领域设立了多项课题，如：“COBRA”（计算机化的书目记录），是由英国、法国、德国、荷兰、葡萄牙、芬兰、瑞士、爱尔兰八国国家图书馆合作进行的；“BIBLINK”（出版机构与国家书目服务连接），是由英国、荷兰、挪威、法国、西班牙五个国家图书馆等九个机构合作的项目；“COBRA+”，是将“COBRA”项目向电子出版物、网络、数字化资源扩展的项目，内容包括“国家书目与欧洲书目的基础设施”、“与出版机构合作参加电子出版”、“数字式馆蒙的基础设施”等子项目，由英国国家图书馆牵头，德国、法国、荷兰、葡萄牙、芬兰、爱尔兰、英国、瑞士八个国家馆合作进行。

7. 我国数字图书馆项目

（1）中国试验型数字式图书馆（CPDLP）。1997 年 7 月获批国家重点科技项目，由国家图书馆为组长单位，上海图书馆等 6 家公共图书馆共同参与建设。1999 年 3 月，国家图书馆文献数字化中心成立，扫描年产量 3000 万页以上，与此同时，部分省、市的数字图书馆研究项目也开展起来，如辽宁省数字图书馆项目、上海数字图书馆项目的研究。2001 年 5 月 23 日，国家重点科技项目“中国试验型数字式图书馆”通过专家技术鉴定。中国数字图书馆已经进入初步实用阶段，中国的数字图书馆研究、建设已经初具规模。国家数字图书馆网址为 http://www. d-library. com. cn/，提供网上图书、信息咨询。

（2）中国高等教育文献保障体系（http://www. calis. edu. cn/）。1998 年 11 月，国家计委批复了中国高等教育文献保障体系（China Academic Library & Informa - tion System，简称 CALIS）建设项目的可行性研究报告，正式启动了中国高等教育数字图书馆一期工程。建设以中国高等教育数字图书馆为核心的教育文献联合保障体系，实现信息资源共建、共知、共享，发挥最大的社会效益和经济效益，为中国的高等教育服务。CALIS 管理中心设在北京大学，下设了文理、工程、农学、医学四个全国文献信息服务中心，华东北、华东南、华中、华南、西北、西南、东北七个地区文献信息服务中心和一个东北地区国防文献信息服务中心。

（3）中国人文社会科学中心（http://www. cashl. edu. cn/portal/index. jsp）。中国人文社会科学中心（China Academic Social Sciences and Humanities Library，简称 CASHL）是全国性的唯一的人文社会科学文献收藏和服务中心，为全国高校的人文社会科学教学和科研提供高水平的文献保障。目前已收藏有 11796 多种国外人文社会科学领域的核心期刊和重要期刊；1799 种电子期刊以及 28 万种早期电子图书；52 万种外文图书；建立了“高校人文社科外文期刊目次库”和“高校人文社科外文图书联合目录”等数据库，提供数据库检索和浏览、书刊馆际互借与原文传递、相关咨询服务等。

（4）我国目前主要有八家数字图书馆建设单位，分别是国家图书馆、文化部全国文化信息资源建设管理中心、上海图书馆、中国科学院国家科学图书馆、北京大学图书馆、浙江大学图书馆、中央党校图书馆、国防大学图书馆。这八家数字图书馆目前在内容建设上各有特色。例如，读者登录中国国家图书馆网站，可查询“碑帖菁华资源库”，其中收录历代甲骨、青铜器、石刻等拓片 23 万余件的影像与数据信息，还有“中国学网络资源库”、“民国专栏资源库”、“甲骨世界资源库”；上海图书馆则有“古籍数字图书馆”、“家谱数字图书馆”、“上海年华主体资料库群”等。

四、我国数字图书馆服务政策指南

2010 年 3 月，全国数字图书馆建设和服务联席会议在上海召开，会议发布了《数字图书馆服务政策指南》与《数字图书馆资源建设指南》，明确了我国数字图书馆服务的概念，即指一个物理的图书馆所提供的数字化的文献信息资源服务，或指无所不在的网络化的虚拟图书馆服务。

其中，《数字图书馆服务政策指南》提出：“数字图书馆的服务应立足于公益性，在尊重和保护知识产权的前提下，提供广域网范围的免费服务。”

（一）数字图书馆的服务对象

在《数字图书馆服务政策指南》中，针对数字图书馆的服务对象作出如下规定：

（1）不同类型的数字图书馆有不同的服务对象。

（2）在条件允许的情况下，数字图书馆的服务，对社会普遍开放，对所有人群提供均等服务。

（3）考虑到服务的优先级和服务相关限定，可对数字图书馆的服务对象划分级别，对部分人群提供跨界服务和有偿服务。

（二）数字图书馆服务方式

（1）数字图书馆的服务应立足于公益性，在尊重和保护知识产权的前提下，提供广域网范围的免费服务。

（2）收费的服务，应依据有关政策，明确收费细目和收费标准。

（三）数字图书馆服务内容

根据服务对象、馆藏情况、基础设施建设情况，提供基于互联网、卫星或移动通信、镜像等多种方式的服务，以便最大可能地满足用户的需求，最有效地利用数字图书馆的资源和服务；服务包括但不局限于资源获取、信息服务、信息素养教育、技术服务、保存服务等。

第九章　Internet 信息资源检索

网络的出现，改变了人们获取信息的方式。过去，人们从实体图书馆获取信息，现在，无论是普通的信息用户还是信息专家，当他们有信息需求时，大多数人会首选网络。如果上网仍不能满足需求，下一步才会去查找纸质资料。如果要马上得到直接答案，人们会用搜索引擎搜一下。如果要做深入调查，人们会用上多个搜索引擎或各类型的网络资源检索工具。许多网络用户都订阅多种 RSS feed 和 e-Mail 新闻组、在线访问多个网站以随时了解新信息。

要想对互联网资源进行专业化的检索，就需要对互联网有完全的了解。尤其重要的是，要了解它的历史和设计原理，关注它的优点，了解它的局限性如何促使各种检索工具的出现，我们在什么时候使用何种类型的检索工具最适宜。

第一节　Internet 资源概述

一、Internet 概述

在 20 世纪 60 年代中期之前，大多数计算机都是独立工作的，同其他的计算机互不连接或通信。1962 年美国麻省理工学院教授 J. C. R. Licklider 在一篇名为《On-Line Man Computer Communication》的文章中展望了连通全球计算机的"银河系网络"。这种想法在当时很超前，但却引起了美国国防部高级研究计划署（ARPA）的 Larry Roberts 的注意。1966 年 Roberts 向 ARPA 提交了一份建议，准备将计划署为数众多的计算机连接在类似于 Licklider 提出的"银河系网络"上。Roberts 的建议被采纳，1968 年 10 月，ARPA 开始着手"ARPANET"研究计划，1969 年，ARPANET 的第一个节点安装在洛杉矶加利福尼亚大学。逐渐地，从事 ARPA 计划的大学和国防部各部门都开始与 ARPANET 连接。

ARPANET 仅仅是一个网络，它还不是后来的 Internet。1973 年，ARPA 在 ARPANET 的基础上启动了另一项"网络的网络"的研究计划，即让联网计算机通过多重链接透明地通信，被公认为 Internet 之父的 Vin Cerf 认为："这叫 Internet 计划，从这一研究涌现出来的网络系统就是众所周知的 Internet"。现在 Internet 泛指全世界利用 TCP/IP 协议建立的各种网络，又称为互联网。

慢慢地，网络开始发展，世界上有越来越多的人提供客户机和服务器，有两个事件加速了网络的普遍应用：第一件是图形网络浏览器的诞生，包括 Voila，Mosaic 等将文本和图像并入单个视窗的浏览器。图形网络浏览器使 Internet 信息能够在视觉上迷人地展示，而在此之前仅限于以 CD-ROM 为基础的多媒体系统，这在网络用户中引发了创造性浪潮；另一件事，是在 1995 年，美国国家科学基金会（NSF）不再是核心 Internet 通信主干网的主要经营者，而将资金和控制权转给了私营企业，公司免费登记".com"域名和确认联机。

以上两个重要事件伴随着个人计算机使用的同步发展，引发了 20 世纪 90 年代末期 Internet发展的浪潮，Internet 从最初的由为数不多的计算机组成的网络发展成为覆盖全球的通信网络，且不断延伸到交通工具、电子产品等领域中来，互联网在深刻地改变着人们的生活。

Internet具有分布式特性，且没有一个指定的中央机构来管理网络，没有人对互联网文件数量的增长制定一个指标，也没有机构对在Internet上设置新的服务器实施控制。这种分散的特性虽然促使互联网迅速成长，但也同时带来了问题。随着越来越多的计算机和Internet连接，网络导航变得越来越困难，用户开始需要能够在网络上检索和查找某一计算机上的信息资源的工具，由此，基于Internet的研究项目应运而生，包括Web、Gopher、WAIS等。

大多数人趋向互换地使用Internet和Web，但是，它们不是同义词。Internet是一个联网协议，允许各种类型的计算机在Internet上相互连接和通信。而Web则是建立在Internet上的一种超文本信息系统，是Internet提供的一种信息检索服务手段。超文本是一种全局性的信息结构，它将文档中的不同部分通过关键字建立链接，使信息得以用交互方式搜索。用户只需点击某一超文本链接，就可以从一个位置跳到另外的位置，从而方便地在Web上获取包括文本、图像、声音、视频等各种类型的文件。

Web是由欧洲核研究组织（CERN）的计算机程序师Tim Berners-Lee于1990年创建的。Web使用超文本标记语言HTML，它是标准通用标记语言SGML的简化形式，用HTML标记格式化的所有网络文件都可以在世界上任何计算机上同样展示。其次，Web网络使用超文本传输协议（HTTP）。HTTP是客户端浏览器或其他程序与Web服务器之间的应用层通信协议，包含命令和传输信息，不仅可用于Web访问，也可以用于其他因特网/内联网应用系统之间的通信，从而实现各类应用资源超媒体访问的集成。第三，使用统一资源定位符URL来分配Internet文件地址。URL是用于完整地描述Internet上网页和其他资源的地址的一种标识方法，俗称“网址”。在Internet上，所有资源都有一个独一无二的URL地址，URL保证客户端程序在查询不同的信息资源时有统一的访问方法。

在Web产生之前，访问Internet信息资源是一项颇具挑战性的工作，用户需要具备专业化的知识和技能。Web的出现带来互联网使用的革命，用户只要执行简单的操作，就可以便捷地从Internet中获取更多的信息。Web是促进Internet飞速发展和普及的核心技术，Web资源是Internet资源的主体，本章讲述的核心就是Web网络资源的检索工具和检索方法。

二、Internet信息资源类型

Internet网络信息资源内容丰富、形式多样，包括商业信息、法律信息、政府信息、教育信息、就业信息、广告信息等，可以说是包罗万象，人们总能发现自己需要的那部分。按照不同的标准，我们可以将Internet网络信息资源划分为不同的类型。

（一）按信息主题划分

1. 新闻网络信息资源

网络在同一时间在全世界范围内传播最新发生的新闻，人们可以不受地域限制获取世界上任何地区的新闻。世界各国主要的新闻网站是人们获取网络新闻信息的主要途径。

2. 学术网络信息资源

学术网络信息资源主要指收录高质量学术期刊的全文、摘要数据库、免费的电子期刊以及用于网上学术交流的Working Paper、e-Print、博客、学术BBS、网络学术出版物、学术会议报告、公开课程、各类课件等。互联网学术信息与图书馆拥有的专业数据库及其他数字信息资源相比较，其查全率比较高，但由于互联网信息主要利用搜索引擎查找，因此，查准率表现得不尽如人意。专业数据库的检索相对于因特网的检索，多了许多信息检索点，如主题、关键词、作者等，使得检索具有较高的专指性，从而使数据库资源的查准率高于搜索引擎。另外，专业数据库中的资源都是经过严格评定的学术性资源，在质量上具有较高的保证，因此，图书馆拥有的专业数据库及其他数字资源是广大科研人员、教师和学生获取学术信息的首选，互联网信息资源在科研中起到有益的补充作用。

3. 专题网络信息资源

随着电子文献的增多，各类专题数据库、专业信息网站、网络专业模拟平台等也在不断地增加。

（二）按信息的来源划分

1. 政府信息资源

各国政府纷纷在 Internet 上发布有关该国家与政府的各种公开信息，进行国家与政府的形象展示。政府信息主要包括各种新闻、统计信息、政策法规文件、政府档案、政府部门介绍、政府取得成就等。

2. 公众信息资源

公众信息资源，即为社会公众服务的机构所拥有信息资源，包括公共图书资源、科技信息资源、新闻出版资源、广播电视信息资源等。

3. 商用信息资源

商用信息资源，即商情咨询机构或商业性公司为生产经营者或消费者提供的有偿或无偿的商用信息，包括产品、商情、咨询等类型的信息。

（三）按网络传输协议划分

1. Web 信息资源

Web 信息资源是建立在超文本、超媒体技术以及超文本传输协议 HTTP 的基础上，集文本、图形、图像、声音为一体，并以直观的图形用户界面展现和提供信息的网络资源形式，是 Internet 资源的主体。

2. Telnet 信息资源

Telnet 信息资源是指借助远程登录，在网络通信协议 Telnet 的支持下，可以访问共享的远程计算机中的资源。Telnet 远程登录的使用主要有两种情况：第一种是用户在远程主机上有自己的账号，即用户拥有注册的用户名和口令；第二种是许多 Internet 主机为用户提供了某种形式的公共 Telnet 信息资源，这种资源对于每一个 Internet 用户都是开放的。

3. FTP 信息资源

FTP 信息资源是指利用文件传输协议 FTP（File Transfer Protocol）可以获取的信息资源。FTP 使用户可以在本地计算机和远程计算机之间发送和接收文件，FTP 不仅允许从远程计算机上获取、下载文件（Download），也可以将文件从本地计算机拷贝传输到远程计算机（Upload）。FTP 是目前 Internet 上获取免费软件和共享软件资源不可缺少的工具。

4. 用户服务组信息资源

Internet 上各种各样的用户通信或服务组是最受欢迎的信息交流形式，包括新闻组（Usenet/News Group）、邮件列表（Mailing List）、专题讨论组（Discussion Group）、兴趣组（Interest Group）等。这些讨论组都是由一组对某一特定主题有共同兴趣的网络用户组成的电子论坛，在电子论坛中所传递与交流的信息就构成了 Internet 上最流行的一种信息资源。

5. Gopher 信息资源

Gopher 是一种基于菜单的网络服务，它为用户提供了丰富的信息，并允许用户以一种简单的、一致的方法快速找到并访问所需的网络资源。全部操作是在一级级菜单的指引下，用户只需在菜单中选择项目和浏览相关内容，就可完成对 Internet 上远程联机信息系统的访问，无需知道信息的存放位置和掌握有关的操作命令。

三、Internet 信息资源的特点

Internet 上的信息资源具有以下特点。

1. 信息数量丰富

Internet 是个开放的信息传播平台，任何机构、任何个人都可以将自己拥有的且愿意让他人共享的信息上传到网上。Internet 信息源中，起主导作用的主要有公共图书馆、网络信息服务商、传统媒体、传统联机服务商、高等院校、科研机构、各类商业公司等。

2. 信息内容多样

Internet 是信息的海洋，信息内容几乎无所不包。有科学技术领域的各种专业信息，也有与大众日常生活息息相关的信息；有严肃主题信息，也有体育、娱乐、旅游、消遣和奇闻趣事；有历史档案信息，也有显示现实世界的信息；有知识性和教育性的信息，也有消息和新闻的传媒信息；有学术、教育、产业和文化方面的信息，也有经济、金融和商业信息。

3. 信息表现形式多样

Internet 是一个集声音、图像、文字、照片、图形、动画、电影、音乐为一体的包罗万象的综合性信息系统。

4. 信息时效性强

利用 Internet 能很快地将信息传播到世界各地。由于几乎在事件发生的同一时间内，就能将信息快速制作、上网，因此，网上信息的更新周期短、内容新颖。

5. 信息具有交互性

Internet 是交互性的，提供讨论、交流的渠道，用户不仅可以从中获取信息，也可以向网上发布信息。在 Internet 上可以找到提供各种信息的人，包括科学家、工程技术专家、医生、律师、教育家、明星以及具备各种专长和爱好人们，也可以找到一些专题讨论小组，通过交流、咨询获得专家和其他用户的帮助，同时也可发表个人的见解。

6. 信息具有关联性

Web 的信息组织是基于超文本的，因此，有关联的信息之间通过链接形成一个相互联系的信息渠道，人们可以由此及彼、由远而近地找到想要的信息。

7. 信息具有开放性

由于 Internet 是一个全球性分布的结构，大量信息分别存储在世界各地的服务器与主机上，随着时间的推移和知识的更新，在不断补充新的信息的同时也不断淘汰旧的信息，以保证信息的整体数量和使用价值。

8. 免费信息资源丰富

Internet 信息大部分是免费的，只要用户有时间、有一定的检索经验，一定可以从网上找到大量所需要的免费信息。

9. 信息组织的局部有序性与整体无序性

各搜索引擎和站点目录都收集大量 Internet 的站点，并按照专业和文献信息类型分类，实现了信息组织的局部有序化。但是，由于 Internet 急剧膨胀，仍有大量信息被淹没在信息的海洋里，这种无序性必将影响信息检索的系统性、完整性和准确性。

第二节　Internet 信息资源检索

在互联网上获取信息，大多数时候并不似我们设想的那般容易。由于网络的分布性特征，除非你对一个网站事先了解，否则，无论是好的、无关紧要的还是糟糕的信息，你都要借助搜索工具。

当网络还相对较新和较小的时候，浏览是查找有关信息的最好方法。浏览的方法既容易又直观，追踪由其他用户创建的超文本链接，点击该链接，就能检索到所需文件。但是，随着网络规模的扩大和向多样性方向发展，一页一页地浏览非常耗费时间，想要迅速、有效地查找有关信息简直难以实现。网络用户强烈需要能够满足他们信息需求的工具，网站目录和搜索引擎应运而生。

这是两种方法迥异的检索工具，但在帮助用户查找网络信息方面各有所长。一般地说，网站目录是一种等级结构的框架，用户可逐级浏览各级主题，通过各级主题下列出的资源地址链接，迅速转向感兴趣的内容。搜索引擎不提供上下层关系，它依据具体的关键词或词组，查找包含它们的相关文献。

一、网站目录

网站目录是按主题等级排列的网站和链接的集合，按照主题对人类知识进行分类，主要的主题领域再被细分为更加细小、专指的子主题。网站目录为每个主题、子主题和最终的具体文档建立超文本链接，允许用户逐级地从一个宽泛的主题类别进入一个专指的子类别或具体文档。这种广泛的链接结构使网站目录成为信息浏览的理想工具，Yahoo!、LookSmart 和 Open Directory（ODP）都是网站目录的典范。

网站目录都是由人工建立的，资源由专业编辑人员进行搜集和筛选，因此，网站目录报道的资源质量比较好。此外，大多数网站目录都对资源链接做出描述或评议，用户在点击和检索超链接指向的网页之前，就已经知道网站或网页的内容是什么了。

（一）建立网站目录的方法

1. 封闭型方法

该方法依靠一组工作人员（通常称作网站编辑）给网站目录主题的每一个类别选择和加注链接。编辑的专长虽有所不同，但是，他们都遵照某种质量控制机制行事，以保证整个目录的一致性。Yahoo! 和 LookSmart 等网站目录就使用封闭型建立方法。

2. 开放型方法

该方法依靠志愿编辑来建立网站目录。开放型方法存在网站目录随时间变化对质量进行控制的问题，但是，由于编辑费用低，并且任何想使用它们数据的人都能经常免费使用，因此，这种方法在网络界很流行。Open Directory，Wherewithal 和其他一些不大知名的网站目录通常采用开放型方法。

（二）网站目录存在的问题

1. 网站目录规模小

因为网站目录是人工建立的，编辑们需要花时间查找合适的资源，同时编写有意义的注解，所以规模与生俱来就比大多数搜索引擎小得多。虽然规模上的局限给用户带来一些不便，但它也有积极的一面，即网站目录具有范围较窄的、质量可靠的目标资源。大多数的网站目录都要求在将网页或网站的链接收录进网站目录以前，编辑对网页或网站至少做一次粗略的评估，以从理论上保证只包括最高品质内容的超链接。

2. 缺少有效的编辑政策

虽然许多网站目录也出版编辑标准和选择标准，但是，政策也难免会有失偏颇。例如，有些政策可能会对一个编辑的工作有利，而对另一个编辑的工作不利。开放式网站目录主要依靠志愿者编辑，因此，经常会出现某些编辑利用他们手中的权力去掉或阻止竞争对手列表的事情。

3. 及时性

网站目录都是由人工维护的，由此产生一个目录时效性的问题。互联网是一个不断变化着的、动态的网络，有些网站关闭了、有些网站改变了地址、有些网站被合并，所有这些事件均会“中断”其在网站目录中的链接。检查链接是保持网站目录时效性的重要组成部分，但不是所有的网站目录都能很好地检查其目录中的链接的。

保持网站目录的及时性还有一种情况，一些不合法的网站为了将自己加入网站目录，会使用“诱饵或开关”策略。他们给网站目录提交一个被编辑认为是合法、健康的网站信息，一旦网站目录加入了它的网址，“饵”网站就会被取下，而由低俗或违法的内容替换。网站链接（和它的基本网址）仍没变化，但是，网站内容与原来网站管理员提交的、并经网站目录编辑批准通过的内容却大相径庭。若出现这种情况，也只有当用户投诉时，欺诈才可能被发现，这类网站才被清除出去。

4. 片面报道

虽然大多数网站目录力图客观地覆盖网络，但是，偏见迹象很难克服。首先，网站目录主题就不可能准确、公正地反映全部网络资源。

其次，片面报道还体现在主题类目大小的不均。某些类目中有成千上万的网站，并且不断增添新的内容。结果，庞大的类目不再适合浏览，用户很难在这些“超载”类目中查找到资源。有些类目很少收录或没有内容，原因可能是由于编辑忽视或缺乏资源，但又想全面覆盖网络而造成的，结果是用户不能从那里获取足够的信息。庞大而片面的类目的实例有 Yahoo！的“Business”类目和 Open Directory 的“Society”类目。

5. 列表收费

网站目录有向网站管理员收取网站目录列表费的趋势。毋庸置疑，这种“付费才能列表”的趋势会将无数有价值的网站拒于遵循这种政策的网站目录之外。

（三）网站目录的检索

大多数网站目录都提供某种类型的检索方法，允许用户在浏览之外，使用关键词提问式从网站目录的深层次获得结果。但是，网站目录仅仅由链接和注解组成，使用网站目录的检索功能时是检索构成这些链接和注解的词，而不是它们所指向的网络文件全文。

由于大多数网站目录都比较小，很少有超过 100 万～200 万个链接的，所以，内部结果经常辅以来自某个通用搜索引擎的附加结果。当网站目录检索未能返回任何结果时，则由搜索引擎伙伴提供的 Fall-through 结果作为主要结果，这些补充结果被称作"Fall-through"或"Fallover"结果。补充结果在显示方式上有别于网站目录结果，例如，检索 Yahoo! 时，有些结果上标有"Web Pages"字样，它们是由 Yahoo! 搜索引擎提供的外部结果。

（四）著名网站目录选介

1. Yahoo!（http://www.yahoo.com）

Yahoo! 是 Web 上最早、最著名的网站目录，也是世人最为熟知的互联网导航服务网站，Yahoo! 网站的主页面如图 9-1 所示。Yahoo! 由美国斯坦福大学电机工程系的博士生大卫·费罗（David Filo）和杨致远（Jerry Yang）于 1994 年创立，总部设在美国加州圣克拉克市，业务遍及 24 个国家和地区。1999 年 9 月，雅虎在全球的第二十个网站雅虎中国开通，包括中文简体版和中文繁体版。Yahoo! 收录的资源包括网站、Web 页、新闻组、FTP 等，既包括学术资源，也包括大量的非学术资源和娱乐信息。作为网站目录的典范，Yahoo! 在主题分类、目录结构等方面颇具代表性。

图 9-1　Yahoo! 网站主页面

Yahoo! 的创建原理以主题为基础，将全部网络资源按内容分为 14 个大类，包括文化艺术、商业经济、娱乐、医疗卫生、政府、健康等，每个大类下又链接多个小类，逐级细分，最后与其他 Web 页、新闻组等具体资源链接。Yahoo! 的目录由编辑人员人工编制，对入选资源的质量做严格的控制。

Yahoo! 具有多层次的目录结构。每个主题目录下的每一层都包含在一篇独立的链接清单中。用户通过单击超级链接的菜单项进入各层。Yahoo! 的类目一般有四级，最后即是具体资源的超链接列表。

Yahoo! 除提供主题目录式的信息浏览外，还提供关键词查询。关键词查询有两种方式。一是在每组类目下提供简单的查询，可检索所有 Yahoo! 收录的内容，另一种查询只检索当前所在的目录项。当某个检索词在 Yahoo! 中检不到相关内容时，它会自动到它的 Web 搜索引擎中检索，提供"Fallover"结果。

Yahoo！的目录内容和服务特性使用户能够快捷地浏览相关网络资源。它链接速度快，数据容量大，数据更新及时，是互联网上最受欢迎的目录型检索工具。

2. Galaxy（http://www.galaxy.com）

Galaxy 于 1994 年 1 月创建，是互联网上最早按专题检索 Web 信息的网络目录之一，主页面如图 9-2 所示。Galaxy 的开发者是商业网络通信服务公司 EINet，1999 年 5 月，Galaxy 成为 Fox/News Corporation 家族的一员。Galaxy 力图收录最多的网络资源，称已收录了互联网上 8 亿多个网页，每个链接都经过信息专家的评审。

图 9-2 Galaxy 网站主页面

Galaxy 将收录的全部网络资源分为十五大类：Commerce（商业贸易）、Home（家庭生活）、Reference（参考信息）Social Sciences（社会科学）、Community（社区）、Humanities（人文科学）、Religion（宗教）、Sports（体育）、Government（政府）、Medicine（医学）、Science（科学）、Technology（技术）、Health（健康）、Recreation（休闲娱乐）、Shopping（购物）、Travel（旅游）。以上大类之间的内容并不是严格区分的，互相之间有时候有交叉，例如，Sports 和 Recreation 中关于运动的内容就有大量交叉。在每一级目录下除显示子类列表外，还显示链接列表，直接点击可阅读链接的文本信息。

同大多数网站目录一样，Galaxy 也提供关键词检索，检索范围有两种，一是检索本站内的资源，另一种是检索整个 Web 资源。

Galaxy 的结果链接列表有简短的描述，并报告资源的类型，如网站、期刊、讨论组、目录等。

3. The WWW Virtual Library（http://vlib.org）

The WWW Virtual Library 简称 VL，是一个老资格的 Web 资源目录，最初由 Web 创始人 Tim Berners-Lee 于 1991 年创建，后逐渐扩大成为一个分布式的网络资源主题指南系统，VL 网站主页面如图 9-3 所示。目前，它由一个松散的志愿者联盟来管理和维护，每个志愿者均是来自各大研究机构和高等院校的学科专家。所有的目录资源均由各位学科专家负责分析和甄别，筛选出有较高质量的使用价值的精华部分，再加上描述和评价，最后组织成目录。VL 的目录具有很高的学术性，且内容更新及时，在世界各地设立了多个镜像站点，具有广泛的影响。

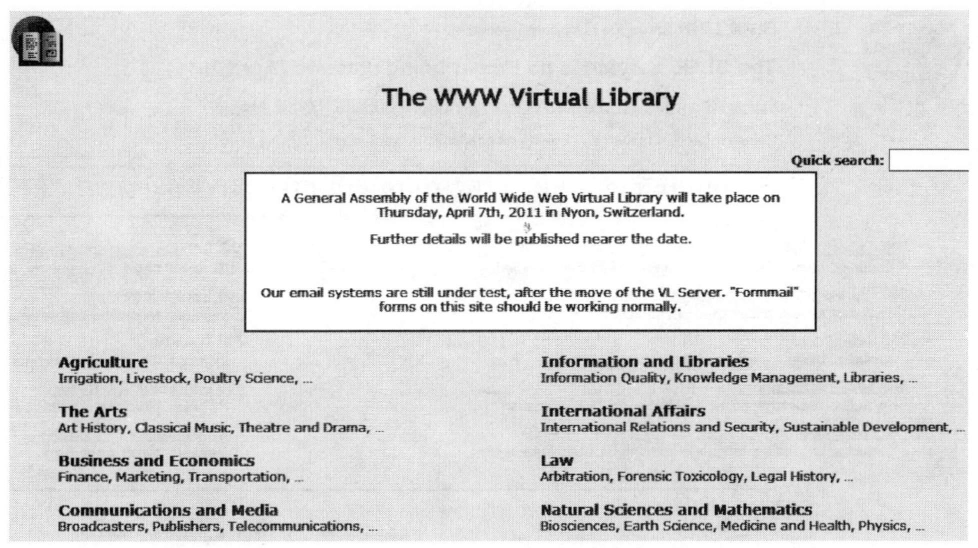

图 9-3　VL 网站主页面

作为一个分布式的网站目录，该系统目前有 280 多个专业主题目录。中心目录分为 16 大类，包括人文学与人文研究（Humanities and Huanistic Studies）、法律（Law）、商学与经济学（Business and Economics）、社会学（Society）、国际时事（International Affairs）、社会行为学（Social and Behavioural Sciences）、地域研究（Regional Studies）、自然科学与数学（Natural Sciences and Mathematics）、娱乐休闲（Recreation）、计算与电脑科学（Computing and Computer Science）、工程学（Engineering）、资讯与图书管理（Information and Libraries）、教育学（Education）、农业（Agriculture）、文学艺术（The Arts）、通信与传媒（Communications and Media）。用户可以从学科分类或主题字顺出发查检其中心目录，并按其链接进入各个专业的 VL 服务器。

4. BUBL LINK（http://bubl. ac. uk）

BUBL LINK 原名为 Bulletin Board for Libraries，是互联网上老牌的学术目录，由英国 Strathclyde 大学于 1990 年创建，主页如图 9-4 所示。

BUBL LINK 只收录互联网上的学术信息，服务的对象是高等教育群体。其提供的信息资源全部经由专业人员的选择、评价、编目和描述。资源类型包括参考书目、传记、书店名录、词典、姓名地址录、邮件列表、参考数据、文档、词表、图书及文本、散文、导航指南教学资料、期刊、期刊列表、杂志列表、诗歌、会议录等。

BUBL LINK 以《杜威十进分类法》（DDC）对资源进行分类，并以美国国会图书馆标题做主题分类，因此使用者可以通过主题分类和杜威十进分类方式进行资源的浏览。2011 年 4 月开始，BUBL LINK 资源停止更新。

5. Intute（http://www. intute. ac. uk/）

Intute 是面向教育和科研人员，提供高质量网络资源的学术网站目录，主页如图 9-5 所示。Intute 由曼彻斯特大学牵头，由众多的合作伙伴共同建设和管理。Intute 目录链接资源全部由学科馆员选择和评价，主要报道高质量的教育和研究方面的网络资源，面向的对象为讲师、研究人员和学生。

图 9-4　BUBL LINK 网站主页面

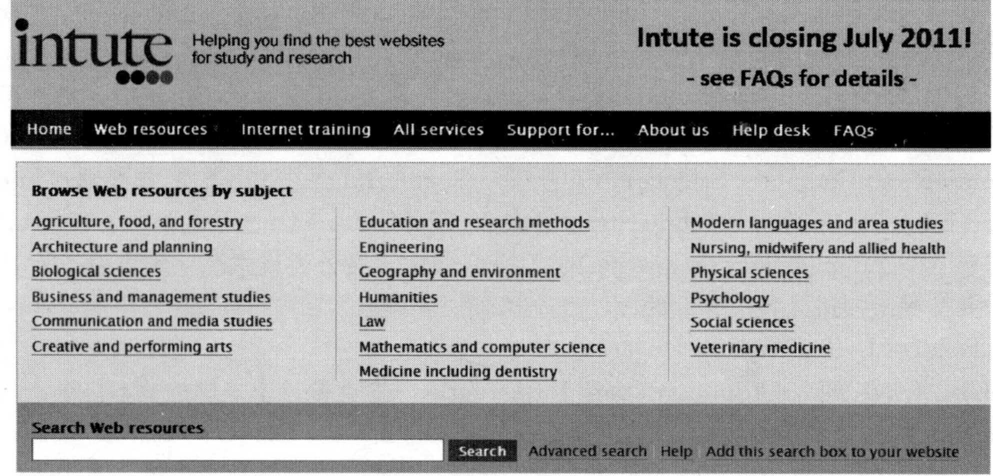

图 9-5　Intute 网站主页面

Intute 目录体系庞大，资源主题包括科学与技术、建筑与规划、工程、法律等，几乎涵盖了所有的学科领域。网络资源类型包括各类文章、期刊、数据库、教育科研机构网站、教育学习资料、多媒体、出版社、新闻、学科搜索引擎等，用户可以根据资源类型、主题浏览或检索资源。此外，用户不仅可以通过 Intute 这一平台进行跨库检索，查询各种信息，而且还可以利用免费的网上课程进行学习。

Intute 的资金来自英国信息系统联合委员会 JISC（Joint Information Systems Committee），同时受到艺术与人文研究委员会（AHRC）以及经济与社会研究委员会（ESRC）的协助。但是，由于经费出现问题，Intute 宣布将于 2011 年 7 月关闭，继续寻找新的生存模式。

6. IPL2（http://www.ipl.org/div/special/）

IPL2 整合了 the Internet Public Library（IPL）和 the Librarians' Internet Index（LII），

更名为 IPL2，主页如图 9-6 所示。IPL2 主要由美国 Drexel University 管理与维护，收录各地区图书馆的资源，使其成为在网络上能够阅读的资料。IPL2 强调每一份资料都必须是经过审慎选择、归类并加入简要描述的。每一个主题下都有一段关于这个主题的简短介绍，包括目录的维护者、本主题下所收的资料类型等。

除功能强大的目录体系外，IPL2 还提供在线参考咨询中心，用户可以通过电子邮件咨询问题。该网站的最大特点就是，用户进入之后，就好像在使用一般传统图书馆。

图 9-6　IPL2 网站主页面

除以上介绍的网站目录外，互联网上还存在诸多优秀的综合或专业的目录式检索工具：

DOAJ（http://www.doaj.org/），互联网开放获取期刊目录；

OpenDOAR（http://www.opendoar.org/），互联网开放获取资源网站目录；

LII（http://sunsite.berkeley.edu/），由 Berkeley Digital Library Sunsite 建立并维护；

LII（http://www.law.cornell.edu/），Legal Information Institute，由 Cornell University 大学的法律学院创始，专门报道法律信息；

Britannica Internet Guide（http://www.eblast.com），分类浏览各类信息以及大英百科全书的有关内容；

Odden's Bookmarks（http://oddens.geog.uu.nl/index.html），主要报道制图信息。包括地图和图册、制图材料商、图集、制图部门、政府制图部门等等信息资源；

Fuld & Company（http://www.fuld.com/i3/index.html），商业和经济类专业网站目录，内容从宏观经济到个别专利和股票报价信息，应有尽有。

二、搜索引擎

（一）搜索引擎概述

互联网的发展与普及，不知不觉间将我们推进搜索引擎时代。越来越多的人相信通过搜索引擎能从网上获得任何想要的信息，Alta Vista、Google 类搜索引擎正在改变用户的信息使用习惯。

搜索引擎是收录网页全文索引的数据库，它利用软件在网络上爬行，自动抓取网页并存储在自己的数据库中，接下来对网页进行部分或全部的索引，最后提供给用户一个检索机制和用户界面以提供使用。当使用搜索引擎时，实际上是在检索这些被搜索到的网页的数据库，而不是检索网络本身。

1. 搜索引擎的组成

（1）网络搜索程序。网络搜索程序又称为 crawler、worm、robot 或 spider，是搜索引擎用于查找和抓取网页的一套计算机程序。网络 crawler 的作用很像网站浏览器，通过向网络服务器发出对某一网页的请求，下载整个网页，然后存储在搜索引擎索引数据库里。大多数网络 crawler 能同时请求数百甚至数千个不同网页。

网络 crawler 不会自动“遍游”网络，它以两种方式查找网页。第一种方法是利用“add URL”（添加网址）栏。大多数搜索引擎都有一个“add URL”栏，允许网络作者通知搜索引擎某一个网页的地址，网络 crawler 只需登记提交的所有的网址，并检索基础网页。

在网络发展的早期，使用这种提醒搜索引擎注意新网页的方法效果良好，但麻烦也随之而来，垃圾网页的作者会将数以百万指向垃圾网页的网址添加进“add URL”栏，结果通过添加网址栏提交的几乎 95%的网址都是被搜索引擎拒收的。经过一段时间之后，使用添加网址栏的方法逐步被淘汰，大多数搜索引擎开始采用更易于控制的第二种方法。

查找网页的第二种方法，是利用嵌入大多数网页中的超文本链接。当网络 crawler 取来网页后，会选择网页上的链接并将它们排队，供下次搜索之用。从现实网页采集的链接明显减少了网络 crawler 遭遇垃圾的数量，因为大多数网络作者只链接被他们认为是高品质的网页。

因为大多数网络 crawler 同时发出数千页网页请求，所以，必须经常把“将要访问”的网址队列与已存在于搜索引擎索引里的网址做比较，除去队列中重复的部分。对于已经被引的网页，crawler 必须确定是否有足够时间来再次访问该网页，以保证索引中的是最新的版本。由于搜索是一种费钱的、资源密集型操作，大多数搜索引擎必须限制将要搜索和标引来自每一网站的网页数量。

（2）搜索引擎标引程序。标引程序用于标引网页中的每个词，并将被标引的词存储在数据库中。当网络 crawler 抓取来一张网页后，就将其交给标引程序，标引程序用一种倒排索引数据库将网页全文中的词存储起来，每个索引款目存一个词，词的后面列出包含该词的文档的列表，或该词在文档里出现的实际位置。这种结构非常适于使用关键词的检索式，用它可以快速查到含有所需关键词的文档。

例如，在词组“life is good”、“bad or good”、“good love”和“love of life”的倒排索引中，须包含每个词组的每个词及该词在词组内的位置，表 9-1 为倒排索引的结构。

表 9-1　　一个典型的倒排索引数据库结构

bad	(2，1)			love	(3，2)	(4，1)	
good	(1，3)	(2，3)	(3，1)	of	(4，2)		
is	(1，2)			or	(2，2)		
life	(1，1)	(4，3)					

为了提高检索效率，标引时常采取以下方法。

1）规定“禁用词”。有些搜索引擎将某些在文章中出现频率过高的词视为“禁用词”，“禁用词”因为在文章中出现的频率过高，乃至对缩检几乎没有实际意义，因此不作为索引词，如上例中的 is、or 和 of。连词、代词、冠词、疑问词及一些普通的动词、名词、副词等常被视为禁用词。

2）去除全部标点符号和空白。

3）将所有的字母转换为小写体。

4）一些搜索引擎采取将词截断为词根的形式，依靠提问式处理程序将后缀加到检索词的词根上，目的是缩小索引词表的体积并提高查全率。

5）标记每个词的位置，允许使用运算符“NEAR”限制检索。

6）搜索引擎还可以匹配词组或句子，甚至更大段的文本。

7）如果搜索引擎除了标引网页正文外，还能标引 HTML 代码，则还可以检索网页中的特定对象，如标题、网址、正文等。

（3）提问式处理程序。提问式处理程序被视为搜索引擎中最为复杂的部分，它将提问式与索引进行比较，并提交匹配后的结果文档。

提问式处理程序由主用户接口（检索框）、评价提问式并将其与索引数据库中相关文件匹配的实际“引擎”和结果输出程序。

搜索引擎在检索方式和结果格式上差异很小。检索一般都分为基本检索和高级检索两种方式，每种检索方式均提供略有差异的限制和用户规定的其他功能。大多数结果格式同样是相似的，如显示检索结果和许多额外提示等。

搜索引擎之间的主要区别在于相关性的计算方法。每个搜索引擎使用的方法都不相同，有些搜索引擎主要根据文本的统计分析查找与某一提问式最为相关的文件；有些搜索引擎则运用链接分析，通过查找被其他网络作者针对某一提问式引用最多的文档的办法来计算相关度。

一个搜索引擎怎样计算相关性，是最终形成它的“个性”和确定其是否适于处理某一特殊类型提问式的关键。检索人员应事先了解搜索引擎对某种提问式处理能力如何，从而挑选合适的搜索引擎。

2. 搜索引擎存在的问题

（1）搜索成本。搜索网络是一种资源密集型的工作。搜索引擎供应商必须保持计算机与网络同步飞速发展和与 Internet 高速连接的足够能力。抓取网页、建立索引数据库、对提问式处理都需要高昂的费用。总的说来，搜索是维护搜索引擎中成本最为昂贵的部分，因此，必须将搜索成本控制在一定的预算范围之内。

控制搜索成本的方法不尽相同，有些搜索引擎限制其索引里的页面总数，当发现更新后页面时就去除旧的页面；有的搜索引擎限制再搜索的频率，因此，索引里的页面可能是过时的；有些搜索引擎将其搜索限制在某些部分或领域。

以上种种控制成本的方法意味着许多网页被排除在搜索引擎的索引之外，几乎没有搜索引擎能拥有一个十分全面的网络索引。

（2）网络 crawler 的处理能力。Crawler 根据它们在其他网页查找到的链接，来查找未被标引的网页。如果没有一个指向某网页的链接，Crawler 就不能检索该网页，除非网页已被提交至搜索引擎的"add URL"栏内。

Crawler 编辑搜索引擎的另一个问题是及时性问题。这种时滞来自两个方面：第一，网络发布网页和 crawler 查找网页存在时间差；第二，Crawler 第一次查找网页与为了查找新的内容再检索网页之间存在时间差。这两种时间问题都可能会造成搜索结果不完全或不精密。

当代的 crawler 还没有能力来确定一个网页的质量或适合性，或它是否经常改变，并能及时再搜索。

（3）用户期望和搜索能力存在差距。用户经常对搜索引擎的处理能力及其收录的数据有不现实的期待。要从数百万或数十亿网页中选出最相关的一小部分信息资源，仅仅在一个检索框中输入少量关键词几乎是不可能实现的。

（4）检索速度与结果的矛盾。由于用户普遍期望从搜索引擎得到瞬时的结果，因此，为满足这种对速度的需求，搜索引擎很少对提问式做出尽可能透彻的分析。追求速度的目的会导致检索不深入并牺牲某些重要的结果。

（5）偏向文本。目前，大多数搜索引擎标引的都是文本文档。对于非文本对象如图像、音频、视频和其他流式媒体文件的标引很少。虽然出现了一些专门的多媒体搜索引擎，但仍以文本搜索引擎为主，因此，网络上大量的多媒体信息资源很难利用搜索引擎查找到。

3. 搜索引擎与网站目录的比较

针对检索人员特定的信息需求，搜索引擎和网站目录的功能各有所长，表 9-2 比较了这些主要特征。

表 9-2　　网站目录和搜索引擎功能比较

网站目录	搜索引擎	网站目录	搜索引擎
规模小	无本身或人为规模限制	检全率低	检全率高
选择的链接质量高	链接庞杂，无质量控制	经常能指向网站高层网页或主页，但不能指向深层网页	可以标引每个网站上的多数网页全文

人们认为只要将主要搜索引擎索引的结果综合起来，就会得到较为全面的网络资源，但事实并非如此。《搜索引擎排行榜》的所有人 Gregl Notess 的研究表明：搜索引擎与网站目录之间很少重叠。搜索引擎对常见的、充分链接的页面的重复检出率，要远远高于对过时的、不常见的页面的检出率。因此，搜索流行或最新的信息使用搜索引擎效果较好，查找不寻常或稀少的东西，应同时使用搜索引擎与网站目录。

由于网站目录与搜索引擎在处理信息方面各有所长，因此，这两类搜索工具互相取长补短，越来越多的网站目录同时提供搜索功能，搜索引擎也会提供网站目录导航，它们之间的区别渐趋模糊，但主要功能仍有侧重。

（二）通用搜索引擎选介

1. Google

Google 创立于 1998 年，是目前公认的全球规模最大的搜索引擎，在美国搜索市场的份额占到 60%以上，在中国搜索引擎市场的份额也占到 30%以上。Google 拥有上百亿的网页，能够提供网站、图像、新闻组、股价、地图等多种资源的查询。用户可以登录 Google

主页，也可以通过使用Google工具栏，在网上的任意位置执行Google搜索，还可以通过WAP和i-mode手机等无线平台使用Google。

Google支持多语言查询，提供145种语言的查询界面及57种语言之间的即时翻译。Google的搜索服务包括：iGoogle自定义搜索、博客搜索、财经搜索、地图搜索、购物搜索、视频搜索、图片搜索、图书搜索、网页搜索、新闻搜索、字典搜索、音乐搜索等。

Google的搜索很简单，只要在搜索框中键入任何关键词，按Enter键或点击搜索按钮，Google就会在网络上搜索与该关键词相关的内容。为了使检索结果更加精确，现简要介绍Google的一些检索规则。

（1）点击Google主页上的手气不错按钮，将直接进入到第一项结果，而不再返回资源地址列表。

（2）通常，搜索引擎会使用查询框中输入的所有字词进行查询，因此，要尽量使用会在网页上出现的词进行检索。要尽量使用能够给出准确答案的检索词并尽量减少检索词的数量。

（3）Google不区分大小写，搜索“new york times”与搜索“New York Times”获得的结果相同。

（4）标点符号（包括@＃＄％^&＊()＝＋[]\）及其他特殊字符）被视为禁用词，都会被自动忽略。但有些特殊情况下它们会被保留：热门查询词中的标点具有特殊含义，不会被忽略，例如“C＋＋”或“C＃”；美元符号“＄”用于表示价格；连字符“-”有时表示它所连接的两个字词有非常密切的联系；两个字词之间的下划线符号“_”不会被忽略，例如“quick_sort”。

（5）默认AND原则。当输入多个检索词之后，Google假定你想查找包含全部检索词的网页。

（6）查找天气。在检索框输入要查询的城市名，加“tq”或“天气”即可获得结果。例如，“沈阳tq”。

（7）查找某一类型文档。Google支持13种非HTML文件的搜索，除了PDF文档，Google还可以搜索doc、ppt、xls、rtf、swf、ps和其他类型文档。例如，想查找PDF文档而不要一般网页，只需搜索“关键词filetype：pdf”就可以了。

（8）词组搜索“”。词组搜索系指当输入多个检索词之后，Google将严格按照该词组的形式查找结果，不对搜索词组进行任何变动。使用双引号界定多个检索词，可以查找到各个单词按相同词序在一起出现的网页。适用于检索词含义专指性不太强的情况，例如，检索一句歌词“Girl，I'm leaving you tomorrow”。

（9）通配符搜索“＊”。如果事先没有搞清楚某个字句的某个部分到底是什么，可以使用通配符＊对这个字句进行扩检。例如，输入“平武＊寺”，会返回四川平武报恩寺的相关内容。查询“Obama voted ＊ on the ＊ bill”会返回关于奥巴马针对不同提案投不同票的报道。注意，“＊”运算符只能代表整个单词，不能代表单词的一部分。

（10）运算符“OR”。Google的默认运算是“AND”，若希望专门搜索若干字词中的任意一个字词，可以使用“OR”运算符（“OR”必须全部是大写形式）。例如，“旧金山巨人队2004 OR 2005”的检索结果包含其中任意一个年份的搜索结果，而“旧金山巨人队2004 2005”会显示同时包含两个年份的网页。符号|可以代替“OR”。

（11）在特定网站内搜索。Google 允许指定搜索结果必须来自特定网站。例如，查询“伊拉克 site：nytimes. com”会仅仅返回来自 nytimes. com 网站上关于伊拉克的网页。还可以指定一类网站，例如“伊拉克 site：. gov”会仅仅检索来自 . gov 域的搜索结果。

（12）排除字词“－”。在字词前紧靠该字词位置加一个减号，表示不希望搜索结果中出现包含该字词的网页。减号应该紧靠相应字词，并且减号的前面应该加一个空格。例如，“美洲虎 －汽车 －足球 －操作系统”。“－”不仅仅用于排除字词，还可以排除特定网站，例如，在“site:”操作符之前加一个减号（中间无空格），可以从搜索结果中排除特定的网站。

（13）精确搜索“＋”。Google 搜索自动采用同义词，因此会返回包含同义词的搜索结果。在关键词前边加一个“＋”（不要在“＋”后面添加空格），Google 将会搜索与您输入的内容完全匹配的字词，这与在单个字词上加双引号的作用是一样的。

（14）Google 图像检索。Google 图像检索采用了依据图像所在网页上的文字来确定主题的方法，所以检索词的选择与使用 Google Web Search 时没有什么差别。在 Google Web Search 中使用的基本运算符在这里同样适用，可以使用高级检索确定图片的类型。Google 手机图片搜索支持按输入的某一图片查找网络上相关图片信息。

（15）文件类型转换。有的时候，Google 查找到的不是 HTML 格式文件，例如，检出的可能是 PDF 文件，Google 能够将这种文件转换成 HTML 或文本格式。

Google 坚持不出售搜索结果中的排名，也不允许有人通过付费来提高在搜索结果中的排名。检索结果按照与检索式的相关度进行排序，被 Google 认为是最相关的网页被排在前面。在检索结果的上方或者右方有个阴影区，这是显示广告的地方，Google 将广告标记为“赞助商链接”并加上底纹。

2. 百度 Baidu

Baidu 由百度公司于 2000 年推出，是全球最大的中文搜索引擎，拥有超过数百亿的中文网页资源。除网页搜索外，百度还提供 MP3、图片、视频、地图等多样化的搜索服务，在中文搜索支持方面有些地方甚至超过 Google，是目前国内技术水平最高的搜索引擎。

检索性能：百度目前主要提供中文（简/繁体）网页搜索服务。如无限定，默认以关键词精确匹配方式搜索，支持“－”号、“.”号、“|”号及“link”等特殊搜索命令。此外还提供一些特色搜索功能，如百度快照、相关搜索、拼音提示、错别字提示、计算器和度量衡转换、专业文档搜索、股票、列车时刻表和飞机航班查询、天气查询、货币换算等。

Baidu 利用网页超链接分析技术计算结果的相关度，并按照相关度由高到低进行排序。百度采取搜索引擎竞价排名的商业模式，用户（通常为企业）为自己的网页出资购买关键字排名，搜索结果的顺序将根据竞价的多少由高到低排列。百度不仅仅在搜索结果的右侧有赞助商链接，正常搜索结果也有赞助商广告，这些广告链接和真实搜索结果混杂在一起，很难区分。

3. Alta Vista

Alta Vista 是互联网上最早的，也是最著名的搜索引擎之一。最初由 DEC（Digital Equipment Corporation）开发，从 1995 年底开始提供服务。AltaVista 于 2003 被 Yahoo 收购，现在是 Yahoo 的子公司，因此，搜索功能会自动跳转到 Yahoo 搜索。AltaVista 被公认是功能全面、搜索精度较高的全文搜索引擎之一。AltaVista 拥有数十亿 Web 网页，搜索精度处于业界领先水平，AltaVista 主页如图 9 - 7 所示。

图 9-7　AltaVista 检索主页

AltaVista 提供 Web Search、Job Search、Image Search、Product Search、People Search、Video Search、News Search 等多种搜索服务。高级搜索提供用户以日期、语种、布尔逻辑和近似条件搜索。常规及高级搜索均允许针对 Title、URL 或特定的域名进行检索。用户还可以在定制的搜索条件［包括 Title、URL、Host、Links（如 anchor、applet、image 和 text）等］输入框中填入文字，以此为条件进行搜索。

搜索规则：进行精确匹配查询时可使用“”号，但多数时候即使不用“”号，AltaVista 也默认以精确匹配方式查询；不支持自动截词查询；允许使用通配符“＊”；区分字母大小写，当以大写字母查询时，默认为精确匹配，即查询结果不包括小写的关键词，而以小写字母查询时，则同时查找大写和小写。

AltaVista 允许以 30 余种不同的语言进行搜索，并提供英、法、德、意、葡萄牙、西班牙语双向翻译。

检索结果页面提供网页快照、相近词提示、最优网站推荐等功能。在网页的右侧显示广告链接，但在结果排序中也会出现少量广告链接，这些链接会以粉红色的底色与正式结果加以区分。

4. Bing

Bing 是微软公司于 2009 年推出的一款搜索引擎，目前在北美是仅次于 Google 的第二大搜索引擎。“必应”是微软全球搜索品牌 Bing 的中文搜索品牌，是微软全球搜索服务品牌的一个重要组成部分，必应检索主页如图 9-8 所示。

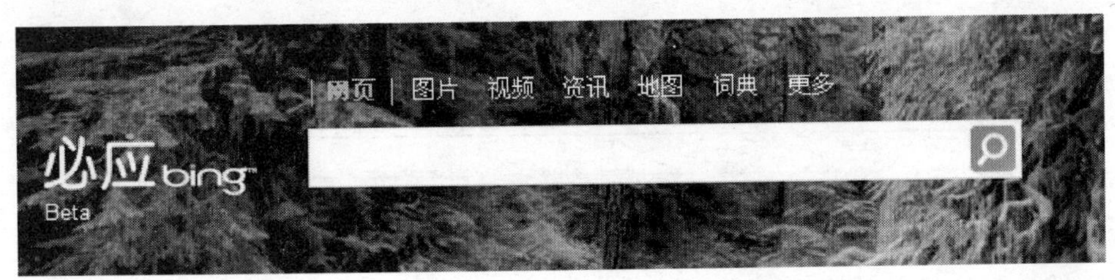

图 9-8　必应检索主页

Bing 搜索特色在于搜索结果的展示方式。传统搜索引擎只是单独列出一个搜索列表，Bing 会对返回的结果加以分类。例如用户搜索某位歌手的名字，搜索结果主要将显示传统列表，而同时左侧的导航则会显示图片、歌曲、歌词、专辑和视频等相关类别；若用户输入某一产品名称，侧边栏则会显示评价、使用手册、价格和维修等；用户输入城市名称，则会显示地图、当地商业指南、旅游路线以及交通信息等；搜索有关美国第三任总统“托马斯·杰弗逊（Thomas Jefferson）”的视频内容，必应除提供结果栏外，还在页面左栏提供了美国第一任总统“乔治·华盛顿（George Washington）”等的相关视频。

Bing的另一大特色是其每日更新的背景图片。为了给用户提供更加丰富和愉悦的搜索体验，Bing搜索在首页设置了每日更新的背景图片，通过来源于世界各地的高质量的图片，加上即将上线的与图片内容紧密相关的热点搜索提示，使用户在访问必应搜索的同时获得愉悦体验和丰富资讯。同时，必应搜索中融入微软亚洲研究院的英库、对联、人立方等创新技术，为中国用户提供更多快乐搜索体验。

除以上介绍的搜索引擎外，国内外著名的搜索引擎还有Yahoo!、Lycos、MSN、All the Web北大天网、慧聪等。它们都是基于网络爬行软件的搜索工具，但事实上，每一种搜索引擎都有其优势所在，因此，在解决不同类型问题时，选好合适的搜索引擎会提高检索效率，获得更好的检索结果。

（三）特殊类型的搜索引擎

1. 专业搜索引擎

专业搜索引擎也是基于网络爬行软件的原理，但它们主要针对某一特定的主题领域或信息资源类型进行查找。由于通用搜索引擎收录的资料较宽泛，因此，对某一个领域内的信息资源收录得并不能足够全面，专业搜索引擎尽可能提供某一主题领域内的全部重要信息。由于专业搜索引擎的覆盖面相对较小，所以搜索成本大大降低。大多数专业搜索引擎的搜索主要限定编辑人员认为适合的网站上，因此，内容的准确性更高。专业搜索引擎对网页的访问频率一般要高于通用引擎，内容及时性好。

专业搜索引擎种类繁多，法律、军事、购物、政府、教育、学术、图书、视频、音乐等各类、各学科均有专用的搜索引擎，下面选介一些著名的专业搜索引擎。

（1）Scirus。Scirus是目前Internet上最全面的科学搜索引擎，连续四年被“搜索引擎观察”评为最佳专业搜索引擎，主页如图9-9所示。与Google相比，Scirus对于专业的科学信息的搜索具有明显优势。Scirus支持中文资源的搜索。

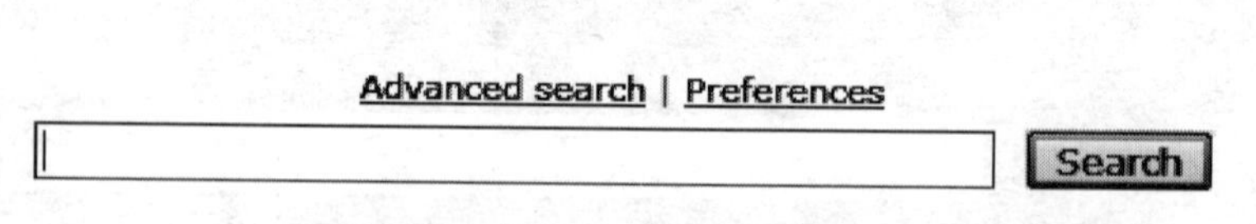

图9-9 Scirus检索主页

Scirus的资源主要来自网络和期刊数据库，其中，期刊数据库中的信息是大多数通用搜索引擎不加以收录和标引的，这使得Scirus在提供学术信息方面要明显强于通用搜索引擎。Scirus的资源包含科学、技术、工程、医学、法律、经济等几乎全部学科，资源类型包括期刊论文、科技报告、专利、实验报告、预印本等各种科技资料类型。

Scirus来自互联网的资源数量达到410 000 000个网页之多，其中，140 000 000来自教育类网站；40 000 000来自政府网站；23 000 000来自英国学术类网站；38 000 000来自普通网站；39 000 000来自政府网站；136 000 000个相关的世界各地的科技协会和大学网站。除以上互联网来源外，Scirus还索引了以下专业信息：来自American Physical Society的

477 000 篇学术文章、来自 ArXiv. org 的 661 000 预印本、来自 BioMed Central 的 74 100 篇全文学术文章等，详细资源列表，见 http://www. scirus. com/srsapp/aboutus/。Scirus 的检索结果默认按相关度排序，也可以按时间排列，用户可以自行设定。

（2）CiteSeer（http://citeseerx. ist. psu. edu/）。CiteSeer（又名 ResearchIndex），NEC 研究院建设的一个学术论文数字图书馆，主页如图 9-10 所示。

图 9-10　CiteSeer 检索主页

CiteSeer 检索互联网上的 Postscript 和 PDF 文件格式的学术论文。目前在其数据库中可检索到超过500 000篇论文。论文主要涉及计算机科学领域，包括互联网分析与检索、数字图书馆与引文索引、机器学习、神经网络、语音识别、人脸识别、元搜索引擎、音频/音乐等主题。

（3）Google 学术搜索。Google 学术搜索提供来自学术著作出版商、专业性社团、预印本、各大学及其他学术组织的经同行评论的文章、论文、图书、摘要和文章，检索指令与检索方法同 Google Web，主页如图 9-11 所示。

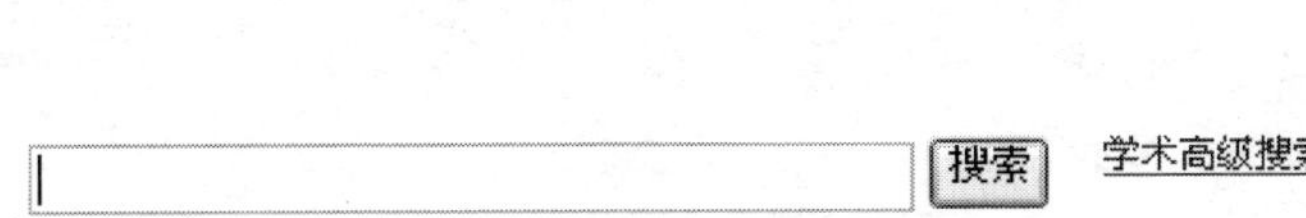

图 9-11　Google 学术搜索主页

跟 Google Web 搜索一样，检索结果按相关度排序，最有价值的参考信息会显示在页面顶部。Google 学术搜索排名会考虑到每篇文章的完整文本、作者、刊登文章的出版物以及文章被其他学术文献引用的频率。

除以上介绍的之外，著名的专业搜索引擎还包括：

A9. com（http://a9. com/），Amazon 推出的著名的学术搜索引擎；

Socolar（http://www. socolar. com/），中国教育图书进出口公司推出的互联网开放获取资源搜索引擎；

SearchMil. com（http://www. Searchmil. com），军事类信息搜索引擎，全面覆盖. mil 域名类型；

SearchEdu. com（http://www. serachedu. com），美国大学和教育网站的专题式搜索引擎，搜索来自大学、学校和图书馆的各类学术资料，结果按被引用次数排序；

FirstGov. gov（http://www. firstgov. gov），搜索美国所有种类的政府信息的搜索引擎；

LawCrawler（http://lawcrawler. findlaw. com/），搜索法律相关信息资源的搜索引擎；

Liszt（http://www. lliszt. com），主要用于检索电子邮件列表（mailing lists）；

图行天下（http://www. go2map. com），用于网上电子地图检索；

Froogle（http://www. google. com/prdhp），产品搜索引擎；

Bizrate（http://www. bizrate. com/），网上商品搜索引擎；

Free Software & shareware Software（http://www. tucows. com/），免费软件和共享软件搜索；

iServer（http://www. orcon. net. nz/work/=&ref=iserve），用于搜索互联网域名。

2. "智能"搜索引擎

智能搜索引擎是结合了人工智能技术的搜索引擎，它除了能提供传统的快速检索、相关度排序等功能，还能提供用户角色登记、用户兴趣自动识别、内容的语义理解、智能信息化过滤和推送等功能。依据定义，目前，大多数搜索引擎如 Google、Yahoo!、Ask、MSN、百度、慧聪等都属于智能化搜索引擎。但这里将要探讨的"智能"与普通的定义不同，是指搜索引擎在提供普通结果列表基础上，能够直接给出提问式的答案。

(1) Ask（http://www. ask. com/）。Ask 原为 Ask Jeeves，于 1996 年 6 月问世。"Jeeves"是一个典型的英国仆人形象，代表公司随时为用户提供周到、满意的服务。但是 Ask Jeeves 早期检索效果并不出众，2006 年进行大规模改革并更名为 Ask. com。现在的 Ask 搜索结果和使用便捷程度与 Google 不相上下，甚至有些搜索结果要好于 Google。Ask 检索主页如图 9-12 所示。

Question of the Day

What warning did Paul Revere shout during his midnight ride?

23% of users knew the answer. Do you? Find out »

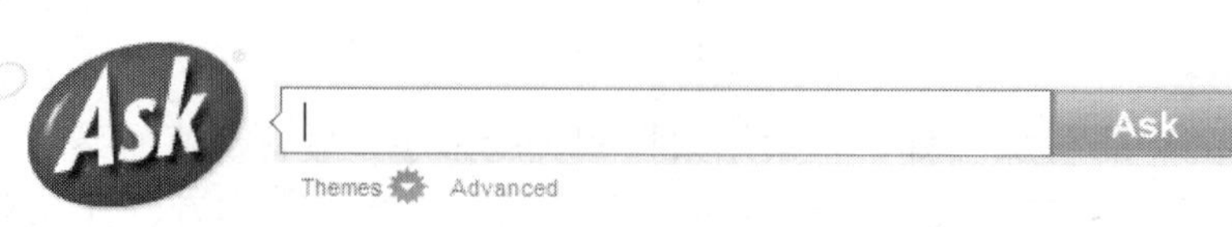

图 9-12 Ask 检索主页

Ask 最大的特点在于支持自然语言提问并提供“智能回答”。其数据库中储存了超过1000 万个问题的答案，当你输入一个英文提问式时，它首先会给出其数据库中可能存在的问题答案。然后才是网站链接，供你选择。例如，利用 Google 检索“Ted Williams”的相关资料，结果得到一个简单的结果列表，最上方是威廉姆斯的官方网站链接，右边是几个和威廉姆斯相关的商品广告。

在 Ask. com 中进行同一主题的检索，结果页面的最上方是一个“智能回答”，里面有 Ted Williams 相片、他自传里的一段话、官方网站的连接、百科全书里关于他的一篇文章，以及另外一些他的照片等。在右边，Ask. com 列出了其他相关话题，便于用户扩大或缩小搜索范围。这些相关话题包括 Boston Red Sox、Ted Williams 的官方网站，还有关于 Ted 竞争对手的话题，如 Barry Bonds 和 Mickey Mantle，如图 9－13 所示。

图 9－13　在 Ask. com 中检索 Ted Williams 返回的结果页

（2）WolframAlpha（http://www. wolframalpha. com/）。Walfram Alpha 于 2009 年问世，简称 WA，由英国科学家斯蒂芬·沃尔弗拉姆和他的团队开发，主页如图 9－14 所示。

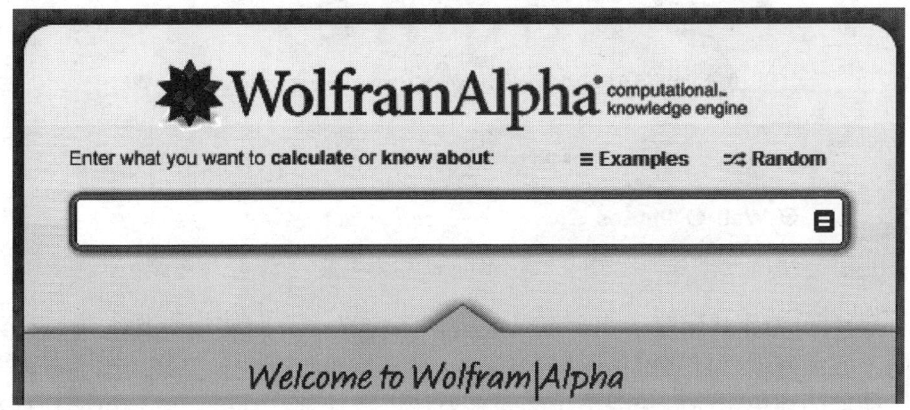

图 9－14　WA 检索主页

与常见搜索引擎不同的是，WA 系统自带 10 万亿条信息的数据库，还存有 5 万种多算法和模型，能对需要搜索的内容进行计算，给出具体答案而不是提供相关链接。普通搜索引擎只提供网络上存在的内容，而这种新引擎能通过计算，给出以前没有出现过的答案。

WA 实现完全接受自由形式的输入，功能与普通的“关键词”式搜索一致。例如，如果使用者在搜索框中输入：委内瑞拉的首都是哪儿？得到的答案不仅仅是加拉加斯，还包括地图、城市人口、现在的当地时间、天气实况等一系列数据。又比如，输入巴黎哪一天能看到下一次日全食？网站会给出答案：2090 年 9 月 23 日。在 WA 中输入“Who write the yesterday”，结果页面会显示关于检索词的分析，以及最终的答案。最终答案以表格形式显示详细信息，如图 9-15 所示。

Input interpretation:

Yesterday

Song information: More

title	Yesterday
performer	The Beatles
writers	John Lennon | Paul McCartney
release date	September 1965 (45 years ago)
highest chart position	1

图 9-15 WA 检索结果显示页面

（3）Kngine。Kngine 于 2010 年问世，号称是一个 Web 3.0 搜索引擎，注重和用户的互动，Kngine 检索主页面如图 9-16 所示。

图 9-16 Kngine 检索主页

Kngine 到目前为止共储存了 800 万以上的词条定义，力图实现更加准确、详细地回答用户的提问。例如搜索“HTC Hero VS iPhone 4”，结果得到的首先是一张关于两台机器对比的表格，详尽的列出了两台智能手机的参数对比，这比通用搜索引擎给出的地址列表更加直观、生动。

（4）DuckDuckGo（http://duckduckgo. com/）。Duckduckgo 于 2008 年问世，主页如图 9－17 所示。Duckduckgo 可以查询地图、新闻、YouTube、图片、博客等内容。结果可以按相关度排序，也可以按日期显示。

图 9－17　DuckDuckGo 检索主页

DuckDuckGo 是一款颇具特色的“智能搜索引擎”。首先，如果所查找的关键词，是知名的知识库（如 Wikipedia、CrunchBase、Wolfram Alpha）中的已知项目，DuckDuckGo 会优先显示来自那里的答案，然后才是全文搜索的结果列表。其次，它有特别标注“Official site”（官方网站）的功能。如果一个关键词有直接对应的官网，会将官方网址列在最前面。第三，绝对不跟踪用户，不搜集浏览历史，做到真正的隐私。第四，如果用户输入的关键词具有多种不同语义，它会产生一个详细列表让用户选择它所属的语义组，以此来消除歧义。第五，它的！bang 功能允许用户使用其他搜索引擎而不必离开 DuckDuckGo，只要在搜索文本框中用诸如“！youtube”“！google”等开头，就能自动使用其搜索。

3. 多媒体搜索引擎

多媒体信息资源通常是指综合了多种单个媒体，如文本、声音、图像等而形成的信息，由于人类的感知特点，多媒体信息在知识表达和信息传播方面更为有效。

由于多媒体系统需要将不同的媒体数据表示成统一的结构码流，然后对其进行变换、重组和分析处理，以进行进一步的存储、传送、输出和交互控制，所以，多媒体信息的检索比普通文本信息的检索复杂得多。虽然互联网搜索引擎以文本搜索引擎为主，但并不乏优秀的多媒体搜索工具。

（1）Musipedia（http://www. musipedia. org/）。Musipedia 是一个开放式音乐百科，其显著特点是提供了多种用户输入界面，用户可以通过图形式的钢琴键盘弹奏旋律，也可以借助麦克风哼唱歌曲，或是单纯在键盘上敲打节奏。当然，还可以直接输入准确的音符，这些都能被当作查询输入用来搜索音乐。Musipedia 钢琴键盘输入界面如图 9－18 所示。

图 9－18 中显示的是 Musipedia 提供的一种用户检索输入界面，用 flash 显示钢琴键盘，以用户单击琴键来模拟弹奏过程，圆角矩形框内显示的是每个被弹奏的音符的代码，这些代码作为输入的查询被用于检索匹配。

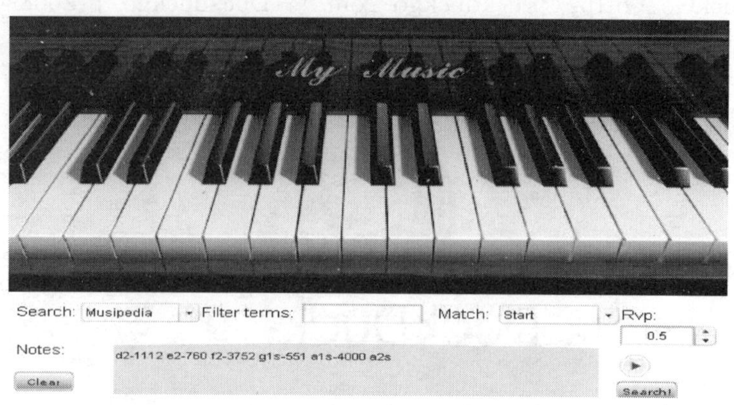

图 9-18 Musipedia 钢琴键盘输入界面

（2）Midomi（http://www.midomi.com）。Midomi 于 2007 年问世，是一款通过音乐来搜索音乐的搜索引擎，告别了文字描述的误差以及不知该键入什么关键词的局限，主页如图 9-19 所示。

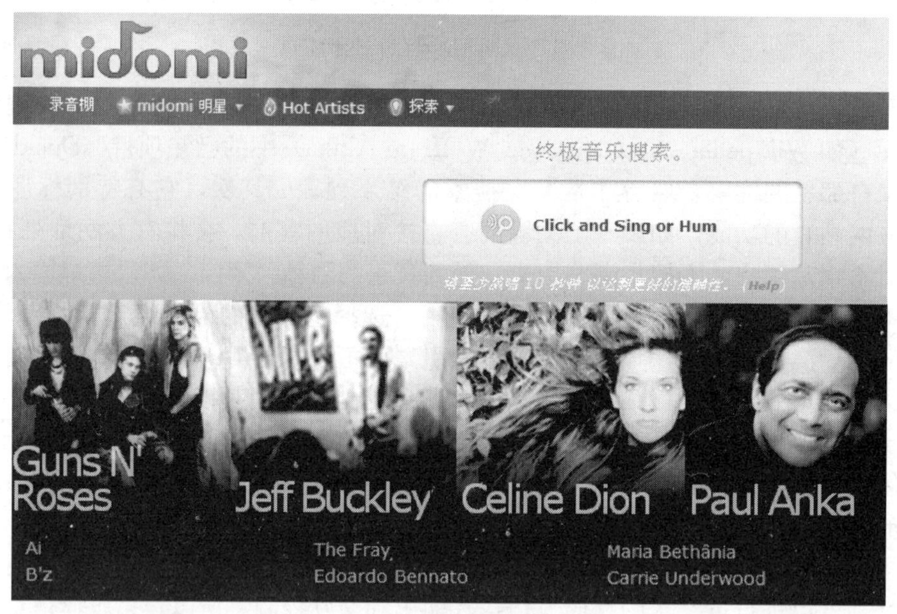

图 9-19 Midomi 检索主页

我们经常会被一些偶然听到的旋律打动，但却不知道它的歌名，只记得一小段旋律或者支离破碎的歌词。普通的文本搜索引擎很难处理这类查询，Midomi 正是解决这类问题的专家。用户只要用麦克风哼两句简单的旋律，就能搜索到想要的歌曲了。Midomi 对中文支持也较好。除以上功能外，还可以在 midomi 建立用户自己的档案，演唱自己喜爱的歌，与朋友分享这些歌曲。可以聆听其他人的演唱，为他们打分、观看他们的图片、给他们发送消息、购买原创乐曲等。

（3）SecondHandSongs（http://www.secondhandsongs.com/）。与其他的音乐搜索引

擎不同，SecondHandSongs 专注于为用户查找某一首乐曲最初是由谁演唱的，或者之后又有哪些人演绎过同一首乐曲，主页如图 9-20 所示。

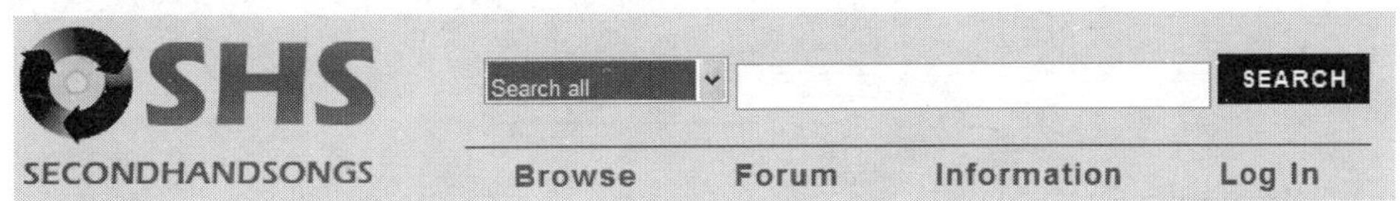

图 9-20　SecondHandSongs 检索主页

SecondHandSongs 目前拥有35 961首作品、156 248作品演绎、2402 samples（某首作品在其他作品中出现的情况）和44 519艺术家（表演者和写作者）。SecondHandSongs 力图提供关于某首乐曲全部的信息，除歌名和歌手的名字外，还包括作曲人、作词人、发行人等各类信息。通过 SecondHandSongs 我们基本上可以了解某一音乐作品的全部翻唱列表。

（4）Musicovery。网站以 flash 的形式展现，可以按照时间来选择不同时期的音乐，只要调节左上方的时间条即可。同时还可以通过下面的选项选择不同的音乐类型来有选择的享受音乐，主页如图 9-21 所示。

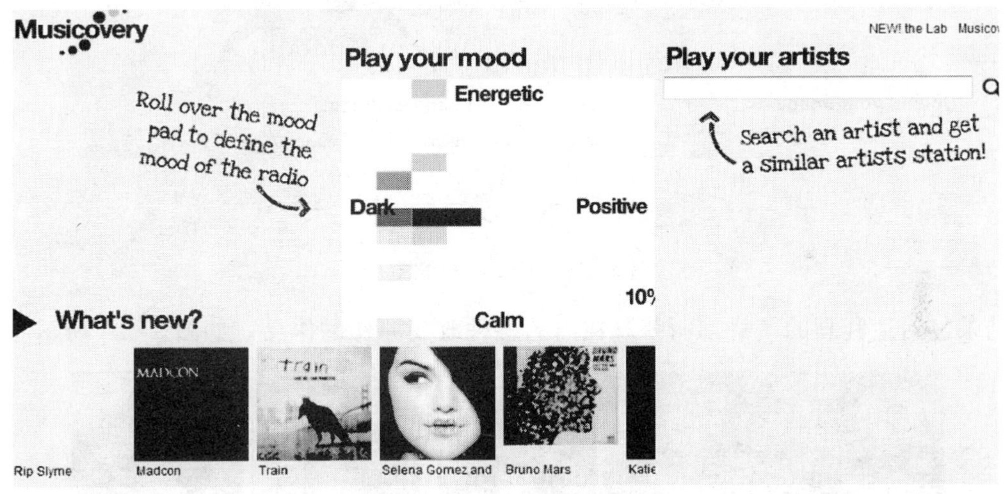

图 9-21　Musicovery 检索主页

（5）Themefinder（http://www.themefinder.org/）。专业音乐搜索引擎，需要输入相关的音乐参数如声度、音高等才能进行搜索，比较适合专业人士使用，如图 9-22 所示。

（6）TinEye（http://www.tineye.com/）。TinEye 是加拿大 Idée 公司研发的相似图片搜索引擎，是典型的以图找图搜索引擎。输入本地硬盘上的图片或者输入图片网址，即可自动帮你搜索相似图片，如图 9-23 所示。

TinEye 主要功能包括发现图片的来源与相关信息；追踪图片信息在互联网的传播；找到高分辨率版本的图片；找到有个人照片的网页；看看这张图片有哪些不同版本。

TinEye 的检索结果分组显示，包括 Best Match、Most Changed、Biggest Image，其中，Most Changed 显示那些该图片被修改之后的版本。例如，用《蒙娜丽莎》原图检索，得

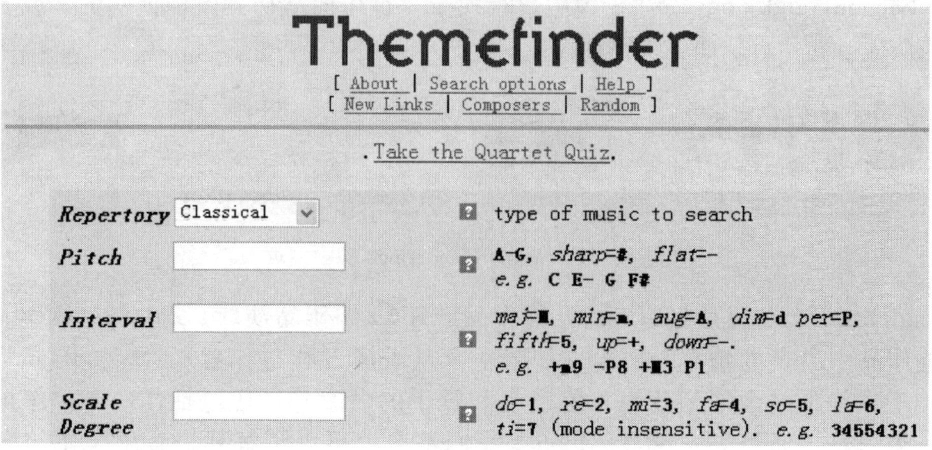

图 9 - 22 Themefinder 检索主页

图 9 - 23 TinEye 检索主页

到的结果包括达利画的《蒙娜丽莎》在内的各种改变原作的作品，如图 9 - 24 所示。

图 9 - 24 TinEye 的检索结果分组显示

检索结果可以打印、e - Mail 到邮箱，还可以在 Twitter、Facebook 等几十个网站进行分享。

（7）Picsearch（http://www.picsearch.com/）。Picsearch 于 2000 年在瑞典斯德斯德哥尔摩创立，是一个专业的图片搜索引擎，如图 9 - 25 所示。

Picsearch 提供简单检索和高级检索，简单检索利用描述图片信息的关键词进行查找，需在检索输入框输入关键词；高级检索虽然也以关键词查询，但增添了色调、图片类型、彩

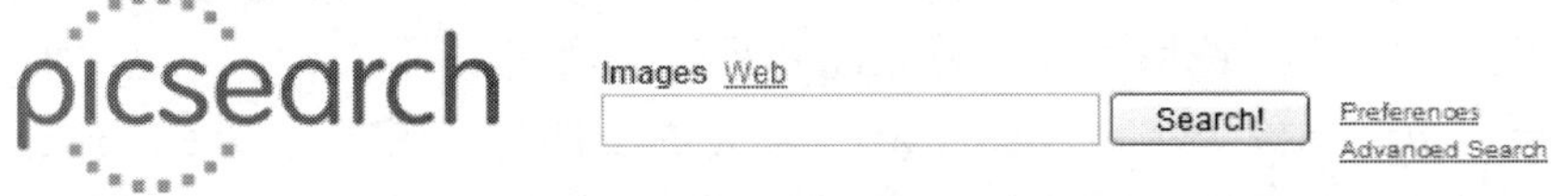

Innovating image search

Search the web for images. An image search service with more than 3,000,000,000 pictures.

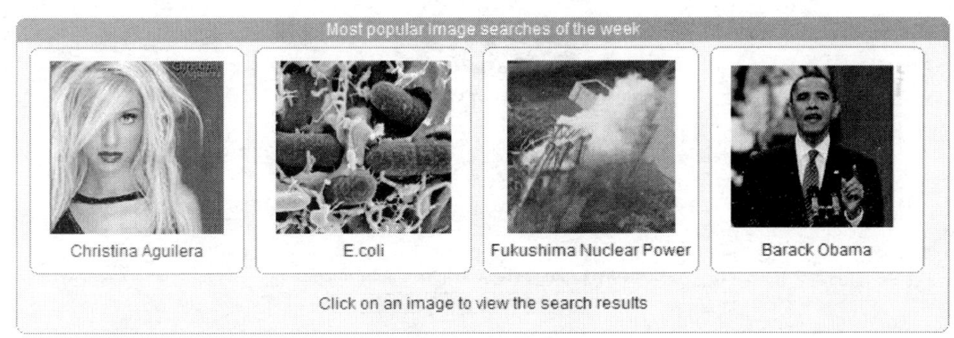

图 9-25　Picsearch 检索主页

色/黑白、图片尺寸、动画、人像、风景等各种限定项，可以实现某一类型或某一主题图片的查找。Picsearch 首页显示最近一周最热门的图片。Picsearch 除了是一个图片搜索引擎外，还是一个图片搜索服务供应商，MSN 及 LYCOS 是就其中的客户。除了企业合作伙伴外，个人网站用户也可以利用 Picsearch 免费提供的搜索栏放于网站上。

（8）Multicolr Search（http://labs. ideeinc. com/multicolr/＃）。Multicolr Search Lab 同时是图片搜索引擎 TinEye 的创造者，Multicolr Search 是通过颜色来搜索图片的搜索引擎，允许用户最多选择 10 种颜色。系统根据用户选择的颜色，从 Flickr 庞大的图片库中搜索包含这些颜色的图片，你可以将某种颜色选择多次以加大其权重。Multicolr Search 检索示例如图 9-26 所示。

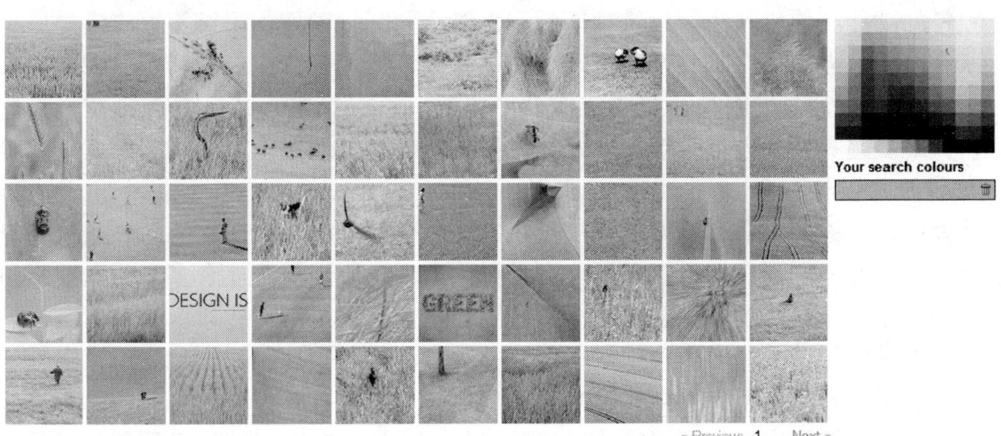

图 9-26　Multicolr Search 检索示例

到目前为止，Multicolr Search 只对 Flickr 和 Alamy Stock Photography 中的图片提供搜索，它们已经从 Flickr 中选取了 300 万张图片进行了索引。

(9) Gazopa (http://www.gazopa.com/)。提供了四种图片搜索方式：一是根据关键词来搜索；二是根据自己上传的图片来搜索相似图片；三是利用 URL 地址搜索；四是根据自己画的图片来搜索相似的图片。Gazopa 主页如图 9-27 所示。

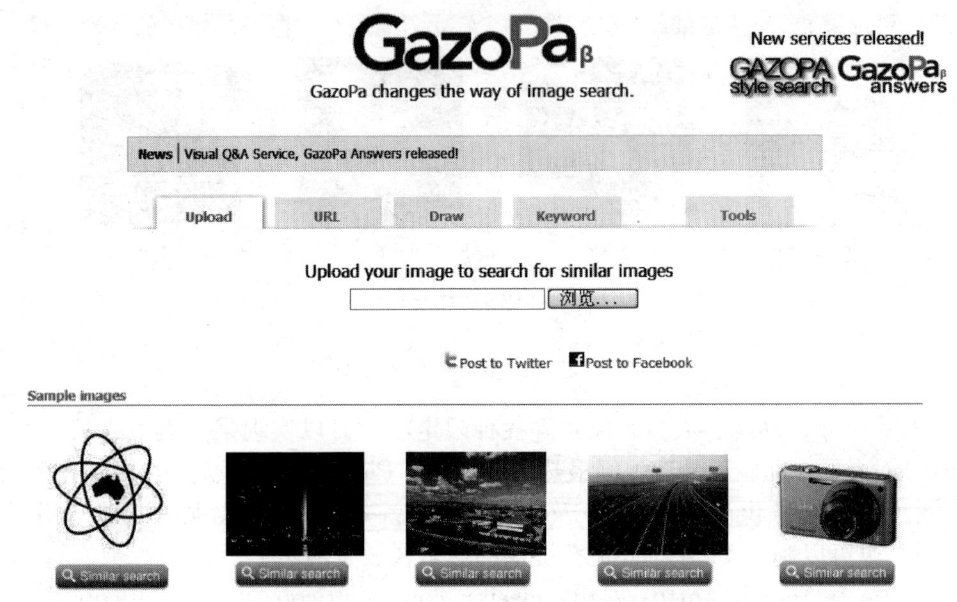

图 9-27 Gazopa 检索主页

除了搜索图片以外，还可以用图片搜索具有相似页面的视频。例如，输入一张费雯丽的照片，结果除显示费雯丽的各不同版本的照片外，Gazopa 会同时将其主演的作品搜索出来。

4. 元搜索引擎

(1) 元搜索引擎概述。随着网络技术的飞速发展，搜索技术的日臻完善，搜索引擎成为人们利用互联网资源必不可少的工具。然而，任何搜索引擎的设计都有其特定的数据库索引范围、独特的功能和使用方法，以及预期的用户群指向。一种搜索引擎不可能满足所有人或一个人所有的检索需求。在某些情况下，如文献普查、专题查询、新闻调查与朔源、软件及 MP3 下载地址搜索等，人们往往需要使用多种搜索引擎，对搜索结果进行比较、筛选和相互印证。为解决逐一登录各搜索引擎，并在各搜索引擎中分别多次输入同一检索请求等烦琐操作，元搜索引擎应运而生。

元搜索引擎又称为集合型网络检索工具，它将多个搜索引擎集成在一起，通过一个统一的检索界面接收并处理用户的检索提问。在进行检索时，调用一个或者多个独立搜索引擎的数据库，结果呈现既可以是引用独立的搜索的界面，也可以是由元搜索引擎重新定制后的形式。元搜索引擎的作用是对多个独立搜索引擎的整合、调用、控制和优化利用，实现“一次检索输入，多引擎同时搜索”。

依据元搜索引擎检索机制的不同，可将其划分为两类：搜索引擎元目录和并行检索式元搜索引擎。

1) 搜索引擎元目录。搜索引擎元目录亦称为“多引擎同步检索系统”，是在一个 Web

页面上链接若干种独立的搜索引擎，检索时需点选或指定搜索引擎。一次检索输入，多引擎同时搜索，搜索结果由各搜索引擎分别以不同页面提交，其实质是利用网站链接技术形成的搜索引擎集合。

搜索引擎元目录无自建数据库，不需研发支持技术，当然也不能控制和优化检索结果。但制作与维护技术简单，可随时对所链接的搜索引擎进行增删调整和及时更新，方便、实用。在搜索引擎发展进程中，搜索引擎元目录只是元搜索引擎的初级形态。典型的搜索引擎元目录有 iTools 等。

2）并行检索式元搜索引擎。并行检索式元搜索引擎根据用户提交的检索请求，调用其他独立搜索引擎进行搜索，对搜索结果进行汇集、筛选、删并等优化处理后，以统一的格式在同一界面集中显示。元搜索引擎虽没有网页搜寻机制，亦无独立的索引数据库，但在检索请求提交、检索接口代理和检索结果排序等方面，均有自己研发的特色元搜索技术支持。

一款理想的元搜索引擎应该具备以下特点和功能：第一，涵盖较多的搜索资源，可随意选择和调用独立搜索引擎；第二，具备尽可能多的可选择功能，如资源类型（网站、网页、新闻、软件、FTP、MP3、图像等）选择、返回结果数量控制、结果时段选择、过滤功能选择等；第三，强大的检索请求处理功能（如支持逻辑匹配检索、短语检索、自然语言检索等）和不同搜索引擎间检索语法规则、字符的转换功能；第四，详尽全面的检索结果信息描述；第五，支持多种语言检索。

目前运营的元搜索引擎已近百种，各具特色，功能各有侧重。一些元搜索引擎在某些方面较为优秀，而其他功能则欠缺或需改进：如大多元搜索引擎不支持多语种，尤其是汉语检索；一些元搜索引擎实现检索语法转换的能力有限，不支持指定字段检索，不能充分发挥各个独立搜索引擎的高级检索功能；部分元搜索引擎无来源搜索引擎列表，用户不能自主选择和调用来源搜索引擎；大部分元搜索引擎仅支持调用 AltaVista、Excite、GoTo. com、Yahoo!、Infoseek、Lycos 等常用的搜索引擎，人为地限制了搜索资源的利用。

尽管元搜索引擎存在着这样那样的功能局限，但其以涵盖较多的搜索资源，能够在尽可能短的时间内提供相对全面、准确的检索结果等诸多功能受到用户的青睐，已渐成为一种不可或缺的网络检索工具。

（2）著名元搜索引擎选介：

1）iTools（http://itools. com）。iTools 是老牌的元搜索引擎，1995 年问世，它是一个典型的搜索引擎元目录，如图 9-28 所示。

该网页列举出互联网上主要的信息类型，在每种信息类型之下，会列出一系列相应的搜索工具，用户在检索时，可以自行选择使用哪一个。虽然用户选择的搜索工具会不同，但执行搜索的界面都统一在 iTools 提供的检索界面执行。例如，想利用在线词典查询字词，点击 Language 分类下的 Dictionary，在这里列出一系列著名词典，点选“Google Dictionary”，在检索框内输入词语，将返回来自“Google Dictionary”对该词语的解释。检索结果的显示均以各独立搜索工具的格式显示，没有 iTools 制定的统一显示格式。

2）HotBot（http://www. hotbot. com）。HotBot 于 1996 年问世，是互联网上最早出现的搜索引擎之一。早期是一个独立的搜索引擎，1998 年被 Lycos 收购，改成搜索引擎元

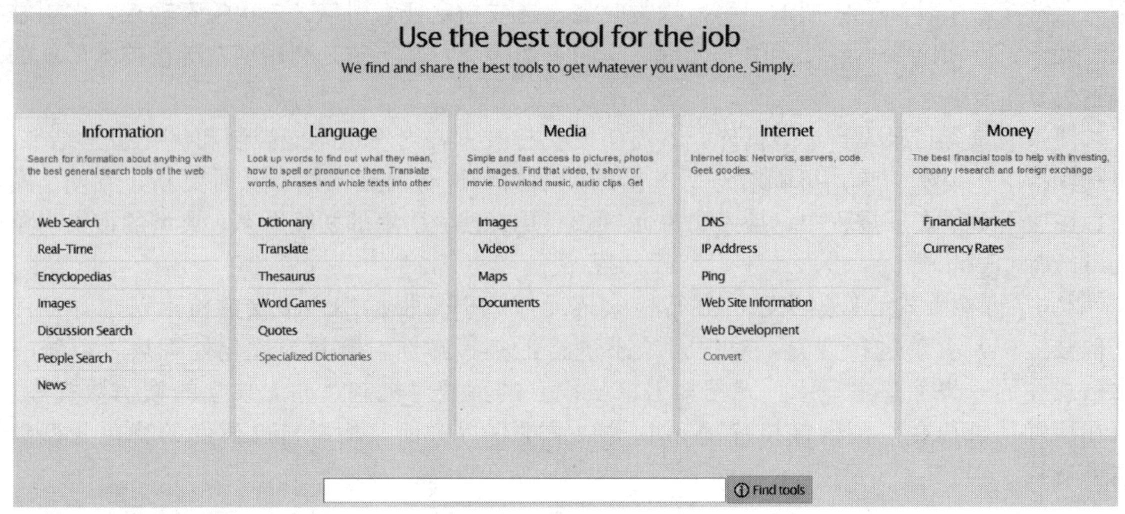

图 9 - 28 iTools 检索主页

目录，如图 9 - 29 所示。

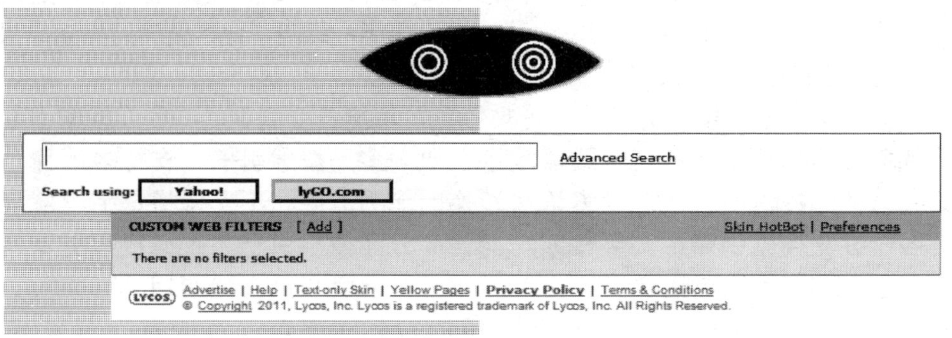

图 9 - 29 HotBot 检索主页

与 iTools 不同，它不提供数量丰富的独立搜索工具，只提供 Yahoo! 和 LyGo 两个选项。Yahoo! 提供网页搜索结果，LyGo 只提供视觉搜索结果。HotBot 最大的特点在于它的界面组织和丰富的检索功能。HotBot 在页面上提供了直观的图形化检索菜单功能，用户可以通过简单的下拉菜单创建复杂的布尔查询，或者按日期、地理区域和媒体类型进行限制性搜索。它除了能够检索 Web 页面之外，还提供域名检索、新闻搜索、新闻讨论组等等检索服务。HotBot 允许用户自行定制主界面，点击“Skin HotBot”，进入定制选项界面，除系统提供的各备选方案外，用户还可以进行方案的设计。

3）Dogpile（http://www.dogpile.com）。Dogpile 诞生于 1996 年，是最古老、也是最受欢迎的元搜索引擎，目前归 InfoSpace 公司所有。Dogpile 是一个并行检索式元搜索引擎，有自己的检索界面，可以提供 Web、Image、Video、News、Yellow Pages 和 White Pages 信息的检索，如图 9 - 30 所示。

Dogpile 同时调用 Google、Yahoo! 和 bing 三大著名搜索引擎，将它们返回的结果按照特定的程序去重后按相关度进行统一格式的显示。结果页面的左侧是结果列表，每一项结果

图 9 - 30　Dogpile 检索主页

都包含网页名称、网页内容的简单描述、网址和它来自哪个搜索引擎的信息。网页右侧有关于该检索主题的相关提示，用户点击这些提示信息，可以进行扩展检索。Dogpile 的用户智能分析技术保证了相关提示的可用性，效果比较令人满意。

4）WebCrawler（http://www.webcrawler.com）。WebCrawler 诞生于 1994 年，最初是一个独立的全文搜索引擎。WebCrawler 在发展的过程中几经周折，2001 年被 InfoSpace 收购，现在转成为并行检索式元搜索引擎，如图 9 - 31 所示。

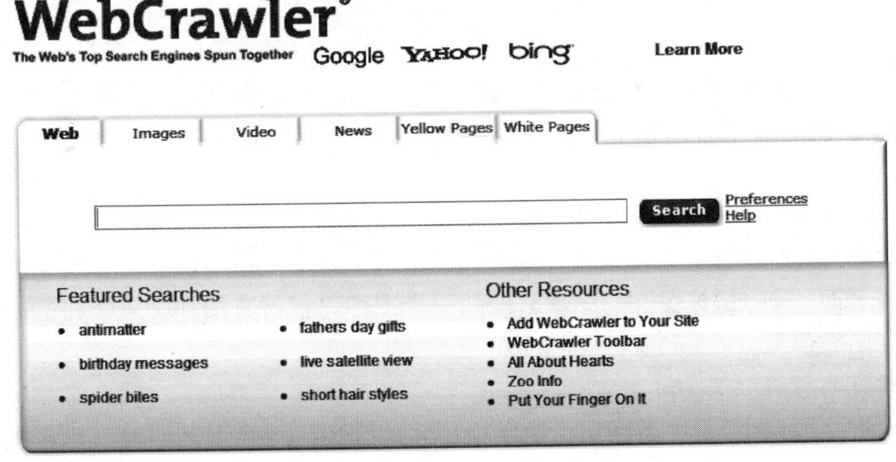

图 9 - 31　WebCrawler 检索主页

WebCrawler 与 Dogpile 的检索功能基本一致，调用的独立搜索引擎也是 Google、Yahoo!和 bing，连界面的风格都很接近。用户可以选择两者之一使用。

5）Yippy（http://search.yippy.com/）。Yippy 的前身是 Vivísimo 公司开发的元搜索引擎 Clusty。Clusty 最大的特色是对搜索结果自动分类，从而让用户对搜索结果一目了然。2010 年，Clusty 加入 Yippy，Yippy 检索界面如图 9-32 所示。

图 9-32　Yippy 检索主页

Clusty 在加入 Yippy 的同时，也带来了它的检索结果聚类技术。这是一种启发式算法，吸取了传统人工智能思想，强调对检索结果拥有更好的描述和聚类，并组织成等级式排列的目录。这种组织结果的方式尤其适用于查找不熟悉的事物，以及对检索使用的关键词拿捏不准的情况。聚类显示会使用户的关注目标集中并得到在普通结果列表第一页以外的结果（大多数用户只关注搜索引擎第一页的结果），从而获得更多的相关资料。

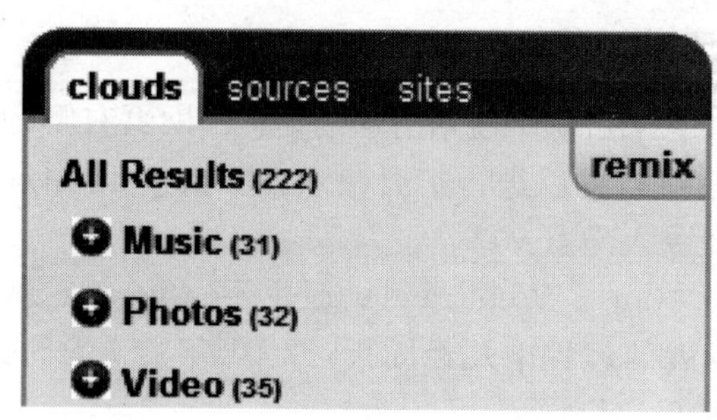

图 9-33　Yippy 检索结果的聚类显示

Yippy 调用多个独立搜索引擎，包括 Ask、Open Directory、Gigablast 等，结果显示页面左侧是结果分类选项，包括 clouds、sources、sites 三个选项，如图9-33所示。

点选 clouds，结果以等级列表的方式显示分类结果；点选 sources，显示全部结果分别来自哪些独立搜索引擎；点选 sites，显示全部结果分别来自哪些类型的网站，如 .gov、.com等。

结果显示页面右侧显示具体结果列表，在每一条具体结果后面会有三个图标：表示在新的窗口中打开地址链接；表示打开一个预览窗口，显示该结果网站的主要信息而不离开主结果列表页面。点选你关注的结果后面的这个图标，包含它的那个分类将会被标记，以此获取更多同类信息。

三、垂直信息门户 Vortal

信息门户（Portal）是一类网站，通常由目标目录和通用搜索引擎编辑的一组网页所组成，功能是为用户指引来自 Web 上尽可能多的信息资源。与通用搜索引擎不同，Portal 提供的资源更丰富、服务类型更多样，包括 e-Mail、新闻、股价、购物、数据库等，Yahoo!、MSN、搜狐等都是典型的 Portal。

垂直门户（Vortal）是一种特殊类型的 Portal，它专门收集某一特定主题领域的内容。

垂直门户一般都有特定的用户群，提供的专题信息更为深入与全面，并为具有共同兴趣的用户提供交流的场所。垂直门户种类丰富，包括企业门户、政府门户、财经门户、学术门户等。以下选介一些著名的学科垂直门户。

1. 建筑时空（http://ccbuild.com/index.php/action-tag-tagid-8795-show-all）

建筑时空网站由北京汇清园建筑文化传播有限公司创建，是一个涵盖整个建筑科学领域的垂直门户，如图 9-34 所示。

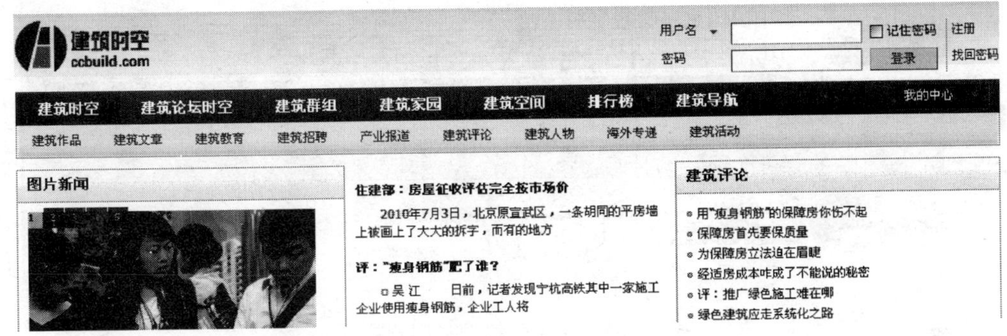

图 9-34 建筑时空网站主页

网站除提供建筑类信息外，还提供论坛等用户交流空间。该网站的特色一是主题面广，二是专题特色鲜明，有建筑作品栏、建筑名家栏、建筑评论栏、建筑教育栏、海外专递栏等。虽然网站内容繁多，但信息组织科学、合理，信息呈现多而有序、繁而不杂。

2. 建筑信息门户（http://dl9.lib.tongji.edu.cn:8003/agate/）

建筑信息门户由同济大学图书馆创建并维护，集中报道土木工程学科相关资源和服务，主要包括新闻、人物、网站导航、数据库资源导航、建筑科技与市场等信息，如图 9-35 所示。

图 9-35 检索信息门户网站主页

通过该垂直网站，我们可以查看相关新闻报道、学科数据库导航、网络开放期刊列表、网络精品教学视频、专题文章、评论文章等，同时，该网站还提供了大量同类网站的链接。因为是由学校图书馆建设，所以网站上没有任何广告信息。

3. 化学学科信息门户（http://www.chinweb.com.cn/）

化学学科信息门户是中国科学院知识创新工程科技基础设施建设专项“国家科学数字图书馆项目”的子项目，化学学科信息门户建设的目标是面向化学学科，建立并可靠运行 Internet 化学专业信息资源和信息服务的门户网站，提供权威和可靠的化学信息导航，整合文献信息资源系统及其检索利用，并逐步支持开放式集成定制，网站主页如图 9-36 所示。

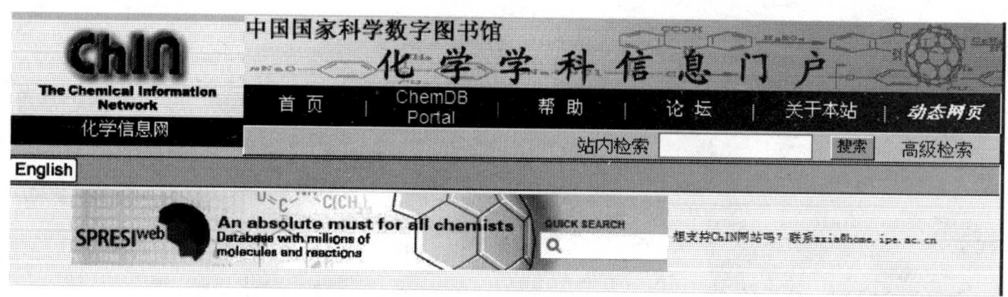

图 9-36 化学学科信息门户主页

4. 微生物特色学科信息门户（http://spt.im.ac.cn/）

由中国科学院微生物研究所创建。网站共分“资源分类”、“全部资源”、“论坛”、“帮助”、“资源搜索”5 个栏目，“资源分类”栏目可以查看资源的全部分类并可找到相应类别下的所有资源；论坛需注册后才能发言，如果只是浏览帖子则无需注册；“资源搜索”可以按照用户输入的关键字及自定义相关搜索条件对资源进行查询。

5. 德国 SSG-FI 英美语言文学学科信息门户（http://www.anglistikguide.de/）

德国 SSG-FI 英美语言文学学科信息门户是德国下萨克森州图书馆和格廷根大学图书馆的专业信息（SSG-FI）计划成果之一，1996 年开始建设，提供主题和资源类型浏览以及检索，如图 9-37 所示。

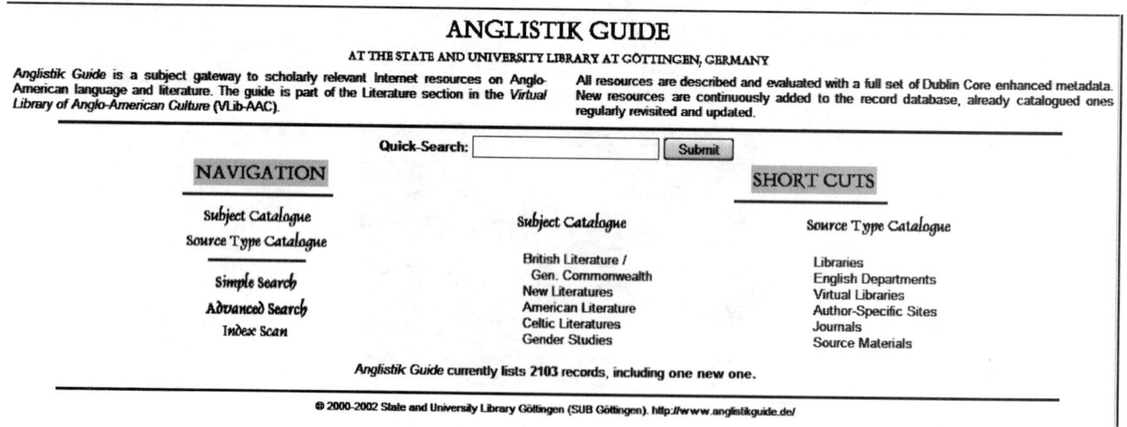

图 9-37 英美语言文学学科信息门户主页

SSG-FI 计划用统一的 QSIG 系统完成 6 个学科信息门户：数学（即 Math-Guide）、地球地理科学、英美历史、英美语言文学、元数据发展、林学。其中，http://www.anglistikguide.de链接了英美语言文学资源，内容主要包括英国文学、美国文学、新文学、塞尔特文学、性别研究等。

其实，垂直门户有时候与网站目录的区分并不是很明显，他们都倾向于报道某一主题或某一类型的资源，都提供关于该主题的尽可能详尽的网络信息，都同时提供资源目录和搜索功能。例如，在网站目录一节中介绍的Intute、BUBL LINK，其实也可以看作是一个专门报道学术资源的垂直门户。它们的主题几乎包含了所有的学科领域，网络资源类型包括各类文章、期刊、数据库、教育科研机构网站、教育学习资料、多媒体、出版社、新闻、学科搜索引擎等，用户可以根据资源类型、主题浏览或检索资源。

互联网上垂直门户数量众多，如何发现垂直门户是一个问题，除偶然在浏览时获取外，还可以利用以垂直门户为报道内容的网站目录，如overclock.net(http://www.overclock.net/)、Yahoo!(http://b2b.yahoo.com)等。

第三节 网络资源评价

互联网资源丰富，广泛分布于商业数据库、专利网站、数字图书馆、信息门户、论坛等网络媒体中，在人们的管理和决策中发挥着越来越大的作用。然而从科技角度来说，互联网上的许多信息是模棱两可、未经确认的，因此，对于在互联网上获取的信息，应该加以必要的分析与评价。

一、评价方法

按照评价者划分，网络信息资源评价可分为第三方评价法、网络信息用户评价法及由文献计量学引申和发展而来的网络计量法。

网络信息资源的第三方评价方法是由第三方根据特定的信息需求，建立符合特定信息需求的信息资源评价指标体系，按照一定的评价程序或步骤，得出网络信息资源的评价结论。第三方评价法目前一般采用定性评价方法，其核心在于选择合理和科学的评价指标体系，这决定了定性评价的客观性、公正性、合理性和科学性。网络信息资源的评价标准，可以从网络信息资源的形式和内容两方面来考虑。

第三方评价法的形式主要有商业性网络资源评价网站和图书馆网络评价两种。商业性网络资源评价网站评价的范围多侧重于综合性网络资源，面向普通网络用户，所选择的评价指标体系包括日访问量、网站设计的感官效果等，注重网络资源的形式而不注重信息内容；由图书馆所提供的网络资源评价服务，一般针对学术信息资源评价，具有专业性，采用的评价指标体系多侧重于信息内容，且考虑网络信息的权威性、学说性，是专为科学研究而服务的，如ADAM (http://adam.ac.uk) OMNI(http://omni.ac.uk)、SOSIG(http://www.sosig.ac.uk)等。

第三方评价是目前主要的评价形式，但存在主观性、评价标准不统一以及因特网信息资源的动态性和易变性同第三方评价法的静止性和滞后性之间存在矛盾等缺陷。

用户评价法主要是由用户根据其特定信息需求，选择符合其需要的评价指标和方法。但用户评价法增加了用户的负担，影响了资源发现的全面性。

网络计量法较为客观，是目前正在探讨和研究的一种网络资源评价方法。与第三方评价法和用户自我评价法不同的是，网络计量法主要应用定量的研究方法，依据网络信息资源的自身特征和规律进行评价。

目前对因特网信息资源进行定量评价一般仅局限于对访问次数、登录情况的探讨，而且由于目前网络发展还不成熟，变化既多又快，稳定性差，通过定量方法得到的结论只能代表某一阶段的状况。所以评价因特网信息资源时仍不能偏废定性方法的使用，最佳方案是将定量方法和定性方法结合起来。

二、网络资源评价指标

目前，国内外一些学者对因特网信息资源的评价指标进行了有益的探讨。基于对影响网络信息资源质量的诸因素考虑，综合国内外现有的一些评价标准，一般从以下指标对 Internet 信息资源进行评价。

1. 网站界面设计

(1) 网站的信息组织能否保证用户迅速了解该网站的主要内容；

(2) 网站的设计能否保证用户了解该网站面向的主要用户群体（类型）；

(3) 网页的使用界面是否友好、简单易用，具有反映该网站特色的良好的美感；

(4) 网页是否提供多种交互功能，如数据库查询、BBS 公告牌等；

(5) 网页结构应当合理，应该建立针对性强和方便易用的导航系统。

2. 信息提供者

(1) 网站上每篇文档是否有明确的作者信息；

(2) 网站文档的作者专业水平如何。通常某领域的著名专家、学者或者社会知名人士发布的文献信息可信度较高，更能赢得用户的信任；

(3) 网站版权所有者的信息是否完整，其声誉、权威性与知名度如何。一般来说，权威机构或者知名机构（人士）发布的信息在质量上比较可靠，尤其是政府机构、著名研究机构或大学发布的文献信息具有较高的可信度；

(4) 是否提供与网站管理人员交流的途径，如电话、邮箱地址、通信地址等。

3. 信息更新频率

(1) 是否给出网站最新版本信息；

(2) 对于具体文档，是否给出最后更新日期；

(3) 网页整体内容更新频率如何；

(4) 网页上给出的各种超级链接是否都是有效的、最新的。

4. 信息质量

(1) 网站内容定位是否清晰、明确（如商业、教育、购物、娱乐、新闻等）；

(2) 网站内容是否完整。有无“正在建设中”这样的提示、网络信息资源是否涵盖了本领域的内容，资源类型是否完整（如新闻、学术文章、视频等）；

(3) 网站信息是否客观、准确。是否列出了可供核查事实的信息来源、事实数据和依据、提供的事实中是否有倾向性的宣传和评论、在介绍有争议的观点时是否持中立立场，并提供公正的评判；

(4) 网站信息是否具有相对的独特性和新颖性；

(5) 网站信息是否具备科学性，即正确性；

(6) 是否有明显的语法错误、文字错误。

5. 深层信息

(1) 是否具有指向其他内容相关网站的链接；

(2) 指向的相关网站是否是同类中质量可靠、声誉较好的网站。

评价网络资源，既是一件理论性很强的事情，又需要复杂的实践工作。人们在利用和选择网络文献时，针对某一具体的专题，应该全面考虑，具体问题具体分析，以便最大程度地利用网络资源。

第十章　信息的收集、整理与分析

科学技术的发展具有连续性和继承性，任何一项科学技术都不是孤立存在的，都是对前期研究成果的继承、突破和创新，都与其他相关领域有着千丝万缕的联系。因此，占有丰富、完备的相关信息资料是科学研究活动的前提条件和必要环节。利用信息不仅能扩展人们的视野，避免重复别人的研究工作，同时通过广泛阅读，还可以启发自己的灵感，使已有的信息达到产生新知识的效能。据美国科学基金会 NSF（National Science Foundation）统计，一个科学研究人员花费在查找和消化学术资料上的时间需占全部科研时间的 51%，计划思考占 8%，实验研究占 32%，书面总结占 9%。由上述统计数字可以看出，信息的搜集整理需要花费科研人员大量的时间和精力。为了节约资源，实现快速、高效地收集整理信息资料，科研人员需要具备三方面的能力：一是信息的准确获取能力；二是信息的管理与跟踪能力；三是信息分析和利用的能力。

第一节　信息的收集

信息收集就是从社会上流通着的大量信息中选择并获得与本人研究课题或工作相关的、有较高参考价值的那部分信息的过程。

（一）信息收集原则

为使信息收集工作达到事半功倍的效果，必须遵循以下基本原则。

1. 针对性原则

依据学科特点和具体任务的需要确定收集范围和重点，有针对性地收集。一般而言，基础研究侧重于利用各种专著、学术论文和技术报告中提供的信息。应用研究侧重于利用各种学术论文、专利文献、技术报告、技术标准、产品样本等信息。

2. 代表性原则

写作者应根据自己的需要，重点阅读那些有代表性、权威性的材料，浏览那些一般性材料，舍弃那些与科技写作目的关系不大的材料。有代表性的信息资料包括首次发现报道的文献、高被引文献、核心著者和机构的文献。可以借助某些数据检索系统的结果分析功能确定代表文献，如 CNKI、ISI Web of Knowledge 等的被引分析功能。

3. 可靠性原则

信息的可靠性首先表现为真实性和准确性。其次，可靠性还包括时效性、可比性和可重复性。任何不真实、不准确的信息材料，都会使观点失去可靠性和可信度，从而使科技写作的价值大大降低甚至完全丧失。可以根据核心期刊手册、文献作者的身份和单位、出版物类型、文献出版单位、文献的引用情况和评价等评估信息的可靠性。

4. 完整性原则

对能够反映本课题国内外研究的基本状况的相关资料要广泛、系统地收集，力求做到连贯和完整，切忌片段和零碎。

（二）信息收集方法

信息收集方法是为实现检索方案中的检索目标所采用的具体操作方法和手段的总称。信息有正式出版发行并在社会成员中公开流通的信息和非正式公开发行或限制流通的信息的区别，在科学研究中，以借助检索工具获取正式出版发行信息为主，其收集方法主要分为顺查法、追溯法和交替法，用户可以依据课题的性质和研究的目的选择使用。

1. 常规法

常规法就是利用检索工具查找信息的方法，因在信息检索中经常使用而得名。常规法又分为顺查法、倒查法和抽查法。

（1）顺查法。顺查法是一种从旧到新的顺时序的查检方法。首先需要了解检索课题的背景、发生和历史简况，然后利用检索工具，根据课题研究的起始年代由远及近的顺序，从问题产生的年份着手，逐年查找信息的方法。顺查法比较费时间，但因是逐年查找，因此有较高的查全率。但逐年的查检，劳动量因覆盖面大而随之增大，检索效率不高。顺查法多在缺少综述性文献时采用。

（2）倒查法。倒查法是由新而旧的逆时序的查检方法。按照由近及远的顺序，从最新资料开始逐年逐卷地查找信息，时间终点视课题要求而定。此法多用于检索新课题或用于为老课题检索新资料。倒查法省时省力，查准率较高，但查全率不如顺查法高，容易出现漏检，因而对课题研究的全貌不易把握。

（3）抽查法。抽查法是针对课题研究所处的高峰发展阶段进行的信息检索。用这种方法能获得相对集中、具有代表性、且能反映学科发展水平的文献信息，往往取得事半功倍的效果。抽查法检索效率高，检索效果好，但要求在检索之前掌握研究课题的学科背景和课题的发展情况，以便正确地选择抽查的时间范围。

2. 追溯法

追溯法又叫引文法，主要分为传统追溯法和引文追溯法。

（1）传统追溯法。传统追溯法是利用已知文献的某种指引，如文献附的参考文献、有关注释、辅助索引、附录等进行追溯查找的方法。检索时可以先找出几篇与课题有关的专著或述评（此类文献往往附有大量的参考文献），以此作为起点，利用其后所附的参考文献、附录等得到另一批文献……依此步步回溯，直到检索出满足需要的文献资料为止。此种方法不需要利用检索工具，执行简单。缺点是依靠参考文献获取的资料不够全面，查全率不高。另外，回溯检索使得获取的文献越来越陈旧。

（2）引文追溯法。即找到一篇与课题有关的学术资料后，进一步查找该文章曾经被哪些文献引用过、是否有人对该领域进行过进一步的研究、实践结果如何、最新的进展怎样。这是一种由远及近的检索方法，得到的信息越来越新。这种方法要依靠专门的引文索引工具完成，如《科学引文索引》、《中国科学引文索引》、《中国社会科学引文索引》等。

（3）交替法。交替法是以追溯法和常规法交替使用来检索信息的方法，又称为分段法或综合法。交替法的执行过程是这样的：首先利用检索工具查出一批相关文献，然后利用这些文献信息所附的参考文献进行追溯，扩大线索，由此获取更多信息，如此交替循环使用，直至满足检索需求为止。交替法比前两种方法检索效果好，是一种“立体型”的检索法。

除利用以上信息收集方法查找公开出版发行的信息外，还可以利用非正式信息收集方法获取那些非公开发行或流通的信息。非正式信息收集方法是指不借助检索工具而获取信息的方法，是一种较为古老的信息获取方法，在印刷术发明前，它是交流、获取信息的主要方法，目前已不起主导作用，但仍很重要。非正式方法主要通过交谈、书信往来、参观访问、考察、参加学术会议、听演讲、实物样品的搜集及技术考察等方式获取所需的信息。非正式信息收集方法有迅速性、针对性和直观性的优点，通过此法获得的信息一般比从正式发表的文献中获取的信息要早得多，快得多。这种方法的缺点是难以评估信息的价值，客观性和真实性也难以保证，且适用范围有限。

（三）原文获取

利用手工检索工具或计算机检索系统进行信息检索，部分文献可以直接获取原文，但若使用的工具是文摘索引类检索工具，用户所获取的信息是关于一次文献的报道信息而非全文，此时，用户还需要依据这些关于一次文献的文摘索引信息选择合适的途径来获取原文。原文获取的途径灵活多样，常见的有：作者途径、全文数据库、馆际互借、原文传递、开放获取等。

1. 作者途径

根据作者的通信地址、e-Mail 地址或者作者的主页，同作者联系，向作者本人索要。

2. 全文数据库

全文检索系统的出现为人们获取文献原文提供了一条有效途径。通过检索光盘或网络全文型数据库获取原文文献。

3. 文摘数据库全文链接

文摘数据库只报道相关信息的线索，不提供全文，但为了方便用户在线获取全文，通常会在具体的条目上增加全文链接选项，可通过链接调取其他全文数据库的全文。如：EI 提供文摘条目到 ASCE、SDOS 等全文数据库的链接。

4. 馆际互借

馆际互借是图书馆之间根据协定相互利用对方馆藏，以满足本馆用户需求的一种文献外借方式，是用户便捷有效地获取文献信息的重要形式。其操作程序是：用户通过查询联合目录找到文献的馆藏地，然后提交馆际互借申请，馆际互借员在接到用户的申请后，经确认即可发往指定的目的馆，通过馆际互借协议，最终满足用户的互借申请。

5. 原文传递

原文传递一般分为来自数据库商和来自信息服务机构两种类型的传递服务。

（1）来自数据库商的原文传递服务。用户检索到所需文献后，将索要全文的请求直接发送给数据库提供商，提供商为用户提供原文传递服务。目前提供这项服务的数据库有：UnCover，美国 CART 公司的期刊目次数据库，包含有17 000多种期刊的目次，绝大部分可提供全文服务，采用传真方式，24 小时即可拿到全文，但价格较贵；ProQuest 系统博硕士论文数据库（PQDD），该数据库 95%以上的论文摘要可以拿到全文，美国本土的用户可直接在网上使用信用卡付款并得到 PDF 文件，其他地区的用户一般采用通过银行账户付款的方式，公司通过邮政快件向用户提供原文复制，时间一般为 1～2 周。此外，Dialog，OCLC，ISI 等也有这种全文传递服务。

（2）来自信息服务机构的原文传递服务。某些信息服务机构面向互联网用户提供免费题录、文摘型信息检索，如果想获取全文，可以向服务机构提出索取全文的要求。这类检索平台一般数据丰富、响应速度快、服务专业，是科技文献检索的有效工具。目前中国著名的科技信息服务机构有：

国家科技图书文献中心网络服务系统（NSTL），是经国务院批准，于2000年6月12日成立的一个基于网络环境的科技信息资源服务机构。中心由来自中科院各研究所的文献馆组成，信息种类丰富，数量巨大。中心提供电子邮件、传真、普通函件、特快专递等各种全文传递业务。

中国高校人文社会科学文献中心（CASHL），是教育部领导下，为高校哲学和社会科学教学和研究提供服务的文献保障系统，也是中国唯一的全国性社会科学收藏和服务中心。目前已收藏有11 100多种国外人文社会科学领域的核心期刊和重要期刊；1370种电子期刊以及27万种早期电子图书；44万种外文图书；以及“高校人文社科外文期刊目次库”和“高校人文社科外文图书联合目录”等数据库，提供数据库检索和浏览、书刊馆际互借与原文传递、相关咨询服务等。任何一所高校，只要与CASHL签订协议，即可享受服务和相关补贴。

6. 开放获取资源

开放获取（Open Access，简称OA）资源是指某些文献（包括经过同行评议过的期刊论文、参考文献、技术报告、学位论文等全文信息）在Internet公共领域里可以被免费获取，允许任何用户阅读、下载、拷贝、传递、打印、检索、超级链接该文献，用于教育、科研或其他合法活动。开放存取是基于订阅的传统出版模式以外的另一种选择，互联网主要的OA资源类型包括以下几种。

（1）开放获取期刊。开放获取期刊是一种论文经过同行评审的、网络化的免费期刊，全世界的所有读者从此类期刊上获取学术信息将没有价格及权限的限制，编辑评审、出版及资源维护的费用不是由用户，而是由作者本人或其他机构承担。开放获取期刊主要包括在线出版期刊和传统期刊的免费开放。

Science杂志（http://www.sciencemag.org/），是传统期刊免费开放的代表，它提供过往期刊的免费全文开放。用户可以在网站的主页上按期浏览，也可以直接利用关键词查询。全文为PDF格式，文章后的参考文献为HTML格式，若可以获取原文链接，则可以通过点击该HTML链接直接得到参考文献全文。著名的时代杂志（《Time》）也提供免费在线访问。

在线出版期刊的代表是斯坦福大学的High Wire Press（http://intl.highwire.org），High Wire Press是著名的学术出版商，是全世界三个最大的、能够联机提供免费学术论文全文的出版商之一，该网站提供部分学术期刊的免费访问。

（2）开放获取资源门户网站。详细信息参见本书第九章第二节。

（3）专利文献类网站。专利文献可以从国内外专利全文数据库网站获取，主要的专利文献类网站有：

中国专利全文数据库：http://www.sipo.gov.cn/sipo/zljs/default.htm；

台湾专利全文数据库：http://www.apipa.org.tw；

美国专利全文数据库：http://www.uspto.gov/patft；

加拿大专利权问数据库：http://patentsl.ic.gc.ca/intro-e.html；

日本专利权问数据库：http://www.ipdl.jpo.go.jp；

IBM 知识产权信息网：http://www.patents.ibm.com；

世界知识产权组织专利数据库：http://ep.espacenet.com。

更多信息参见本书第五章第一节。

(4) 机构知识库。机构知识库是指教育或研究机构自建的用于存储机构成员的知识资源（包括已发表和待发表的期刊论文、会议论文、预印本、学位论文、研究与技术报告、工作论文、演示稿等各种类型），并提供检索的数字知识库，为世界范围内的网络用户服务。机构库的特点是具有综合性、开放性和动态性，旨在突破传统的期刊出版模式带来的学术交流障碍。但机构库同时也存在着知识产权保护、质量的控制与评价以及稳定性等问题，著名的机构知识库如：

MIT 机构库（dspace.mit.edu）。收录麻省理工学院教学科研人员和研究生提交的论文、会议论文、预印本、学会论文、研究与技术报告、工作论文和演示文稿等学术资料全文。

剑桥大学机构库(http://www.dspace.cam.ac.uk)。收录该校各机构的研究资料全文，包括多媒体、交互式课件、数据集、数据库等形式。

香港科技大学机构库(http://repository.ust.hk/dspace)。收录该校研究人员和研究生提交的各类研究资料全文。

(5) 预印本服务器。预印本是指科研工作者的研究成果还未在正式刊物发表，而出于和同行交流的目的自愿通过邮寄或网络等方式传播的科研论文、科技报告等文献。著名的中文预印本服务器有以下几个。

中国科技论文在线(http://www.paper.edu.cn)。由教育部科技发展中心建立的电子印本系统，在该网站首页的“首发论文”栏目中包含了 39 个学科的预印本文献。

奇迹文库(http://www.qiji.cn)。国内最早的中文预印本服务器，主要收录中文科研文章、综述、学位论文、讲义及专著的预印本，涉及自然科学、工程与技术、人文与社会科学等学科。

中国预印本服务系统(http://prep.nstl.gov.cn)。由中国科学技术信息研究所与国家科学技术图书馆文献中心（NSTL）联合主办，提供中国预印本文献的发布、浏览、检索的平台。

7. 利用 Google 等搜索引擎搜索网上全文

利用 Google Scholar、Scirus、Find Articles 等学术搜索引擎在互联网上搜索学术信息，有些文档可以获取免费的全文。

第二节 信息的整理

通过各种渠道采集的原始信息通常是真假混合、繁杂无序的，因此需要对其进行加工整理。信息的整理过程，实际上就是信息的鉴别与组织过程，目的是使原始信息去伪存真、从无序变有序，成为便于利用的形式。

(一) 信息的鉴别

信息的鉴别分为信息来源鉴别、著者鉴别及事实和数据性信息的鉴别三种。来源鉴别是对所收集的信息资料作出来源国家、学术机构、研究机构的对比鉴定，看是否出科技发达国家的著名学术机构或研究机构、是否刊登在同领域的核心期刊上、文献被引用的次数高低、来源是否准确、是否公开发表等。著者鉴别是对所收集的文献资料的著者做必要的考证，看该著者是否为本领域内有名望的学者。事实和数据性信息的鉴别主要是对论文中提出的假设、论据和结论的可靠性的鉴别。

（二）信息的组织

信息的组织是指将信息资料按照一定的规则和方法加以分类组织，形成序化的信息集合，以方便利用。信息组织常用方法包括：

1. 利用文献管理软件组织信息

个人电子文档数量的增长会带来管理的混乱，造成查找缓慢，效率低下。文献管理软件是管理大量电子文档的好帮手，它利用逻辑的方法组织内容，使文档依据不同的分类标准顺序存储。文献管理软件还具有信息搜索、知识关联、内容提炼、信息共享等各类信息处理功能，提高文献管理与使用的效率。传统的桌面文献管理软件有 Endnote，Reference Manager 等。在线文献管理软件比传统的桌面文献管理软件拥有更强大、更灵活的功能，它让文献与读者、读者与读者的互动有了可能。通过在线文献管理，用户不仅能够找到文献或全文，还能找到同样在读这篇文献的人，它能让有共同兴趣的人聚到一起，成为一个社会化的社交网络，科学家们、技术同行们有更多机会认识并交流。著名的在线文献管理软件有 Endnote Web，CiteULike，Connotea，2collab 等。

2. 建立分类目录

按学科主题或其他的分类标准建立类似 Windows 的等级目录体系，将收集来的电子文档分门别类地加入到这个等级体系中来。与专门的文献管理软件相比，此方法不具备内容的关联和搜索等深层次处理功能，是比较简单的组织方法。

3. 制作卡片

制作卡片是最传统的信息组织方法，把文献的题目、作者、主题、出处等信息记录在卡片上，将这些卡片按一定顺序进行排列，以供在日后的写作中随时查阅，通常建立作者和标题（题名）两种类型卡片。

作者卡片包括作者的姓名、题名、来源名称、出版年份、卷期号、文章的页数等信息项。卡片样本如下：

Diane Grower and Theodore Fons，“The Innovative Electronic Resource Management System：A Development Partnership，” Serials Review 30，no. 2 (Summer 2004)：110 - 16.

标题卡片制作时，每张卡片上只记录一个标题，用不同方式表述的标题记在同一张卡片上，将同一主题的文献汇聚在此标题卡片上。每一个标题的笔记应该尽量完整，要写清楚资料的来源、作者的姓氏、出版信息等。标题卡片用处广泛，除了可以按主题组织文献之外，文献阅读与分析时摘录的内容以及本人的评价等一些相关信息都记录在标题卡片上，为下一步论文的写作打下良好的基础。

第三节　信息的分析

信息分析是信息收集整理过程中较为高级的阶段，就是根据特定的需要，对已知信息进行深层次的思维加工和分析研究，形成满足需要的新信息的过程。信息分析是具有科研性质的智慧活动，其最终成果应具有一定的预测性和前瞻性，对用户的科学决策具有支持或指导作用。

信息分析的方法分为定量分析方法、定性分析方法、定量—定性相结合的方法。

1. 定性分析法

定性分析法又称非数量分析法，是根据社会现象或事物所具有的属性和在运动中的矛盾变化，从事物的内在规定性来研究事物的一种方法或角度。进行定性研究，要依据一定的理论与经验，直接抓住事物特征的主要方面，将同质性在数量上的差异暂时略去。

定性分析方法适用于那些不需要或者不可能利用定量分析方法的任务。通过定性的比较、分类、类比、分析和综合、归纳和演绎等，获得关于研究对象的质的规定性知识，而不涉及其微观的数量关系。定性分析法直观性强，容易学习和掌握。

对比法是一种常用的定性分析方法，在信息综合分析利用过程中应用非常广泛。将同主题、同时期、同地域等某一类具有可比性的文献资料集中在一起，对新成就、新理论、新观点、新发明、新方法、新技术、新进展进行对比研究，分辨各种观点、方法、成果的优劣利弊，比较国际水平、国内水平、本地区水平和本机构水平，从而找出差距，发现、寻找科学研究的突破点。

2. 定量分析法

定量分析方法是一种高度抽象的方法，借助于数和数量关系，通过建立数学模型等可重复检验的手段来表达数据的内涵，表达研究对象的量的特征。定量分析方法的结论精确，有较高的可信度。常用的定量分析方法有统计法、内容分析法、实验法、文献计量法、模型模拟法、多元分析法等，其中，文献计量的方法是最常用的定量分析方法，通过对特定专题文献的分布与数量增长情况、数量与时间的关系、文献之间的引用情况等，研究文献的变化规律，从而探讨科研的某些结构、特征和规律。如对于某国、某省、某机构、某学科的论文数量、年度增长率、利用状况、对文献中所附参考文献种类、数量等进行计量统计。通过定量分析达到掌握过去与现在的变化脉络，通过对相关文献各种变化的追踪，进而预测相关研究领域未来可能的变化趋势。

多数数字文献检索系统都提供对检索结果的定量分析功能，通过对结果文献的时间、作者、机构、引用关系等的分析，为读者提供基于结果的创新性知识。如《工程索引》EI，对检索结果分别从 Database、Author Name、Author Affiliation、Controlled Vocabulary、Year、Language、Classification Codes 等方面进行统计分析，提供来自以上方面的研究趋势，以图表方式显示分析结果。

Web of Science 以文献之间的引证关系来揭示学科之间的相互联系，并且提供关于研究的历史和未来趋势等信息。利用 Web of Science 平台上的结果分析功能（Analyze Results），可以对最多 10 万条记录依照作者、期刊名、国家/地区、学科领域、出版年、语言和机构名称进行分析。Web of Science 形成引用报告（Creat Citation Report）功能，可以进行检索结果的合计的引用统计，包括所有文章被引用次数总和、平均每篇文章被引用次数、平均每篇文章每年被引用次数、每篇文章在一年中平均被引用次数、h-index。

《中国知网》（CNKI）检索系统提供基于检索结果的作者、机构、年代、被引频次、学科、基金、研究层次、文献来源等方面的分析，通过各项分析结果，使用户可以了解研究内容在时间上的分布情况、重要作者、重要机构、研究级别、主要发表刊物等重要新信息，用户进一步对这些信息进行综合、对比、归纳、演绎后，发现新的创新点。

3. 定性—定量结合的分析方法

在信息分析的过程中，综合利用定性分析法与定量分析法来解决复杂的问题。常用的定性—定量结合的方法包括问卷调查法、文献调研法、重点用户群调查法、特尔菲法、信息系统设计等方法。

第十一章　科技论文写作

第一节　科技论文概述

科技论文是报道自然科学研究和技术开发创新性工作成果的论说文章，是运用概念、判断、推理、证明或反驳等逻辑思维手段，分析表达自然科学理论和技术开发研究成果。科技论文是科学研究创新过程中的重要环节，科研成果要用科技论文来表述与传播。科技论文既是科研成果的标志，又是科技信息传递和存储的良好载体，同时也是推进科技发展的重要手段。科技人员不但需要具备一定的专业知识和科学研究能力，而且还应具备基本的写作技能，这样才能更好地对所从事的工作进行总结、挖掘、深入、交流和提高。

（一）科技论文的作用

科技论文的撰写与发表具有下述几个方面的作用：

1. 科学研究的手段

科学研究是一项十分复杂的思维活动过程，写作是科研过程中一项重要的手段。写作，就是用文字符号把思考的过程一一记录下来，让它们在纸面上视觉化，便于反复琢磨与推敲，使飘浮、抽象、混乱的思维变得清晰、具体、有条理，使思维更缜密更符合逻辑。如果将写作贯穿在整个研究工作中，边研究边写作，则可及时发现和弥补研究工作的不足，补充和修正正在进行的研究，使研究成果更加完善；同时还可能激发灵感，导致研究方案的重大改进，从而最终提高研究成果的水平和价值。

2. 科技成果的重要标志

科学研究和科技论文写作是十分艰巨的创新工作，一位科技工作者所发表科技论文的质量和数量是衡量他创造性劳动的效率和成果的重要指标，因此，及时准确地发表科研成果和科技论文，具有特别重要的意义。论文的发表就是将科研成果公之于世，只有如此科研成果才能为社会所知，为社会所承认，成为社会知识的组成部分，进而转化为生产力。已发表的科技论文是确认科技工作者对某项发现或发明有优先权的基本依据。

3. 科技交流的重要形式

科学技术具有继承性和交流性，一项研究的结束可能是另一项研究的起点。科学技术领域中的很多发现、发明都是从交流开始的。科技论文是科技信息传递、存储的良好载体，科技论文一旦发表出来，就作为人类科技知识的一分子而存在，成为全社会共同的财富，可以在更为广泛的范围内、更加久远的时间内发挥作用。科技论文可以促进科研成果的推广和应用，有利于科学事业的繁荣和发展。

（二）科技论文的特点

科技论文属于议论文体，明显地具有议论文运用概念、判断、推理进行论证的特点。但作为科技论文，它又有自身的特殊属性，一篇科技论文必须同时具有下述特点：

1. 创新性

只有创新，才能推动发展。科技论文所反映的内容必须具有创新意义，对读者才有新的参考价值。因此科技论文报道的研究成果应是前人（或他人）所没有的新观点、新见解、新结论，而决不能人云亦云，简单重复、模仿、因袭前人的工作。创新性是科技论文的生命力之所在，也是衡量科技论文学术水平高低的基本标志。

一篇论文的创新程度可大可小，“首次提出”、“首次发现”，当然是具有重大价值的研究成果，但这毕竟为数不多。在某一个问题上有新意，对某一点有发展，就属于创新的范围。在实际研究中，有很多课题是在引进、消化、移植国内外已有的先进科学技术，以及应用已有的理论来解决本地区、本行业、本系统的实际问题，只要对丰富理论、促进生产发展、推动技术进步有效果，有作用，报道这类成果的论文也应视为有一定程度的创新。

2. 学术性和理论性

学术性是科技论文的本质特征，也是区别于其他科技文体的重要标志，表现为科技论文要有一定的理论高度。理论性指一篇科技论文应具有一定的学术价值，它有两方面的含义：一是对实验、观察或用其他方式所得到的结果，要从一定的理论高度进行分析和总结，形成一定的科学见解，包括提出并解决一些有科学价值的问题；二是对自己提出的科学见解或问题，要用事实和理论进行符合逻辑的论证与分析或说明，要将实践上升为理论。从实质而言，科技论文的写作过程，本身就是作者在认识上的深化和在实践基础上进行科学抽象的过程。只有这样，论文所报道的发现或发明，才不只具有实用价值，而且具有理论价值即学术价值。

3. 科学性和准确性

一篇论文有了创新性和理论性还只能定性地说它已经具备了一篇论文最主要的东西，在具体的研究及写作阶段还必须使论文具有科学性和准确性。

所谓科学性，就是要正确地说明研究对象所具有的特殊矛盾，并且要尊重事实，尊重科学。具体说来，包括论点正确，论据必要而充分，论证严密，推理符合逻辑，数据可靠，处理合理，计算精确，实验重复，结论客观等。

所谓准确性，是指对客观事物即研究对象的运动规律和性质表述的接近程度，包括概念、定义、判断、分析和结论要准确，对自己研究成果的估计要确切、恰当，对他人研究成果的评价要实事求是，切忌片面性和说过头话。

4. 规范性和可读性

规范性是指合乎一定的标准。科技论文写作的规范性是各种科技文体中比较突出的一种，其文体结构已达到标准化、格式化的地步。我国国家标准局曾颁布《科学技术报告、学位论文和学术论文的编写格式》（GB 7713—1987），对一般学术论文、学位论文和科技报告的编写格式作了具体、明确的规定。

可读性指科技论文的内容能被阅读者很快的理解。而不能过于“专”、“深”，导致科技论文枯燥乏味。科技工作者应充分运用科技写作的技巧，调动逻辑的力量，利用丰富精准的词汇和句式的吸引力以深入浅出、简约明快的美感，来增加科技论文的可读性。

（三）科技论文的类型

科技论文按照不同的分类标准，有不同的种类。

1. 按研究的方式和论述内容分类

（1）实验、试验研究型。针对科技领域的一个学科或一个专题，有目的地进行调查与考察，试验与分析，或进行相应的模拟研究，得到系统的观察对象、实验数据或效果比较等重要的原始资料和分析结论。写作重点应放在研究上，追求的是可靠的理论依据，先进的实验方案，适用的测试手段，合理准确的数据处理及科学严密的分析与论证。实验研究型论文占现代科技论文的多数。

（2）理论论证型。这类科技论文是对基础性科学命题的论述与证明，或对提出的新的设想原理、模型、机构、材料、工艺、样品等进行理论分析，通过数学推导或逻辑推理，使其完善、补充、修正或得到新的定理、定律和法则。

（3）发现、发明型。记述被发现事物或事件的背景、现象、本质、特性及其运动变化规律和人类使用这种发现前景的文章。阐述被发明的装备、系统、工具、材料、工艺、配方形式或方法的功效、性能、特点、原理及使用条件等的文章。从事工程施工方面的人员写这方面的论文多些。

（4）设计、计算型。为解决某些工程问题、技术问题和管理问题而进行的计算机程序设计，某些系统、工程方案、产品的计算机辅助设计和优化设计以及某些过程的计算机模拟，某些产品或材料的设计或调制和配制等。从事计算机等软件开发的人员也常会编写这方面的科技论文。

（5）综述性论文。综述性论文是在参阅大量科技文献的基础上，对某一学科领域研究课题的国内外研究现状做出概括性的总结，并进一步提出自己独特的论点和新见解，做出发展的科学预测。

2. 按论文作用分类

（1）学术性论文。学术性论文是某一学术课题在实验性、理论性或观测性上具有新的科学研究成果或创见和知识的总结；或是某种已知原理应用于实际中取得新进展的科学结论。它以报道学术研究成果为主要内容，反映最新最前沿水平。一般是研究人员提供给学术性期刊发表或向学术会议提交的论文。

（2）应用性论文。应用性论文是指工程技术人员为报导工程技术研究成果而提交的论文。主要应用国内外已有理论解决设计、工艺、设备、材料等具体技术问题。

（3）学位论文。学位论文是表明作者从事科学研究取得创造性的成果或持有的新见解，并以此为内容而撰写的，作为提出申请授予相应的学位时评审用的学术论文。学位论文包括学士论文、硕士论文和博士论文，通常人们所谓的学位论文仅限于硕士和博士学位论文。

第二节 科技论文写作

一、选题

论文选题就是决定论文写什么、怎么写。选题是论文写作的第一步，是最重要的也是最艰难的一步，它很大程度上决定了写作的成败。爱因斯坦说过：“提出一个问题往往比解决问题更重要”，我们也经常会听到：“题好文一半”的说法，这是许多科技工作者论文写作的经验总结。

一个好的选题是既可论又有价的，即能够在一篇文章中将问题论述清楚，而且论题的结论又具有一定的理论意义或实践意义。发现这种有价值的论题并不是偶然的灵感或意外的收获，它需要作者去思考、去发现、去选择、去积累。有很多人困惑于无题可选，其实是缺少观察、缺少发现的缘故。鲁迅先生说过：“不要看了就写，观察了又观察，研究了又研究，精益求精，哪怕是最平凡的事物，也能创造出它的生命力来”。

除观察思考、长期积累外，遵照以下原则也将有助于我们进行科技论文写作选题。

1. 选题具有理论性

理论性是科技论文的首要特点。所谓理论性，是指论文必须探讨某一命题的理论价值，揭示其本质的规律，总结出理性的结论。就事论事，满足于对一般表面现象的说明，或满足于对一般材料的罗列或介绍一些常识性的东西，都不具备理论深度，不符合科技论文写作要求。

2. 选题具有实践意义

论文虽然是对社会发展规律的理论研究和探索，但它却始终贯穿着实践性的要求。我们选的题目应与社会生活密切相关，有助于正确地解决实践中存在的问题。

3. 选题具有科学性

科学性是科技论文的生命力和价值所在。所谓科学性，是指研究、探讨的观点正确、思维严密、材料真实典型、推理合乎逻辑，这是科技论文的根本要求。

4. 选题具备新颖性

所谓新颖，即在论文中表现了自己的新看法、新见解、新观点，或在某一方面、某一点上能给人以新的启迪。新颖性是论文的生命所在，是论文存在的价值，若一篇文章没有创新的结论，仅仅是在重复人人都了解的背景或文献中已经公开报道的事实，这篇文章便是没有生命力的。选题的新颖性可以从以下几个方面把握：第一，从选题、观点、到材料直至论证方法全是新的。这类论文写好了，价值较高，社会影响也大，但写作难度大；第二，以新的材料论证旧的课题，从而提出新的或部分新的观点、新的看法；第三，以新的角度或新的研究方法重做已有的课题，从而得出全部或部分新观点；第四，对已有的观点、材料、研究方法提出质疑，虽然没有提出自己新的看法，但能够启发人们重新思考问题。

5. 选题应符合客观条件

选题的方向、大小、难易都应与作者的知识积累、分析问题和解决问题的能力、写作经验以及自己所拥有的研究条件相适应。若作者理论基础比较好，写作经验丰富，就可以选择难度大一些、内容复杂一些的题目；反之，题目就应定得小一些，便于集中力量抓住重点，把某一问题阐述透彻。此外，作者能够利用的实验设施、文献资料等也会客观上决定选题的深浅与方向。

6. 选题宜窄不宜宽

将选题限制在一个具体的、不要过于宽泛的范围内。你的论题越宽，你的文章见地将越浅，企图包罗万象的选题是导致许多写作失败的原因之一。正确的作法是应该小题大做，或选小弃大，切忌大题小做。例如，高层钢结构建筑这样的选题，你不可能在一篇文章中从方方面面来论述高层钢结构建筑，必须选取某一个方面进行详尽论述，或者是高层钢结构建筑防火，或者是高层钢结构建筑安装技术。

7. 一篇文章解决一个问题

千万不要在一篇文章中引入多个问题，要避免出现此类表述：本文将要论述……，还将试着探讨……，并且……，这一系列后续问题会让论文彻底失败，多个论题将拆解焦点问题，使文章没有中心论点。切记，一个文章一个问题。

在选题时，要根据本人的专业基础和时间及其他相关因素，如资料条件、实验条件、经费等进行综合考量，选择适合自己的课题。

二、资料收集与整理

对于科研来说，资料查找是一个非常重要的步骤，详尽地占有相关文献资料是科研和论文写作的基础。

首先，选题要在全面占有资料的基础上进行。问题的发现和解决问题的线索总是存在于资料之中，占有了相当数量的资料之后才能清楚在研究课题的范围内有哪些问题还未得到解决、有哪些问题前人（或他人）未曾提出过等，从而找到自己的论题。

其次，利用大量的资料确定个人科研的起点。科技论文的基本要求就是要有创新性，也就是对读者有新的参考价值，这是科技论文存在的价值。因此科技论文报道的研究成果应是前人（或他人）所没有提出过的新观点、新方法、新结论，这些创新之处需要在综合占有公开出版物的基础上才能加以确定。在自己进行论文写作时，要么开拓新的研究领地、要么将最前沿的课题推进一步、要么从成果薄弱的领域突破、要么从研究方法上创新，总之，你的文章绝不能是简单地重复别人的成果，毫无超越。许多人尤其是新手往往忽略这一环节，匆匆着手开始实验或者研究，结果出现一系列不期而至的麻烦。

开始一项研究之前，必须要查找两方面的资料：一是与科研主题相关的背景资料，包括问题定义、问题研究现状、问题所属学科范畴、问题研究历程、主要相关研究项目、相关出版物状况等，通过对这些材料的收集、整理与分析，可以发现该课题在理论研究上存在哪些不足、哪些方面的研究需要进一步深化、自己的认识与观点与现有成果有哪些不一致等。第二类是关于研究方法的资料，包括研究设计、研究方法、数据采集方法、不同的学说或主张等，对此类资料的整理与分析，可以找到各种具体的研究方法、各方法的优点与不足、理论与实证之间存在什么样的差距等。

通过对这两类资料的分析与整合，我们可以从中发现自己的研究目的、目标、方向、范畴、原理与依据，从而构建具体的写作计划。具体来讲，需要收集的资料类型包括：

（1）第一手资料。如统计材料、典型案例、实验总结等，还包括自己在亲自实践中取得的感性材料。

（2）他人的研究成果。国内外公开发表的相关研究成果，包括期刊论文、会议论文、科技报告、专著、专利文献等。

（3）相关学科的材料。现代科学的一个趋势是各学科交叉渗透普遍，要善于在研究中借助相关学科的理论或方法论证自己的论题，要有意识地搜集一些密切相关的关联学科信息资料。

（4）名人的有关论述。尽量占有学科专家和研究活跃人士的成果，占有本领域公认的权威著作。

（5）背景材料。关于此课题的一些定义、研究历史、政策文献等材料，一般借助文献综述、百科全书、政府出版物类工具进行搜集。

（6）灰色文献。灰色文献（又称零次文献）一般被看作是非公开出版物，指以非传统出版发行方式进行传播和交流的各类印刷与电子形式的资料。灰色文献主要包括会议论文预印本、学位论文、非公开出版的政府文献、手稿、实验札记以及学术往来函件等。这些灰色文献往往具有意想不到的潜在参考价值，比如学术会议预印本、专家的博客等，有可能会提示你一些关于某课题的当前研究热点和重点的信息。

关于资料收集的方法，详见第十章信息的收集部分。各类型资料的具体搜集渠道与检索方法，分别参见前面各相应章节。

三、写作提纲

经过前期的选题、资料收集与整理、构思、组织后，论文此时已经开始具备了一个雏形，下一步的工作不是提笔写作，而是要将思路和材料组织成一个完整的写作提纲，把文章的结构反映出来。完整、细致的写作提纲可以帮助作者理清思路、谋篇布局，使所写论文的观点和材料能在一篇文章中得到有机的统一，保证论文写作顺利有序地进行，化解后续研究和写作中潜在的困顿和压力。

一份较为正规的提纲一般由标题、观点句和内容纲要等几个部分组成。标题要能够揭示文章所要证明的问题或反映作者对问题的看法。观点句又可称作主题句或论点句，是概括全篇文章基本观点的语句，用几句话写明文章的中心论点。观点句有利于思路的进一步明确，并且可以防止偏题、跑题。

内容纲要是提纲的第三部分，是论文写作提纲的主体部分，一般通过分条列项的形式将论文正文部分的结构框架清晰地表现出来。因为科技论文的结构分为序论、本论和结论三个部分，因此，论文写作提纲可按这个思路来安排结构。

在提纲的序论部分，要提出问题、明确自己的观点，还可以对构成研究课题和论文基本观点的核心概念加以阐释，也可以指明在课题研究中，采用了哪些值得注意的研究方法或较为独特的论证方法。另外，也可以在序论中对本论部分的内容，作一个简要的介绍，或对论证结果加以提示。

本论是论文的主体部分，是对问题展开分析、对观点加以证明、全面集中地表述研究成果的部分。本论部分的提纲一般通过分条列项的形式来表现论文正文的结构框架，通过各个层面反映论证过程展开的步骤、各观点之间的逻辑关系、主要材料的使用方法等。本论部分的提纲要做到使人对文章主要内容一目了然。

在提纲的结论部分，作者可以对文章所论证的问题及论证内容作一个归纳，提出对问题的总体性看法，也可提出论证结果和指明进一步研究的方向。另外，还可以指出作品或研究中存在的不足，或提出还有哪方面的问题需要人们继续探讨，为所研究的课题的后续研究提供一个线索。

总之，写作提纲应是一个包含论文的中心论点、各个层面的分论点以及主要论据的逻辑框架，反映每个层面论证过程展开的步骤、各观点之间的逻辑关系以及主要材料的使用方法等。

四、科技论文的撰写格式与规范

1988 年 1 月 1 日起实施的国家标准《科学技术报告、学位论文和学术论文的编写格式》（GB 7713—1987）对科技论文的撰写和编排格式作了规定。科技论文必备项内容及排列顺序为：题名、作者、摘要、关键词、引言、正文、结论、参考文献，下面加以分项阐述。

（一）题名

题名又叫题目、标题，是科技论文的中心和总纲，以简要的文字反映论文的主要内容。人们在阅读文章的时候，首先着眼的便是题名，一个好的论文题名既能够准确反映文章主题，又能够对读者产生一定的吸引力。在为科技论文命名时，一般遵循以下原则：

（1）题名要准确地表达文章的中心内容，恰如其分地反映研究成果的范围和深度；

（2）题名应简洁明了，中文科技论文题名用字一般不宜超过 20 个汉字，外文题名不超过 10 个实词；

(3) 要便于检索，容易认读。特征性的实义词有助于内容的检索、避免使用不常见的缩略词、字符、代号、公式等；

(4) 英文题名首字大写和每个实词（名、动、形、副等）第一个字母都大写，其他小写。

（二）作者

作者是文章的创作者和责任人，在文章中署名是表示论文作者声明对论文拥有著作权、愿意文责自负，便于读者与作者联系。作者署名除注明主要作者名称外，还包括工作单位及联系方式。按照国家标准规定：有署名资格的人“只限于那些对于选定研究课题和制定研究方案，直接参加全部和主要研究工作并做出主要贡献，以及参加撰写论文并能对内容负责的人，按其贡献大小排列名次”。

凡在科研构思、设计、实验工作及论文撰写中起主要作用者，应排名在前，仅仅参与获取资金或采集数据，不能成为著者，研究组的一般监管也不够著者权。

工作单位应写全称并包括所在城市名称及邮政编码，有时为进行文献分析，要求作者提供性别、出生年月、职务职称、电话号码和 e-Mail 等信息。

（三）摘要

摘要，也称为提要或内容简介，摘要是现代科技论文的必要附加部分。简要地概括论文的主要内容，使读者不阅读文献的全文就能获得必要的信息。帮助读者尽快地了解论文的主要内容，以确定是否有阅读全文的必要。

摘要主要分为两种类型：第一种是报道性摘要，常用于创新内容比较多的论文。报道论文的主要研究成果，向读者提供论文中创新的内容和尽可能多的信息。中文摘要一般在200～300 字之间，外文摘要 250 个实词左右。第二种是指示性摘要，用最简洁的语言概括出文章研究方向和基本研究成果的文摘形式。一般不用来表述实质内容，篇幅短小，人们阅读的目的主要是以它来判断是否阅读全文，起检索的作用，一般在 50～100 字之间。

摘要的主要内容包括课题目的、研究对象、研究方法、研究结果、得出的结论、应用范围等，重点是研究结果和结论。在编写摘要时应遵照以下要求。

(1) 应该使用第三人称，不要使用“作者”、“我们”等作为摘要陈述的主语。

(2) 简短精练，具体明确。排除在本学科领域方面已经成为常识的内容，不得简单地重复文章篇名中已经表述过的信息。

(3) 要求结构严谨，语义确切，一气呵成，一般不分或力求少分段落。

(4) 忌发空洞的评语，不作模棱两可的结论。

(5) 要采用规范化的名词术语。尚未规范化的，以采用一次文献所采用的为原则。如新术语尚无合适的中文术语译名，可使用原文或译名后加括号注明原文。

(6) 摘要中不要用图、表、化学结构式及读者难以清楚理解的缩略语、简称、代号。如果确有必要，在摘要首次出现时必须加以说明。

(7) 不得使用一次文献中列出的章节号、图号、表号、公式号以及参考文献号等。

（四）关键词

关键词是为了满足文献标引和检索工作的需要从论文中选取出来的单词或术语。关键词一般排在摘要的左下方，以 3～8 个为宜。在选取文章关键词时，要以能反映文章主题的名词或名词性的词组为主，少用或不用“分析”、“研究”等含义不够专指的普通词语。切忌使用分解文章题名的方式选词，对于那些在文章题名中没有出现，但却是文章论述的主要概念的词汇也要挑选出来。

（五）分类号

有些期刊出版社要求论文作者根据《中国图书馆图书分类法》，给出论文相应的分类号。

（六）引言

引言，也称序言、前言、绪论、绪言、概述等，是论文的开头、引子。目的是向读者交代本项研究的来龙去脉，引入正题，以引起读者的注意。

1. 引言的内容

研究工作的目的、范围、相关领域的前人工作和知识空白、理论基础和分析、研究设想、研究方法和实验设计、预期结果和意义等；可能出现的问题和解决的办法；对采用的方法和使用的概念、术语作出解释和说明。

2. 引言的写作要求

引言的写作要简明扼要、言简意赅。开门见山，不绕圈子，不宜铺垫太多。意思表达上既不要太谦虚，也不要太夸张。引言不是摘要的解释，不阐述基本理论，不推导基本公式，不介绍基本方法，不重复教科书上已有的内容。

（七）正文

正文是论文的主体，也是核心。国家标准指出：论文的“这个正文是核心，占主要篇幅。它一般包括：调查对象、实验和观测方法、仪器设置、材料原料、实验和观测结果、计算方法和编程原理、数据资料、经过加工整理的图表、形成的论点和导出的结论等。”

1. 正文的内容

不同学科和不同内容的论文在形式表达和写作安排上是不可能完全相同的。自然科学和人文社会科学的论文则差别更大。

（1）理论性论文的正文。从两方面来组织论文内容。一是研究工作的进展顺序；二是在正文中对理论到实践，再从实践到理论进行多次的循环，不断交叉论述，一点点推出结论。

（2）实验型论文的正文。实验型论文的正文也是对基本内容进行阐述，不过由于以实验为主，所阐述的侧重点偏向实验材料、实验方法、实验结果等。

（3）描述型论文的正文。侧重于描述型的论文，正文一般格式比较固定，即描述部分和讨论部分。描述部分用于对研究对象的具体情况做介绍、说明；讨论部分用来对研究对象的研究意义和研究价值进行分析、比较和论证。

2. 正文的写作要求

对正文写作的总体要求是：表达明晰、准确、完备、简练，观点和材料统一，行文严谨、语言应流畅，标点符号准确，结构层次安排得当，对有商业价值的内容不泄密，对需要保密的地方做技术处理。具体要求如下。

（1）语言精练准确，能够直接说出来的话，不要拐弯抹角；

例 1：原文：被牲畜粪便污染水域生态系的过分优养化，造成细菌的污染。

上面的表述可以改成：牲畜粪便的污染，使水域生态系过分优养化，且有细菌污染。

例 2：原文：本研究的目标是提供……

以上表述可改为：本研究提供……

（2）避免文字和打字上的错误：

水蒸（气 汽）、好（像 象）、不落（窠 巢）臼、（即 既）使等（括号中第一个字为正确的），都是写作行文中容易犯错的地方，要加以注意。

（3）应使用国际标准单位或国家法定单位：

例：计量单位符号（如 cm、kg）、数学符号（sin、cos）、3 个常量（e、π、i）等。

（4）一篇文章避免使用同一个符号表示两个或多个物理量，例如：用 V 表示电压和体积，用 C 表示系数和电容。

（5）不同的论点或内容叙述时，设立分标题：

节的标题要与文章的总标题紧密联系起来，章、节、段、款在构思时要注意层次性、相关性和递进性，标题尽可能格调一致，均应采用阿拉伯数字分级编写，即：

一级标题：1，2，…

二级标题：1.1，1.2，…

2.1，2.2，…

三级标题：1.1.1，1.1.2，…

3. 正文的结构

正文结构的顺序安排可以采用时空顺序、推理顺序、并列顺序或总分顺序。

（八）结论

结论是科技论文的结束部分，是在前面的论述基础上得出的创造性、指导性或实验性的结果描述。结论部分篇幅不宜过长，一般不作自我评价。结论内容主要包括：

（1）论文研究结果说明了什么问题，得出了什么规律，解决了什么理论或实际的问题；

（2）论文研究的不足之处，还有哪些未解决的遗留问题，解决的可能关键点是什么；

（3）需要进一步研究的问题以及今后研究的方向。

（九）参考文献

参考文献是在写作过程中引用和参考的别人研究成果。在科学研究中，学习和借鉴别人的知识、理论、方法等是必要的，因此，国家作出规定：在科技论文中凡是引用他人已经发表的文献中的观点、数据、材料和研究结果等内容的，都要对它们在文中出现的地方给予注明，并且在文末列出参考文献。

文献的引用一般有两种方式：一是直接引用，即将原文直接照抄，将抄录的原文用引号标注，或用其他字体另起一段排列；二是间接引用，通过自己的语言，表述原文的内容。无论是直接引用还是间接引用，都要如实在文章中标注出来。参考文献的注释方式有三种：

（1）夹注。将引用文献的出处直接标注在引文的后面。

（2）脚注。在一页文章的最下面，即通常所称的地脚位置标出引文的出处。

（3）篇末注。在一篇文章或一章、一节内容的最后标出所有引文的出处。

参考文献著录的原则是：

（1）只著录最必要的、最新的文献。

（2）原则上，只著录已经公开发表的文献。

（3）忌知而不引，引而不确。

（4）应该采用规范化的参考文献著录格式。

（十）附录

附录是与正文密切相关的某些内容，由于正文篇幅或结构的限制而附在原文的后面，供读者阅读时参考。附录往往是一些重要的公式、表格、数据等材料。

参 考 文 献

[1] 朱志康. 论信息的本质定义 [J]. 浙江万里学院学报，2011，14 (03)：43 - 44.

[2] R. Capurro，Birger Hjørland. The concept of information [M] //Blaise Cronin. Annual Review of Information Science and Technology，Medford：Information Today Inc. . 2003：343 - 411.

[3] 刘宏. 重新认识信息的本质 [J]. 青年记者，2009 (31)：43 - 44.

[4] 刘锋. 数据、信息、知识和智慧分析与对比[EB/OL]. (2006)[2011 - 5 - 20]. http://blog. sina. com. cn/s/blog_591a83bf010001fe. html.

[5] 袁学松，宋雯霏. 现代信息检索 [M]. 北京：水利水电出版社，2007.

[6] 靖继鹏. 信息经济学 [M]. 北京：科学出版社，2007.

[7] 田质兵，王质坚，谈春梅. 科技情报检索 [M]. 第 2 版. 北京：清华大学出版社，2010.

[8] Guus Pijpers. Information overload：A system for better managing everyday data [M] . Hoboken：John Wiley&Sons，Inc. ，2010.

[9] Kevin A. Miller. Surviving information overload：the clear，practical guide to help you stay on top of what you need to know [M] . Michigan：Zondervan，2004.

[10] 马张华. 信息组织 [M]. 第 2 版. 北京：清华大学出版社，2003.

[11] Jill Lambert，Peter A. Lambert. Finding information in science，technology and medicine [M]. London：Europa Publications Limited，2003.

[12] Sheman C 等. 看不见的网站：Internet 专业信息检索指南 [M]. 马费城等译. 沈阳：辽宁科学技术出版社，2003.

[13] 刘振西等. 实用信息检索技术概论 [M]. 北京：清华大学出版社，2006.

[14] William B. Badke. Research strategies：finding your way through the information fog [M] . 2nd ed. New York：iUniverse，2004.

[15] 符绍宏等. 因特网信息资源检索与利用 [M]. 第 2 版. 北京：清华大学出版社，2005.

[16] 都平平. 建筑与土木工程信息检索 [M]. 南京：东南大学出版社，2006.

[17] 张韬略. 英美和东亚专利制度历史及其启示 [J]. 科技与法律，2003 (1)：103 - 115.

[18] 陈雅芝等. 信息检索 [M]. 北京：清华大学出版社，2006.

[19] 吴慰慈. 图书馆学基础 [M]. 北京：高等教育出版社，2004.

[20] 郑也夫. 与本科生谈论文与治学 [M]. 济南：山东人民出版社，2008.

[21] 邢志宇. 集成搜索引擎与元搜索引擎[EB/OL]. (2003)[2011 - 6 - 10]. http：// www. sowang. com/sousuo/20031005. htm.